Manquent les pages 115 et 116 (Maires de Nantes)
4 mai 1872.   R-y

NOBILIAIRE

ET

ARMORIAL DE BRETAGNE.

Nantes, imprimerie de VINCENT FOREST et ÉMILE GRIMAUD, place du Commerce, 1.

NOBILIAIRE
ET
ARMORIAL DE BRETAGNE

PAR

P. POTIER DE COURCY.

DEUXIÈME ÉDITION
REVUE, CORRIGÉE ET CONSIDÉRABLEMENT AUGMENTÉE.

TOME TROISIÈME.

Et majores vestros et posteros cogitate.
TACITE.

NANTES,
VINCENT FOREST et ÉMILE GRIMAUD,
IMP.-ÉDIT., PLACE DU COMMERCE, 1.

PARIS,
AUGUSTE AUBRY, LIBRAIRE,
RUE DAUPHINE, 16.

M.D.CCCLXII.

POSTFACE.

Voici quelques nouveaux éclaircissements sur l'esprit qui a présidé à la rédaction de l'ouvrage que nous terminons et sur les pièces justificatives qui composent ce dernier volume. Nous répondons en même temps à certaines objections qui nous ont été adressées dans le cours de notre publication. Ainsi l'omission de plusieurs noms inscrits dans l'*Armorial de Guy le Borgne*, n'est qu'apparente. Elle provient de ce que cet auteur ne désigne souvent les familles que sous un nom de terre, au lieu du nom patronymique délaissé par des branches cadettes sorties d'une même souche, lesquelles conservaient leurs armes primordiales, ou les modifiaient légèrement par l'adjonction d'une *brisure*.

Cet usage, fort répandu jusqu'au xve siècle, de changer de nom sans changer d'armes, et *vice versâ*, nous a déterminé à indiquer pour chaque article les armes identiques appartenant à des familles de nom différent, mais possessionnées dans les mêmes paroisses ou dans des paroisses voisines. Quand l'identité d'origine ou l'alliance entre ces familles n'est pas marquée, les renvois d'un nom à un autre ne sont donnés qu'*à enquerre*, c'est-à-dire pour rechercher les causes de cette similitude ou rapprochement d'armoiries.

On s'est également étonné que nous ayons rejeté parmi les généalogies suspectes et même fabuleuses, celles délivrées par les rois d'armes d'Irlande. Les raisons de ce rejet ont été nettement expliquées par une plume au moins aussi compétente que la nôtre; aussi ne pouvons-nous mieux faire que de citer textuellement les déductions de M. le comte E. de Cornulier :

« Les preuves, en matière généalogique, sont chose assez délicate et il est remarquable qu'à l'époque où ces preuves avaient une valeur réelle, chacun n'acceptait que les décisions des juges de son choix. Ainsi le Roi, pour les honneurs de sa cour, ne s'en rapportait qu'au généalogiste de ses ordres, sans tenir aucun compte des jugements de ses Intendants non plus que des arrêts de ses cours souveraines, pas même de ceux de son Conseil. Hors du palais du prince, le généalogiste de la cour était sans autorité. Les États de Bretagne n'acceptaient que les arrêts de leur Parlement et rejetaient même ceux du Conseil; enfin chaque chapitre noble ne s'en rapportait qu'à ses commissaires sur la naissance de ses candidats. Toutes ces preuves n'avaient pas la même valeur morale; aussi M. de Courcy a-t-il soigneusement désigné l'origine de chacune

A

d'elles. Les plus suspectes de toutes, comme il le déclare, étaient celles qui reposaient sur un arrêt du Conseil. C'est là que firent reconnaître leur qualité presque toutes les familles irlandaises émigrées à la suite des Stuarts et dont un grand nombre furent naturalisées en Bretagne. Il n'est pas douteux que la naissance de la plupart de ces émigrés ne fût très-distinguée ; mais ils produisaient généralement des généalogies remontant au VIIIe ou au IXe siècle. En présence de pareilles prétentions, M. de Courcy s'est abstenu de toute citation antérieure à leur établissement en France. Ce silence lui était commandé par les décisions du Parlement. [1] »

Ces généalogies, dit-on, sont certifiées par les rois d'armes d'Irlande ; mais il est bon de noter que, depuis leur institution moderne, ils acceptèrent sans contrôle toutes les déclarations des familles qui firent inscrire leurs généalogies dans leurs dépôts. La plupart sont d'ailleurs dressées par Jacques Tirry-Athlon, qui exerçait sa charge en France à la suite du Roi Jacques. Aussi se garde-t-il d'indiquer le lieu d'où il date ses certificats, pour ne pas montrer qu'il n'a pas à sa disposition, à *l'étranger*, les titres originaux dont il délivre néanmoins des expéditions.

« Il est impossible (lit-on dans un rapport de 1776 sur la requête d'une famille irlandaise, pour avoir entrée aux États) d'avoir plus de confiance dans les généalogies dressées par le roi d'armes d'Irlande que nous n'en aurions dans celles qui, ayant été dressées par le juge d'armes de France, nous seraient présentées dénuées de pièces et de titres nécessaires pour la preuve de chacun des degrés qui y seraient articulés. L'office d'Ulster ou roi d'armes d'Irlande n'a été établi dans ce royaume qu'en 1551, et il n'est cependant pas rare de voir sortir du bureau de cet officier des généalogies qui remontent jusqu'au IXe siècle. Cela ne pourrait être s'il n'était pas libre à tous ceux qui le veulent de faire inscrire sur les livres de *remembrance* du bureau héraldique leurs noms et même leurs généalogies *sans représentation des titres au soutien*, par le roi d'armes ou ses commis, qui ensuite en délivrent des expéditions à tous ceux qui en demandent et ne certifient que la vérité en les déclarant extraites de leurs mémoriaux. Les attestations dont ces expéditions sont ensuite revêtues, quelque éminente que soit la qualité de ceux qui les donnent, ne peuvent inspirer plus de confiance dans ces sortes de généalogies ; elles ne font qu'attester l'état et les fonctions du roi d'armes, sans certifier même la vérité de sa signature. [2] »

Devant ces considérants de M. de Robien, procureur général syndic des États, on reconnaîtra que les généalogies irlandaises, quoique délivrées avec un grand appareil de formes authentiques, ne sont en définitive que la copie de documents sans autorité, et l'on ne s'étonnera plus que nous nous soyons abstenu, dans un ouvrage sérieux, de reproduire des filiations remontant à une époque où l'hérédité des noms n'était même point encore établie [3].

Aux pièces justificatives annoncées, nous avons joint les listes, la plupart inédites, des chevaliers de l'Hermine, de Saint-Michel et du Saint-Esprit, celles des grands-croix et commandeurs de Saint-Louis et celles des gouverneurs et intendants de Bretagne, qu'on sera bien aise de

---

[1] *Bulletin du Bouquiniste*, Paris, Aubry, N° du 15 janvier 1862.

[2] Extrait des procès-verbaux des assises des États généraux et ordinaires des pays et duché de Bretagne, convoqués et assemblés par autorité du Roi en la ville de Rennes, l'an 1776.

[3] Voir ci-après notre dissertation sur l'*Origine et la formation des noms de famille*.

trouver dans notre recueil. Quant aux listes d'évêques et d'abbés, comme elles sont insérées dans plusieurs catalogues spéciaux qu'on peut facilement consulter [1], nous avons pensé qu'ayant mentionné, à l'article de chaque famille, les évêques ou abbés qu'elle avait pu donner à l'Église de Bretagne, il devenait inutile de reproduire ces noms rangés par siéges épiscopaux ou abbatiaux, à l'exception toutefois des familles bretonnes qui ont fourni des dignitaires ecclésiastiques hors de la province. Cette dernière liste, nous l'avons rédigée sur la *Gallia christiana* et les diverses éditions de la *France ecclésiastique*, et elle voit le jour pour la première fois.

On s'occupe aujourd'hui de publier les rôles des gentilshommes convoqués dans les différents bailliages pour l'élection aux États généraux de 1789. On veut obtenir ainsi une statistique de la noblesse à cette époque ; on se propose même de lui donner un caractère officiel en vue de la loi du 28 mai 1858. Nous ne pensons pas qu'on arrive de la sorte à dresser un état complet de la noblesse, parce qu'il n'y eut de convoqués que les gentilshommes majeurs et possédant des fiefs nobles, ce qui implique beaucoup d'exclusions. Ces listes n'en conservent pas moins une grande valeur ; mais elles n'existent pas pour la Bretagne à la suite des procès-verbaux des ordres du clergé et de la noblesse réunis à Saint-Brieuc en avril 1789. Pour y suppléer, nous publions les noms de toutes les familles qui ont eu des représentants dans l'ordre de la noblesse, aux assises des États de la province depuis 1736, en citant la date de la plus ancienne tenue à laquelle un membre de chaque famille a assisté. Jusqu'à cette époque il suffisait aux gentilshommes, appelés ou non par lettres du Roi, d'être originaires de la province ou d'y posséder des biens pour se présenter à ces assemblées. Mais une déclaration du Roi du 26 juin 1736 prescrivit que nul à l'avenir n'aurait entrée et voix délibérative dans l'ordre de la noblesse, avant l'âge de vingt-cinq ans accomplis et sans justifier de cent ans de noblesse au moins, à peine contre les contrevenants d'être exclus de l'assemblée et d'avoir leurs noms rayés sur les registres. La même déclaration enjoignait aux commissaires des États de tenir la main à cette double obligation, par la représentation des extraits baptistaires « et des titres de ceux qu'ils estimeraient être dans ce cas. »

Il semblerait donc que la preuve la plus irrécusable d'extraction noble devrait être d'avoir été admis aux délibérations de l'ordre de la noblesse à partir de 1736. Mais il paraît que les commissaires ne se montrèrent pas constamment sévères dans leurs enquêtes, car on remarque qu'il se glissa à diverses tenues quelques membres, peu nombreux, il est vrai, appartenant à des familles déboutées à la réformation de 1668 et non réhabilitées, d'autres dont les ascendants n'avaient même pas été assignés à justifier devant la chambre de réformation de leur qualité avantageuse, et un plus grand nombre fort éloignés d'une noblesse centenaire, ainsi qu'on peut le constater en confrontant ces noms avec le texte du *Nobiliaire*. Le nombre de ceux qui n'avaient pas toutes les qualités requises par la déclaration de 1736 n'est d'ailleurs que le vingtième environ du chiffre total des votants.

Nous ne savons quelle conclusion tirer de cette infraction à une ordonnance royale, par les agents spécialement chargés de la mettre à exécution, à moins que par cette facilité d'admission,

---

[1] Conférez principalement : *L'Église de Bretagne ou Histoire des Siéges épiscopaux, Collégiales et Abbayes de cette province*, publiée d'après les matériaux de D. Morice et continuée par l'abbé Tresvaux. In-8°, Paris, Méquignon junior, 1839.

qui se prolongea jusqu'au nouveau règlement de 1770, ils ne voulussent gagner des voix dans l'assemblée au profit de la Cour et s'assurer d'une majorité pour certains votes difficiles à enlever. C'est sans doute par des motifs semblables que le Roi adressait des lettres de convocation à plusieurs personnes influentes qu'il avait des raisons particulières de voir assister aux États. Dans le Parlement anglais cette tactique est encore usitée et nous ne serions pas surpris que les mêmes causes motivassent la présence aux tenues d'États de quelques noms inscrits *aux fins de l'ordonnance* du gouverneur de la province, après la liste générale arrêtée et signée par les trois présidents des ordres. Ces dernières inscriptions ne font point preuves de noblesse ; « les ordonnances des gouverneurs ne peuvent être considérées que comme provisoires, seulement pour la tenue qui en a été l'objet. La provision qu'ils avaient accordée, ils eussent pu la refuser à la tenue suivante [1]. »

En 1770 intervinrent, sur la demande des États, d'autres lettres patentes, ordonnant que les originaires et extra-provinciaires qui, n'ayant pas produit ou ayant été déboutés lors de la réformation de 1668, n'auraient obtenu de jugements confirmatifs que depuis 1696, par lettres patentes, arrêts du Conseil ou ordonnances des Intendants, seraient tenus de se pourvoir devant le Parlement, d'y produire leurs titres et d'y faire juger, contradictoirement avec le Procureur général syndic des États, s'ils avaient les qualités requises par la déclaration de 1736 [2].

Ce dernier règlement fut rigoureusement appliqué, et depuis 1770 on ne voit plus aux États d'entrées de faveur, en sorte que plusieurs familles figurent pour la dernière fois à la session de 1768-1769 et auraient été exclues aux tenues suivantes, si elles s'y étaient présentées.

Une autre réflexion qui naît de la lecture de ces listes, c'est que sur 2,084 familles maintenues aux réformations de 1668-1696, la moitié ne s'est rendue à aucune des trente assises, tant ordinaires qu'extraordinaires, tenues depuis 1736. L'abstention ne doit donc pas faire préjuger d'une manière absolue de la qualité d'une famille, car il n'y avait pas peine de radiation, ni de déchéance contre les absents. La présence aux États était un droit pour les gentilshommes et non une obligation. Il faut bien admettre aussi des abstentions forcées, comme la minorité chez les uns, le manque de fortune, l'exercice du commerce ou tout autre acte de dérogeance chez les autres, l'âge, la difficulté et la lenteur des moyens de transport, et dans beaucoup de cas la profession des armes. Un officier de marine naviguait ; un officier de terre était à la guerre ou en garnison à

---

[1] Déclaration du Conseil des États sur l'interprétation des lettres de 1770. (*Journal du Parlement*, tome IV.)

[2] « Il est certain qu'en dehors des arrêts rendus par la Chambre de la Réformation de 1668, on n'a » jamais eu la même confiance, ni aux ordonnances de maintenue, ni aux jugements émanés soit des » Commissaires départis, soit même du Conseil du Roi, où les familles étant moins connues, pouvaient » avoir plus de facilité *à surprendre des jugements favorables par la similitudes des noms, en prenant » de fausses attaches à des maisons nobles,* ou sur des pièces qui, produites en Bretagne devant des juges » instruits des lois et des usages de la province, n'eussent pu soutenir un examen de discussion. » (Déclaration du Conseil des États sur l'interprétation des lettres de 1770, imprimée au tome IV du *Journal du Parlement.*)

Nous regrettons que la longueur de ce curieux et excellent Mémoire, signé des plus célèbres avocats du temps, MM. Marc de la Chénardaie, Poulain du Parc, Varin, Boylesve et le Chapelier, ne nous permette pas de le reproduire *in extenso*.

l'extrémité de la France. Les gentilshommes de la Basse-Bretagne se rendaient rarement aux tenues assignées à Rennes ou à Nantes ; ceux de la Haute-Bretagne étaient au contraire en minorité aux États de Vannes ou de Morlaix. En résumé, les preuves de noblesse tirées de la présence aux États ne peuvent être invoquées par toutes les familles, même d'ancienne extraction, tandis que toutes celles préalablement déboutées et celles d'origine étrangère à la province, dès qu'elles avaient obtenu un arrêt de réhabilitation ou de maintenue au Parlement, s'empressaient d'user de leur droit et de se rendre à ces assemblées.

Les noms, prénoms et évêché de chaque membre étaient inscrits sur les registres du greffe ; mais en donnant ensuite leurs adresses à l'imprimeur des États, quelques gentilshommes faisaient précéder leur nom d'un *titre* plus ou moins arbitrairement porté. Ces titres ne figurent pas sur les registres originaux et sont même entièrement proscrits de plusieurs listes imprimées, comme ils le sont des listes du Parlement et de la Chambre des Comptes.

L'esprit égalitaire était tel parmi la noblesse, que les gentilshommes ne voulaient admettre entre eux aucune supériorité et ne reconnaissaient en fait de titres que les neuf baronnies dites d'États.

On remarquera aussi l'interdiction, pour les membres du Parlement, de siéger aux États, dont il avait à exécuter ou même à contrôler et suppléer les décisions.

Le Parlement était tout à la fois un corps judiciaire et politique ; à propos de l'enregistrement des édits du Roi, il examinait leur constitutionnalité et prononçait entre les États et le Pouvoir exécutif ; il devait donc n'être engagé ni envers les États ni envers le Pouvoir, pour ne pas avoir à prononcer dans une cause où il aurait été juge et partie. C'est comme attachés au Parlement que les secrétaires du Roi n'entraient pas non plus dans les assemblées d'États, et, dans un ressort moins étendu, puisqu'il se bornait aux matières financières seulement, la Chambre des Comptes avait les mêmes incompatibilités. On voit par là qu'avant 1789 les idées vraiment libérales étaient, à certains égards, plus avancées que de nos jours, où nous avons vu le budget voté par ceux-là même qui y prenaient la plus large part.

Les dernières assises des États ouvertes à Rennes le 29 décembre 1788, furent suspendues par un arrêt du Conseil du 7 janvier 1789, qui les ajournait au 3 février. La noblesse, malgré l'ordre de dissolution auquel le Tiers s'était soumis, continua de siéger aux Cordeliers de Rennes jusqu'au 1er février, nonobstant l'émeute dont le siège de ses délibérations avait été, les jours précédents, le sanglant théâtre. Notre relevé s'arrête à la tenue précédente de 1786, car on ne retrouve pas la liste des membres qui prirent part à la dernière représentation solennelle des anciennes franchises bretonnes. Nous disons la dernière, puisque l'ordre du Tiers refusa de s'associer aux délibérations et aux votes des deux autres ordres réunis au mois d'avril suivant à Saint-Brieuc, pour la nomination des députés aux États généraux de France. Le Tiers voulait être convoqué par sénéchaussées, et non en corps d'États conformément à ce qui s'était de tout temps observé, et à ce qui était écrit dans les constitutions de la Bretagne.

La noblesse protesta, appela les anoblis de la province et ceux qui avaient la noblesse transmissible à adhérer à ses protestations, et se sépara le 19 avril, après avoir déclaré que la convocation de deux ordres sans le Tiers étant inconstitutionnelle, il n'y avait pas lieu d'élire des députés aux États généraux. Elle ordonnait en même temps le dépôt, aux archives des États de ses protestations en faveur des droits, franchises, privilèges, libertés et immunités de la province [1]. On sait que, depuis Louis XIV, les princes les respectaient peu ; mais l'opposition de la noblesse aux édits du Roi qui y portaient atteinte n'arrêta pas son dévouement à la royauté, pour laquelle elle se fit décimer à l'armée des Princes, à l'armée de Condé, dans la Vendée et à Quiberon, et, depuis soixante-dix ans, son histoire n'est qu'un glorieux martyrologe.

Aujourd'hui, la noblesse ne conférant plus de priviléges dans l'État, ayant perdu en France son caractère politique et n'y étant acceptée que comme distinction sociale, n'a plus d'autre place que celle que l'opinion veut bien lui accorder ; mais l'opinion est tenue apparemment en grande estime, puisque l'on voit tant de gens, qui ne sont nés ni nobles ni titrés, poursuivre ces distinctions sociales par des usurpations ridicules ou les convoiter comme de désirables récompenses. Ils ignorent complétement que la vraie noblesse ne se donne ni ne s'achète, qu'elle est indépendante des titres, qu'elle leur est antérieure et supérieure.

D'ailleurs, qui est-ce qui se préoccupe de nos jours de la légitimité d'un titre? Cette indiscrète question ferait sourire dans le monde le plus aristocratique où l'on s'informe seulement si quelqu'un *prend* un titre, et cette facilité à en prendre comme à en donner, réduit singulièrement la valeur de ceux auxquels les familles ont quelque droit de prétendre.

Nous insérons aux pièces justificatives la liste des terres titrées d'ancienneté immémoriale avec la suite de leurs possesseurs successifs, celle des terres érigées en dignité et celle des titres acquis par lettres souveraines. Nous avons aussi conservé sur nos listes aux personnes qui ont eu les honneurs de la Cour et aux officiers généraux, indépendamment des titres héréditaires dont les uns et les autres pouvaient être décorés, les titres personnels et viagers inscrits sur leurs lettres de présentation ou leurs brevets. En dehors de ces catégories, les seules patentes quoique fort distinctes, il peut exister d'autres titres jouis plus ou moins régulièrement par prescription ; il ne nous était pas possible de nous livrer à l'examen de leur légitimité, les éléments de conviction nous faisant absolument défaut ; nous ne pouvions donc les admettre faute de justification suffisante.

Notre œuvre serait bien imparfaite sans le concours qu'ont bien voulu nous prêter quelques hommes spéciaux auxquels nous sommes heureux de témoigner notre gratitude. C'est à M. Léon de Tréverret, ancien garde-du-corps du Roi, qui possède si parfaitement l'histoire de l'ancienne armée française, que nous devons la nomenclature des pages du Roi et celle des officiers généraux. M. Briant de Laubrière a mis gracieusement à notre disposition les matériaux qu'il avait rassemblés pour une nouvelle édition de son *Armorial de Bretagne*, et spécialement ses extraits de l'*Armorial Breton*, manuscrit de la Bibliothèque de l'Arsenal, et ses extraits des portefeuilles de *Gaignières* et des *Blancs-Manteaux*. Enfin, M. Ernest de Cornulier, auteur du *Dictionnaire des terres du comté nantais*, ouvrage qui nous a été si utile pour cette partie de la Bretagne que nous connaissions moins, a dépouillé à notre intention, aux archives de la Cour des Comptes de Nantes, plusieurs des documents originaux cités dans notre *Bulletin bibliogra-*

---

[1] Ce procès-verbal existe aux archives d'Ille-et-Vilaine ; mais l'état nominatif des signataires n'y est pas joint. D'autres mémoires de la noblesse de Bretagne au Roi, imprimés en mai 1788 et janvier 1789, sont au contraire revêtus de 13 à 1400 adhésions par signatures ou par procuration.

phique. C'est à l'active et précieuse collaboration de M. de Cornulier, c'est à ses lumières et à sa complaisance inépuisables que le public sera redevable de la supériorité de cette édition sur la précédente.

Nous aurions désiré y joindre comme complément le *Dictionnaire héraldique*, aujourd'hui épuisé, publié en 1855 ; mais c'était grossir démesurément notre cadre dont les limites présumées ont été déjà notablement élargies. Nous nous réservons donc de faire ultérieurement de cet ouvrage l'objet d'une publication spéciale indépendante de celle-ci, dont elle sera néanmoins l'appendice.

Nous n'avons pas sans doute la prétention d'avoir épuisé le sujet dans l'œuvre laborieuse que nous venons d'achever. Il a existé un certain nombre de familles, marquées dans les anciennes réformations des fouages, dont les blasons sont encore inconnus, et les procès-verbaux des droits honorifiques et prééminenciers dans les églises décrivent quantité de vitres et d'écussons dont l'attribution reste à fixer. Nous avons du moins beaucoup fait pour remplir les lacunes de l'édition de 1846 et pour faciliter la tâche de nos successeurs, en éclairant bien des doutes et en rectifiant bien des faits.

A défaut d'autre mérite, on ne nous refusera pas, nous l'espérons, celui d'avoir cherché au milieu des ruines que notre époque ajoute à d'autres ruines à suivre le conseil d'Ovide :

Sparsa..... matris collige membra tuæ.

NOBILIAIRE

ET

ARMORIAL DE BRETAGNE.

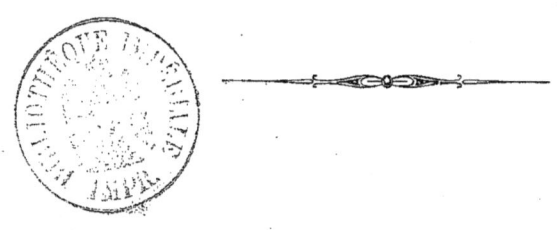

ORIGINE ET FORMATION DES NOMS DE FAMILLE.

Le nom patronymique, nom de famille ou surnom, est un nom commun à tous les descendants d'une même race et transmis par son auteur; il se continue de père en fils dans la même famille et appartient à toutes ses branches. Le nom propre, nom de baptême ou prénom, est celui qui précède le nom de famille, et il est l'appellation distinctive de chaque individu de la même famille.

On voit par la généalogie de Jésus-Christ que les Hébreux ne connaissaient pas les noms de famille héréditaires. Les Grecs n'en firent pas non plus usage, et, à l'exemple des Hébreux, ils indiquaient le nom de leur père après le leur, pour se distinguer entre eux. La pluralité des noms n'est donc pas antérieure aux Romains, qui, suivant Tite-Live, appelaient le nom général qui se donne à toute la race *Nomen gentilitium*, et le nom personnel *Prœnomen*. A ces deux noms ils en ajoutèrent par succession de temps un troisième qu'ils appelèrent *Cognomen*, et qui servait à désigner à quelle branche d'une même famille on appartenait. Enfin, ils faisaient quelquefois usage d'un quatrième nom *Agnomen*; mais ce dernier, qui se donnait généralement en mémoire d'une action éclatante, était personnel et non transmissible. De cette dernière espèce étaient le nom d'*Africanus* pris par l'un des Scipion, d'*Asiaticus* pris par l'autre, et celui de *Torquatus* donné à Manlius.

L'empereur César s'appelait Caïus-Julius-César. Caïus était le nom personnel, *prœnomen*; Julius était le nom de sa famille, *nomen*, et César le nom particulier de sa branche, *cognomen*.

Publius-Cornélius-Scipio-Africanus réunit le *prœnomen*, le *nomen*, le *cognomem* et l'*agnomen*.

Les barbares qui renversèrent l'empire romain, et les Bretons lors de leur établissement dans l'Armorique, ne portaient, ainsi que les plus anciens peuples, qu'un seul nom propre et individuel; mais, comme les Hébreux et les Grecs, ils énonçaient à la suite de leurs noms celui de leur père, comme Hervé fils de Josselin, Robert fils de Guéthenoc, Raoul fils de Judicaël. On voit par les actes donnés par D. Morice, que cet usage se conserva dans les diocèses de Léon et de Cornouailles jusqu'à la fin du XIIe siècle. Ainsi une donation de 1069, faite à l'abbaye de Sainte-Croix de Quimperlé, a pour témoins :

Kadou mab (en breton, *fils*) David.
Killœ mab Gusfred,
Saliou mab Gulchuen,
Guen mab Gualc'h,
Lancelin mab Budoëre,

Derian mab Tanguy,
Kadoret mab Huelin,
Even mab Edern,
Jungomarc'h mab Gurgaraël [1].

Dans les autres diocèses, les nobles commencèrent dès le XIe siècle à prendre des surnoms qu'ils tirèrent soit de leurs terres, soit de quelque sobriquet. A leur exemple, les individus des classes inférieures qui furent successivement affranchis ou qui conquirent une personnalité plus distincte, au lieu d'être uniquement désignés par leur nom de baptême et celui de leur père, prirent ou reçurent de nouveaux noms, car la plupart leur furent sans doute imposés. Quoi qu'il en soit, toutes ces variétés de noms sembleraient pouvoir se diviser en cinq classes distinctes :

1° Les noms de lieux, soit qu'ils proviennent de provinces, de villes, de paroisses, de chapelles, de seigneuries ou de simples domaines tenus et manœuvrés par des vassaux.

2° Les noms de baptême transmis héréditairement par les pères aux enfants.

3° Les noms de dignités ecclésiastiques ou féodales, fonctions, offices, professions ou métiers; ceux indiquant la condition et les degrés de parenté.

4° Les noms des bonnes ou mauvaises qualités physiques ou morales, auxquels on peut joindre les noms d'animaux, parce que la plupart n'ont été donnés qu'à cause de quelque similitude.

5° Enfin la foule des noms qui ne sont relatifs ni à la terre, ni aux fonctions ou à l'industrie, ni aux qualités ou défauts saillants, mais qu'on a empruntés aux plantes, fleurs ou fruits; aux meubles, instruments, habits; aux saisons, aux mois ou aux jours de la semaine; aux éléments, aux astres, aux métaux. En un mot, l'on peut rejeter dans la même catégorie la plupart des sobriquets de tout genre.

---

[1] Cartulaire de Quimperlé, apud D. Morice, t. 1, *Preuves*, col. 432.

De ces cinq variétés de noms, aucune ne peut être attribuée exclusivement aux familles nobles, car les simples tenanciers ont souvent adopté le nom de leur tenue, les bâtards celui de leur paroisse, et les sobriquets même les plus grotesques étaient portés par les nobles dès le xiie siècle. On peut seulement présumer que les familles le plus anciennement illustrées n'ont jamais dû porter de noms de métiers, et que les familles qui portent ces derniers noms ont eu pour auteur un individu qui exerçait l'industrie rappelée par le nom patronymique.

La coutume des sobriquets s'est conservée dans la classe populaire, comme elle règne dans les écoles parmi les enfants, et l'on voit des gens qui finissent par s'en accommoder jusqu'à les joindre à leur vrai nom, même dans les actes publics. Les sobriquets sont donc souvent devenus des noms de famille; cependant il paraissent avoir été inconnus dans les Gaules sous les Mérovingiens, et sous les Carlovingiens ils n'étaient pas encore héréditaires [1].

Les princes bretons portant souvent le même nom propre, on employa des surnoms particuliers pour les distinguer entre eux pendant les viiie, ixe, x[e] et xie siècles. Ainsi, on trouve dans cette période de notre histoire :

Grallon Meur (*grand*),	Budic Meur,	Daniel Dremruz (*face rouge*),
Grallon Flam (*brillant*),	Budic Castellin,	Daniel Unva,
Alain Rébras (*trop grand*),	Alain Barbetorte,	Alain Fergent.
Alain Caignart,	Alain le Noir,	

Il n'est pas certain que ces surnoms leur aient été donnés de leur vivant; du moins sur les chartes ils ne signent que le nom de baptême, qui est effectivement le vrai nom de la personne, et, à l'exemple des princes, les évêques ont retenu cette ancienne coutume.

Plusieurs siècles après l'adoption héréditaire des noms de famille, les femmes n'avaient encore que leur nom de baptême, et l'adoption d'un nom de famille n'a pas été générale en Bretagne avant la fin du xive siècle; sans cela on n'y trouverait pas autant de familles de paysans qui portent les noms de *Blois* ou de *Montfort,* sans doute parce que leur auteur s'était trouvé dans les armées de l'un ou l'autre de ces deux compétiteurs au duché de Bretagne.

Beaucoup de noms primitifs ont été changés par vanité, et parce qu'ils avaient une signification ridicule en français [2], et les familles y ont souvent substitué des noms de terre, ce qui explique pourquoi un si grand nombre de noms patronymiques sont aujourd'hui perdus. D'autres familles ont traduit leur nom du breton en français, comme les Penfeunteniou, les Penhoat, les Iaouancq, les Roué, les Coat, les Traon, qu'on appelle souvent maintenant : Cheffontaines, Chef du Bois, le Jeune, le Roi, du Bois, du Val; d'autres enfin en ont fait des noms hybrides, comme Châteaufur, Châteaumen, Dounval, la Villéllio, au lieu de Castelfur, Castelmen, Traondoun, Kerillio.

[1] D. de Vaines, *Dictionnaire de Diplomatique.*
[2] De nos jours même, la famille Poilvilain a pris lettres à la chancellerie pour s'appeler dorénavant Soivilain.

Nous avons dit que beaucoup de noms de baptême étaient devenus des noms de famille; souvent ils ont été précédés d'un radical breton comme *Ker*, mot qui correspond à celui de *ville* dans les autres provinces de France. Ainsi les Tanguy, Salaun, Morvan, Roignant, Jean, Pierre, Pol, Derrien, sont devenus des Kertanguy, Kersalaun, Kermorvan, Kerroignant, Kerjean, Kerber, Kerbol, Kerderrien.

Les Châteaubriant, Goasbriant, Guébriant, Kerbriant, Trobriant se nommaient Briant. Les premiers appelèrent *château* leur habitation; les suivants élevèrent la leur, soit sur le bord d'un ruisseau (*Goas*), sur un gué (*Gué*) ou dans un vallon (*Traon* ou *Tro*). Les noms de lieux se sont formés non-seulement par l'adjonction à un nom de baptême des radicaux Castel, Goas, Gué, Guern, Ker, Les, Land, Loc, Plou, Roc'h, Tref, et autres dont nous donnerons en même temps que de ceux-ci la signification; mais ils ont été appelés de leur position topographique, du voisinage de quelque pierre, montagne, arbre, etc., et tous ont une signification.

Dans la Haute-Bretagne, les noms de lieux se sont souvent composés d'un nom patronymique suivi des désinences *aye, aie* ou *ais*, et *ière* ou *té*, qui deviennent *ey* et *y* en Normandie et sont synonymes d'*ac* en Gascogne.

Ainsi on trouve des :

Le Bel de la Belière,	Leziard de la Leziardière,
Belin de la Belinaye,	Mancel de la Mancelière,
Bidé de la Bidière,	Martin de la Martinière,
Bigot de la Bigotière,	Morin de la Morinaye,
Blanchard de la Blanchardaye,	Morice de la Moricière,
Breton de la Bretonière,	Piron de la Pironais,
Le Duc de la Ducheté,	Provost de la Provostaye et Provosté,
Le Fer de la Ferrière,	Réau de la Réauté,
Ferron de la Ferronnaye,	Robin de la Robinaye,
Hersard de la Hersardaye,	Vincent de la Vincendière.

Ces désinences doivent être prises dans le sens du pluriel : ainsi la Belière, la Martinière, la Vincendière, ne signifient pas la demeure d'*un* le Bel, d'*un* Martin, d'*un* Vincent, mais plutôt *des* le Bel, *des* Martin, *des* Vincent.

Les noms de saints rappellent une chapelle ou un ermitage sous le vocable de ce saint ou habité anciennement par lui. Cependant quelques-uns ne sont pas des noms de lieux, mais des enseignes de marchands au moyen âge, dont ces marchands se sont fait des noms de famille; c'est pour cela que nous avons tant de Sainte-Croix, Sainte-Marie, Saint-Pierre, Saint-Paul, Saint-Jean, etc.

Les noms ou surnoms tirés de la forme du caractère, des qualités ou des défauts des individus, du mois de leur naissance; les noms d'animaux et même les surnoms les plus grotesques peuvent appartenir à des familles d'ancienne extraction noble, aussi bien que les noms rappelant la patrie, comme le Gall, Gallois, le François, l'Anglois, le Normand, Picart, Bourgoing, Gascoing, le Valois, Poitevin, Lionnais, Lallemand, Lombart; mais on comprend que ces dernières familles ne sont pas originaires de Bretagne.

Les familles le Bret, Bretagne, le Breton, ont sans doute une origine bretonne, mais il a fallu qu'elles eussent émigré dans d'autres provinces, lorsqu'elles ont reçu leur appellation.

Beaucoup de noms sont des adjectifs en breton, composés d'un substantif suivi de l'augmentatif *ec, euc, oc* ou *ac*, suivant les dialectes, ou du diminutif *ic*. Le français a pareillement des augmentatifs qui sont *ard, eau* et *u*, et des diminutifs *et, in, ot*.

Ainsi le GUEN, le BLANC, devient *Guennec* ou *Guennoc*, c'est-à-dire Blancart, Blanchard.

SCOUARN, oreille, devient *Scouarnec*, c'est-à-dire oreillard.

PENN, tête, devient *Pennec*, c'est-à-dire Têtard ou Têtu.

PAV, patte, devient *Pavec*, c'est-à-dire Patu.

GAR, jambe, devient *Garec*, c'est-à-dire Jambu.

CORN, corne, devient *Cornec*, c'est-à-dire Cornard ou Cornu.

BOC'H, joue; augmentatif *Boc'hec*, joufflu; diminutif *Boc'hic*.

COZ, vieil; augmentatif *Cozec*, vieillard; diminutif *Cozic*.

Richard est l'augmentatif de Riche, dont Richelet est le diminutif. Coignet, Grandet, Jolivet, Noblet, Robinet, Roitelet, Jardinet sont les diminutifs de Coing, Grand, Jolif, Noble, Robin, Roi, Jardin. Une autre terminaison des noms bretons est le pluriel; nous en citerons plusieurs exemples, et nous ferons observer que l'usage de donner une terminaison plurielle à un nom de famille, pour désigner collectivement les individus qui composent cette famille, continue toujours à être suivi. On sait qu'en Italie les noms de famille se mettent aussi au pluriel, et en Pologne au féminin.

Nous répèterons que les noms de profession ou de métier n'ont vraisemblablement pas appartenu dans le principe à des nobles, car il est probable que ces professions ou métiers ont été exercés par les premiers auteurs de ces familles, qui en ont gardé le nom. On pourrait en conclure que les familles qui ne portent qu'un nom de terre sont plus anciennes que les autres; toutefois, on ne doit rien avancer à cet égard d'une manière absolue, car, d'une part, on rencontre des noms de métiers portés par des seigneurs dès le XIIe siècle, et d'un autre côté, on sait qu'un grand nombre de noms patronymiques sont aujourd'hui perdus. Un nom de métier n'implique donc pas toujours l'existence d'un ancêtre qui a exercé cette profession. Si le connétable de Clisson eût vécu plus tôt, son surnom de *Boucher* eût pu passer à sa race. On appelle tous les jours *Maçon* celui qui fait beaucoup bâtir, sans pour cela tenir la truelle, et une famille *Boulanger* a été ainsi nommée pour avoir nourri à ses dépens toute une ville, pendant une disette.

On trouve aussi, dès le temps de la formation des noms, un très-grand nombre de roturiers qui ont pris des noms de lieux; mais le plus souvent ces noms, à la différence de ceux des familles nobles, ne se rattachent pas à un domaine particulier. On s'appelait du Bois, sans dire de quel bois; de la Vigne, du Pré, sans désigner quelle vigne ou quel pré, et de même du Champ et des Champs, de la Cour, du Four, du Val, de la Porte, de la Planche, de la Rue, de la Croix, du Chemin, de la Pierre, etc. Ces noms sont excessivement communs en breton et en français, et un grand nombre, sans qu'il y ait encore ici rien d'absolu à affirmer, ont été donnés dans le principe à des bâtards, en raison des circonstances dans lesquelles ils ont été recueillis [1].

Dans les deux derniers siècles, tous les bourgeois vivant noblement, c'est-à-dire ne faisant pas le commerce, dès qu'ils étaient possesseurs d'un petit quartier de terre en prenaient le nom, et quittaient même souvent leur ancien nom de famille pour celui de leur domaine, vanité que Molière a ridiculisée dans ces vers de l'*Ecole des Femmes* :

> Quel abus de quitter le vrai nom de ses pères
> Pour en vouloir prendre un bâti sur des chimères !
> De la plupart des gens, c'est la démangeaison ;
> Et sans vous embrasser dans la comparaison,
> Je sais un paysan qu'on appelait Gros-Pierre,
> Qui n'ayant pour tout bien qu'un seul quartier de terre,
> Y fit tout à l'entour faire un fossé bourbeux,
> Et de Monsieur de l'Isle en prit le nom pompeux.

Nous ignorons si c'est avant d'avoir fait ces vers ou après, que Jean-Baptiste Poquelin devint M. de Molière (du Moulin), mais il paraît que la mode fut contagieuse, même pour lui.

« Plusieurs suppriment leurs noms, dit aussi la Bruyère, qu'ils pourraient conserver
» sans honte, pour en adopter de plus beaux où ils n'ont qu'à perdre, par la compa-
» raison que l'on fait toujours d'eux qui les portent, avec les grands hommes qui les ont
» portés. » Il s'en trouve enfin qui, nés à l'ombre d'un clocher de Léon ou de Cornouailles, allongent leur nom d'une terminaison étrangère, croyant se rendre des personnages plus importants.

Tout le monde connaît de ces individus cosmopolites qui répondaient dans leur enfance au nom de Martin, par exemple, et qui, suivant la province ou le pays dont ils ont intérêt à se dire originaires, deviennent des Kermartin en Basse-Bretagne, des la Martinière dans la haute, des Martinville en Normandie, des Martincourt en Picardie, des Martinbourg en Flandre, des O'Martin en Irlande, des Mac Martin en Ecosse, des Fitz Martin ou Martinson en Angleterre, des Martinski en Pologne, des Martinowitz ou Martinoff en Russie, des Martini, Martinelli, Martinosi, Martinengo en Italie, des Martineng en Dauphiné, des Martignac en Gascogne, des Martinez en Espagne, et qui en passant par Montmartin et Martigny, finissent par mourir Martineau.

Mais ce n'est point un traité des usurpateurs de noms que nous faisons ici ; nous n'avons voulu qu'indiquer seulement la formation et l'origine des noms. Pour trouver

---

[1] A ce sujet, nous ne voyons pas pourquoi on ne donne plus aux bâtards de noms qui leur permissent, une fois devenus hommes, de se confondre avec les autres familles sans que leur origine fût marquée par leur nom. Nous avons vu la même semaine trois enfants naturels nés à Morlaix, auxquels on avait imposé les noms de *Dièze*, *Bémol* et *Bécarre*. N'était-il pas plus simple de leur donner un nom en conformité de leur signalement ou du lieu où ils étaient exposés ? Et par exemple, si l'un avait de grands yeux, de le nommer *Lagadec*, ou *Garec* s'il avait de fortes jambes, ou *Scouarnec* s'il avait de longues oreilles. Ces noms, portés par une infinité de familles, ne sont point ridicules comme ceux qu'on a infligés à ces malheureux. Nous recommandons cette observation aux maires ou à leurs secrétaires, qui ont de trop fréquentes occasions de la mettre en usage.

nos exemples, nous n'avons eu qu'à compulser les registres de l'état-civil dans un certain nombre de communes, et souvent même qu'à nous promener dans les rues d'une grande ville, en prenant note des noms des marchands sur les enseignes. Ces noms formeraient un vaste glossaire, dont nous sommes loin d'avoir épuisé la liste que d'autres continueront.

Nous terminerons ce préambule en faisant remarquer que si la connaissance de la langue romane et du breton eût été plus répandue, bien des gens auraient sans doute évité le non sens grammatical d'accoler la particule *de* à des épithètes adjectives ou à des prénoms, à des noms de métiers ou même à des noms d'animaux, ce qui se voit souvent.

PREMIÈRE CLASSE.

NOMS DE FAMILLE TIRÉS DES NOMS DE LIEUX.

Principaux radicaux bretons et noms qui en dérivent.

AOT.

AOT, rivage, *nom de famille correspondant ou synonyme en français de* : la Rive, du Rivage.

AVAL.

AVAL, pomme, *pluriel* Avalou, Avaleuc et Avalot, lieu abondant en pommes, la Pommeraye.

BALAN.

BALAN, genêt, Balanan, Balanec, Kerbalanec, la Genétaye.

BEC.

BEC, pointe, du Bec, des Pointes, Becmeur, grande pointe.

BÉVEN.

BÉVEN, bouleau, Bévenec, la Boulaye.

BEUZ.

BEUZ, Beuzit, buis, *pluriel* Beuzidou, la Boëssière, la Boissière ou la Boixière.

BOT.

BOT ou BOD, *en construction* : le Vot, buisson, du Bos, du Bosc, du Buse, de Buisson, Boquet, du Bouchet, la Barte, la Brosse, la Brousse, la Touche, les Touches.

BOT-glazec et Bollazec, buisson de verdure.
BOT-deru ou derff, — de chêne.
BOD-illio, — de lierre.
BOD-illy, — de cormier.
BOD-ivin, buisson d'if.
BOT-loré, — de laurier.
BOD-onn, — de frêne.
BOT-sco, — de sureau.

Bot-garz, buisson de la haie.
Bot-meur, — grand.
Bot-Quénal, *nom propre.*
Bot-Miliau, *idem.*
Bod-Igneau, *idem.*
Bod-ros, — de roses ou du tertre.

Bod-énes, buisson de l'île.
Bod-illis, — de l'église.
Bot-cudon, — du ramier.
Bot-orel, — de la bille.
Bot-téo, — épais.
Bot-quéau, — creux.

Les noms des paroisses de Bobital, Bodivit, Bothoa, Botlézan, Boquen et Botsorhel ont le même radical.

BRAN.

Bran, Bré (en gallois, *mons, collis*), d'où les noms de paroisses ou de familles de Brains, Brélès, Brandérion, Bréal, Brécé, Brech, Bréhant, Bréhat, Bréhoat, Brélévenez, Brélidy, Bréteuil, Bréventec, Brenilis, Branbuan, Brangays, Brangolo, Brémeur, Bréhonic, Brenolou, Brézal, Brescanvel, Bréneuc, Brénéen, Branseuc, Brambeat, Bresséan, Brenéol.

BRUC.

Bruc, bruyère, des Brieux, la Brière.

CASTEL.

Castel, château, du Chastel, Castel.

COAT.

Coat ou coët, bois; *diminutif* Coadic, Couëdic, Petit-Bois, Broël, Breil, du Breuil.

Coat ou Coët-Arel, *nom propre et nom de famille.*
Coat-ar roc'h, bois de la roche.
Coat-an Rouz, *nom de famille.*
Coat-an scour, — de la branche.
Coat-ar Moal, *nom de famille.*
Coat-bihan, — petit.
Coat-meur, — grand.
Coat-doun, — profond.
Coat-dreuz, — de travers.
Coat-lédan, — large.
Coat-Cougar, *nom propre et nom de famille.*
Coat-élez, — des anges.
Coat-an fao, — du hêtre.

Coat-an garz, bois de la haie.
Coat-Inizan, *nom propre et nom de famille.*
Coat-Ivy, *idem.*
Coat-losquet, — brûlé.
Coat-men, — de la pierre.
Coat-ménec'h, — des moines.
Coat-quelven, — des noisettes.
Coat-quéau, — de la caverne.
Coat-griziou, — des racines.
Coat-saout, — du bétail.
Coat-an empren, — du rayon de roue.
Coat-Morvan, *nom propre et nom de famille.*
Coat-cren, — du tremble, la Tremblaye.

CLEUZ.

Cleuz, fosse, *pluriel* Cleuziou, la Fosse, des Fossés, Clezmeur, grand fossé.

COMBOT.

Combot, étage, terrasse, de l'Estrade.

CREAC'H.

CREAC'H, Crec'h ou Quénec'h, mont, du Mont (*voyez* MÉNEZ, Ros et RUN).

CREAC'H-quérault, mont du hérault.
CREAC'H-Morvan, *nom propre et nom de famille.*
CREAC'H-Miquel, *idem.*
CREAC'H-grizien, — de la racine.

CREAC'H-Riou, *nom propre et nom de famille.*
CREAC'H-meur, — mont grand.
CREAC'H-menec, — pierreux.
QUÉNEC'H-quiv-illy, — de la souche du cormier.

CORN.

CORN, *pluriel* Cornou ; *diminutif* Cornic, du Coin, Coignet, Le Corgne.

DÉROFF.

DÉROFF, chêne, Dervec, Dervenec, — lieu abondant en chênes, la Chesnaye, du Chesne, des Chesnes, de Caine, du Quesne, du Chesnoy, du Quesnoy, Chesnel, du Rouvre, du Rouvray, du Rouvroy.

DOUR.

DOUR, *diminutif* Douric, eau, de l'Aigue, Dourven, — eau blanche, Dourduff, — eau noire.

DOR.

DOR, porte, de la Porte, Delporte, des Portes, Portail.

DREN.

DREN, épine, Kerdren *ou* Kerdrain, — l'Épinaye.

DREZ.

DREZ, ronce, Drézec, Drézenec, lieu abondant en ronces, Ronsard, la Roncière.

ÉNEZ.

ÉNEZ, île, *pluriel* Inizi, — de l'Isle, des Isles, Énez-gaër, — Belle-isle.

FAVEN.

FAVEN, *pluriel* Fao, hêtre, du Fay, du Faou, Kerfaven, Favec, Favenec, Faouëd, et son *diminutif* Faouëdic, lieu abondant en hêtres, La Charmoye.

FROST.

FROST, lieu inculte, désert, Gastine, la Gastinais.

GARZ.

GARZ, haie, des Hayes, des Essarts, Brou, de la Brosse, des Brosses.

GOAZ.

GOAZ, *pluriel* Goaziou,
GOAZEL, *pluriel* Goazellou, } ruisseau, de la Noue, de la Noë, du Chanel.

GOAZ-Moal, *nom de famille.*
GOAZ-Briant, *idem.*
GOAZ-glas, ruisseau vert.
GOAZ-ven *ou* guen, — blanc.
GOAZ-duff, — noir.
GOAZ-ruz, — rouge.

GOAZ-lin, ruisseau du lin.
GOAZ-quélen, — du houx.
GOAZ-caër, — beau.
GOAZ-ien, — froid.
GOAZ-clin, — du coude [1].

GOUEZ.

GOUEZ, arbre, Guézennec, Guéhenneuc, lieu abondant en arbres.

GOVEL.

GOVEL, *pluriel* Gouvello, forge, des Forges, de la Forge, de la Ferronaye, de la Farge.

GUÉ.

GUÉ, gué, Gué-Briant, *nom propre et nom de famille.*

GUÉ-Madeuc, *nom de famille.*
GUÉ-méné, gué de la montagne.

GUERN.

GUERN, *en construction*: le Vern, *diminutif* Guernic; *pluriel* Guernigou, aulne, marais, de Launay, des Aulnayes, de la Vergne, de Vernède, des Maretz.

GUERN-ar-c'han, marais du canal.
GUERN-élez, — des anges.

GUERN-Isac, *nom propre.*
GUERN-Even, *idem.*

GUIC.

GUIC (*vicus*), bourg, du Bourg, Guinévès, — Neufbourg et Bourgneuf (*voyez* PLOË).

GUINI.

GUINI, des vignes, du Vignau, Vignon.

ILLY.

ILLY, cormier, Corn-illy, Treff-illy, Trécévilly, Traonrivilly, Mesilly.

HALEC.

HALEC, Haléguen, saule, Haléguec, lieu abondant en saules, la Sauldraye, la Soraye, la Saussaye.

KER.

KER *ou* QUER, *en construction*: Guer, *diminutif* Keric, *pluriel* Kerigou; ville, lieu, maison, du Mas, du Mesnil, de la Case, du Hamel (*voyez aussi* TI). Gorré-quer, Hauteville; Gouëlet-quer, Basse-ville.

KER-gos, ville vieille; Cos-quer, Vieuville.

KER-névez, ville neuve.
KER-ven, — blanche.

---

[1] Le château du Goazclin ou Guesclin, berceau de la famille du connétable, et situé dans la paroisse de Saint-Coulomb, avait pris ce nom de sa position sur un rocher dans la mer, à l'embouchure d'un ruisseau qui formait un coude ou repli. Ce château fut aussi appelé Guarplic, mot à peu près synonyme du précédent, le premier signifiant ruisseau du coude, et le second anse sinueuse (*sinus arcuatus*).

Ker-duff, ville noire.
Ker-c'hoent, Belleville et Beaulieu.
Ker-madec, Richelieu ; *Madec est aussi un nom de famille.*
Ker-a-dreuz, — de travers.
Ker-an-draon, — du vallon ; Vaucel.
Ker-aër, Ker-aëret, — de la couleuvre, des couleuvres.
Ker-Alain, *nom propre et nom de famille.*
Ker-am-barz, — du barde.
Ker-an-manac'h, — du moine.
Ker-am-bellec, — du prêtre.
Ker-am-Borgne, *nom de famille.*
Ker-am-puil, — abondant.
Ker-an-flec'h, — des écuyers.
Ker-an-forest, — de la forêt.
Ker-nec'h, — d'en haut.
Ker-an-garz, — de la haie.
Ker-an-Gal, *nom de famille.*
Ker-an-Guen, Ker-Guen, *idem.*
Ker-Rannou, *idem.*
Ker-an-tour, — de la tour.
Ker-aot, — du rivage.
Ker-Audren, *nom propre et nom de famille.*
Ker-Autret, *idem.*
Ker-balanec, — du genêt.
Ker-bihan, — petit.
Ker-Biriou (Piriou), *nom de famille.*
Ker-brat, — du pré.
Ker-buzic, — du buis.
Ker-Daniel, *nom propre et nom de famille.*
Ker-Derrien, *idem.*
Ker-faven, — du hêtre.
Ker-Gadiou (Cadiou), *nom de famille.*
Ker-Gallic, *idem.*
Ker-Garadec, *nom propre et nom de famille.*
Ker-Gariou (Cariou), *idem.*
Ker-goat, — du bois.
Ker-goff, — du forgeron.
Ker-Gongar, *nom propre.*

Ker-gour-na-dec'h, ville de l'homme qui ne fuit pas.
Ker-Grist, — du Christ.
Ker-groaz, — de la croix.
Ker-guélen, — du houx.
Ker-guern, — du marais.
Ker-guz, — de la cachette.
Ker-Hamon, *nom propre et nom de famille.*
Ker-illy, — du cormier.
Ker-illio, — du lierre.
Ker-Ynizan, *nom de famille.*
Ker-Jagu, *idem.*
Ker-iar, — de la poule.
Ker-Jan, *nom propre et nom de famille.*
Ker-Geffroy, *idem.*
Ker-Josse, *idem.*
Ker-léan, — du moine.
Ker-Marec, — du chevalier, et *nom de famille.*
Ker-Menguy, *nom propre et nom de famille.*
Ker-men, Ker-menou, — de la pierre ou des pierres.
Ker-merc'hou, — des filles.
Ker-mérien, — des fourmis.
Ker-meur, grand lieu, Grandville, Magneville.
Ker-Morvan, *nom propre et nom de famille.*
Ker-Moysan, *idem.*
Ker-Roignant, *nom de famille.*
Ker-Roudault, *idem.*
Ker-Pezdron, *idem.*
Ker-Prigent, *nom propre et nom de famille.*
Ker-radenec, — de la fougère.
Ker-Raoul, *nom propre et nom de famille.*
Ker-Riou, *idem.*
Ker-Rivoal, *idem.*
Ker-roz, — du tertre.
Ker-Saint-Gilly, *nom de famille.*
Ker-Salaun, *nom propre et nom de famille.*
Ker-Saux, Ker-Sauzon, — du Saxon, des Saxons.

Ker-scaven, et Ker-scao, ville du sureau.
Ker-vasdoué (ou goasdoué), — du vassal de Dieu.
Ker-vastard, — du bâtard.

Ker véguen (ou Guéguen), nom propre et nom de famille.
Ker-yvin, — de l'if.
Ker-Yvon (ou Éosen), nom propre et nom de famille.

LANN.

Lann, lande, Lannec, pluriel Lannegou, lieu abondant en landes, des Landes, Landais, de la Landelle, Lanmeur, — grande lande, Lanven, — blanche lande.

LAN.

Lan, territoire, n'est plus connu que dans la composition des noms de lieux.

Lan-Derneau, territoire de Saint-Ternec.
Lan-Dujan, — de Saint-Tujan.
Lan-Ilis, — de l'Église.
Lan-Jamet, — de Jamet.
Lan-Loup, — de Saint-Loup.
Lan-Houarneau, — de Saint-Hervé.
Lann-Ion, — d'Ion ou d'Huon.
Lan-Edern, — Saint-Edern.
Lan-ascol, — du chardon.
Lan-ros, — du tertre.
Lan-Sulien, — de Saint-Julien.
Lan-Tivy, — de Saint-Divy.
Lan-Ildut, — de Saint-Ildut.

Lan-Divisiau, territoire de Saint-Tiviziau.
Lam-Bol, — de Saint-Pol.
Lam-Ber, — de Saint-Pierre.
Lam-prat, — du pré.
Lan-Urien, — de Saint-Urien.
Lam-Bily, — de Saint-Bily.
Lan-iffern, — de l'enfer.
Lan-Gouéznou, — de Saint-Gouéznou.
Lan-Gnénan, — de Saint-Quénan.
Lan-Déleau, — de Saint-Téléau.
Lan-dévenec, — des falaises.
Lan-goat, — du bois.
Lan-Modez, — de Saint-Modez.

LES.

Les, juridiction (aula, curia), Cour, de la Cour, la Court, de la Barre, des Barres, et dans d'autres cas, lisière, marche, frontière (voyez Marz), de la Marche, la Marque, du Bordage, de la Borde, des Bordes.

Les-coat, la cour, aliàs la lisière du bois.
Les-Guen, — de Blanche, nom propre.
Les-guern, — du marais.
Les-melchen, — du trèfle.
Les-neven, — d'Even, nom propre.
Les-ongar, — de Congar, idem.

Les-louc'h, la cour de la mare.
Les-quélen, — du houx.
Les-quiffiou, — des souches.
Les-Moal, — de Moal, nom de famille.
Les-ar-Drieux, — du Trieux (rivière).
Les-mez, — de la plaine.

Le village le plus éloigné du bourg, dans une paroisse, se nomme souvent Les, suivi du nom de la paroisse, et dans ce cas Les signifie lisière, frontière, marche, comme en France Le Plessis-lès-Tours et tant d'autres lieux. Nous trouvons en Bretagne des :

Les-Ergué.
Les-Plouénan.
Les-Oulien, paroisse de Goulien.
Les-Plougoulm.

Les-Cast.
Les-Plogoff.
Les-Guiel, paroisse de Plouguiel.
Les-Ivy, paroisse de Saint-Divy.

LIORS.

Liors, *pluriel* Liorsou, *diminutif* Liorsic, jardin, Gardin, Jardin, Jardinet.

LOC.

Loc (*locus*), *pluriel* Lojou, loge, ermitage, des Loges, Cotin, de la Celle, de la Chambre, la Cambe, Delcambre, de la Grange, de la Baume, la Cabane, la Bauche, du Buron.

Loc-Christ, ermitage du Christ.
Loc-Maria, — de Marie,
Loc-Ronan, — de Saint-Ronan.
Loc-Ildut, — de Saint-Ildut.
Loc-Majan, ermitage de Saint-Majan.
Loc-Eguiner, — de Saint-Eguiner.
Loc-Kirec, — de Saint-Kirec.
Loc-Harn, de Saint-Hernin.

LOUC'H.

Louc'h, *pluriel* Lohou, mare, étang, lac, de la Marre, des Marres, du Marois, des Maretz (*voyez* Guern, Poul et Stang).

MARZ.

Marz, *pluriel* Marziou, marche, des Marches, de la Marque (*voyez* Les).

MEN.

Men, pierre, *pluriel* méno, ménou, Ménec, — lieu abondant en pierres, la Perrière, des Perrières, Mengleuz, — la Carrière.

MÉNEZ.

Ménez, montagne, du Mont, des Monts, du Molard, du Moncel, du Monceaux (*voyez* Creach, Ros et Run).

MEZ.

Mez, *pluriel* méziou et Mézou, campagne, champ sans clôture, plaine, des Champs, de Camp (*voyez* Parc).

Mez-Grall, *nom propre et nom de famille.*
Mez-an-run, champ du tertre.
Mez-an-ven, — des pierres.
Mez-cam, — courbe, *aliàs* Clinchamps.
Mez-noalet, — du foyer.
Mez-hir, — long, *aliàs* Longchamps.
Mez-meur, grand champ.
Mez-caër, beau champ.
Mez-guen, champ blanc.
Mez-Caradec, *nom propre et nom de famille.*
Mez-gouëz, — de l'arbre.
Mez-naot, — du rivage.
Mez-guéo, — du creux.
Mez-ros, — du tertre.
Mez-illy, — du cormier.

MINIC'HI.

Minic'hi, contraction de *ménec'h-ti* (maison de moines), Refuge, du Refuge.

MILIN.

Milin, moulin, des Moulins, de Molière, Molines, Mellinet.

MOUDEN.

Mouden, manoir bâti sur une éminence, la Motte, de la Mothe, du Mottay, de la Mottaye.

MOGUER.

Moguer, mur, du Mur, *pluriel* moguérou, moguériec, lieu abondant en murs.
Ker-Moguer, maison du mur.
Portz-Moguer, cour du mur.
Plou-Moguer, peuplade du mur.
Tré-Moguer, passage du mur.

MOUSTER.

Mouster, monastère, du Moustier, du Moustoir.

ONN.

Onn, frêne, Onnec, lieu planté de frênes, du Fresne, de la Fresnaye, du Fresnoy.

PALUDEN.

Paluden, Palud, *diminutif* Paludic, *pluriel* Paludou, palus, la Palue.

PARC.

Parc, parc, champ (*voyez* Mez).
Parc-coz, vieux champ.
Parc-scau, champ du sureau.

PEN.

Pen, tête, *olim* Teste, Chef, Cap.
Pen-an-coat, *contraction* Pen-hoat, chef du bois.
Pen-hoadic, — du petit bois.
Pen-an-dreff, — de la barrière.
Pen-an-ros, Pen-ros, — du Tertre.
Pen-ar-rue, — de la rue.
Pen-ar-pont, — du Pont.
Pen-feunteniou, — des fontaines.
Pen-guern, Pen-an-vern, — du marais.
Pen-aot, chef du rivage.
Pen-guilly, — du revers (*de la montagne*).
Pen-al-lan, — de la lande.
Pen-marc'h, — du cheval.
Pen-an-nec'h, — de la montagne.
Pen-poullou, — des mares.
Pen-quer, — de ville.
Pen-thièvre, — du Trieux (rivière).
Pen-treff, — de la trève.
Pen-trez, — de la grève.

PLOË.

Ploë, peuplade, village, bourg, Vieux-bourg, Neuf-bourg, Bourg-neuf, Bourg-blanc, Riche-bourg.

Ce mot, dont on fait *plou*, *pleu*, *plé* et *plu*, et qui a pour synonyme latin *plebs*, entre dans la composition de la plupart des noms de paroisses, et par suite des noms de familles.

Plou-Ian, peuplade de Saint-Jean.
Plou-névez, Bourg-Neuf.
Pleu-meur, Grand-Bourg.
Pleu-bihan, Petit-Bourg.
Plou-Edern, peuplade de Saint-Edern.
Plo-Ermel, — de Saint-Armel.
Plu-squellec, peuplade échelonnée.
Plou-Fragan, — de Saint-Fragan.
Plu-Maudan, — de Saint-Maudan.
Plou-Goulm, — de Saint-Colomban.
Plou-Guen, — de Sainte-Guen.

Le mot *Ploë* s'entendait anciennement de tout le territoire d'une paroisse occupé par la plèbe ou menu peuple (*plouiziz*), et *Guic* (latin *vicus*) du bourg seul, c'est-à-dire du chef-lieu de la paroisse. On voit dans des titres du XVIe siècle les paroissiens de :

PLOË-gaznou,		Guic-caznou.
PLOË-miliau,		Guic-miliau.
PLOË-rin,	assemblés aux bourgs de	Guic-rin.
PLOË-lan,		Guic-lan.
PLOË-gastel,		Guic-castel.

PORZ.

PORZ, *pluriel* Porziou et Porzou, *diminutif* Porzic (*cors, cortis*), cour, et aussi port de mer et portail.

PORZ-sal, cour de la salle.   PORZ-moguer, cour de la muraille.
PORZ-meur, — grande.   PORZ-poder, — du potier.
PORZ-an-parc, Courchamp.   COS-PORZIOU, vieilles cours.
PORZ-Jézégou, *nom de famille*.

POUL.

POUL, *pluriel* Poulou, *diminutif* Poulic, mare, de la Marre, des Marres, Bellemarre (*voyez* GUERN et LOUC'H).

POUL-fanc, mare de fange.   POUL-piquet, mare des pies.
POUL-pri, — de boue.   POUL-broc'h, — du blaireau.
POUL-dour, — d'eau.   POULIC-guen, *contraction* Pouliguen, petite
POUL-duff, — noire.   mare blanche.
POUL-tousec, — du crapaud.   POUL-esquen, — du roseau.

PONT.

PONT, *pluriel* Pontou, du Pont, du Ponceau, du Ponchel.

PÉREN.

PÉREN, *pluriel* Pérenou, poire, Poirier, du Perrier, des Perriers.

PRAT.

PRAT, *diminutif* Pradic, *pluriel* Pradigou, Prairie, du Pré, des Prez, des Préaux.

QUENQUIZ.

QUENQUIZ, *pluriel* Quenquizou, maison de plaisance, du Plessix, de la Plesse, du Plexis.

QUÉLEN.

QUÉLEN, houx, Quélénec, Kerguélenen, Kerguélen, — du Houx, de la Houssaye.

QUILLIEN.

QUILLIEN, *pluriel* Quilli, Quillio, Quilliou, crête, *aliàs*, revers, en parlant d'une montagne ; et suivant Dom Le Pelletier, *locus recedendi*.

QUILLI-douarec, revers terreux.   QUILLI-venec, revers pierreux.
QUILLI-madec, — fertile.

QUINVI.

QUINVI, Quinviec, mousse, de la Moussaye.

QUILVID.

QUILVID, lieu planté de noisetiers, la Coudraye, du Coudrai, la Couldre.

QUISTINID.

QUISTINID, la Chateigneraye, de Chasteigner.

QUÉRIZEC.

QUÉRIZEC, Quérizit, Cerisier, la Cerisaye.

RADEN.

RADEN, fougère, Radenec, Kerradenec, lieu abondant en fougères, du Fougeray, des Fougerets.

REST.

REST, bois, forêt, *diminutif* Restic, *pluriel* Restou, Restigou, — de la Forest, Selve (*silva*) *voyez* COAT.

REST-meur, grand bois.   Ker-REST, maison du bois.

ROC'HEL et ROC'H.

ROC'HEL, *pluriel* Roc'helou; Roc'h, *pluriel* Roc'hou, Roche, la Roque, du Rocher, des Roches, des Rochettes, du Roc, de la Roquette, Roquel.

Roc'H-caër, Belle roche.
Roc'H-Congar, *nom propre et nom de famille*.
Roc'H-fort, Rochefort.
Roc'H-Huon, *nom propre et nom de famille*.
Roc'H-Jagu, *idem*.
Roc'H-Derrien, *idem*.

Roc'H-Morvan, *nom propre et nom de famille*.
Roc'H-Moysan, *idem*.
Roc'H-Périou, *idem*.
Roc'H-mélen, Roquebrune.
Roc'H-duff, — noire.
Roc'H-glas, Roquevert.

ROS, RUN.

ROS, Rosec, Run, *pluriel* Runiou, tertre, du Tertre, des Tertres, du Mont, de la Bigne (*voyez* aussi CREAC'H et MÉNEZ).

Ros-coat, le tertre du bois.
Ros-erff, — du sillon.
Ros-ervo, — des sillons.
Ros-coff, — du forgeron.
Ros-illy, — du cormier.
Ros-logot, — de la souris.
Ros-madec, Richemont. *Madec est aussi un nom de famille.*
Ros-marc'h, — du cheval.
Ros-marec, — du chevalier. *Marec est aussi un nom de famille.*

Ros-nivinen, le tertre de l'if.
Ros-trenen, — des épines.
Ros-vern, — du marais.
Ros-am-poul, — de la mare.
Ros-cam, — courbe.
Ros-lan, — de la lande.
RUN-meur, — grand.
RUN-vezit, — du buis.
RUN-fao, — du hêtre.
RUN-vezret, — du cimetière.
RUN-Hervé, *nom propre et nom de famille*.

SAL.

Sal, *pluriel* Saliou, Salle, Saliot, de la Salle, des Salles, Kersaliou, — la maison des Salles.

STREAT.

Streat, chemin, du Chemin, de la Rue, de la Ruelle, de la Chaussée (*stratus*), de Lestrat, Kerstrat, — la maison du chemin.

SCOUR.

Scour, branche, Malbranche.

STANG.

Stang, étang (*voyez* Louc'h), de l'Estang.

STER.

Ster et Stir, rivière, de la Rivière.

TÉVEN.

Téven, Tévennec, Landévenec, dune, falaise.

TI.

Ti, maison (latin *mansio*) du Mas, de Machaud, du Mesnil, des Masures, de Sesmaisons (*voyez* aussi Ker).

Ti-névez, maison neuve.
Ti-meur ⎫ Grand maison.
et ⎬
Meurdi. ⎭ Grand mesnil.
Ti-great, maison faite.

Ti-losquet, maison brûlée.
Ti-men et Mendi, maison de pierre.
Ti-duff, maison noire.
Ti-soul, maison de chaume, Chaumette, du Chaume.

TOUL.

Toul, trou, pertuis, Maupertuis; *en langue romane*, Bodin ou Boudin.

TRÉZEL.

Trézel, barrière, de la Barre, de Bar, de Barras.

TRAON.

Traon, Tro, *pluriel* Troniou, *en construction*, Droniou, val, vallon, vallée, des Vaux, de Vaux, la Valette, la Combe.

Traon-doun, val profond.
Traon-Élorn, *nom propre et nom de rivière*.
Traon-tossen, — de la butte.
Traon-névez, — neuf.
Tro-Guindy, — de la rivière de Guindy.
Traon-vilin *ou* Tro-melin, — du moulin.
Traon-gouëz, — des arbres.
Tro-ménec, — pierreux.
Tro-griffon, — du griffon.
Traon-bihan, — petit, la Valette.
Tro-morbihan, — de la petite mer.
Traon-len, — de l'étang.

Traon-maner, val du manoir.
Tro-feunteniou, — des fontaines.
Traon-Mériadec, *nom propre et nom de famille*.
Traon-Gall, *nom de famille*.
Tro-goff, — du forgeron.
Tro-long, — du navire.
Tro-Éon, *nom propre et nom de famille*.
Tro-meur, grand val.
Tron-son, — escarpé.
Tro-bodec, — buissonneux.
Tro-gouër, — du ruisseau.

TOME III.

On trouve en outre dans la Haute-Bretagne, des Vauvert, Vauclair, Vaucouleurs, Vaudoré, Vaufleury, Vaucel et Vaucelle (*valli cella*).

TREFF.

TREFF et TRÉV, *pluriel* Tréhou, Trévou, trève, tribu, succursale, *en construction* : Tré et Trem.

Ce mot entre dans la composition d'un grand nombre de chapelles et de familles.

TRÉ-Anna, tribu de Sainte-Anne.	TRÉ-Pompé, tribu de Sainte-Pompée.
TRÉ-dern, — de Saint-Edern.	TRÉ-Babu, — de Saint-Pabu.
TREFF-illis, — de l'Église.	TREFF-iagat, — de Saint-Riagat.
TREFF-Lévénez, — de Sainte-Lévénez *ou* de la Joie.	TREFF-Laouénan, — de Saint-Laouénan.
	TRÉ-Méloir, — de Saint-Méloir.
TRÉ-Maria, — de Sainte-Marie.	TRÉ-Ouergat, — de Saint-Ergat.
TRÉ-Majan, — de Saint-Majan.	TRÉ-Maudan, — de Saint-Maudan.
TRÉ-Léon, — de Saint-Léon.	TREM-Edern, — de Saint-Edern.

A l'exception de Treffilis (succursale de l'Église), tous les autres exemples sont des noms de saints précédés du mot *treff* et donnés à des lieux.

TREIZ *ou* TRÉ.

TREIZ, en construction Tré, passage, pas, du Pas.

TRÉ-gastel, passage du château.	TRÉ-ouret, passage des cochons.
TRÉ-gouët, — du bois.	TRÉ-meur, — grand.
TRÉ-goazel, — du ruisseau.	TRÉ-biquet, — des pies.
Tré-guer, — de la ville.	TRÉ-mel, — du mail.
TRÉ-men, TRÉ-menec, TRÉ-veneuc, — pierreux.	TRÉ-bodennic, — du petit buisson.
	TRÉ-flec'h, — des écuyers.
TRÉ-lan, — de la lande.	TRÉ-sev-illy, — où pousse le cormier.

TRÉ est aussi une préposition qui entre dans la formation de quelques noms composés, et correspond au latin *trans*, *ultra*, *prope*.

Les noms propres de saints ou d'hommes imposés à beaucoup de lieux, et portés ensuite par des familles comme noms patronymiques, sont, ainsi que nous l'avons fait remarquer, précédés d'un radical breton, tel que Bot, Bré, Ker, Coat, Lan, Loc, Guic, Plouë, Traon, Treff. Un très-grand nombre font précéder le nom propre de la qualification exclusive de saint. Ainsi on trouve en Bretagne les familles de :

Saint-Allouarn.	Saint-Denoual.	Saint-Guédas.
Saint-Amadour.	Saint-Didier.	Saint-Hugeon.
Saint-Aubin.	Saint-Eesn.	Saint-Hylaire.
Saint-Bihy.	Saint-Eloy.	Saint-Jean.
Saint-Brice.	Saint-Etienne.	Saint-Illan.
Saint-Brieuc.	Saint-Ève.	Saint-Jouan.
Saint-Carré.	Saint-Georges.	Saint-Lanvoa.
Saint-Cast.	Saint-Gilles.	Saint-Laurens.
Saint-Denis.	Saint-Gouéznou.	Saint-Léon.

Saint-Malon.	Saint-Meleuc.	Saint-Père.
Saint-Marc.	Saint-Meloir.	Saint-Paul.
Saint-Martin.	Saint-Memin.	Saint-Pern.
Saint-Marzault.	Saint-Nouay.	Saint-Riou.
Saint-Méen.	Saint-Pezran.	Saint-Potan.

Aux noms de lieux se rattachent encore les noms qui indiquent la plus ancienne patrie, comme :

L'Arvor (l'*Armoricain*), l'Anglois (le *Saos*), l'Angevin, l'Allemand, le Berruyer, le Bret, le Breton, Bretagne, le Bourgoing, Crozon, Cuzon, Champagne, le Flamand, France, le François, le Gall, Gallo, Gallou, Gallais, le Gallois, Galliot, le Gascoing, le Juif, Léon, Léonard, Léonais, le Lamballays, Lombart, Mancel, Montfort, Morin, le Normand, le Norois, Paris, le Parisy, le Picart, Pleiber, Plougoulm, Pondaven, le Poitevin, Quemper, Querné (*Cornouailles*), le Saux (le Saxon, l'anglais), Sibéril, le Spagnol, Tréguier.

DEUXIÈME CLASSE.

NOMS DE BAPTÊME TRANSMIS HÉRÉDITAIREMENT COMME NOMS DE FAMILLE.

Voici les principaux en Bretagne :

Armel *ou* Arzel.
L'Arzur (Artur).
Alan, *diminutif* Alanic, *pluriel* Aleno (Alain).
Auffret, Auffray, Autret.
Aubert.
Audren.
Banéat (Benoît).
Bernez (Bernard).
Bertel (Barthélémy).
Bizien.
Briant.
Caradec.
Cadiou.
Cariou.
Charles, Charlot, Charlet.
Grall (Grallon).
Colas, Colin, Colart, Nicol, Nicolas, Nicolazic, Colet.
Conan.
Coulm (Colomban).

Daniel, *pluriel* Daniélou.
Davy, Divy (David).
Denoual.
Denez (Denis).
Derrien.
Dider (Didier).
Elard (*voyez* Hélar).
Edern.
Even, *pluriel* Eveno, Euzen, *pluriel* Euzenou (Yves, Yon).
Félep (Philippe).
Fransez (François).
Gildas.
Guillerm, *diminutif* Guillermic, *pluriel* Guillermo, Guillot, Guillou, Guillotou, Guillouzou (Guillaume, Guillotin, Guillemin, Guillemet, Guilleminot, Guillemot, Guillouet).
Goualder (Gaultier, Vautier).
Gestin.

Guéganton.
Guéran, *diminutif* Guéranic (Guérin, Varin).
Guéguen, *pluriel* Guéguenou.
Guénegan.
Guy, *diminutif* Guyet, Guyon, Goyon, Gouéon, Gouyon, Gougeon, Goion.
Guyomarc'h, Guimar, Guivarc'h, *pluriel* Guimarho.
Hamon.
Herry (Henri).
Hervé, *pluriel* Hervéou.
Hélar, Hélary, Elard (Eloy).
Hue, Huon, Hugues, Huguet, Hugo, Hugon, Hugonet.
Jaffrez, *diminutif* Jaffrezic, *pluriel* Jaffrezou (Geoffroy, Godefroy).
Jagu, Jégu, *diminutif* Jéguic, *pluriel* Jégo, Jégou.
Jaoua, Jaouen, Jouvin, Jouhan, Jouhanneau.
Jan, *diminutif* Janic, *pluriel* Janou (Jean, Jehannot, Janin).
Jalm (Jacques), Jacq, Jacob, Jaquet, Jaquinot, Jamin, Jaquot.
Jégaden, *pluriel* Jégadou.
Jord (Georges).
Judicaël, Jézéquel, Jézegou, Gicquel, Gicqueau.
Judoc (Josse).
Kerrien ou Querrien.
Laurans (Laurent).
Léier (Léger).
Loiz (Louis).
Lucas (Luc).
Mahé, Macé, Mazé, Mao (Mathieu).

Marc.
Marzin (Martin, Martinet, Martinel, Martineau).
Marie.
Mériadec.
Menguy.
Michel, Michelet, Michelot, Michaud.
Morvan, *diminutif* Morvanic (Morice, Moricet).
Moysan (Moïse).
Nédelec (Noël, Nouel).
Nic, *pluriel* Nicou (Nicaise).
Olier (Olivier).
Paol, Pol (Paul, Paulin).
Per, *pluriel* Périou (Pierre, Pezron, Perrot, Pitre, Peronnet, Perrin, Perrotin).
Prigent.
Querrien ou Kerrien.
Rannou (René).
Révérand.
Ropartz (Robert).
Rouault, Roudault, Rouzault.
Rio, Riou.
Rolland.
Rivoal, Rivoalan, (Raoul).
Sané.
Sillau.
Salaun (Salomon.)
Stephan (Etienne).
Tanguy.
Thomas, Thomassin, Thomasic.
Tugdual, Tudal.
Tépod (Thibaut, Thépault).
Urien.
Viau.
Vidal.

A cette catégorie se rattachent les noms de baptême précédés du mot *ab,* contraction de *mab,* fils (*voyez* D. Lepelletier et Legonidec, *verbis* ab et mab). Cet usage le plus ancien de tous, puisque, ainsi que nous l'avons fait observer, il fut employé par les Hébreux et les Grecs, est toujours suivi par les Arabes, et a été connu également des peuples du Nord.

Le plus célèbre de ces noms en Bretagne est celui de Pierre Ab-Élard, et on y trouve des :

Ab-Alain,	Ab-Grall,	Ab-Hervé,	Ab-Hamon,
Ab-Arnou,	Ab-Éosen,	Ab-Jan,	Ab-Autret,
Ab-ar-Riou,	Ab-Éguilé,	Ab-Iven,	Per-Ab-Eosen,
Ab-al-Léa,	Ab-Guillerm,	Ab-Ernault,	Ab-Morvan.

D'après ce qui précède, Jacques, fils de Robert, se traduit par Jalm-ab-Ropartz, qui devient dans le royaume-uni de la Grande-Bretagne et d'Irlande, James Robertson, Mac Robert, Fitz Robert, ou O'Robert.

TROISIÈME CLASSE.

Les noms de dignités ecclésiastiques ou féodales, fonctions, offices, professions ou métiers ; ceux indiquant la condition et les degrés de parenté.

§ 1er *Dignités ou fonctions ecclésiastiques.*

Pape, Pabic.
Cardinal.
Escop (l'Evêque).
Ariagon, Diagon, (archidiacre, diacre).
Chaloni (chanoine).
Person (recteur).
Abbat, abbé, l'Abbey, Aubé.
Priol, prieur.
Manac'h, moine, le Moenne, Monge, Rendu.
Léan, ermite, l'Hermite.
Déan, doyen.

Bélec, *diminutif* Béleguic, *pluriel* Bélegou, prêtre, le Prestre.
Chapelain.
Cloarec, Clec'h, Clérec, le Clerc (on trouve aussi des Beauclerc et des Mauclerc).
Cloc'her, clocheteur, sonneur.
Bédel et Bidéo, bedeau, Robin, Robinet, Robineau, Robichon.
Pirc'hirin, pèlerin ; Romieu, c'est-à-dire qui a fait le voyage de Rome.
Déauguer, collecteur, dîmeur, Massart.
L'official.

§ 2e *Dignités féodales, fonctions municipales, condition.*

Impalaër, empereur, l'Empérière, l'Empereur.
Roué, le Roi.
Dauphin.
Prince.
Duc.
Marquis.

Comte.
Bescont, le Vicomte.
Bar, baron.
L'autrou, le seigneur.
Marc'hec, Marec, chevalier.
Bachelier, Bachelot.
Le Floc'h, le Flo, l'écuyer.

Le Campion, champion.
Bellour, Beller, guerrier.
Mirer, Gouverneur, Châtelain, Gardeur.
Le Goaréguer, l'archer.
Le Page, Pagic.
Sénéchal.
Le Mear, Merret, Merrot, le maire.
Provost, Provostic, prévôt, le Provost.
Béli, ou le Véli, le Baillif, le Bailly, Bailleul.
Barner, le juge.
Berder, avocat, l'Advocat.

Noble, Noblet, le noble.
Bourc'his, bourgeois.
Prud'homme.
Sergent et Mesnier.
Barz, *diminutif* Barzic, *pluriel* Barjou, le barde.
Mézec, médecin, le Mire.
Borel, le bourreau.
Goas, vassal, le Vasseur, le Vavasseur, Chazé, Foy, *id est,* homme de foi.
Goas Doué, le vassal de Dieu.

§ 3e *Les degrés de consanguinité et le rang dans la famille.*

Le Mestr, Mestric, le Maitre.
L'Ozac'h, le Marié.
Le Tiec, le ménager.
Le Coz, *diminutif* Cozic, *pluriel* Cozou, vieux, Goascoz, Cozanet, vieillard, Villar, Viel, Vial, le Sesne.
Le Hénaff, aîné, Laisné.
Le Iaouancq, le Jeune.
Le Tad, Tadic, le père.
Le Jaouer, cadet, Maigné.
L'Intaon, le veuf.
Le Douaren, le petit-fils.
Le Guéver, le Gendre, Gendrot, Gendron, Beau-gendre.
Le Deun, Beau-fils, Filastre. (On trouve aussi des Bonfils et des Malfilastre.)
Penher, le fils unique, chef héritier.
Hérou, *pluriel* de Her, héritier.
Quenderf, Cousin, Maucousin.

L'Emzivat, l'orphelin.
Le Ni, neveu, le Nepveu, le Neveu.
Le Car, Parent.
Le Guével, Jumeau, Gémeau, Besson, Bisson.
Buguel, Bugalez, l'Enfant, Bon enfant, Enfantin.
Le Fillor, le filleul.
Le Maguer, le nourricier.
Le Divezat, le Tardif.
Amézec, Voisin.
Mével, valet, Varlet, Valeton, Beauvalet, Naquet, Meschin, Meschinot.
Matez, *pluriel* matezou, servante, Ancelle, Ancelot (*ancilla*).
Le Couër, le Paysan.
Dogan, cocu.
Bastard, bâtard.

§ 4e *Professions ou métiers.*

L'Arc'her, huchier.
L'Areur, laboureur, Chartier, Charton, Carton.
Barazer, Tonnelier.
Barver, Barbier.
Bolser, ouvrier en voûtes.
Calves, charpentier, Carpentier, Carlier, Chapuis.

Carrer et Carrour, charron, Carron, Rodier, Royer.
Clo'heur, clocheteur, fondeur de cloches.
Colleter, collecteur.
Coroller, corroyeur, et aussi danseur.
Le Digarc'her, le défricheur.
Le Doubierer, Napier.
Forestour, Forestier, Fortier, Verdier.

Le Gonidec, laboureur, le Gaigneur, Tascher, Poignant.
Le Goff, *diminutif* Govic, maréchal, Marchal, Fabre, Favre, le Fébure, le Fèvre, Ferron, Ferrand, Ferrier, Mintier, Taillandier.
Guiader, tisserand, Tixier, Tessier, le Tellier (du latin *tela*).
Guinaër, veneur.
Guilc'her, faucheur, Faucheux, Faucher.
L'Hostis, hôtelier, l'Hoste, Tavernier.
C'hoalenneur, Saulnier.
Magnouner, chaudronnier, Magnan, Maignan, Magnin.
Marc'hadour, marchand.
Massouner, masson, le Maczon.
Méder, moissonneur, Messier.
Mérer, métayer, Masurier, Métivier, Bordier.
Mézer, berger, Bergier, Bouvier, Boyer.
Millour et Miller, meunier, le Monnier, Musnier, Moulnier, Mounier, Mognier, Magnier, Molinier.

Mocaër, porcher.
Neuder, fileur, le Tellier.
Pastour, le Pasteur, Pastoret.
Pélier, l'écorcheur.
Poder et Podeur, potier, Pothier.
Pelleter, pelletier.
Parchiminal, parcheminier.
Quiviger, tanneur, Mégissier.
Quéméneur, tailleur, Cousturier, Parmentier.
Quéré, cordonnier, le Sueur.
Quidelleur, faiseur de filets.
Quéguiner et Coquin, cuisinier, le Queux (*coquinus*).
Queneuder, bûcheron, Bosquillon.
Quiguer, boucher, Mazilier, Viandier.
Rideller, tamisier.
Souner, ménestrier.
Sparler, faiseur de palissades.
Sanquer, piqueur, piocheur.
Sieller et siellour, le scelleur.
Tocquer, chapelier, le Chapelier, Feutrier.

QUATRIÈME CLASSE.

Les noms des bonnes ou mauvaises qualités physiques ou morales, auxquels on peut joindre les noms d'animaux, parce que la plupart n'ont été donnés qu'à cause de quelque similitude.

§ 1er *Qualités ou vices physiques; la forme du corps.*

Le Bras.
Le Meur, *diminutif* le Meuric. } Le grand, Grandin, Grandet.
Le Bihan, Bihanic, petit, le Petit, Petitot.
Le Hir, le long.
Le Téo, le gros.
Le Quéau, le creux.

Le Lédan, le large.
Le Corvec, le corpulent.
Corfmad, bon corps.
Le Maguet, nourri, Nourry, Maunourry.
Le Bouëdec, idem.
Le Treut, maigre, le Maingre.
Le Lard, le gras, le Dru, *diminutif* Lardic, Grasset.

Le Tano, Tanav. } Le mince,
Le Moan, *pluriel* moanou. } Menu.
Le Scaff, léger, Ligier.
Le Croum, Le Crom, le courbé, le Tort.
L'Astennet, l'allongé.
Le Den, *diminutif* le Denic, l'homme, le petit homme.
Gourden, l'homme court.
Gourvil, l'homme laid.
Crenn, gros et court, le Fort, Fortin.
Le Ber, le court, Courtin.
Le Lous. } vilain, le Hideux, le Lay.
Le Vil. }
Le Coant, beau, le Baud, le Cointe, le Gentil, Beauvis (*bellus visus*), Beauregard.
Le Caër, Godin, Joly, Joliff, Jolivet.
Le Corre, *pluriel* Corret, *diminutif* Corric, le nain.
Bude, *diminutif* Budic, Boudic, *pluriel* boudigou, le nain.
Sioc'han, l'avorton, Ragaud, Ragot, Ragotteau.
Pen, Pennec, tête, Teste, Testard, Daouben, grosse tête.
Penors, tête de maillet, Martel.
Penoignon, tête d'oignon.
Penduff, tête noire.
Cornec, cornu.
Tallec, qui a un grand front, Frontin.
Talgorn, front cornu.
Talégas, front soucieux.
Talarmein, front de pierre.
Clorennec, qui a un grand crâne.
Moal, *diminutif* Moalic, chauve, le Chauff, Chauveau, Chauvel, Chauvelot, Chauvin, Chenu, Canu, Chef pelé.
Rodellec, frisé, Crespel, Peigné.
Le Tous, tondu.
Barvec et Barvet, } barbu, Barbé, Barbot.

Blévec, Poileux, Poil levé, Beau poil, Poil vilain.
Bail, marqué au front, Baillet.
Le Minec, mine allongée.
Mingam, } mine de travers (*os distortum*
Becam, } D. le Pelletier), Torcol.
Le Boulc'h (mot à mot : *entamure*), Bec de lièvre.
Muzellec, } qui a de grosses lèvres,
Laviec, } Bouchard, Bécard.
Dentec, Dentu.
Téodec, qui a la langue épaisse.
Diguer, muet.
Le Gac, le Bègue, Bégaignon, Bricart.
Boc'het, *diminutif* Boc'hic, Bochet, joufflu, longue joue.
Lagadec, qui a de grands yeux, Bizeul, Longueil.
Lagatu, yeux noirs.
Bourvellec, qui a de gros yeux.
Malvennec, qui a de grands cils, Cillart.
Guilc'her, clignoteur, louche.
Le Dall, l'aveugle.
Le Born, *diminutif* Bornic, le Borgne.
Monclus, nazillard.
Le Tougn, le Camus.
Scouarnec, l'oreillard.
Choquer, } qui a un gros cou, Coulon.
Gouguec, }
Queinec, qui a un large dos.
Torrec, pansu.
Corfdenmad, corps de bonhomme.
Covec, Covic, ventru.
L'ésélec, Léséleuc, membru.
Tersec, fessu, Fessard.
Bronnec, } mamelu.
Godec, }
Bouzellec, tripier.
Toullec, percé.
Dornec, *diminutif* Dornic, qui a de grandes ou de petites mains, Mainard, Bonnemains, Malmains.

Meudec, *diminutif* Meudic, qui a de grands ou de petits pouces, Poucet.
Boz, Bozec, qui a de fort poignets, Paulmier.
Ivinec, qui a de grands ongles.
Beguivin, pointe d'ongle.
Bizec, qui a de grands doigts.
Moign, manchot.
Troadec, qui a de grands pieds.
Douguedroad, porte pied.
Glinec, *diminutif* Glinic, genouillard, Courtgenouil.
Garec, *diminutif* Garic, Jambu, Gambier.
Fustec, qui a de grandes quilles.
Postec, *diminutif* Postic, qui a de forts ou de faibles piliers.
Le Cam, boiteux.
Gargam, cagnard.
Pentézec, bout de pis de vache.

Pogam, pied bot.
Pavec, *diminutif* Pavic, pattu.
Branellec, } béquillard.
Flahec, }
Quellec, Couillard.
Le Guerc'h, le vierge.
Diverc'hez, sans pucelage.
Le Bervet, le bouilli.
Diquélou, châtré.
Croguennoc, qui a la peau épaisse.
Plantec, pied plat.
Le Huitellec, le siffleur.
Le Pladec, l'applati.
Le Danet, le rôti, Flambart, Brulart, Ardent.
Le Guisquet, le vêtu.
Le Scotet, l'échaudé.
Daouben, deux têtes, Grossetête.

Les couleurs.

Le Guen, \
Gourguen, \
Guennec, } le Blanc, Tout blanc,
Guennoc, } Blancart, Blanchard,
Guenaff, / Blanchet.
Le Can, *diminutif* Cannic, /

Le Boulloc, le clair.
Le Livec, le coloré.
Le Louët, Le Gris.
Louédoc, moisi.
Le Duff, *diminutif* Duïc, *pluriel* Duïgou, Le Noir, Moreau, Moureau, Morel, Nègre, Négrier, Moirel, Moirot.
Le Rouz, *diminutif* Rouzic, Le Roux,

Rouxeau, Rousseau, Rouxel, Russel, Rousselet, Rousselot.
Le Ruz, Le Rouge, Ruffault, Ruffier.
Le Briz, Brisec, Brizeuc, tacheté, Bigarré, Barré, Le Brun, Brunet, Brunel, Peschart, Beausen.
Le Glaz, le pâle, le vert, Reverdy.
Mélen, Gourmélen, Gourmélon, Le Blond, Blondin, Blondel, Blondeau.
Digouëdec (de *di*, privatif, et Gouëdec, sanguin).
Le Naour, Le Doré.
L'Arc'hantec, l'argenté.
Le Brun, Brunet, Bruni, Bruneau, Brunot.

§ 2ᵉ *Qualités morales, caractères; on y joint les noms d'animaux, parce que la plupart n'ont été donnés qu'à cause de quelque similitude.*

Le Sant, *diminutif* Santic, le Saint, le Bigot.
L'Enoret, l'honoré.
Le Mat, Le Bon, Bonin, Boin, Débonnaire.

Denmat, Bonhomme; on trouve aussi des Bonfils, Bonamy, Bongards, Bonenfant, Boniface.
Dencuff, } homme doux.
Gourcuff, }

Habasq, doux, Doulcet.
Le Fur, *diminutif* Furic, Le Sage, Séné.
Le Badezet, Le Baptisé.
Séven, *pluriel* Sévéno, Sévénet, l'avenant, le Courtois.
Léal, loyal, le preux.
Galloudec, le puissant, le Fort.
Guiriec, le Franc.
Calonnec, le Vaillant, Cœuret.
Balc'h, le fier.
Madec, Pinvidic, } Richard, Riche, Richer, Richelet.
Le Dibréder, sans souci.
Gourlaouen, l'homme joyeux.
Le Dréo, Le Mao, Mavec, } Le gai, *Baude,* c'est-à-dire qui *s'ébaudit*, Joyant.
Cosmao, vieux réjoui.
Mignon, l'ami, Laimé, Amyot, Mignot, Mignard.
Pennec, le têtu.
Le Doujet, le redouté.
Le Buanec, le colère (de *buan, prompt*).
Le Braouézec, l'emporté.
Le Froter, Cadour, Brouster, } Le Batailleur.
Le Stourm, Bataille.
Tourter, qui se bat à coup de tête.
Blonser, le meurtrisseur, Blonsard.
Dilasser, celui qui dénoue les lacets.
Quentrec, Quentric, l'éperonné.

Garo, Gouez, } Sauvage, Sauvageau, Sauvaget.
Saillour, Sailler, Lamour, Lamer, } le sauteur.
Lamendour, celui qui saute dans l'eau.
Le Clévéder, l'auditeur.
L'aviec, Gourvennec, } l'envieux.
Gaouier, le menteur.
Foll, *pluriel* follet, le Fou.
Diraison, sans raison.
Diot, Jaodréer, } l'idiot, le sot.
Blot, Pédel, } le tendre, le mou.
Laënnec, lettré.
Gorrec, paresseux, Tardif.
Lonquer, goulu, l'Engoulvent.
Goular, fade.
Put, âcre.
Le Huérou, l'amer.
Dogan, cocu.
Cudennec, morne.
Cousquer, dormeur.
Gourvez, le couché.
Crop, Bavet, } l'engourdi.
Le Leizour, humide.
Scournet, glacé.
Rivet, refroidi.
Dinac'het, désavoué.
Fallégan, mal né.

Noms d'animaux.

Le Bleis, le loup, Le Leu, Louvel, Visdelou (*visus lupi*).
Le Noan, l'agneau.
Le Maout, le mouton.
Cabioc'h, Talbioc'h, } tête ou front de vache.
Le Taro, le taureau.
Cojan, le Bœuf, Bouvillon, Bouvet.

Le Saout, Saoutic, Chatal, } bétail.
Le Moc'h, le Porc, Pourceau, Pourcel, Cochon, Bacon.
Cosléou, vieux veau, stupide.
Milbéo, bête vivante.
Le Lous, blaireau, Tassel.
Caroff, le Cerf, Chevrel, Chevreuil.

Dem, Daim.
Le Gad, *diminutif* Gadic, *pluriel* Guédon, le Lièvre.
Louarn, renard, Regnard, Goupil.
Quéfellec, bécasse, Bégasson, Bégassoux.
Laouënan, roitelet.
Labous, oiseau, l'Oisel, Loison, Loizeau, Loaizel.
Le Iar, la poule, Poulart.
L'Eubeul, poulain.
Puzé, chien courant, le Quien.
Quillec, le coq, Visdecoq (*visus galli*.)
Poncin, le Poussin.
L'Estic, rossignol.
Cohan, Cohanec, chat-huant, chouette, la Choue, Cavan, Chouan[1].
Sparfel, l'Épervier, l'Escouble, Faucon.
Emery, Hémery.

Canaber, chardonneret.
Moullec, pluvier.
Cudon, } pigeon, Pichon.
Dubé, }
Coulm, colombe, Colombel, Colombeau.
Mélenec, verdier.
Moualc'h, merle, Merlot, Merlet.
Couail, la caille, Cailleteau.
Bran, corneille, Corbel, Corbin, Corbineau.
Par, mâle, le Masle.
Balaven, papillon.
Merrien, fourmis.
Brézel, maquereau.
Lenvec, lieu (poisson).
Quélien, mouche, la mouche, Moucheron, Bourdon, Freslon.

CINQUIÈME ET DERNIÈRE CLASSE.

Les noms qui ne sont relatifs ni à la terre, ni aux fonctions ou à l'industrie, ni aux qualités ou défauts saillants, mais qu'on a empruntés aux plantes, aux fleurs ou aux fruits, aux meubles, aux instruments, aux habits, aux saisons, aux mois ou aux jours de la semaine, aux éléments, aux astres, aux métaux, en un mot l'on peut rejeter dans la même catégorie la plupart des sobriquets de tout genre.

§ 1ᵉʳ. *Noms de plantes, fleurs, fruits.*

Plouzen, brin de paille,　　　Ségalen, brin de seigle.　　　Louzaouen, brin d'herbe.
Pellen, brin de balle d'avoine.　Colober, courte paille.　　　Colcanap, chanvre en feuilles.

On trouve dans la haute Bretagne des :

Brindejonc,　　　　　　Boucquet,　　　　　　Malherbe,
Grain d'Orge,　　　　　Pépin,　　　　　　　Malesherbe.

---

[1] Ce dernier nom a été donné aux insurgés du Maine en 1793, parce qu'ils contrefaisaient le cri de la chouette pour se reconnaître dans les bois pendant la nuit. Leurs premiers chefs furent les frères Cottereau, qui tiraient de leur côté leur nom des *Cottereaux* (cultarelli) paysans révoltés du XIIᵉ siècle, ainsi appelés parce qu'ils étaient armés de courtes dagues, ou couteaux.

Malespine, Rosier, La Luzerne,
Malortie, Pommier, Cerisier,
Blaru, Prunier,
Froment, L'Épine, Péren { Poirier, La Peyre,
La Palme, De l'Orme,
Orange, Du Lys, Meslier, (Néflier).

Nous devons faire observer que plusieurs de ces noms français sont aussi des noms de lieux.

§ 2ᵉ. *Noms de meubles, instruments, habits.*

Charette, Grise laine, Boissel, Boisseau, Muidebled,
La Chaise, Brassart, Palévars, Cartier,
Bouëste, Courtemanche et Malmanche, Le Peigne,
Harpe d'asne, Courte braie, Heuzé et Botté,
L'Épée, Longuépée, Courte heuse, Sabot,
Carrel, } la flèche. Le Digouris (sans ceinture), Soulier,
Garat, } Martel, Hachette, Chauczon,
Harnois, Beauharnais, Bervas (court bâton), Le Bas,
La Selle, Bâton, Jarry, Porte mulle,
L'Éperon, Bourdon, Beaudrap,
Du Heaume, La Massue, Gousset,
Capelle, Chaperon, Foulon, L'Écu, Malécu, Fortécu,
Bonnet, Bonnetbeau, Pot et du Houle (*Olla*), Beaumortier,
Cotelle (petit manteau), Chauderon, L'aiguillon,
Pélisson (surtout fourré), Bonnescuelle, Mausabre,
Chappe de laine, Nau (vaisseau), Gigault.

§ 3ᵉ. *Noms de saisons, mois, jours, éléments, astres, métaux.*

Printemps, L'Eost (août), Mortemer,
Bontemps, Pasquier et Pascal, Rivière,
Hyver, Nouël (Nédélec), Taniou (du feu),
Janvier (Guenveur), Toussaint, Fumée,
Féburier, L'Air ou Lair (Le Néar), Soleil,
Mars, De l'Aigue, L'Étoile,
Apuril (Ebrélec), Bonneau, Le Fer,
May, Fontaine, Le Naour, l'Or,
Juin, D'outre l'eau, L'Arc'hantec, l'Argenté.

Ces deux derniers noms figurent déjà parmi ceux empruntés aux couleurs ; *Fontaine* et *Rivière* se trouvent aussi dans les noms de lieux.

§ 4ᵉ. *Les sobriquets de tout genre.*

Baillehache, Bonnefoy, Bienassis ou Malassis,
Bonnechose, Beausire, Bienvenu,

Bonaventure,
Brise acier, Duracier,
Brisebarre,
Briselance,
Brisécu,
Boilève, ou Boileau,
Boisvin,
Bras de fer,
Chante clerc,
Chante prime,
Chante grue,
Chanteloup,
Chantepie,
Chantemerle,
Chefdanne,
Chef de mail,
Cinquante hommes,
Cordebœuf et Couillibœuf,
Couldebouc,
Coupechoux,
Couppegorge,
Coupvent,
Crochebec,
Dieu avant,
Dieu le veult,
Donadieu et Pardieu,
Amour de Dieu,
Amondieu,
Dieudonné,
L'Ecot et Malescot,
Aux Epaules,
Eveillechien,

Gastebled,
Gatechair,
Guetteliepvre,
Lasbleis (tue loup),
Machefer,
Machegland,
Malarroi,
Malitorne,
Malmouche,
Malterre,
Malgaignant,
Malemains,
Malestroit,
Malmuse,
Maubec,
Maulévrier,
Mauregard et Beauregard,
Mauconduit et Mauduit,
Mauny (*malus nidus*),
Mauconvenant,
Maunoury,
Mauvillain,
D'Oultre en outre,
Passavant,
Painenbouche,
Paindavoine,
Patenostre,
Perceval et Parcevaux,
Piedru,
Piedlevé,
Pied'oie,
Piedelou,

Piederat,
Piedevache,
Pillavoine,
Poildegrue,
Quatrebarbes,
Quatresols,
Rougebec,
Sans avoir,
Sauvegrain,
Sixdeniers,
Taillecol,
Taillefer,
Taillepied,
Tirecoq,
Toraval (casse pomme),
Tournebœuf,
Tournemouche,
Tournemine,
Touchefeu,
Tranchant,
Trousse bâcon (Porc),
Trousse bœuf,
Tubœuf,
Vieille tête,
Voisin, et ses dérivés :
Appelvoisin,
Bon voisin,
Mauvoisin,
Rechignevoisin,
Pillevoisin, etc., etc.

Tous les noms ci-dessus sont tirés des *Preuves de l'Histoire de Bretagne*, de Dom Morice, du *Traité de la Noblesse*, de la Roque, et du *Nobiliaire de Bretagne*.

Ils ont été pour la plupart portés par des familles d'ancienne extraction noble, dont plusieurs existent encore.

Toutefois, on peut remarquer que les noms de la dernière classe ont rarement leurs synonymes en breton; cependant ils appartiennent comme les autres à notre province, mais particulièrement à la haute Bretagne.

D'après ce qui précède, il nous semble superflu de chercher à démontrer que les noms n'ont pas pu être formés par une combinaison fortuite de voyelles et de consonnes, mais qu'ils ont été pris dans la langue parlée, et ont dû nécessairement avoir un sens.

Si aujourd'hui l'interprétation de beaucoup d'entre eux est perdue, c'est que d'une part l'orthographe a subi de grandes altérations dans le cours des siècles; et de l'autre que le même individu ne peut pas posséder tous les idiomes ou dialectes auxquels ces noms ont été empruntés. Un travail complet sur la matière demanderait donc le concours des érudits de tous les pays; mais nous en avons dit assez pour exposer la marche à suivre dans des recherches de cette nature.

Un nom est une propriété dont les révolutions sociales n'ont jamais pu détruire le prestige, et aussi longtemps que la famille subsistera, toutes les formules égalitaires seront impuisantes à empêcher l'autorité d'un nom.

Il est vrai que quelques utopistes malfaisants n'ont pas craint de proposer la suppression de la famille, et, sous prétexte de progrès, de nous faire rétrograder jusqu'aux siècles les plus barbares; mais cette monstrueuse conception a rencontré peu de partisans. Nous recommanderons aux réformateurs de cette école d'ajouter à leur programme le remplacement des noms de famille par des numéros d'ordre, pour obtenir un classement, ou mieux un déclassement plus complet de l'espèce humaine; mais jusqu'à ce que ce changement radical soit opéré, les familles comme les nations auront une histoire qu'elles tiendront à conserver. Les possesseurs légitimes de noms déjà illustrés comprendront les devoirs que cet avantage leur impose; ceux dont les noms sont plus obscurs s'en consoleront en songeant que :

> Qui sert bien son pays n'a pas besoin d'aïeux !

DE LA NOBLESSE

ET DE L'APPLICATION DE LA LOI CONTRE LES USURPATIONS NOBILIAIRES.

Reddite ergo quæ sunt Cæsaris Cæsari.
(Math. XXII. 21.)

A la fin du dernier siècle, l'un des plus ardents novateurs des États Généraux publiait une brochure qui eut un grand retentissement sous ce titre : « *Qu'est-ce que le Tiers-État ?* — Tout. — Qu'a-t-il été jusqu'ici ? — Rien. — Que demande-t-il ? — Devenir quelque chose.* » L'abbé Siéyès après avoir contribué de tous ses efforts à la réunion des trois ordres, après avoir voté les décrets de 90 et 91, portant suppression de tous titres et qualifications nobiliaires, après avoir voté la mort du Roi, *sans phrases*, devint... Comte de l'Empire. Les défenseurs actuels des *immortels* principes de 89 n'ont point sollicité de titres nobiliaires comme leurs devanciers, ils s'en sont emparés, tout en protestant de leur amour pour l'égalité. La noblesse de race elle-même oublie trop souvent que dans l'ancien régime le *nom* était *tout* au point de vue nobiliaire, et que le *titre* n'était *rien*. Ainsi, tous les financiers pouvaient devenir et devenaient généralement *marquis* au XVIIIe siècle, et n'étaient pas pour cela *gentilshommes*. Cette qualité de gentilhomme *(gentis homo)* qui est dans le sang, qui ne peut être donnée que par une longue suite de générations nobles et non par des lettres souveraines d'*érection* ou de *provisions*, a toujours été si honorable, que les rois juraient *foi de gentilhomme*, parce que cette qualité doit renfermer toutes les vertus qui rendent la foi inviolable. François Ier, tenant un lit de justice, disait qu'il était né *gentilhomme* et non Roi ; et Henri IV, faisant l'ouverture des États de Rouen, ajoutait que la qualité de gentilhomme était le plus beau titre qu'il possédât. Le Roi était donc appelé avec raison le premier gentilhomme du royaume. Si, à l'inverse de l'abbé Siéyès, nous voulions soutenir que la noblesse est *tout*, nous avancerions un autre paradoxe ; mais malgré la suppression de la noblesse comme corps privilégié depuis 1789, il paraît, à en juger par les jalousies mesquines qu'elle excite et par les efforts de tant de parvenus pour s'y affilier sournoisement, qu'elle est encore quelque chose. En fait, si l'ordre de la noblesse n'existe plus de droit dans l'État, il y a encore des gentilshommes. Les crimes et les guerres de la Révolution ont amené, il est vrai, l'extinction d'un grand nombre de familles anciennes ; mais il en subsiste encore, et tous les décrets n'empêcheront pas plus un *noble* qu'un *vilain* d'être fils de son père. La noblesse est donc un fait indépendant de toute opinion, « car rien au monde ne peut faire qu'il y ait noblesse, quand il n'y en a pas, ou qu'il n'y en ait pas, quand il y en a [1]. » Quant aux appréciations qui ont été portées sur la noblesse, elles sont fort diverses; mais le plus souvent on s'est étudié à la représenter aux yeux des masses, grâce à quelques exemptions fiscales, comme un ordre de vampires, se nourrissant des sueurs du peuple *taillable et corvéable à merci.* Ce texte n'a été encore retrouvé dans aucune coutume, non plus que *le droit du seigneur,* et l'on n'a pu produire davantage un acte terminé par la fameuse formule : *a déclaré ne savoir signer en sa qualité de gentilhomme.* Mais qu'importe, cela n'empêche pas d'imprimer des phrases comme celle-ci, non pas dans les mauvais jours de la Révolution, mais aujourd'hui : « La noblesse féodale, pour masquer les vices de son origine, a parqué les hommes comme des troupeaux, en en faisant des serfs, et son histoire est le martyrologe des peuples [2]. » Que les inquiétudes de M. Hamel se dissipent, la répression du port illégal d'un nom ou d'un titre ne fera pas un martyr de plus. Pour bien juger la féodalité, que personne ne songe à reconstituer, il faut la prendre dans sa force; faire le calcul des immunités d'un gentilhomme d'une part, et de l'autre des charges qui lui étaient imposées en raison de ses revenus, et l'on demeurera convaincu de la vérité de l'adage : *Noblesse oblige.* Quand on lit attentivement les anciennes constitutions de la noblesse, on voit que ses charges matérielles surpassaient de beaucoup ses avantages ou exemptions, et que c'était un ordre de *sacrifice.* Le gentilhomme ne payait point la taille sur ses biens nobles et ne tirait point à la milice; pourquoi ? parce qu'il était obligé de marcher lorsque le Roi convoquait le ban et l'arrière-ban, et de se faire suivre à la guerre d'un certain nombre d'hommes levés et entretenus à ses frais, nombre basé sur l'importance de son fief. D'ailleurs, il acquittait le fouage ou la taille et même les corvées sur ses biens roturiers [3], la dîme ecclésiastique et la capitation ou impôt par tête, correspondant à l'impôt personnel et mobilier d'aujourd'hui. Quant aux corvées ou journées de travail gratuit et forcé dues par les vassaux à leur seigneur, elles n'ont jamais été arbitraires; leur nombre était écrit dans les coutumes, les usements particuliers et les actes d'inféodation, et elles sont en grande partie remplacées aujourd'hui par les prestations en nature pour l'entretien des routes, autrefois sous la garde des seigneurs. Ceux-ci étaient tenus d'employer à leur réparation les deniers de leurs amendes, et, en cas d'insuffisance, l'entretien des chemins, autres que les chemins royaux, était à la charge des propriétaires riverains, de quelque qualité qu'ils fussent [4]. En résultat, je crois que la position si enviée des anciens gentilshommes, avec ses priviléges et ses charges, ne tenterait aujourd'hui aucun de leurs jaloux, et cela en ne mettant en ligne que les *écus* seulement, et abstraction faite des risques que courait la vie des privilégiés. Ces risques étaient tels, que la majeure partie de leurs familles s'éteignaient promptement dans le sang, quand elles ne succombaient pas à la misère.

En 1789 les armées régulières soldées avaient remplacé depuis longtemps toutes les institutions militaires féodales; certains priviléges n'avaient donc plus raison d'être et

---

[1] Granier de Cassagnac, *Histoire des classes nobles et des classes anoblies.*
[2] *Les Principes de 89 et les Titres de Noblesse,* par Hamel, 1858.
[3] *Coutume de Bretagne,* art. 91.
[4] *Coutume de Bretagne,* art. 49.

l'on pouvait légitimement les abolir. Toutefois, je ne comprends pas parmi les priviléges qu'on pouvait abolir les rentes féodales et casuels de fiefs, sorte de propriétés qui se vendaient et n'étaient pas moins sacrées que les rentes foncières. Ces propriétés, on devait les racheter si on les trouvait gênantes. On ne respecta pas plus les autres, et le patrimoine de l'église et de la noblesse passa en quelques jours, sous la dénomination de biens nationaux, et au prix de quelques assignats, aux mains des croquants.

A la différence de l'aristocratie de naissance, cette aristocratie nouvelle des richesses, portant derrière l'oreille la plume que l'homme d'armes portait à son heaume, prétend jouir aujourd'hui sans compensation; réglementer l'État, qu'elle soutient comme la corde soutient le pendu, et après s'être emparée des biens de la noblesse, lui ravir ce qui lui reste de son glorieux passé, ses noms et ses titres.

« Au milieu de ce débordement de noms de terre, de ce démembrement de noms roturiers en particules ambitieuses, de cette usurpation de titres presque universelle, ce sera bientôt une distinction et une preuve de goût que de garder son nom véritable. La société devient si noble, qu'il y reste à peine de la place pour ceux qui se piquent d'avouer leur roture. On se plaint du ralentissement de la population en France, c'est du Tiers-État sans doute que l'on veut parler, car la noblesse se multiplie démesurément et menace de couvrir bientôt la surface du pays. Certes, si les sentiments s'ennoblissaient quand les noms s'anoblissent, on pourrait concevoir sur l'avenir de la nation les plus hautes espérances. Malheureusement cet anoblissement général ne prouve qu'une chose : c'est que le ridicule a trop perdu en ce pays de son utile puissance, puisqu'il ne suffit pas à faire justice de ce que la loi ne peut sagement atteindre [1]. »

Cette conclusion ne parait pas conséquente de la part du journaliste qui dépeint si spirituellement l'abus que le gouvernement veut réprimer. De plus les adversaires comme les partisans de la mesure qui a tenu pendant un an tant de vanités en émoi, n'étaient pas exercés au maniement d'armes, depuis longtemps hors d'usage, dans la polémique habituelle des journaux. C'est donc à l'improviste qu'ils les ont saisies pour attaquer ou pour défendre l'institution de la noblesse, qu'ils connaissent à peine. Tous les organes de la publicité ont confondu, dans ces derniers temps, *l'extraction* avec le *titre*, en citant un certain nombre d'Édits, d'Ordonnances et de Déclarations du Roi, qui punissaient tout usurpateur du *nom et du titre de noblesse*.

Avant 1789 les poursuites pour usurpation de titre et d'origine ont été extrêmement rares; et cependant l'abus pour n'être point aussi commun qu'aujourd'hui, n'en était pas moins flagrant. Les poursuites pour usurpation de noblesse étaient au contraire très-fréquentes. La raison en est, que le fisc avait intérêt à s'opposer à l'exemption des taxes, tandis qu'il était désintéressé dans la question des titres et de l'ancienneté de la race. On a dit que la plus grande partie des érections faites aux XVIIe et XVIIIe siècles, l'avaient été en faveur de la robe ou de la finance et non de l'épée; cela est vrai, et l'on doit ajouter qu'elles n'ont jamais été accordées spontanément par le souverain, mais qu'elles ont toujours été sollicitées. A l'exception du titre de Duc, les autres n'ajoutaient rien aux prérogatives du simple gentilhomme.

---

[1] Prévost-Paradol, *Journal des Débats*, mars 1857.

Dans le principe, la noblesse s'est acquise tacitement et par le seul usage; elle était établie depuis longtemps ainsi, lorsque les rois se sont chargés de la réglementer et se sont attribué le droit de la conférer. Dans le principe aussi, les principales terres seigneuriales ont été titrées par l'usage, et le fait seul de leur possession en donnait le titre à leur propriétaire. De même que la noblesse *immémoriale*, nommée aussi noblesse de *chevalerie*, *de nom et d'armes* ou *d'ancienne extraction* a plutôt gagné que perdu en valeur après l'innovation des anoblissements par lettres patentes, les terres titrées par l'usage, antérieurement aux premières érections du souverain, ont conservé toutes leurs dignités. On trouve bien peu d'érections de terres titrées, dûment enregistrées, avant la fin du XVIe siècle; et dès le commencement du siècle suivant, les usurpations étaient déjà fréquentes, ainsi qu'on peut l'inférer de ces doléances de Pierre d'Hozier, juge d'armes de France. « Il y a plusieurs en cette province qui s'attribuent sans tiltre légitime ces qualitez de Marquis et Comtes : mais il ne s'en trouve rien dans les registres du parlement, fors des deffences à plusieurs modernes de ne prendre les dittes qualitez, que quantité de personnes abusivement portent aujourd'hui par toute la France, sans autre droit et fondement que *parce que leurs valets les appellent ainsi* [1] ». Avons-nous changé depuis, et cette phrase n'a-t-elle pas l'air d'être écrite hier? Au siècle suivant, le Duc de Saint-Simon ne peint pas moins énergiquement ce travers de son temps, quand il s'écrie : « Il est vrai que les titres de Comtes et de Marquis sont tombés dans la poussière par la quantité de gens de rien et même sans terre qui les usurpent, et par là tombés dans le néant : si bien même que les gens de qualité qui sont Marquis ou Comtes, qu'ils me permettent de le dire, ont le ridicule d'être blessés qu'on leur donne ces titres, en parlant à eux. » Le désordre n'a fait que croître depuis, mais personne ne se trouve aujourd'hui blessé de recevoir des appellations honorifiques non justifiées. Nous nous associons donc pleinement à la pensée de M. le Garde des Sceaux, dans son rapport à l'Empereur; mais c'est une bien faible digue contre le débordement des titres de contrebande, que le rétablissement de l'article 259 du code pénal, qui, nous le craignons, ne sera pas plus exécuté qu'avant son abrogation. Il y a sans doute aussi loin d'un chevalier de la Légion-d'Honneur à un chevalier banneret, que d'un Comte à majorat à un Comte d'Anjou, de Champagne ou de Toulouse; cependant quelque réduite que soit la valeur des décorations et des titres, ces décorations et ces titres exercent encore un certain prestige sur les masses; mais le code pénal, en réunissant dans un article unique (259) le port illégal d'un uniforme ou d'une décoration et celui d'un nom ou d'un titre, vient détruire ensuite à l'application, l'assimilation établie entre ces délits. En effet, la croix de la Légion d'Honneur glorieusement gagnée par un père n'autorise pas son fils à la porter, tandis que le même fils ne sera pas recherché pour le nom ou le titre usurpé par son père, puisque le rapporteur du Conseil d'État dit : « Qu'on ne poursuivra que les usurpations flagrantes, » sans faire retomber le châtiment sur la postérité de ceux qui les auraient commises. » Il suit de là que si, par hasard, la loi venait à être exécutée, le délinquant aurait droit de dire : « Je ne paierais pas l'amende et je serais noble, si j'étais seulement mon fils. » Qu'il y a loin de ces mesures illusoires à celles que faisait pressentir le rapport du Garde

---

[1] *Recueil Armorial de Bretagne*, par le sieur d'Hozier, 1638.

des Sceaux : « Suffira-t-il de rétablir dans le Code pénal l'article 259, ou ne faudrait-il pas, au contraire, en creusant plus profondément, prendre en considération l'état de la noblesse ancienne, pour développer dans un système complet et les faits qui constitueront un délit et les moyens d'en constater l'existence, ainsi que les pénalités qui devront les atteindre.

» La solution de ces questions présente des difficultés dignes des méditations et des études des hommes d'État et des jurisconsultes; elle doit être préparée tout à la fois pour raffermir dans le présent les relations sociales dans lesquelles s'introduit de jour en jour un désordre plus grand, et pour rendre dans l'avenir, à une institution inséparable du pouvoir monarchique, tout son lustre et toute sa sincérité. »

Ce programme promettait beaucoup, mais il est difficile de soutenir qu'il ait été rempli par la nouvelle loi. Et « l'Empereur, dont la mission est de poursuivre l'anarchie partout où elle se montre,[1] » échouera contre cette variété d'anarchie. Les officines des faux monnayeurs de titres, qui prélèvent un revenu sur la sottise et la vanité de nos publicains enrichis, continueront à délivrer libéralement, par la grâce d'un billet de mille francs, des titres à ceux qui éprouvent le besoin de se timbrer d'une couronne de Comte *breveté sans garantie du gouvernement*; et d'autres gens qui ne sont point dans leur pays, à la hauteur d'un hobereau à simple tonsure, éluderont la loi en se pourvoyant dans les chancelleries étrangères d'un titre aussi payé à beaux deniers comptants[2].

Après avoir donné l'opinion du premier des d'Hozier et celle du Duc de Saint-Simon sur les usurpations de titres, il n'est pas moins important de faire connaître les règles anciennes établies pour la transmission des titres véritables. Mais pour juger ces règles, il faut montrer d'abord l'origine diverse de ceux aujourd'hui en usage. « Pour être Marquis ou Comte, il ne suffisait pas de posséder une terre érigée en Marquisat ou en Comté; il fallait encore : ou que la terre eût été érigée en faveur du possesseur, ou si elle l'avait été en faveur d'un autre, que le nouveau possesseur eût obtenu du Roi des lettres qui appropriassent à sa famille le titre qui avait été concédé à une autre. Il était nécessaire aussi que la terre, depuis son érection, n'eût point été démembrée, ou si elle l'avait été, qu'on se fît délivrer de nouvelles lettres patentes pour conserver le titre, malgré le démembrement[3]. »

Si l'on s'en tenait purement et simplement à la lettre de la loi ancienne, je doute qu'il y eût en France cinquante familles qui pussent régulièrement conserver leurs titres, car pour cela il faudrait prouver qu'on possède encore en ligne directe masculine, et dans *toute son intégrité*, la terre érigée en dignité.

Le fief a donc toujours été la base du titre. Pour trouver une dérogation à cette règle fondamentale, il faut descendre très-tard.

---

[1] *Moniteur*, avril 1858.

[2] Pour plus de facilité, sans sortir de France, nous indiquerons une fabrique d'armoiries au rabais où, moyennant la modeste somme de *5 francs et 20 centimes pour l'affranchissement*, on se procurera un écu d'or ou d'argent, parti ou écartelé, avec tenants ou supports, timbre ou couronne, cimier ou lambrequins, cri de guerre ou devise, etc., etc. (Voir aux réclames du journal l'*Union*, du 5 février 1858.)

[3] *Nobiliaire de Bretagne*. Introduction, page VI.

La Galerie de l'ancienne cour (t. II, p. 66) remarque que MM. Dreux et Chamillart, conseillers au Parlement de Paris, le premier depuis grand maître des cérémonies, et le second contrôleur général, furent faits Marquis *de* Dreux et Comte *de* Chamillart. C'est, dit-elle, le premier exemple de deux noms patronymiques décorés d'eux-mêmes et sans prétexte de terres, des titres de Marquis et de Comte.

Au XVIIIe siècle, l'usage se répandit assez généralement dans la noblesse de faire ériger en dignité des terres auxquelles on faisait prendre en même temps son nom patronymique. C'est ainsi que nous voyons en Bretagne les Becdelièvre faire ériger Tréambert en Marquisat sous le nom de Becdelièvre, et la Gâcherie devenir le Marquisat de Charette; mais ces exemples sont tout différents de ceux de MM. Dreux et Chamillart. On alla plus loin encore : le Marquis le Camus, neveu du cardinal le Camus, fut, dit l'ouvrage précité, le premier gentilhomme français qui appliqua un titre seigneurial sur son nom de famille, sans le faire précéder d'un article datif.

Ces innovations tendaient à changer complétement la nature des anciens titres; d'une dignité réelle ou attachée à la chose, à la terre, on faisait une dignité personnelle. L'Empire suivit généralement cette direction ; à l'exception des Principautés et des Duchés, qui tirèrent leurs noms de la terre, les titres de Comtes et de Barons s'appliquaient directement au nom patronymique, comme pour le Marquis le Camus.

En Bretagne, on a toujours distingué deux sortes de Chevalerie : la Chevalerie *personnelle,* quand on était armé Chevalier, et la Chevalerie *réelle,* qui résultait de la possession d'un fief de Chevalerie ou de Haubert. La première fut en grand honneur dans l'origine; mais le jurisconsulte Hévin remarque, dans ses *Consultations,* que, dès 1300, les seigneurs Bretons affectèrent curieusement de prendre la qualité de Chevaliers *bacheliers,* c'est-à-dire de Chevaliers héritiers présomptifs d'un fief de Chevalerie, pour se distinguer des Chevaliers qui n'avaient que la dignité personnelle, laquelle était déjà devenue fort commune.

Ainsi, tout titre purement personnel ne peut conserver longtemps son prestige, il tend à se multiplier outre mesure, et par conséquent à se déprécier, même quand il est limité à une seule génération ; c'est bien pis si on le rend héréditaire.

Quand l'Empire voulut faire revivre la noblesse, il décréta que tout titre ne serait transmissible qu'à la condition de créer un majorat suffisant pour le soutenir. C'était assurément une bonne mesure, mais elle était insuffisante. D'ailleurs, la plupart des majorats ont disparu, d'autres sont fort écornés; voilà donc toute la noblesse de l'Empire morte ou condamnée à mourir très-prochainement, en vertu du décret de 1808 qui subordonnait l'hérédité du titre aux majorats aujourd'hui éteints. C'était déjà quelque chose de fort singulier qu'un titre assis sur un majorat constitué en rentes sur l'Etat, comme l'étaient la plupart des titres inférieurs de l'Empire.

Que sont les Ducs Decazes, de Louis XVIII; Latil, de Charles X ; Pasquier et Marmier, de Louis-Philippe, sinon des *Ducs bourgeois?* « Si le ministère avait nommé
» M. Pasquier général *in partibus,* celui-ci se serait récrié; il aurait prétendu qu'on
» voulait se moquer de lui en lui donnant un titre, emblème d'une autorité qu'il ne pou-
» vait exercer. On le nomme Duc, comme, au XIVe siècle, les écrivains, en parlant
» des généraux de l'antiquité, disaient le Prince Annibal et le Duc Scipion...., et il est

» content ! soit ! [1] » Les Ducs d'Isly et de Malakoff ont plus d'éclat, mais point de base assurée dans l'avenir ; ces dénominations sont nouvelles en France; c'est une importation des idées espagnoles, où il y a des Princes de *la Paix*, des Ducs de *la Loyauté*, de *la Victoire*, etc.; mais en Espagne même, cela est moderne.

Hors de la Féodalité, c'est-à-dire sans juridiction, sans partages nobles, les titres ont donc bien perdu de l'importance qu'on y attachait autrefois, mais ils me semblent encore possibles comme une distinction de famille, ainsi que les qualifications de *chevalier* et d'*écuyer* telles qu'on les entendait en Bretagne. En outre des titres attachés à une terre érigée en dignité et de ceux conférés par lettres-patentes, il en existait d'autres désignés sous le nom de *titres de courtoisie* ou *à brevet*, et, depuis Louis XIV, les rois s'en sont montrés si peu avares, qu'il n'est presque pas de familles un peu marquantes dont un membre n'en ait été décoré. En effet, dans les commissions, lettres ou brevets militaires délivrés par les rois aux officiers généraux ou même supérieurs, ainsi que dans les présentations à la cour, et même en Bretagne dans les lettres de convocation aux États, les noms des gentilshommes étaient souvent précédés d'un titre qu'ils se regardaient comme autorisés à porter leur vie durant ; mais ces titres étaient tous personnels, malgré l'étrange abus qu'on a voulu faire prévaloir en les considérant comme transmissibles et héréditaires. Ce fut dans de semblables idées de *courtoisie* que fut rendue en 1817 une ordonnance royale autorisant les fils des Pairs de France seuls à prendre des titres successivement inférieurs à celui de leur père. Ainsi, le fils aîné du Duc de Dalmatie put se qualifier Marquis, de même que le fils aîné du Duc de Reggio ; le second fils pouvait se qualifier Comte, le troisième Vicomte, le quatrième Baron ; mais c'étaient là encore des titres tout personnels, quoique ces titres aient été portés depuis héréditairement. Le Roi ferma, dans la suite, la porte qu'il avait ouverte lui-même aux abus, par son ordonnance du 10 février-13 août 1824, qui vint régler la question des titres. « Art. 1er. A l'avenir, les titres de Baron, de Vicomte, de Comte, de Marquis et de Duc qu'il nous aura plu d'accorder à ceux de nos sujets qui nous en auraient paru dignes, seront *personnels*, et ne passeront à leurs descendants en ligne directe qu'autant que les titulaires auront été autorisés par nous à constituer en effet le majorat affecté au titre dont ils seront revêtus. Ces titres et autorisations seront accordés par ordonnances royales, sur le rapport de notre Garde des Sceaux, et non autrement. »

Ainsi, le gouvernement conservait légalement la distinction des titres *viagers* ou à *brevet* et des titres héréditaires, tandis que maintenant les fils d'un simple Comte à *brevet* s'intitulent tous Comtes à la fois, dès qu'ils sont sortis des bancs du collège. Les titres ne sont donc plus qu'une parodie d'une grande institution, et il faut les proscrire d'une manière absolue, ou leur rendre la valeur qu'ils peuvent encore conserver dans nos mœurs actuelles par une législation nouvelle, compatible avec nos institutions.

« La noblesse représente quelque chose d'éminemment respectable. Elle représente la tradition, l'importance héréditaire ou la supériorité personnelle [2]. »

[1] Œuvres de Napoléon III, tome II, chap. XVIII, *des Nobles.*
[2] *Patrie*, du 1er avril 1857.

En présence de cette déclaration d'un des journaux les plus dévoués au gouvernement, nous ne saurions admettre que le but de celui-ci fût d'exalter la noblesse nouvelle aux dépens de l'ancienne ; mais s'il en était ainsi, l'abstention des grands noms de la vieille France qui pourraient décliner la nouvelle juridiction, frapperait la loi de ridicule et d'impuissance.

Les honneurs de la cour, les preuves pour les chapitres nobles et pour le service militaire étant abolis, l'ancienneté de la race ne sert plus matériellement à rien, et rien ne l'indique au public. Les priviléges supprimés, il ne reste donc d'apparent dans la qualité de noblesse que les titres honorifiques et la particule *de* qui ne devrait jamais précéder qu'un nom de terre, mais dont l'usage a fait bien improprement, pour le vulgaire, une sorte de titre nobiliaire de convention.

Ce fut, comme l'on sait, dans la nuit du 4 août 1789 que quelques *démagogues* de la noblesse, fatigués d'une longue discussion sur les droits de l'homme, et brûlant de signaler leur zèle pour la cause nouvelle qu'ils venaient d'épouser, se levèrent à la fois en demandant à grands cris les derniers soupirs du régime féodal.

« Ce mot électrisa l'Assemblée, dit Rivarol dans ses Mémoires, le feu avait pris à toutes les têtes. Les cadets de bonne maison qui n'ont rien, furent ravis d'immoler leurs trop heureux aînés sur l'autel de la Patrie ; quelques curés de campagne ne goûtèrent pas avec moins de volupté le plaisir de renoncer aux *bénéfices* des autres. Mais ce que la postérité aura peine à croire, c'est que le même enthousiasme gagna toute la noblesse ; le zèle prit la marche du dépit : on fit sacrifices sur sacrifices. Et comme le point d'honneur chez les Japonais est de s'égorger en présence les uns des autres, les députés de la noblesse frappèrent à l'envi sur eux-mêmes et du même coup sur leurs commettants. Le peuple qui assistait à ce noble combat augmentait par ses cris l'ivresse de ses nouveaux alliés ; et les députés des Communes, voyant que cette nuit mémorable ne leur offrait que du profit sans honneur, consolèrent leur amour-propre en admirant ce que peut la noblesse entée sur le Tiers-État. Ils ont nommé cette nuit la *nuit des dupes* ; les nobles l'ont nommée la *nuit des sacrifices*. »

La suppression des droits féodaux fut suivie du décret du 27 septembre 1791, portant que : « Tout citoyen qui, dans tous actes quelconques, prendra quelques-unes des qualifications ou des titres supprimés, sera condamné à une amende égale à six fois la valeur de sa contribution, rayé du tableau civique et déclaré incapable d'occuper aucun emploi civil et militaire. » Cela n'a pas empêché les hommes qui avaient provoqué, voté et préconisé cette mesure égalitaire, de se blasonner quinze ans plus tard sur toutes les coutures, et de s'affubler des titres de Ducs, Comtes et Barons qu'ils avaient naguère proscrits [1].

---

[1] A l'abbé Siéyès, que nous avons déjà nommé, régicide, puis comte-sénateur, ajoutez les régicides Carnot, chevalier de Saint-Louis, puis comte de l'Empire ; Jean Bon-Saint-André, baron-préfet ; l'oratorien Fouché, duc d'Otrante ; l'abbé Grégoire, comte-sénateur, absent au moment du vote dans le procès du Roi, mais qui adhéra par écrit à sa condamnation ; le comte Merlin (de Douai), l'un des auteurs de la loi des suspects ; David, chevalier de l'Empire, premier peintre de S. M.; le mathématicien Monge, comte de Peluse, qui signa l'arrêt de mort comme ministre, ainsi que Garat, ex-constituant, qui lut sa sentence à Louis XVI, et devint à son tour comte-sénateur. Il y aurait à citer bien d'autres noms

Nous avons fait voir l'origine des titres, leur valeur passée, celle qu'ils peuvent encore conserver de nos jours; nous avons présenté également l'origine des noms de famille, qui ont conservé, à la différence des titres, toute leur importance [1].

Nous ferons remarquer encore que dès le temps de la formation des noms, un très-grand nombre de roturiers ont pris des noms de lieux, et qu'un très-grand nombre de nobles n'avaient que des sobriquets; d'où il suit que c'est fort à tort qu'on a appelé *particule nobiliaire* les articles *le, la, les, de, du, de la,* ou *des* qui précèdent certains noms de lieux, devenus noms de famille.

Nous avons dit que dans les deux derniers siècles, tous les bourgeois vivant noblement, c'est-à-dire ne faisant pas le commerce, dès qu'ils étaient possesseurs d'un petit quartier de terre, en prenaient le nom et quittaient même souvent leur ancien nom de famille, vanité ridiculisée par l'auteur du *Bourgeois gentilhomme,* mais mode contagieuse dont M. *de Molière* (Jean-Baptiste Poquelin) ne sut pas s'affranchir lui-même [2].

---

dont la mémoire est heureusement pour eux moins célèbre. On les exhume des Almanachs Impériaux parmi les sénateurs, préfets et présidents des cours d'appels, et on peut consulter sur leurs antécédents la Biographie universelle. Ces hommes ne doivent point être confondus avec les compagnons d'armes de Napoléon, qui gagnèrent leurs titres sur le champ de bataille, et dont les noms rappellent tous une de nos victoires.

[1] Voir ci-devant notre *Dissertation sur l'origine et la formation des noms.*

[2] Bien d'autres personnages, inconséquents avec leurs écrits et leurs actes, tombèrent dans le même travers. Nous citerons parmi les principaux : Boileau *des Préaux* oubliant sa satire sur la noblesse, et *le patriarche de Ferney* nonobstant l'idée préconisée dans Mérope :

Qui sert bien son pays n'a pas besoin d'aïeux.

Si l'on voulait savoir les services que Voltaire quoique sans aïeux, a rendus à la France, il faudrait le demander à la Prusse. Rappelons encore l'horloger Caron *de Beaumarchais* jugeant avec *Bazile* que : « Ce qui est bon à prendre est bon à garder »; Bernardin *de Saint-Pierre,* bourgeois du Hâvre, auquel ses *Etudes de la nature* firent trouver naturel de se rattacher au célèbre bourgeois de Calais; le philosophe Jean Le Rond *d'Alembert* enfant trouvé sur la voie publique, ainsi que ses confrères Nicolas *de Chamfort,* Jean-François *de la Harpe* et l'abbé Jacques *de Lille.* Dans les sommités révolutionnaires et égalitaires, n'oublions pas non plus le ministre Roland *de la Platière* célèbre par sa femme; Barrère *de Vieuzac* auteur de *l'éloge de Louis XII* et l'un des complices de la mort de Louis XVI; Brissot *de Warville,* ancien rôtisseur ou tourne-broche à Chartres, signant du nom de son village d'Ouarville orthographié à l'anglaise, un pamphlet contre *l'inégalité des rangs;* Chasseboeuf autre député du *Tiers,* qui trouva plus euphonique à son retour d'Orient, de traduire son nom en *Volney,* mot arabe quant au son, et qui a comme Chasseboeuf la signification de Bouvier; Billaut *de Varennes,* ci-devant oratorien, l'un des organisateurs des massacres de septembre; La Réveillère *de l'Epeaux,* inventeur de la *Théophilanthropie;* Fouquier *de Tainville,* accusateur public, ci-devant procureur au Châtelet, et son frère Fouquier *d'Hérouël,* qui s'intitule dans l'almanach royal de 1790: *fourrier des logis du Roi, seigneur et cultivateur d'Hérouël;* les comédiens sifflés Fabre *d'Églantine* et Collot *d'Herbois;* le vertueux Pétion *de Villeneuve,* maire de Paris, et surtout *l'incorruptible* Maximilien *de* Robespierre, qui se borna à allonger son nom roturier de la particule supprimée pour ses nombreuses victimes, trop heureuses s'il n'eût raccourci que leur nom. Nous voulons bien ne parler que des morts : mais en voici encore deux que nous avons tous connus et qui ne seront pas déplacés à la fin de notre galerie. « Comme nous lisons dans Lucain, d'un savetier nommé *Simon* qui étant devenu riche voulut être appelé *Simonide* » (voy. Loiseau, livre des ordres), ainsi l'historien passionné des *Républiques Italiennes,* originaire du Dauphiné, a fait lui et ses pères subir à son nom plus de métamorphoses qu'il n'y en a de la chenille au

On connait l'anecdote relative à ces trois frères, qui pour tout héritage n'eurent qu'une cour dans laquelle se trouvaient un puits et une mare, et qui se nommèrent l'aîné M. *de la Cour;* le second M. *du Puis* et le troisième M. *de la Marre.* « C'est un vilain usage et de très-mauvaise conséquence en nostre France, dit Montaigne, d'appeler chascun par le nom de sa terre et seigneurie et la chose du monde qui fait plus mesler et mécognoistre les races. Un cadet de bonne maison ayant eu pour son apanage une terre sous le nom de laquelle il a esté cogneu et honoré, ne peut bonnement l'abandonner; dix ans après sa mort, la terre s'en va à un étranger qui en fait de mesme : Devinez où nous en sommes de la cognoissance de ces hommes... Il y a tant de liberté en ces matières, que de mon temps je n'ai veu personne eslevé par la fortune à quelque grandeur extraordinaire, à qui on n'ait attaché incontinent des titres généalogiques nouveaux et ignorez à son père, et qu'on n'ait enté en quelque illustre tige; et de bonne fortune, les plus obscures familles sont plus idoines à falsifications. » Aux noms de seigneuries du temps de Montaigne, l'on substitue fréquemment aujourd'hui, ceux de sa commune, de sa ville, de son département, et la conscience publique se révolte avec raison contre un tel abus. Or si l'on n'y prend garde, la société nouvelle ne sera plus qu'un carnaval. On peut de nouveau proscrire les titres; on peut les avilir soit en les laissant usurper, soit en les multipliant, mais on ne peut supprimer le nom. Pour montrer le respect dû au nom quel qu'il soit, que chacun a reçu de ses pères, nous ne pouvons mieux faire que de citer les conclusions si remarquables de M. Pinard, substitut du procureur-général, dans une question d'usurpation de nom récemment soumise à l'appréciation de nos tribunaux.

« Le nom est un héritage souvent plus précieux que la fortune.... il vous suit dans la pauvreté comme dans l'opulence, dans la patrie comme dans l'exil. L'usurpation d'un nom, dit-on souvent, ne cause pas de préjudice matériel; un débat de ce genre réveille des souvenirs d'un autre âge et n'est aujourd'hui qu'un anachronisme. N'ayons pas de ces préventions superficielles, allons au fond des choses. Sans doute les prérogatives du vieux droit, les avantages matériels attachés à certains noms et qui avaient été souvent le salaire du sang versé, le prix de services rendus, ont dû complétement disparaître; il ne faut ni les ressusciter ni les regretter.... Mais le nom sans le fief, le nom sans les priviléges éteints, le nom même sans la splendeur de la fortune ou l'éclat d'un long passé, a toujours quelque chose d'auguste et de sacré. Sous le nom, il y a toujours une notion cachée et de sérieux intérêts engagés. Le nom est la chose la plus simple, elle est aussi la plus profonde.

» Le nom est perpétuel, parce qu'il est le signe vivant, la démonstration la plus énergique de la notion de propriété. Et quand la fortune mobilière s'acquiert si vite et se perd si vite encore; quand la fortune territoriale se fractionne et disparaît chaque jour,

papillon, pour parvenir à se greffer sur l'illustre maison des *Sismondi* de Pise. Et notre dernier *poète national*, nonobstant l'aiguille et le carreau à repasser de son père, n'était-il pas bien aise de donner à entendre qu'il pouvait bien descendre des anciens *Bérenger* de Provence? Le sang du grand-maître de Saint-Jean de Jérusalem se serait alors mêlé avec celui de quelque *Frétillon* ou *Lisette*; et il était en tout cas pas mal contradictoire à l'auteur du *marquis de Carabas* de signer ses œuvres : P.-J. *de* Béranger.

il est utile que le nom reste avec son cachet de perpétuité comme le premier de nos patrimoines, justifiant en la résumant l'idée même de propriété.

» Pourquoi nos lois ont-elles fait le nom héréditaire et transmissible seulement pour les mâles, sinon parce qu'il rappelle et l'unité d'autorité du chef qui fonde les familles et le respect du passé qui les perpétue : tradition sainte qui se retrouve partout, que Rome appelait le culte des dieux domestiques, et que nous avons nommée d'un nom plus simple et plus vrai, le culte des ancêtres.

» Enfin pourquoi veut-on les noms inaliénables et imprescriptibles, sinon parce qu'ils appartiennent autant à la nation qu'aux individus? N'oublions pas en effet que les peuples grandissent dans la mesure du respect dont ils entourent leur histoire. Or les masses n'apprennent l'histoire qu'avec des monuments ou avec des noms qui leur rappellent les réformes civiles, les grandes découvertes, les glorieuses conquêtes. Sur les champs de bataille de la vieille monarchie française, sur ceux du premier empire, sur cette terre de Crimée encore couverte de notre sang et de notre gloire, le peuple recueille des noms, et ces noms qu'il rend immortels parce qu'ils sont le symbole de grands faits, c'est pour lui l'histoire tout entière.

» Voilà l'importance et la puissance des noms au point de vue de la notion de propriété, de l'intérêt de famille et de la tradition nationale.

» De là tirons deux conséquences pratiques; la première c'est que la chancellerie obéit aux traditions les plus saines, lorsqu'elle se montre si sévère pour changer, si prudente pour conserver; la seconde c'est qu'il est puéril de revendiquer un nom qui n'est pas le sien et qu'il y a fierté légitime à défendre à toutes les époques un nom porté par ses ancêtres [1]. »

Ce sont bien là les conséquences qui devraient résulter du rétablissement de l'article 259 du Code pénal, ainsi modifié :

« Sera puni d'une amende de 500 à 10,000 fr. quiconque, sans droit et en vue de s'attribuer une distinction honorifique, aura publiquement pris un titre, ou aura changé, altéré ou modifié le nom que lui assignent les actes de l'état civil. »

Nous trouvons rationnel qu'on ait étendu aux noms, la pénalité qui ne devait d'abord porter que sur les titres; mais les cas où le délit existera sont loin d'être explicitement indiqués. Le rapport fait au Corps législatif dit bien qu'il consistera « dans une série d'actes géminés, persévérants, publics; » mais la loi n'ayant pas d'effet rétroactif et ne fixant pas d'époque pour les altérations faites sans droit, qui devront être frappées d'amende, si elles se reproduisaient dans des actes subséquents, accorde l'impunité à toutes celles faites dans une *série d'actes géminés* ayant quelques années de date. Ainsi demeureront dupes des plus intrigants ou des plus audacieux, les individus plus sincères ou plus modestes, restés étrangers malgré l'exemple, au pillage de toutes les distinctions honorifiques, organisé sur une vaste échelle, principalement depuis 1830. Les usurpations futures pourront donc être proscrites, tandis que la prescription sera acquise aux usurpations passées, injustice qu'on eût évitée en réformant en ces termes l'article 259 :

[1] *Gazette des Tribunaux,* du 5 février 1858.

« Sera puni d'une amende... quiconque sans droit changera, altérera ou modifiera le nom ou *le titre* que lui assignent *à lui et à ses ascendants* les actes de l'état civil, *depuis un siècle* (ou *trois générations* ou au moins *depuis 1789.*) »

D'où l'obligation pour chacun de reprendre le nom que portaient ses pères et de quitter le titre qu'ils ne portaient pas, à moins de justifier de lettres de collation postérieures [1]. C'est sans doute grâce à l'omission intentionnelle d'une *date* que la loi a trouvé un aussi

[1] Cette lacune dans la loi de 1858 vient d'être comblée par un arrêt de la Cour de cassation, consacrant que le ministère public peut intenter d'office une action civile aux descendants des usurpateurs de noms et de titres, pour les rétablir dans leur état primitif, indépendamment de l'action correctionnelle contre l'usurpateur lui-même.

Cet arrêt a été rendu le 22 janvier 1862 sur le réquisitoire du procureur général Dupin, dont les principaux motifs invoqués, nous paraissent intéressants à reproduire :

« Il n'appartient qu'au souverain de conférer des titres; cette prérogative constitue un de ces droits qu'on nommait autrefois *régaliens*... Les lettres de collation doivent être enregistrées dans les cours impériales, en audience solennelle pour en mieux garder le souvenir, et c'est seulement après ces formalités remplies, que l'impétrant est autorisé à prendre tant en jugement que hors jugement, le titre à lui conféré.

» Tout homme nouveau qui n'a point été investi d'un titre honorifique et qui cependant se l'attribue, est donc un usurpateur......

» Le Code pénal par son article 259 a attaché des peines correctionnelles à ce genre d'usurpations. Mais de ce qu'il y a une action correctionnelle contre l'auteur principal de l'usurpation, c'est-à-dire contre celui qui le premier dans une famille « *a pris indûment un titre honorifique, ou qui a changé,* » *altéré ou modifié le nom que lui assignent les actes de l'État civil* » s'ensuit-il qu'il n'y ait pas aussi une action civile? Et résulte-t-il que si pour une cause quelconque, l'action pénale cesse de pouvoir être intentée, par exemple par la mort de l'auteur principal du délit, ses enfants et ses descendants pourront continuer à se prévaloir des titres et des noms usurpés? Après la mort d'un voleur qui ne peut plus être poursuivi, est-ce qu'il n'y a pas une action en revendication des objets volés contre ses héritiers?..

» Considérez un peu l'époque où nous sommes et le milieu dans lequel nous vivons. Quoi! en 1789 une grande révolution s'est opérée : elle a été dirigée surtout contre la féodalité, les priviléges et les titres nobiliaires. Les plus grands de ces titres ont été, dans la nuit du 4 août, déposés noblement sur l'autel de la patrie par ceux qui les avaient portés avec le plus de distinction. — Et la tourmente à peine passée, sous un régime nouveau, on a vu les plus grands révolutionnaires briguer ces mêmes titres tant décriés par eux, quand ils étaient portés par d'autres.... L'empire a maintenu dans ses attributions le droit de conférer des titres honorifiques pour récompenser de grands services rendus à l'État, monnaie d'honneur, destinée à exciter l'émulation et le dévouement. Récemment l'Empereur a usé de cette prérogative en créant les ducs de Malakoff et de Magenta. Mais à côté de ces grandes médailles frappées au coin de la gloire, on a vu et l'on voit chaque jour circuler une fausse monnaie fabriquée à leur singulier profit, par des individus qui, ne pouvant obtenir régulièrement des titres qu'ils n'avaient pas mérités, ont trouvé plus commode de se les attribuer à eux mêmes de leur autorité privée.

» Et parce que celui qui le premier dans la famille a conçu l'idée de glisser dans les actes de naissance de ses enfants et dans ses propres actes des titres qui ne lui appartenaient pas, sera décédé, et que par ce motif ou tout autre, une action correctionnelle ne pourra plus être intentée contre lui, tout sera dit et l'usurpation demeurera consolidée au profit de sa race? la loi demeurera ouvertement violée et il n'y aura aucune action ouverte pour la faire respecter et en procurer l'exécution? Quelle si grande faveur méritent donc de telles entreprises contre l'une des plus belles prérogatives du souverain? Pourquoi tolérerait-on cet entêtement à se parer ainsi aux yeux de la société, de titres dont on n'est pas légitimement investi? — Il y a deux motifs : l'intérêt et la vanité......

« Après le joueur effréné qui ne paie pas sa dette, je ne connais rien de moins digne de considération que ces fraudeurs de titres qui s'arrogent impudemment des qualifications honorifiques qui ne leur ont

grand nombre d'adhérents au Corps législatif. La statistique nobiliaire de nos représentants, fait même croire que quantité d'usurpateurs n'ont voté en sa faveur, que parce qu'ils ne craignaient pas qu'on leur en fît l'application ou parce qu'ils redoutaient qu'en votant contre, cette même application leur fût faite. Autrement la majorité se fût bien déplacée. En effet, sur 260 membres dont se compose le Corps législatif, une moitié environ se décore de noms ou de titres qui, révisés avec soin, réduiraient encore de moitié le chiffre de ces prétendus nobles, si la loi était exécutée sérieusement. Nous attendrons pour en juger, l'apparition de l'*Almanach Impérial* qui doit rendre au *Tiers-État* un quart de tous les noms insérés dans ce volume, c'est-à-dire la moitié de ceux des fonctionnaires qui s'attribuaient jusqu'à ce jour des distinctions honorifiques. Mais « la loi actuelle n'a pas pour but, dit le rapporteur, de préparer une révision générale de tous les titres, de tous les noms nobiliaires. » — Nous objecterons cependant, que leur usurpation étant au moins une infraction grave au droit qu'a le souverain d'en conférer, le gouvernement pour être conséquent, doit opter entre leur interdiction absolue et leur protection efficace. Autrement à quoi servira la loi? — « A atteindre l'audace, la mauvaise foi et la fraude, » nous dit le rapport. — Mais comment les constater sans révision préalable? demanderons-nous à notre tour. — « Les usages de l'ancienne monarchie, ravivés dans l'ordonnance du 25 août 1817 et consacrés par les mœurs nouvelles continueront à être la règle de toutes les transmissions dans l'avenir, comme elles le sont dans le présent. Le projet n'innove rien et ne prépare aucune innovation ; il ne fait que maintenir et sanctionner. »

Les usages de l'ancienne monarchie ne sont plus suivis; l'ordonnance de 1817 conférant *viagèrement* aux fils aînés des pairs de France et à l'exclusion de tous autres, le titre immédiatement inférieur à celui de leur père, et aux fils puînés, les titres immédiatement inférieurs à celui de leurs aînés, est aujourd'hui périmée, puisqu'il n'y a plus de pairie héréditaire. Restent « les usages consacrés par les mœurs nouvelles que le projet ne fait que maintenir et sanctionner, » c'est-à-dire l'abus érigé en règle; voilà ce que nous promet d'abord le rapporteur de la nouvelle loi ; puis, comme si tout devait être contradictoire dans son rapport, il ajoute :

« Si l'utilité d'un règlement ultérieur venait à se faire sentir, soit pour consacrer les règles de transmission actuellement pratiquées, soit pour déterminer à nouveau les conditions de la possession légitime, en l'absence de titres, déjà fixées par la législation ancienne, le gouvernement, dans les attributions duquel rentrerait évidemment une pareille mesure, aviserait dans sa sagesse. »

C'est justement ces règles qu'il aurait fallu poser d'abord, car c'est leur infraction qui devrait être punie par l'art. 259 qu'on fait revivre prématurément. Or, elles existaient dans l'ancienne législation; nous les avons définies et leur application avec peu de modifications, n'est point impossible, comme le Conseil d'Etat, dans ses considérants, a

---

point été légalement conférées. Ils pullulent cependant! et la question avec eux est de savoir si on leur laissera le champ libre, ou si leur audace sera réprimée. Là où manque la répression correctionnelle, que l'exécution de la loi soit du moins obtenue par l'action civile intentée d'office : voilà le remède. »

Moniteur du 19 février 1862.

paru le craindre et comme l'ont répété à l'envi les journaux démocratiques. Ceux-ci ne repoussent *la Réformation* que par jalousie, et ils envient la noblesse autant qu'ils la détestent. Le *Siècle* a prétendu combattre la loi dans l'intérêt de la monarchie, dont il s'est érigé tout à coup le défenseur officieux. Cette conversion nous paraît bien spontanée pour être sincère.

Timeo Danaos et dona ferentes.

« A quoi bon, dit-il, demander le rétablissement de la noblesse pour consolider la monarchie, puisque demain, la monarchie sera obligée de combattre ce qu'elle a fait.... puisque toute l'histoire depuis Charlemagne est dans la lutte de la monarchie contre la noblesse et de la noblesse contre la monarchie. » Cette assertion est reproduite dans d'autres écrits de circonstance [1] par des publicistes, qui oublient que les plus belles pages de notre histoire appartiennent à ce corps illustre de la noblesse; que toutes les fondations d'églises, de collèges et d'établissements hospitaliers ont été faites par lui; qu'il a été de tout temps l'avant-garde de la nation dans les combats, dans les périls; qu'il s'est fait décimer pour la monarchie dont le *Siècle* le dit ennemi, tandis que les coryphées du *Siècle* ont envoyé à l'échafaud le plus vertueux des Rois, en reconnaissance de ce qu'il avait fait pour le peuple et pour le Tiers-État particulièrement, qui lui avait décerné le titre de *Restaurateur de la liberté française*. Cette sollicitude si logique à la fois, pour la monarchie et pour les régicides, dont l'organe du vieux libéralisme fait constamment l'apologie, serait-elle dans le second cas, de la piété filiale? C'est ce que nous nous sommes demandé, en compulsant les votes des conventionnels de la Manche. Le même journal motive encore son opposition, sur ce que la noblesse héréditaire ne devrait pas exister dans un gouvernement démocratique. Resterait à prouver que le gouvernement actuel est celui de la démocratie, c'est-à-dire littéralement le gouvernement du peuple et non une monarchie héréditaire, c'est-à-dire le gouvernement d'un seul, transmissible de mâle en mâle par ordre de primogéniture. Or, une monarchie peut s'appuyer à la fois sur une aristocratie ou gouvernement des grands et sur la démocratie ou gouvernement du peuple, et c'est précisément celle qui régit la France, conjointement avec le sénat et le corps législatif.

Voici d'ailleurs comment s'exprime à ce sujet un auteur dont le témoignage ne sera pas sans doute récusé :

« L'expérience a prouvé qu'une aristocratie ne nuit point à la liberté d'un pays, car l'aristocratie anglaise n'a pas moins contribué que les autres classes de la nation à la liberté de la Grande-Bretagne. La raison dit encore qu'une aristocratie peut être compatible avec le principe de l'égalité, à deux conditions : premièrement que les membres qui la composent ne jouissent d'aucun droits particuliers et subissent en tout la loi commune; secondement que les distinctions purement honorifiques accordées à une classe, soient accessibles à tous les citoyens d'un même État qui les ont achetées par leurs services ou leurs talents [2]. »

---

[1] *Les nobles et les vilains du temps passé*, par Alphonse Chassant, 1857.
[2] Thiers, *Hist. du Consulat et de l'Empire*. T. VIII, chap. 28.

Le *Siècle* se pose ensuite en défenseur de l'ancienne noblesse : « Ses parchemins, craint-il, n'existent pas tous. Comment fournira-t-elle ses preuves? Il y a beaucoup de familles dans lesquelles la possession seule fait titre. On conçoit que les Montmorency n'auront point à apporter des diplômes; mais évidemment dans les preuves à faire, la noblesse récente, celle qui a été créée par le premier Empire, aura l'avantage. »

Que le *Siècle* se tranquillise sur le désagrément qu'il redoute pour l'ancienne noblesse. Malgré toutes les pertes de titres que la Révolution a occasionnées aux familles, et particulièrement à celles des émigrés, il est encore facile à un gentilhomme de prouver sa qualité. En effet, l'ancienne noblesse s'entend aujourd'hui de celle qui existait avant la Révolution. Or, les procès-verbaux des assemblées des baillages et des sénéchaussées, pour l'élection des députés aux États-Généraux de 1789 et pour la rédaction du cahier des doléances, ces procès-verbaux existent encore, et il suffit de les consulter pour justifier qu'on était noble à cette époque, puisqu'on a été convoqué à cette réunion solennelle en ladite qualité. Cependant cette preuve ne pourrait être invoquée par toutes les familles, en raison des conditions nécessaires pour être assigné : « Il n'y a que les
» nobles possédant fiefs et âgés de vingt-cinq ans qui soient dans le cas d'être assignés,
» disait le Garde-des-Sceaux dans ses instructions du 6 mars 1789. Les personnes pour-
» vues de charges donnant la noblesse, mais qui ne l'ont pas encore acquise par vingt
» ans d'exercice, ne peuvent pas être considérées comme nobles, et ne doivent
» conséquemment pas être assignées, quoiqu'elles possèdent des fiefs. Il doit en être
» usé de même à l'égard des particuliers non nobles qui sont propriétaires de fiefs. Il
» faut être noble et âgé de vingt-cinq ans pour être admis à l'assemblée de la noblesse. »

Il faudrait donc joindre à ces preuves, les jugements et ordonnances de maintenues de noblesse, rendus par les parlements ou les intendants des provinces, lors des dernières recherches contre les usurpateurs. Ces recherches, commencées sous Louis XIV, en 1666, furent terminées sous Louis XV, en 1727. Pour les familles déboutées à cette époque, il y aurait à produire les maintenues au Conseil-d'État, ou les anoblissements postérieurs; on y ajouterait les extraits de l'état civil qui ne sont pas détruits, mais qui ont été enlevés aux sacristies des paroisses, pour être déposés dans les mairies et les greffes des tribunaux. La réunion de ces divers documents, dont un grand nombre existe aux archives de l'Empire, et dont une notable partie se trouve en outre par grosses ou expéditions en forme, dans les archives particulières des familles, prouve qu'il est presque aussi facile à un gentilhomme de justifier de son extraction, que de se procurer son acte de naissance.

Il existe encore bien d'autres moyens de vérification à la portée de toutes les personnes qui, ayant perdu leurs titres, voudraient cependant pouvoir invoquer autre chose que la notoriété, en faveur de leurs prétentions nobiliaires. Ainsi, les archives des ministères de la guerre et de la marine ont conservé les états de services de tous les officiers [1]. Les

---

[1] Ce fut seulement en 1781 qu'un édit du Roi révoquant celui de 1750, qui conférait la noblesse héréditaire à la troisième génération de capitaines et chevaliers de Saint-Louis, établit pour la première fois que nul ne pourrait devenir officier dans les armées françaises, s'il n'était noble ou fils de chevalier de Saint-Louis. Un autre édit du 1er janvier 1786 établit la même obligation pour la marine, les armes de

archives des cours souveraines possèdent les provisions de toute la noblesse de robe aux deux derniers siècles. Le cabinet du Saint-Esprit, à la Bibliothèque impériale, renferme les preuves faites devant les juges d'armes et les généalogistes officiels pour les honneurs de la cour, pour l'admission dans certains chapitres, dans les écoles militaires et dans la maison de Saint-Cyr, pour les ordres du Roi et ceux de Malte et de Saint-Lazare. La génération actuelle a donc de nombreux moyens de se rattacher à un ascendant direct, maintenu aux réformations de 1666-1696, anobli ou ayant obtenu depuis des lettres de confirmation, ou bien ayant exercé l'une des charges qui procuraient la noblesse. Ces moyens sont : les registres de l'état-civil, les contrats de mariage, partages ou ventes ; les commissions, brevets militaires et lettres de pension ; les provisions d'offices judiciaires comme secrétaires du Roi, officiers des chambres des comptes, cour des aides, trésoriers et généraux des finances, conseillers aux parlements du royaume et maires de certaines bonnes villes.

Si l'on demandait à chacun les mêmes preuves qu'au dernier siècle, c'est-à-dire d'appuyer chaque degré de généalogie par trois actes originaux jusqu'au commencement du XVIe siècle et deux actes originaux pour les siècles antérieurs, ce serait se montrer bien exigeant, après la destruction que la Révolution a faite de tant de titres féodaux ; mais, je le répète, établir dans chaque famille une filiation centenaire n'est nullement impraticable.

Ce qui fait craindre de jeter un regard scrutateur sur l'origine des noms et des titres aujourd'hui en usage, c'est la certitude d'avoir à constater d'innombrables usurpations.

Combien existe-t-il aujourd'hui de familles nobles en France ? — Nous n'avons pas en mains les éléments nécessaires pour étendre ce recensement à toutes les provinces de la monarchie ; mais nous avons pu l'établir pour plusieurs et en particulier pour la Bretagne. Nous avons trouvé que, lors de la recherche de 1666-1696, 2,084 familles de cette province avaient été maintenues dans leur noblesse [1]. Aux États tenus à Rennes en 1786, la plus nombreuse de ces assemblées qu'on eût encore vue, on comptait 760 membres dans l'ordre de la noblesse ; mais beaucoup appartenaient aux mêmes familles.

	FAMILLES NOBLES.
La Bretagne possédait donc, à la fin du XVIIe siècle	2,084
Les registres de maintenues de la généralité de Caen renferment	1,322
La généralité d'Alençon, comprenant aussi le Perche	1,686
Les registres de maintenues de Champagne	514
La généralité d'Amiens	460
La généralité de Soissons	350

l'artillerie et du génie en étant exemptées. L'opinion publique trouva avec raison que c'était une énormité de recruter exclusivement de nobles une carrière qui jusqu'alors avait été la pépinière de la noblesse, et l'injustice de cette loi expliquerait en partie l'attitude des députés du *Tiers* aux États-Généraux.

[1] Ce nombre donné par Chérin (*Abrégé chronologique*) se décompose en 1,506 familles maintenues à la Réformation générale et en 578 autres déboutées ou condamnées à la même époque, puis postérieurement confirmées ou anoblies.

	FAMILLES NOBLES
L'Artois	200
La généralité de Limoges, comprenant le Limousin, l'Angoumois et l'Election de Bourganeuf, dans la Marche..	766
Le Languedoc	1,627
L'Auvergne	357
La généralité de Montauban, comprenant le Rouergue, le Quercy et les pays de Foix, de Comminges et d'Armagnac..................................	745
La généralité de la Rochelle, comprenant l'Aunis et la Saintonge	235
La généralité de Tours, comprenant la Touraine, l'Anjou et le Maine......	693

En compulsant les listes électorales des cinq départements de la Bretagne, nous voyons que de ces 2,084 familles, il n'en reste plus qu'environ 600 de nos jours. En attribuant en moyenne deux branches à chacune de ces familles et trois mâles par branche, on arriverait au chiffre de 3,600 gentilshommes bretons, et comme la population de la Bretagne est le douzième de celle de la France, on trouverait pour la France entière 7,200 familles nobles, donnant un effectif de 43,200 mâles. Encore pour que ce calcul ne soit pas exagéré, faut-il que les autres provinces soient aussi riches en noblesse et les familles aussi nombreuses qu'en Bretagne. Or, l'on a pu voir plus haut que, à l'exception de la Normandie, les autres provinces, dont nous avons pu consulter les registres, n'offrent qu'un bien petit nombre de gentilshommes [1].

Combien reste-t-il de familles pouvant remonter authentiquement leur origine jusqu'à l'établissement des noms héréditaires au XIe et principalement au XIIe siècle? — Des calculs, basés sur des vérifications plusieurs fois renouvelées dans les chartes de notre histoire, font connaître que les familles qui y sont mentionnées ont disparu à raison de deux cinquièmes par siècle. Aussi les familles patriciennes seraient bien clairsemées de nos jours, si la noblesse ne s'était pas recrutée au moyen des anoblissements, dans une proportion égale au moins aux extinctions, qu'indépendamment de toutes autres causes, les guerres et les révolutions ont amenées. Enfin, combien y a-t-il aujourd'hui de gens qui se prétendent nobles en France?

Nous attendrons, pour répondre à cette question prématurée, qu'on ait débarrassé des plantes parasites qui finiraient par l'étouffer, cet arbre vénérable auquel on peut comparer la noblesse, arbre dont les racines se perdent dans les entrailles du sol de notre patrie et du tronc duquel, malgré les larges blessures que lui a faites la hache révolutionnaire, poussent encore de vigoureux rameaux, ainsi que l'ont prouvé une fois de plus les fastes des guerres de Crimée et d'Italie.

Si le Gouvernement veut rendre la loi d'une application utile; si, comme l'a dit le *Moniteur*, « les titres n'ont point été rétablis pour être livrés à la convoitise du premier

---

[1] D'après Siéyès, le nombre des nobles en France, en 1789, était de 110,000, en y comprenant les hommes, les femmes et les enfants. Selon Lavoisier, ce nombre n'était que de 83,000, ce qui suppose, d'après M. Léonce de la Vergne, 20 ou 25,000 chefs de famille au plus.

(*Revue des Deux-Mondes*, novembre 1858, la Révolution et l'Agriculture.)

» venu ; si, dans une monarchie bien réglée, ils ne doivent pas être le puéril ornement de
» quiconque prétend s'en parer ; s'ils doivent représenter la gloire, le mérite, avoir pour
» but d'exciter l'émulation des citoyens qui se dévouent au prince et à la patrie, être un
» appel à tous les courages pour sortir de la voie commune par de nobles efforts, »
que le pouvoir se garde de centraliser les recherches à Paris ; qu'il se garde surtout
d'appeler à son aide les fabricants de généalogies et les agences nobiliaires interlopes.
Qu'il rétablisse d'abord le conseil du sceau des titres, c'est-à-dire les commissaires et
les référendaires à la chancellerie, tels qu'ils existaient sous le premier Empire et sous
la Restauration. La vérification des noms et des titres serait confiée aux membres de ce
conseil, qui auraient à s'adjoindre, dans chaque département, quelques hommes
spéciaux, aussi inattaquables dans leur honorabilité que dans leur blason. Malgré la
confusion dont se plaint M. le premier président Delangle, chacun dans son pays
connaît l'extraction comme la fortune de son voisin ; et le travail de la commission ne
serait pas plus compliqué que celui des répartiteurs de l'impôt mobilier dans chaque
commune.

Tout intéressé qui voudrait soutenir la qualité de noble aurait à fournir, ainsi que nous
l'avons indiqué, les pièces à l'appui de ses prétentions ; il aurait un délai pour interjeter
appel de la décision des commissaires, si cette décision ne lui était pas favorable. Puis il
serait, ou non, compris dans un catalogue général des noms, surnoms, armes et
demeures de tous les gentilshommes français, à l'instar de l'Armorial de France,
ou dépôt public des armes et blasons du royaume, créé par édit de Louis XIV,
de 1696.

La vérification des titres ne serait pas plus difficile. D'abord un titre impérial serait
confirmé au descendant du titulaire, soit qu'il possédât encore, soit qu'il ne possédât
plus de majorat. Il en serait de même pour un titre royal assis sur une terre érigée en
dignité, qu'elle fût aujourd'hui possédée ou non par le descendant du titulaire, à moins
que la propriété n'eût passé à une autre famille qui eût obtenu une nouvelle érection de
la même terre. A plus forte raison le titre serait maintenu aux personnes qui en possèdent en vertu de lettres patentes enregistrées, mais sans érection. Quant à celles qui
n'en jouissent que par *courtoisie* ou par brevet militaire signé du Roi en faveur de l'un
de leurs auteurs, comme les titres de cette dernière catégorie étaient viagers et non
héréditaires, leur confirmation ne serait acquise que moyennant la preuve d'une possession centenaire. Dans tous les cas, les titres ne seraient transmissibles héréditairement
qu'à l'aîné des descendants de mâle en mâle, sans admettre aucun collatéral ou aucun
cadet à la possession du titre primordial ou d'un titre inférieur.

Aucun titre ne peut se graduer entre frères et cousins ; et si le père ou l'aïeul commun était Marquis ou Comte, cela ne crée pas au profit de chacun de ses fils ou petits
fils les titres inférieurs de Vicomte et Baron. Tous les descendants d'un Comte peuvent
encore moins prendre le même titre ; mais seulement le fils aîné du titulaire après la
mort de son père, après un nouvel enregistrement à la chancellerie, et jamais par
représentation collatérale. Est-ce que le Dauphin était le Roi ? et est-ce que les enfants
et petits-enfants d'un grand'croix de la Légion-d'Honneur sont autorisés à se répartir les
croix de grand-officier, commandeur, officier et chevalier ?

Nous serions nécessairement plus difficiles pour les titres étrangers, dits du *Saint-Empire romain*. Il nous semble que laisser des Français se procurer dans d'autres chancelleries des distinctions qu'ils n'ont pas obtenues dans leur patrie, constitue une infraction aux règles que nous indiquons, et qu'au souverain de la France appartient le droit exclusif de créer des nobles et de conférer des titres à des Français. Seulement, par égard pour les droits acquis, on pourrait reconnaître les titres de cette nature concédés jusqu'à ce jour, moyennant le paiement d'une nouvelle finance et un enregistrement, mais avec interdiction absolue d'en reconnaître d'autres pour l'avenir.

N'y aurait-il pas lieu de spécifier aussi des cas où la noblesse dormirait et même où elle s'éteindrait? Nous pensons que c'est une conséquence de l'institution, consacrée par l'usage de tous les temps; et nous voudrions que le gentilhomme ayant forfait à l'honneur fût déclaré incapable d'appartenir à la noblesse, comme le militaire dégradé est déclaré incapable de servir dans les armées françaises.

Nous avons fait voir que certains noms patronymiques nobles ne devraient pas être précédés du *de*; ce sont ceux qui dérivent d'un prénom, d'une profession, d'une qualité ou d'un sobriquet quelconque. Leur possesseur noble serait donc obligé d'y ajouter un nom de fief; mais le choix de ce dernier nom devrait être réglementé et non laissé à l'arbitraire.

Avec ces réserves et restrictions, on rendrait à la noblesse titrée le même service qu'aux simples gentilshommes, en élaguant du corps de la noblesse tous les gens sans valeur qui veulent s'y rattacher. Car, remarquez bien qu'un homme qui a illustré son nom dans les arts, dans les sciences, dans les lettres, ne se couvrira jamais d'un nom d'emprunt : on ne le reconnaîtrait plus.

Faut-il aussi faire la guerre aux familles de bourgeois possesseurs de fiefs, qui avaient l'habitude de joindre à leur nom patronymique un nom de terre sous lequel ils sont le plus souvent connus? Nous ne le pensons pas; autrement, nous sortirions d'une confusion pour entrer dans une autre. On se souvient de la surprise générale qu'excita le compte-rendu des séances de la Constituante, au commencement de la Révolution, le jour où tous les députés ne s'y trouvèrent désignés que sous leurs noms patronymiques, inconnus pour la plupart du public, et on n'a pas oublié l'apostrophe de Mirabeau — redevenu Riquetti — aux écrivains du *Logographe* : « Avec votre Riquetti, vous avez désorienté l'Europe. » Mais de même que la noblesse, dans l'ancien droit, était réputée s'établir suffisamment par une possession centenaire, pendant laquelle la même famille avait vécu noblement, de même la famille bourgeoise qui aurait porté pendant cent ans un nom de terre, aurait acquis, par une sorte de prescription, le droit de le conserver; mais elle serait tenue de supprimer la particule *de*, puisque l'usage a fait de cette particule une sorte de titre nobiliaire de convention. Le gentilhomme non titré n'ayant plus que la particule précédant un nom de fief pour indiquer sa qualité, il serait logique d'interdire l'usage de cette particule à tous autres. Si toutefois on préférait la conserver aux bourgeois possesseurs de fiefs depuis au moins cent ans, il y aurait lieu pour les familles non titrées, mais d'*ancienne chevalerie*, de faire suivre leur nom de la qualification de *chevalier* et pour les autres de celle d'*écuyer*, comme cela se pratiquait en Bretagne dans les siècles antérieurs. Dans les familles décorées d'un titre héréditaire, les enfants puinés pourraient ajouter à leur nom patronymique : *des comtes* ou *des marquis de*...., usage suivi en Italie et qui n'est pas sans précédents en France.

Sous le bénéfice de ces règlements, avec l'obligation pour chacun de ne signer, et pour tous officiers de l'état civil, notaires ou autres, de ne rapporter aucun acte sans la mention du nom patronymique des parties; avec l'interdiction d'y joindre aucun titre non reconnu; avec un catalogue de la noblesse domiciliée dans chaque arrondissement, catalogue conservé aux greffes des tribunaux; avec un recensement périodique comme celui de la population, et avec une amende portée au rôle de la contribution de ceux qui l'auraient encourue et perçue de la même manière que l'impôt, bien peu d'usurpateurs de noblesse échapperaient au coup de la loi. Le Trésor public s'enrichirait de cette amende sur la vanité, comme il s'enrichirait du droit établi à l'enregistrement des titres; et ce genre d'impôt, à la différence de tous les autres, obtiendrait la sanction populaire.

L'arme de répression, une fois mise en état de servir, ne doit pas être une arme de parade ou de musée qui reste inactive et ne frappe pas le coupable. Mais une fois le travail d'épuration opéré, la noblesse ancienne verrait, sans aucun déplaisir, rémunérer par des distinctions nobiliaires, comme ils l'ont été à toutes les époques, les services récents rendus à la patrie. Cette noblesse ancienne ne vient-elle pas de l'épée, de la possession du sol et de l'administration de la justice? La noblesse nouvelle proviendrait des mêmes sources; et puisqu'une infinité de familles s'éteignent, pourquoi ne renouvellerait-t-on pas, dans de sages limites, les races patriciennes? Le peuple tiendrait à orgueil d'avoir fourni de son sein des hommes arrivés par leur valeur personnelle à jouir des premières distinctions honorifiques dans l'État. D'ailleurs, ce n'est pas d'aujourd'hui que la noblesse va se recruter dans les autres classes de la société pour combler les vides laissés dans ses rangs par les guerres et les révolutions. « Les hauteurs un peu frivoles de la noblesse, dit M. Guizot (*Mémoires*, t. Ier, p. 295), n'ont pas empêché la bourgeoisie de s'élever et de prendre place au niveau supérieur de l'État. Les jalousies un peu puériles de la bourgeoisie n'ont pas empêché la noblesse de conserver les avantages que donnent la notoriété des familles et la longue possession des situations. Dans toute société qui vit et qui grandit, il y a un mouvement intérieur d'ascension et de conquête; dans toute société qui dure, une certaine hiérarchie des conditions et des rangs s'établit et se perpétue.

» La justice, le bon sens, l'intérêt public, l'intérêt personnel bien entendu, veulent que de part et d'autre on accepte ces faits naturels de l'ordre social. »

Nos rois, et surtout Louis XIV, favorisèrent constamment ce mouvement progressif d'ascension de la bourgeoisie à la noblesse, et l'on peut en croire un autre historien dont les sympathies en faveur des classes inférieures ne sont pas suspectes. « C'était de
» la classe plébéienne, dit Augustin Thierry *(Histoire du Tiers-État)*, que sortaient le
» chancelier, les secrétaires du Roi, les maîtres des requêtes, les avocats et les procu-
» reurs du roi, tout le corps judiciaire, composé du grand conseil, du Parlement de
» Paris avec ses sept chambres, de la chambre des comptes, de la cour des aides, des
» huit Parlements de province sous Henri IV, et des tribunaux inférieurs, en tête
» desquels figuraient les présidiaux. Pareillement, dans l'administration des finances,

» les fonctionnaires de tout rang étaient pris parmi les bourgeois lettrés. Partout, même
» à la cour, le Roi fit prévaloir les fonctions sur la naissance. Les maréchaux, nobles
» ou non, passaient avant les ducs ; les ministres nés dans la bourgeoisie n'avaient au-
» dessus d'eux que les princes du sang. » Une grande partie de ces charges procuraient
la noblesse, soit au premier degré, soit graduelle, c'est-à-dire à la troisième génération.
Comprenne qui pourra cette contradiction : les Rois n'ont cessé d'élever la bourgeoisie
et d'abaisser la noblesse ; la bourgeoisie les a renversés, la noblesse s'est fait tuer pour
les défendre.

L'ancien régime n'a pas favorisé la noblesse au détriment des autres classes, il a
inscrit dans son *Livre d'Or* toutes les gloires de la France ; si le pouvoir actuel veut
imiter cet exemple et conserver la mémoire de tous les services rendus, qu'il se hâte de
mettre à exécution les mesures qu'il a lui-même provoquées. Aujourd'hui, la chose est
encore praticable ; elle ne le serait plus dans une couple de générations, puisqu'il n'y a
plus de possession d'état à invoquer, et que l'habitude des déplacements, les facilités
des chemins de fer pour se dépayser, le morcellement et l'aliénation des propriétés et les
bouleversements contemporains sont des causes réunies, dont l'une suffirait seule pour
frapper radicalement toutes les traditions locales.

Que conclure de ce qui précède, sinon comme l'établit la *Patrie* « que la noblesse
peut être une distinction sans être un privilége. » Mais réduite à une simple distinction,
elle a encore une certaine valeur même dans le sens de nos institutions ; il devient donc
utile de la réglementer et de la régir par une législation appropriée à son tempérament
actuel. Indépendamment des catalogues officiels de noms et d'armes que nous avons
indiqués, une autre mesure à prendre pour sauver de l'oubli les familles qui n'ont plus
que l'histoire pour elles, c'est de faire appel à l'histoire, c'est-à-dire de conserver, par
des généalogies authentiques, le souvenir des races qui se sont dévouées plus particulièrement au service de l'État, afin de provoquer des dévouements semblables.

La publication de ces généalogies serait pour les familles anciennes un juste dédomma-
gement des priviléges qu'elles ont perdus et qu'elles avaient acquis au prix du sang de
nombreuses générations, sacrifices mis aujourd'hui en complet oubli. A la commission
du sceau, dont nous avons proposé le rétablissement et à laquelle on adjoindrait quelques
paléographes de l'école des chartes, serait confié le soin de rédiger ces annales, qui
seraient pour la noblesse, ce que la *Gallia Christiana* des frères Sainte-Marthe et l'histoire
du *Tiers-État* de M. Augustin Thierry, ont été pour les deux autres ordres de l'État.

Chaque famille aurait à présenter ses preuves à un référendaire, qui ferait à la commission un rapport avec toutes les pièces à l'appui, et cette commission, à la différence
des agences nobiliaires mercantiles, ne recevant aucun salaire, aucune influence des
parties intéressées, ne pourrait manquer et par devoir et par honneur, de prononcer avec
justice et impartialité sur la demande des impétrants. Un travail qui passe ainsi dans
plusieurs mains, ne peut jamais être taxé de faveur ni de complaisance et mériterait la
même confiance que la collection des monuments inédits de l'histoire de France, publiée
aux frais de l'Etat, par les soins du Ministre de l'instruction publique. La commission
aurait de plus à proscrire au-dessus des armes, les couronnes que les familles non titrées
ont substituées depuis deux siècles, malgré les défenses plusieurs fois renouvelées des

parlements (¹), aux casques de chevaliers et d'écuyers, dont elles avaient le droit de timbrer leurs écus, à l'exclusion de tous autres ornements ; à interdire aucun timbre aux familles bourgeoises en possession d'armoiries et à rétablir conformément au décret du 1ᵉʳ mars 1808 l'obligation, pour tous les fonctionnaires supérieurs décorés d'un titre, de *briser* leurs armes, du *chef* ou du *franc-quartier* attribué au même ordre de fonctions. *Ces pièces honorables* étaient distinctes pour les ducs, comtes-sénateurs, comtes ou barons-militaires, comtes ou barons-archevêques ou évêques, ministres, conseillers d'État, présidents ou procureurs-généraux des Cours impériales, maires des bonnes villes, etc. Enfin les comtes ou barons romains *reconnus*, devraient aussi briser leurs armes d'*un chef du Saint-Empire.*

Par la même raison, si le Gouvernement ne rétablit pas l'ordre de Saint-Louis, ne pourrait-il pas du moins modifier le ruban de la Légion d'Honneur, pour tout ce qui est *civil?* Le plus mince attaché d'ambassade, un simple *pousse-fauteuil* doit être décoré, pour la dignité de la mission. Il en est de même d'une foule d'administrateurs de toute nature, depuis les adjoints municipaux jusqu'aux vétérinaires. Sans doute tous les services rendus ont leur prix, mais ils ne doivent pas être récompensés de la même manière. Nous proposerions donc de conserver le ruban rouge aux militaires, c'est-à-dire à ceux qui l'ont teint de leur sang, et de choisir une couleur particulière pour la magistrature, pour l'administration, pour les artistes, pour les industriels, etc.

Une circulaire du Garde des Sceaux, adressée récemment aux procureurs généraux, insiste sur la nécessité de n'appliquer la loi du 28 mai 1858 qu'avec une extrême prudence, jusqu'à ce que l'expérience des faits ait permis d'établir les règles générales, qui devront diriger l'action de la justice dans la poursuite des usurpations de noms et de titres. Il n'est donc interdit à personne de fournir son contingent de lumières et d'idées sur le même sujet ; il n'est pas non plus inopportun de le faire, puisque ces règles ne sont point encore établies.

Nous croyons avoir démontré que les révolutions successives dont nous avons été témoin ont été impuissantes à détruire le prestige et l'autorité du NOM. L'élection de l'Empereur en est une preuve péremptoire, et tant que durera la civilisation, les familles comme les nations tiendront à conserver leur histoire dans ce qu'elle a de glorieux ! Or, les gloires de la noblesse française sont celles de la patrie et notre patrimoine à tous ; un de nos soins doit donc être de protéger, de défendre et d'augmenter ce patrimoine, quelle qu'en soit l'origine et à quelque siècle qu'il appartienne.

C'est le résultat que nous appelons de nos vœux, et en traçant ces lignes, notre but a été de nous associer aux vues de M. le Garde des Sceaux « pour rendre dans l'avenir, à l'institution de la noblesse, inséparable du pouvoir monarchique, tout son lustre et toute sa sincérité. » ²

---

¹ « Qui pourrait dire maintenant qui a commencé l'usurpation des couronnes? il n'est si petit compagnon qui n'en porte une. » (Saint-Simon).
² Publié pour la première fois dans la *Revue de Bretagne et de Vendée*, en 1858.

Depuis que ces pages ont été écrites, un décret du 8 janvier 1859 a reconstitué le conseil du sceau des titres, que nous appelions de nos vœux comme le corollaire indispensable du rétablissement de l'article 259 du Code pénal contre les usurpations nobiliaires. La solution de plusieurs des questions traitées par nous est déférée par ce décret au conseil du sceau, appelé à régler le sort des titres qui ne devaient devenir héréditaires qu'à la condition de l'établissement d'un majorat; l'ordre, les limites et les conditions de transmission des titres dans une famille ; le port de ceux conférés par des souverains étrangers, et les demandes en changement ou en addition de nom.

Pour que l'autorité de ce conseil ne soit pas contestable, pour qu'on ne puisse pas se demander s'il n'a pas hérité des vices qu'on reprochait autrefois et avec raison au conseil du roi en cette matière,[1] il serait à souhaiter qu'il jugeât au grand jour; qu'il motivât ses arrêts en citant les pièces sur lesquelles ils reposent; qu'il publiât ses maximes, préliminaire dont le parlement de Bretagne ne s'était pas cru dispensé[2] ; enfin que sa jurisprudence fût définitivement fixée. Vouloir imposer sans contrôle et comme article de foi, des décisions prises à huis-clos, serait faire craindre que la faveur ou la surprise ne fussent pas constamment étrangères à ces décisions, et « faire à la sourdine quelques petits comtes qui seront sans autorité et sans prestige, c'est condamner des vieillards à jouer à la poupée[3]. »

Mais le rapport du Garde des Sceaux précédant le décret, ne fait pressentir ni l'établissement d'un *rôle* général de la noblesse qui serait, il nous semble, la conséquence de sa reconnaissance légale, ni les actes qui motiveraient la radiation au rôle de tout nom flétri ou déshonoré, ni la publication de généalogies officielles, ni la réglementation des particules improprement dites nobiliaires, ni celles des armoiries et des couronnes, ni enfin les distinctions de couleur à fixer entre les rubans des décorations militaires et civiles. La réponse à ces divers points en litige, comme à ceux réservés à la commission du sceau, se trouve tout entière dans le travail qui précède, travail que nous soumettons de nouveau et sans modification au public, ainsi qu'aux hommes d'État spécialement chargés de suppléer aux lacunes que nous signalons dans le rapport du Ministre.

Seulement nous répèterons que les titres de courtoisie attachés dans l'ancien régime aux présentations à la cour, et ceux à brevets attachés à certains grades ou commissions militaires, n'étaient pas plus héréditaires que ces présentations, ces grades ou ces commissions elles-mêmes. Or, la nouvelle loi assimilant le port illégal des noms et des titres à celui des uniformes et des décorations, il devrait être aussi interdit aux enfants d'un duc, grand-croix de la Légion-d'Honneur et maréchal de France, de faire (qu'on nous pardonne l'expression) de la monnaie de ce titre de duc, pour se répartir les titres de

---

[1] Voir l'*Introduction* au Nobiliaire, page V.
[2] Voir aux Pièces justificatives.
[3] *Œuvres de Napoléon III*, tom II, chap. XVIII, des nobles.

marquis, comtes, vicomtes, etc., qu'il leur est défendu de s'approprier les grades, uniformes et décorations d'un ordre inférieur aux grades, uniformes et décorations de leur père. Cette interdiction s'appliquerait *à fortiori* aux titres impériaux, puisque les lettres de collation disent expressément que le titre n'est transmissible qu'à l'aîné des descendants de mâle et mâle, et à la condition de constituer un majorat. L'ordonnance du 25 août 1817, invoquée par le Garde des Sceaux, et conférant des titres *personnels* aux fils des pairs de France *seuls*, est rapportée par celle du 13 août 1824, et d'ailleurs elle n'a plus d'application depuis la suppression de la pairie héréditaire.

Le rapport laisse encore en suspens le point de déterminer « si, à défaut d'actes réguliers de collation, de reconnaissance ou d'autorisation, il n'y aurait pas lieu d'admettre comme justification du droit au titre ou au nom soumis à vérification, une possession constatée par des actes de fonctionnaires publics ou par des documents historiques. » Nous avons proposé à cet égard, mais principalement pour les noms, la justification d'une possession centenaire; mais cette preuve seule serait sans valeur pour constater un droit réel à des qualifications nobiliaires. Qu'on parcoure en effet les anciens registres de l'état civil et les minutes ou les grosses notariées, et l'on verra que tous les bourgeois vivant noblement sont décorés des qualifications de *noble homme* et souvent même d'*écuyer* et de *seigneur*, tandis que les simples gentilshommes reçoivent fréquemment celles de *chevalier, baron, comte,* etc.

Aussi la jurisprudence en cette matière a toujours maintenu que « les qualifications nobiliaires contenues dans une série d'actes anciens étaient insuffisantes à elles seules pour établir la noblesse de celui à qui elles étaient données, alors qu'il s'agit d'actes passés avec des personnes n'ayant aucun intérêt à contredire les qualifications énoncées. Les actes notariés et ceux de l'état civil ne doivent donc être invoqués que comme justificatifs de nom et de filiation, mais pas de titres nobiliaires [1]; » et un titre devrait, en l'absence de lettres de collation, pour être maintenu à l'aîné seul des descendants et dans aucun cas aux collatéraux d'un *usufruitier*, s'appuyer au moins sur des brevets militaires signés de la main du Roi et plus généralement du *secrétaire de la main*, antérieurement à 1789 [2].

Bien loin de se renfermer dans ces limites déjà bien larges, les titres, depuis la promulgation de la nouvelle loi, surgissent de toute part, même dans les actes officiels; et

---

[1] Conférez l'*Introduction* au Nobiliaire, page XV.

[2] On appelait *secrétaires de la main*, c'est-à-dire *ayant la main* du Roi, des personnes investies du droit non-seulement de signer pour le Roi, mais même d'écrire pour lui des lettres entières en imitant son écriture. Il suffit de comparer aux mêmes dates les signatures de Louis XI et de Charles VIII pour reconnaître que déjà à cette époque il y avait des secrétaires de la main. Les archives de l'Empire conservent un millier de pièces comptables signées *Françoys*, qui n'ont pas été signées par le Roi lui-même. Un grand nombre de lettres de Henri IV, particulièrement les lettres de formalités et de politesse, sont écrites par les deux secrétaires de la main, et sous Louis XIV, le président Roze était arrivé à imiter si bien l'écriture de ce souverain, que celui-ci s'y trompait lui-même.

Les fonctions de secrétaires de la main peuvent être assimilées à celles des secrétaires actuels des commandements; mais si l'existence des premiers était mieux connue, les collecteurs d'autographes attacheraient sans doute moins de prix à la possession de signatures royales, dont l'authenticité est au moins douteuse.

leur nombre grossit démesurément sans autre prétexte que la préexistence d'un titre, gratifié à un ascendant par son curé et son tabellion, sur un acte de mariage ou un bail à ferme. Ils deviennent donc aussi banaux que le sont en Angleterre ceux d'*esquire* ou de *gentleman*, qui n'impliquent aucune prétention à la noblesse.

Devant cette maladie sociale et épidémique, nous ne pouvons que répéter après Chérin, le plus sincère des généalogistes : « Hélas ! toute la bourgeoisie y passera[1]. » Est-ce effectivement pour que toute la bourgeoisie y passe, que la loi a été votée ? On serait tenté de le supposer, en voyant que le Ministre se réserve de dispenser arbitrairement d'ici à deux ans, de la publicité prescrite jusqu'à ce jour pour les demandes en changement de nom. Ainsi lorsque l'autorisation de renier légalement le nom de ses pères ne sera sollicitée « que pour régulariser un nom honorablement porté, depuis longtemps accepté par le public, inscrit dans les actes officiels ou illustré par d'importants services (*Rapport du Garde des Sceaux*), » le pétitionnaire sera exempté de la publicité de l'insertion au *Moniteur* et dans les journaux de l'arrondissement où il réside et où il est né. Ce serait le cas de rappeler que les principes de 89, fort compatibles, quoi qu'on en ait dit, avec les distinctions honorifiques, consacraient l'*égalité devant la loi*, égalité étrangement interprétée dans l'application de celle même qui fait le sujet de cette étude.

Tous les usurpateurs de noms justifiant d'une vie honorable et de l'acceptation de leur nom d'emprunt par le public, — comme si le public avait qualité pour s'opposer à leur fréquente éclosion, — ont donc deux ans devant eux pour faire ratifier à la sourdine leur nouvel état civil, sans que leur amour-propre ait à souffrir de ce *supplément de baptême*, et sans que les habitants de leur ville ou de leur village et leur proches mêmes, puissent découvrir sous la peau du lion, le bout d'oreille de l'âne.

> Force gens font du bruit en France
> Par qui cet apologue est rendu familier ;
> Un équipage cavalier
> Fait les trois quarts de leur vaillance.

Nous nous demandons en terminant, si ces dispositions élastiques d'une loi qui « doit mettre un terme aux abus, ramener l'ordre dans l'état civil, rendre aux institutions publiques le caractère et le prestige qui n'appartiennent qu'à la vérité, atteindre enfin la fraude et le charlatanisme (*Rapport précité*) », ne lui enlèvent pas une partie de sa moralité, en exposant le conseil du sceau à consacrer le charlatanisme chez les uns, tout en le démasquant chez les autres.

---

[1] Le jurisconsulte Hévin, dans ses *Questions féodales*, traitant de la qualité de vicomte, dit que ce fut dans le XVIe siècle qu'on commença à *s'embaronner*, de même que dans le siècle suivant on *s'emmarquisa*. Il appartenait au nôtre de se *comtifier* ; mais si Chérin, menacé par un officier mécontent de se voir refuser par lui le titre de marquis, pouvait répondre avec assurance, qu'il connaissait un lieu — le marquisat en question, — où il serait à l'abri de sa vengeance, quelle longue nomenclature ferait celle des comtés annexés depuis peu à la France, où la police la plus adroite serait impuissante à découvrir les gens qu'elle aurait mission de rechercher !

DE L'ORIGINE DES ARMOIRIES

ET DE L'ORGANISATION MILITAIRE DE LA BRETAGNE.

Si chez tous les peuples et dans tous les temps, il y a eu des figures peintes sur les boucliers et les drapeaux, ces figures n'étaient dans l'origine que des symboles et des emblèmes personnels adoptés arbitrairement. Il n'en est pas de même des armoiries, ainsi nommées parce qu'on les représentait généralement sur les armes. Les armoiries, composées d'émaux et de pièces déterminées furent d'abord prises par les seigneurs, et plus tard concédées ou autorisées par les souverains pour la distinction des familles, des communautés et des corporations civiles et religieuses, avec transmission héréditaire et perpétuelle. Jusqu'au XVIe siècle, on les modifiait et on les changeait sans l'agrément des souverains qui ne s'étaient pas encore avisés de réglementer cette matière. Un écusson était la propriété d'une famille, elle le transmettait à une autre avec son nom, comme elle pouvait lui donner sa terre. Les rois de France et nos ducs n'étaient maîtres que de leur écusson propre et je crois que l'intervention ancienne des rois se bornait à concéder leurs fleurs de lys d'or en champ d'azur, et que les concessions ou autorisations des souverains en fait d'armoiries, ne se trouvent que dans les anoblissements récents.

L'art de décrire les armoiries s'appelle *blason;* soit que ce mot dérive, comme le veulent certains armoristes, de l'allemand *blasen,* qui signifie *sonner de la trompe,* et par extension *publier, faire connaître;* soit plutôt du mot de la basse latinité *blasus,* qui désigne une arme de guerre, d'où l'on serait venu à définir par le mot *blaso* l'ensemble des figures qu'on peignait sur les armes. Aujourd'hui encore, nous employons dans le même sens les termes *armes* et *armoiries*, et nous avons nommé *écu* une monnaie sur laquelle l'écu ou bouclier du prince était frappé avec ses armoiries. On appelle encore le blason *art héraldique,* parce que l'une des fonctions des hérauts d'armes consistait à blasonner les armoiries des nobles et à en tenir registre.

Les auteurs sont fort partagés sur l'époque où les armoiries furent adoptées. Les uns fixent cette époque au temps des tournois et des croisades ; d'autres qui ont confondu les emblèmes avec les armoiries, les font remonter même jusqu'au déluge. Nous pensons qu'il en est des tournois comme des emblèmes et qu'on ne saurait fixer au juste le moment où les tournois se sont établis; car de tout temps, les peuples ont dû se livrer à des exercices images de la guerre et des combats. Nous ne contestons pas pour cela l'influence des tournois sur le développement et l'organisation régulière de l'art héraldique ; mais nous attribuons aux croisades une bien autre importance dans la révolution qui transforma les emblèmes personnels en armoiries héréditaires.

On comprend l'utilité qu'il y avait pour les chefs de ces immenses expéditions, à porter des marques distinctives qui les fissent reconnaître, dans la marche comme dans les combats par les hommes qui suivaient leur bannière. On peut donc admettre que dès la première croisade en 1096, les seigneurs les plus éminents commencèrent à adopter sur leurs écus et pennons des figures héraldiques, lesquelles n'avaient encore rien de bien fixe. Les armoiries fixes ne doivent avoir pris naissance que de l'usage des casques à visière fermée sous laquelle il était impossible de reconnaître le chevalier. Or, à la première croisade on ne portait encore que le haubert, et c'est vers la deuxième ou la troisième croisade que commença l'emploi des armures pleines et des casques fermés. A ce moment doit donc se placer aussi la véritable origine du blason, devenu par le fait un art nécessaire ; la preuve s'en trouve dans l'empressement qu'on mit à adopter des armoiries parlantes, chaque fois qu'un nom put s'y prêter. Si pour jouir de cet avantage, on fut souvent jusqu'à braver le ridicule, c'est qu'avant tout, on jugeait nécessaire d'écrire son nom sur son armure.

Ce ne fut aussi qu'après la première croisade que les simples gentilshommes prirent successivement des armoiries, et l'on comprend que les fils des croisés, jaloux de perpétuer dans leurs maisons le souvenir de leur coopération aux guerres saintes, voulurent conserver pour eux et transmettre à leurs descendants ces marques de l'illustration de leurs pères. Voilà pourquoi les figures héraldiques s'étendirent bientôt des écus, des bannières et des cottes-d'armes aux sceaux, destinés à confirmer ou ratifier les contrats et à attester la vérité des actes écrits, puis aux monnaies, aux monuments, aux meubles et même aux vêtements civils. Mais l'usage des armoiries généralement pratiqué au XIIIe siècle, était inconnu avant le XIIe siècle, ainsi qu'on peut s'en convaincre par l'inspection des monuments antérieurs à cette époque. Par exemple, la fameuse tapisserie de Bayeux, attribuée à la reine Mathilde, femme de Guillaume le Conquérant et exécutée dans la seconde moitié du XIe siècle, ne renferme aucun signe héraldique sur les vêtements ou boucliers de cette longue suite de guerriers, dont elle fait connaître si scrupuleusement le costume.

Un de nos plus anciens monuments héraldiques se trouve au musée du Mans : c'est le portrait sur émail de Geoffroi le Bel, dit Plantagenet, comte d'Anjou et du Maine et duc de Normandie, mort en 1150. Ce portrait où Geoffroi est représenté l'épée à la main, et ayant, suspendu au cou, une targe dont le *champ d'azur* est chargé de *quatre lionceaux d'or*, paraît avoir été exécuté à l'occasion de sa réception dans l'ordre de chevalerie. Aussi le moine de Marmoutiers en décrivant les cérémonies qui accompagnèrent cette réception, n'oublie pas le bouclier chargé de lionceaux « *clypeus, leunculos aureos imaginarios habens, collo ejus suspenditur.* » Voilà bien les *lions*, ou si l'on veut les *léopards* de la Normandie et de l'Angleterre ; mais ces armoiries n'étaient pas encore bien arrêtées, et ce n'est qu'à partir de Richard Cœur-de-Lion, en 1189, qu'on voit les léopards réduits à *trois* pour l'Angleterre et à *deux* pour la Normandie, le *champ de gueules* substitué au *champ d'azur*, et les armes primitives de Geoffroi, affectées au comté du Perche.

L'absence d'armoiries sur les sceaux et les monnaies avant le XIIe siècle, est encore une preuve de l'ignorance où l'on était plus tôt de l'art héraldique. Louis VII, dit le

Jeune, qui régna de 1137 à 1180, est en effet le premier des rois de France qui choisit pour emblème les fleurs de lys. Encore ignore-t-on si ces armes primordiales représentaient de vraies fleurs, ou bien le fer de l'angon ou lance à trois pointes des anciens Francs. Quelle que soit leur origine, les fleurs de lys portées premièrement *sans nombre*, furent réduites à *trois* dans l'écu de France, à partir du roi Charles V. Nous n'avons pas rencontré d'armoiries souveraines pour la Bretagne avant Pierre de Dreux, et ce prince se conforma à l'usage fréquemment observé jusqu'au XIVe siècle, par les barons, de prendre les armes des héritières dont les domaines donnaient le nom à leurs branches. Ainsi la branche de Dreux, de la maison de France, prit les armes de Baudement de Braine, c'est-à-dire *un échiqueté d'or et d'azur*, que Pierre, comme juveigneur du comte de Dreux, brisait d'une *bordure de gueules*, et il ajouta à ses armes de famille un *franc quartier d'hermines* ou de Bretagne, à partir de son mariage en 1213 avec Alix de Bretagne, héritière du duché. Ces dernières armes avec leurs émaux, se voient encore sur un vitrail du XIIIe siècle dans le chœur de la cathédrale de Chartres, et sont aussi gravées sur les monnaies anonymes frappées par ce prince, à Guingamp, à partir de 1223.

Nous avons dit que la transmission héréditaire des mêmes armes n'était pas générale au XIIe siècle; les preuves de l'*Histoire de Bretagne* de D. Morice, et l'*Histoire des grands officiers de la Couronne*, par le P. Anselme, font voir que les changements d'armoiries étaient encore fréquents aux XIIIe et XIVe siècles dans les mêmes familles, sans en excepter les plus illustres, et nous allons citer quelques exemples de ces changements, à commencer par la maison de Bretagne.

Jean II, petit fils du duc Pierre de Dreux, qui régna de 1286 à 1305, quitta parfois les armes de Dreux pour prendre les hermines *pleines*. Cependant l'*échiqueté* de Dreux reparut sous Artur II, mort en 1312, et ne fut définitivement abandonné que sous son successeur Jean III, mort en 1341; il le conserva néanmoins sur les monnaies limousines qu'il frappait comme vicomte de Limoges. Alain, vicomte de Rohan, dit le *Jeune*, confirme en 1194 la fondation de l'abbaye de Bonrepos; la charte de confirmation est scellée d'une *bande*. Le même Alain en 1204 du consentement de Josselin son frère, fait une nouvelle donation à Bonrepos. Cette fois le sceau d'Alain est un *poisson* et le contre-sceau un *lion à la bordure nébulée*, tandis que Josselin a pour sceau et pour contre-sceau un *écu plein, au chef flanqué et chargé d'un autre écu, brisé d'un franc canton*. Geoffroi, fils aîné d'Alain qui précède, sur une charte de 1216 toujours en faveur de Bonrepos, scelle et contre-scelle comme son père, *d'un lion à la bordure nébulée*, et sur un autre acte de 1222, de *sept macles*. Alain, juveigneur de Rohan, brise les *sept macles* d'une *bande* sur un sceau de 1298 et les neuf macles de Rohan ne sont définitivement adoptées que postérieurement [1].

Damette Goyon, fille de Robert, porte un *lion* sur un sceau de 1219, tandis que Ruellend, son frère, *porte fascé de huit pièces et un lambel en chef* sur un sceau de 1218, et qu'Alain Goyon, leur arrière-petit neveu, scelle un acte de 1289 des armes

---

[1] Le Nobiliaire ne renferme pas toutes les variantes des sceaux qui n'ont été pris que temporairement et sans transmission héréditaire.

de Matignon, savoir : *deux fasces nouées, accompagnées de neuf merlettes*. Le *lion* de Goyon ne reparait plus qu'au XV⁰ siècle, et encore est-il écartelé de Matignon, et le lion seul ne se retrouve pas avant 1486.

La maison de Chateaubriant, qui porte soit des *plumes de paon*, soit des *pommes de pin* en 1199 les change en *fleurs de lys*, par concession de saint Louis, depuis la croisade de 1248.

La maison du Guesclin portait au XIII⁰ siècle : *palé de six pièces, à trois fasces fuselées d'hermines, brochant*, qui rappellent la maison de Dinan, dont les du Guesclin étaient issus en bâtardise. La branche aînée des du Guesclin porta ensuite *une aigle éployée* que la branche du connétable brisait d'*une cotice*.

Guillaume Budes, sieur du Plessis-Budes et d'Uzel, aïeul du maréchal de Guébriant porte un *pin arraché* en 1340 ; Sylvestre, son fils, gonfalonier de l'Église romaine, scellait des armes d'Uzel, c'est-à-dire *une bande chargée de trois besants*. Puis le *pin* de Guillaume Budes reparait accosté de *deux fleurs de lys* par concession du roi Charles V, et est ensuite sommé d'un *épervier* dans plusieurs branches collatérales de la même famille.

Nous pourrions multiplier nos preuves à l'infini, mais nous croyons en avoir assez dit pour montrer combien étaient communes les substitutions d'armes, provenant ordinairement d'alliances, de prétentions ou de concessions et plus rarement de causes arbitraires.

Une autre modification apportée aux armes, était comme on l'a vu, la *brisure*, c'est-à-dire un pièce ou meuble que les aînés d'une maison obligeaient leurs cadets à ajouter aux armes pleines de l'auteur commun, pour distinguer les divers rameaux sortis d'une même souche.

L'histoire des sceaux se trouve étroitement liée au blason ; aussi devons-nous nous y arrêter. L'usage des sceaux est bien antérieur à celui des armoiries, puisque tous les empereurs romains avaient des sceaux, et qu'à leur imitation les Mérovingiens, puis les Carlovingiens qui régnèrent sur les Gaules, eurent aussi des sceaux. C'est ce que nous apprennent les *traités de diplomatique* de D. Mabillon et de D. de Vaines. Il est donc probable que les premiers rois bretons eurent des sceaux aussi bien que les rois francs. Cependant dans une lettre du pape Adrien à Salomon III, ce pape se plaint que Salomon n'avait point scellé les lettres qu'il lui avait adressées. D'où il faut conclure que, si l'usage des sceaux subsistait en Bretagne au IX⁰ siècle, il n'était point général ; on n'y connaît aucun sceau de cette époque. Le plus ancien qui nous ait été conservé est de Quiriac, évêque de Nantes en 1064, oncle d'Alain Fergent ; mais ce sceau avec les bustes de saint Pierre et de saint Paul rangés face à face, n'est que l'imitation des bulles des papes, dès lors en usage.

Le mot *bulle* formé du latin *bulla*, ornement rond que les patriciens suspendaient au cou de leurs enfants, ne s'entendait d'abord et avec raison que du sceau attaché à des lettres ; cependant certaines épîtres pontificales ont tiré et conservé leur dénomination de la bulle de plomb qui y est pendante. Le sceau *(sigillum, annullus, bulla)* était souvent accompagné du contre-sceau *(contra-signetum)* ou petit cachet qui servait seul dans les affaires courantes, mais qu'on appliquait en outre au bas du sceau pendu aux chartes importantes.

On a aussi un sceau d'Alain Fergent, qui commença à régner en 1084. Il y est représenté à cheval, drapé dans un manteau à la romaine, la tête nue et l'épée à la main, et a pour légende : ✠ ALANVS BRITANNORVM DVX. Les sceaux de ses successeurs sont comme le sien empreints d'une figure équestre ; mais avec cette différence que le cavalier armé de toutes pièces, a *le pot en tête* et porte au bras gauche un écu ou bouclier de bois garni de *rais d'escarboucles*, qui représentent les bandes de fer dont l'écu était soutenu et fortifié. Jusqu'à la fin du XIIe siècle, tous ces écus sont uniformes ; mais à dater de l'invention des armoiries et de leur transmission héréditaire, le bouclier de la figure équestre marqué sur les sceaux reçut l'empreinte des pièces héraldiques adoptées par les princes et les seigneurs. Toutefois ces derniers ne commencèrent pas aussitôt que les princes à avoir des sceaux différents des anneaux ; mais bientôt les comtes, vicomtes, barons et chevaliers bannerets prirent les uns et les autres des sceaux équestres. A partir du XVe siècle, les sceaux des ducs de Bretagne les représentent aussi debout sous un dais ou pavillon ou bien assis sur un trône. Les chevaliers bannerets dont une marque distinctive à la guerre était la bannière carrée, portèrent souvent par cette raison leur écu *en bannière*, c'est-à-dire carrée. Mais le plus généralement les écus étaient représentés *couchés*, et tenus ou supportés par des anges, des sauvages ou des animaux. Ils étaient en outre timbrés d'un heaume orné de lambrequins ou de *volets* pendants et sommés d'un cimier.

L'usage de mettre des couronnes au-dessus des armoiries n'a été introduit par les rois qu'à la fin du XIVe siècle ; les grands seigneurs titrés ont rarement pris cet ornement avant le XVIe siècle, et l'abus des couronnes ne s'est glissé parmi les simples gentilshommes qui n'ont aucun droit à en timbrer leurs armes que depuis le XVIIe siècle. Les villes surmontèrent leurs sceaux et armoiries de couronnes *murales*. Les dames ne portèrent d'abord que les armes de leur mari, ensuite elles y ajoutèrent les leurs, dans des écus *mi-parti* ou *écartelés*, que les veuves entouraient d'une *cordelière*.

Les sceaux des juridictions ducales étaient semés d'hermines ; ceux des communautés civiles et religieuses ont beaucoup varié. Pour les premières, ce sont ou des figures qui font allusion à l'étymologie du nom de la ville, ou à sa situation politique ou commerciale (comme le *navire* des villes maritimes, les *tours* des villes fortes, etc.), ou bien encore les armes des princes auxquelles elles obéissaient. Les abbayes et chapitres adoptèrent généralement l'image de leurs saints patrons. Les évêques et abbés mirent alternativement sur leurs sceaux l'image des patrons de leurs églises, leur propre image ou leurs armoiries de famille, timbrées de la crosse et de la mitre. Ces armoiries se distinguaient en outre en ce que pour les évêques, la volute de la crosse était tournée en dehors, pour montrer leur domination extérieure sur tout le diocèse ; et pour les abbés, tournée en dedans, pour signifier que leur gouvernement était intérieur et ne s'étendait que sur le couvent. Enfin ces derniers sceaux et ceux des dames étaient le plus souvent ovales ou en losanges.

En même temps que les armoiries et les sceaux héraldiques se développaient, les noms de famille héréditaires, qui avaient commencé à être adoptés dès le XIe siècle, se généralisèrent en Bretagne [1]. Mais l'hérédité dans les noms ne fut point encore absolue; et de même que beaucoup de familles changèrent d'armes sans changer de nom, d'autres substituèrent à leur nom patronymique des noms de seigneuries en conservant leurs premières armes, ou en les modifiant légèrement par l'adjonction d'une brisure ou l'alternation des émaux [2]. Ces usages n'étaient pas particuliers à notre province, mais conformes à ce qui se pratiquait en France pendant la durée de la féodalité et l'organisation militaire de la Bretagne, dont il nous reste à dire quelques mots, dut aussi se modeler sur celle des autres états.

Dans la période de onze siècles pendant lesquels la Bretagne a été gouvernée par des princes souverains, alternativement en guerre avec la France ou l'Angleterre, elle n'a pas connu l'usage des armées permanentes. Ses forces militaires consistaient principalement dans sa chevalerie, à laquelle se joignaient quelques hommes de pied levés dans les paroisses ; mais après chaque campagne, tous rentraient dans leurs foyers jusqu'à une nouvelle convocation ou prochain ban. On appelait *Montre,* la revue que passaient des commissaires d'un corps d'armée ou simplement d'une compagnie composée exclusivement de nobles ou au moins de possesseurs de fiefs, obligés en vertu de cette possession, au service militaire, nommé aussi service d'*ost* ou du ban et arrière-ban. Ce service ne pouvait jamais durer plus de quarante jours de suite, et ce terme expiré chacun était libre de s'en retourner chez soi. Pendant plusieurs siècles les nobles furent seuls admis à posséder des fiefs; mais les nombreuses guerres et les expéditions lointaines auxquelles ils prirent part depuis les croisades, les entraînèrent dans de si grandes dépenses, que plusieurs furent réduits à les aliéner. Ces fiefs furent quelquefois alors acquis par de riches bourgeois; mais ces acquisitions ne furent tolérées que moyennant le paiement par l'acquéreur, au profit du prince, d'une certaine finance appelée droit de *franc-fief.*

Les nobles pouvaient se faire représenter à une montre par un autre noble ; les bourgeois fieffés y étaient convoqués comme les gentilshommes, mais s'ils ne se présentaient pas eux-mêmes, ils recevaient *injonction de servir par noble homme.* Il en était de même des gens d'église, des veuves, des mineurs et des infirmes, enfin de tous les possesseurs de fiefs qui ne pouvaient fournir le service militaire en personne. Voilà de quels éléments se composait la cavalerie ou *chevalerie,* nommée ensuite *gendarmerie.* En outre du service personnel, chaque possesseur de fief, en raison de l'importance de son fief, pouvait avoir à entretenir à ses frais un ou plusieurs vassaux qui combattaient les uns à cheval, les autres à pied. On appelait *lance fournie,* un chevalier ou homme d'armes à *harnois blanc,* c'est-à-dire armé de pied en cap, avec le nombre de combattants qu'il conduisait à sa suite. Ce nombre variait en raison de la puissance de chaque chevalier, mais la moyenne était de quatre hommes ; ainsi une compagnie de cent lances, devait

---

[1] Conférez notre dissertation sur *l'Origine des noms de famille.*

[2] Remarquons en passant que le XIIe siècle déjà célèbre à plus d'un titre, fut aussi témoin d'une révolution dans l'architecture; nous voulons parler de la substitution graduelle de l'arc ogival au plein-cintre.

faire un effectif de quatre cents hommes au moins. Parmi les chevaliers ou hommes d'armes, on distinguait les bannerets, c'est-à-dire les chevaliers possédant une châtellenie, et assez puissants pour entretenir à leurs frais une compagnie composée d'autres hommes d'armes et de leur suite formant un effectif de vingt-cinq chevaux au moins. Le chevalier banneret commandait sa compagnie où il arborait sa bannière ou pennon armorié, comme marque distinctive de son rang. Les autres chevaliers ou possesseurs de fiefs de haubert, c'est-à-dire de haute justice, qui n'étaient pas assez riches pour lever leur bannière et qui servaient sous un banneret, étaient nommés *bacheliers* et les simples gentilshommes *écuyers*. On voit par l'histoire de Bretagne, que le nombre des bannerets appelés en cette qualité aux parlements généraux des années 1451 à 1455, était de quatre-vingt-dix pour tout le duché.

A cette chevalerie héréditaire, acquise en vertu de la possession de certains fiefs et que Toussaint de Saint-Luc et Hévin nomment chevalerie *réelle*, se joignait la chevalerie *personnelle*, laquelle s'acquérait par de hauts faits d'armes, et se conférait avec de brillantes cérémonies décrites dans un grand nombre d'auteurs [1]. Nous n'avons pas à nous occuper ici de cette dernière chevalerie qui a donné naissance à tous les ordres institués par les princes aux différents siècles de notre histoire, pour récompenser le mérite et surtout le mérite militaire. Nous devons ajouter seulement que les ordres particuliers à la Bretagne, furent l'ordre de l'*Hermine* créé par le duc Jean IV en 1381; celui de l'*Épi*, créé par le duc François Ier en 1445 et celui de la *Cordelière*, par Anne de Bretagne en 1499, ce dernier à l'usage des dames.

Les armées se recrutaient encore de piétons par l'engagement volontaire d'un certain nombre d'hommes libres, qui a cause de la solde qu'ils recevaient, furent nommés *soudards*, c'est-à-dire soudoyés. Ces soudards reçurent aux différents siècles du moyen âge d'autres appellations, comme *cotereaux (cultarelli)*, parce qu'ils étaient armés de coutelas; *brabançons*, après la guerre du Brabant; *routiers*, parce qu'ils parcouraient incessamment les routes; *brigands*, parce qu'ils faisaient partie d'une brigade et portaient pour arme défensive une cuirasse légère, qu'on nomma pour la même raison *brigandine*, ou enfin *aventuriers*, lors de la guerre dite du *bien public*, sous Louis XI. A partir des guerres d'Italie sous le roi Charles VIII, les piétons reçurent la dénomination qu'ils portent aujourd'hui, c'est-à-dire qu'on les nomma *fantassins* ou *infanterie* (de l'italien *fantassino*, diminutif de *fante*, enfant, garçon, valet) et *mortes-payes*, lorsqu'ils tenaient garnison dans une place.

Ces sortes de troupes n'étaient comme toutes les autres engagées que pour un temps fort limité, généralement celui d'une guerre ou même d'une expédition; et dès qu'on n'en avait plus besoin, on les licenciait. Alors, la nécessité forçait ces hommes qui n'avaient pour tout moyen d'existence que leur épée, à en faire usage pour leur propre compte et au préjudice des populations sans défense. Ils s'organisaient par bandes et ravageaient le pays qu'ils avaient naguère défendu. C'est de là que le nom de brigands

---

[1] Voir du Cange, la Colombière, Favin, la Roque, le Laboureur, le P. Menestrier, le P. Daniel, la Curne de Sainte-Palaye, etc.

qui ne désignait d'abord que les porteurs de brigandines, est resté aux voleurs de grands chemins, et telle est aussi l'origine des *grandes compagnies* qui ravagèrent la France sous Charles V, et dont du Guesclin réussit à la délivrer momentanément, en dirigeant ces bandes sur l'Espagne.

Cet état de choses dura en France jusqu'à l'institution, par Charles VII, des compagnies de gens d'armes d'ordonnance et des francs archers, les uns corps de cavalerie, les autres d'infanterie, qui formèrent le noyau des premières armées permanentes.

Plus de vingt ans avant cette institution, le duc Jean V, en Bretagne, avait fait un *mandement* en 1424, pour armer dans chaque paroisse du duché, *en oultre les nobles*, un nombre d'hommes valides, proportionné à la population de chaque paroisse, et équipés à ses frais. Ils devaient se tenir prêts à marcher au premier appel, mais n'étaient payés que pendant la guerre. D'autres levées de gens partables dits *élus* eurent lieu dans le courant du XVe siècle, et les ducs entretinrent aussi des compagnies d'ordonnance, d'arbalétriers et de francs archers. Ces derniers ainsi nommés parce qu'ils étaient affranchis du paiement de tous fouages, tailles et subsides, s'assemblaient de plusieurs paroisses les jours de fête pour s'exercer à tirer de l'arc, et aujourd'hui encore le tir au *papegault* que l'on fait dans quelques lieux, est un reste de cet ancien usage.

Une ordonnance du duc Pierre, rendue en 1450, pour l'armement de la noblesse et des archers des paroisses, enjoint aux procureurs de chaque juridiction de s'informer « du gain et valeur des richesses et rentes d'un chacun noble homme, estagier et mansionnaire, et à chacun des dits nobles, faire commandement de se tenir et se mettre en estat et habillement de deffense, selon sa puissance. »

Une ordonnance du duc François II, en 1471, notifie aux nobles tenant fiefs, anoblis, francs-archers et autres sujets aux armes que pour le temps à venir il serait payé :

« Aux hommes d'armes à harnois blanc et lance o son coustiller et un page, par mois dix réaux.

» Et par autant que chacun homme d'armes aura d'archers o arc, trousse et bonne espée ou dague, bien armez et montez, pour chacun six réaux.

» Et pareillement des autres archers usant de l'arc, trousse etc., pour chacun six réaux.

» Et au regard de ceux qui seront jusarmiers à brigantine ou palletoc bien montez, par mois quatre réaux.

» Et ceulx qui seront à javeline, passeront comme coustilliers sous la lance d'hommes d'armes et seront païés par mois trois réaux. »

Ils devaient jurer que leurs armes, harnais, chevaux et habillements de guerre étaient bien leur propriété, et s'engageaient aussi par serment à servir le Duc *contre tous ceux qui peuvent vivre et mourir.* Les fiefs et héritages des *défaillantz* ou non comparaissant aux montres, étaient saisis et confisqués au nom et profit du Duc, sans préjudice des *mulctes* (amendes) et autres peines que les commissaires pouvaient leur imposer, comme de commettre à leur place « personnes de qualité requise, le tout aux dépends des défaillantz. »

Le duc François II donna encore commission, en 1480, pour lever une nouvelle milice, dite des *Bons corps*, « puissants et idoints pour porter les armes en guerre, » et recrutée, ainsi que les francs archers et les élus, dans les gens de bas état; enfin, au mois de juin 1481, il ordonna la montre générale de la noblesse des neuf évêchés, où nous voyons apparaître pour la première fois quelques rares *couleuvrines à main* et *escopettes*, qui devinrent ensuite des *arquebuses*.

Jusqu'au développement du système des armes à feu, la poliorcétique du moyen âge était à peu près celle des Romains et l'on se servait de la plupart de leurs machines sous différents noms.

Ainsi, pour battre les murs en brèche, on avait le *bélier*; pour s'approcher des murailles d'une place assiégée, on construisait en bois des tours roulantes nommées *beffrois*, munies à l'étage supérieur d'un pont que l'on faisait tomber sur la muraille pour y entrer de plain-pied; pour combler et pour passer les fossés, on se servait du *chat*, nommé aussi *truie* et *tortue d'approche*, et du *mantelet*, machines qui répondaient au *pluteus*, à la *vinea* et au *musculus* des Romains; enfin, pour lancer des pierres et des dards, on avait des *engins* qu'on distinguait sous le nom de *balistes*, *catapultes* et *mangonneaux*, et qui remplaçaient dans l'attaque et la défense notre artillerie actuelle.

Ce terme d'artillerie, formé du vieux français *artiller* (rendre fort par art), est d'ailleurs de beaucoup antérieur à l'usage des bouches à feu, et s'appliquait à tous les engins *(ingenia)* et machines de guerre qui précédèrent l'invention de la poudre et aux ouvriers chargés de les fabriquer et de les faire jouer. Les *artilliers* ou *engignours* (ingénieurs) comprenaient encore les pionniers; les mineurs ou sapeurs, et ensuite les canonniers, tous hommes de métiers, dont les services, pour n'être pas moins utiles que ceux de la chevalerie, n'étaient pas toutefois aussi brillants et plaçaient les artilliers aux derniers rangs de la hiérarchie militaire [1]. Cette défaveur se prolongea même bien tard, puisque les preuves de noblesse exigées dans les dernières années de l'ancien régime pour les officiers d'infanterie, de cavalerie, de dragons et de marine, en un mot, pour tout ce qui combattait corps à corps, n'étaient point demandées pour l'arme de l'artillerie et du génie.

On donna aux premières armes à feu le nom de *bombardes*, onomatopée du bruit que font ces armes en tirant, et le nom de *bâtons* ou *canons*, à cause de leur ressemblance avec une canne. Les Flamands en possédèrent les premiers et s'en servirent contre les Français, qui assiégeaient le Quesnoy en 1340; aussi Froissart, parlant de ce siège, dit: *Ceulx de la ville décliquèrent contre eulx* (les Français) *canons et bombardes qui gectoient grands quarreaux*. On sait que les Anglais à la bataille de Crécy, en 1346, employèrent également-

---

[1] Ils étaient toutefois exempts de fouages ainsi que les francs archers, comme on l'apprend d'une enquête de 1478 pour la paroisse de Saint-Broladre, dans laquelle figure: « Jean Salmon, canonnier du duc, *franc soubs couleur du dict office et a apparu le double du mandement du duc du nombre des canonniers de sa retenue, auquel il est rapporté.* »

On remarque aussi dans les anoblissements et franchises du XVe siècle: « Raoulet le Charpentier, maître de la charpenterie du duc et faiseur des engins, canons et bombardes du pays de Bretagne, anobli et franchi en 1437, paroisse de Saint-Judoce. »

ment ce nouveau moyen de destruction, qui effraya tellement les Français, qu'il fut la principale cause de leur défaite. L'usage s'en introduisit pour la première fois en Bretagne au siége de Bécherel, en 1363, et avait pris dès le commencement du siècle suivant une assez grande extension, car nous voyons la charge de grand-maître du trait et de l'artillerie de Bretagne établie dès le règne de Jean V et exercée en 1431 par Rolland de Saint-Pou.

L'union du duché à la France, consommée en 1532, n'apporta aucun changement notable à son organisation militaire. Pour la convocation du ban et arrière-ban du duché, François Ier fit en 1540 une ordonnance renouvelée et étendue par Henri II, où il est question pour la première fois de *chevau-légers*, c'est-à-dire d'hommes armés à la légère et dont le cheval n'était pas caparaçonné. Les chevau-légers organisés dans la suite en compagnies, étaient moins considérés que la gendarmerie, mais cependant beaucoup plus que l'infanterie de cette époque, dont Brantôme disait : « Qu'il s'y trouvoit à la vérité quelques bons hommes, mais la plupart gens de sac et de corde, méchants garnements marqués de la fleur de lys sur l'épaule, bélitres mal armés, fainéants, pilleurs et mangeurs des peuples. »

François Ier, après avoir été contraint de se servir de ces bandes indisciplinées au commencement de son règne, fit ensuite des ordonnances très-sévères pour en purger l'armée. L'ordonnance de 1540 est aussi la première qui mentionne des nobles combattant à pied « avec le corps de *halecret* (demi-cuirasse), le morion (casque), et la picque. » Nous voyons toutefois dans une montre de la paroisse de Tréduder, reçue en 1481, des « *mariniers ennobliz comparus à pied;* » mais leur état justifie cette exception. Nous ferons observer, d'ailleurs, qu'à partir du règne de Charles IX, c'est-à-dire à mesure que l'organisation des armées régulières se perfectionnait, le système des montres tomba rapidement en désuétude. On peut s'en convaincre par le nombre considérable de *défaillants* qu'on remarque aux montres de la fin du XVIe siècle. Un auteur de cette époque attribuait à une autre cause encore le discrédit où elles étaient tombées; mais nous le laisserons parler lui-même, ne voulant rien retrancher de la naïveté de son langage : « Du temps du grand roi François, aux monstres des arrières-bans étoient les gentilshommes d'ancienne race, séparés et à part, qui, pour mourir, n'eussent souffert que les anoblis ou autres ayant permission acquérir fiefs nobles, qui étoient en autre bande et régiment, se fussent joints et approchés d'eux au combat, afin et pour ne confondre la vaillance des uns, avec le bas cœur et inexpérience des autres. Ce qui a fait qu'en ce jour les arrières-bans, composés de valets de nobles qui dédaignent, peu exceptés, marcher avec ces sentant encore la charrue et boutique, ne valent plus qu'à doublure, comme ne rendant aucun combat ; ce que nous avons vu arriver de notre temps [1]. »

Cependant, on continua à dresser les rôles du ban et arrière-ban pour servir en cas de nécessité ; et dans ces rôles étaient inscrits par compagnies de cavaliers ou mousque-

---

[1] Contes et discours d'Eutrapel, par Noël du Fail, s^r de la Hérissaye, conseiller au parlement de Bretagne en 1571.

taires, formant neuf régiments avec un colonel pour chacun des neuf évêchés de Bretagne, tous les gentilshommes qui ne faisaient pas partie de l'armée régulière, des capitaineries garde-côtes créées dès le règne de Louis XIII, et des cours du parlement et des comptes. Ces cavaliers remplaçaient les anciens hommes d'armes et avaient à leur suite et à leur solde particulière, chacun suivant sa fortune, un, deux ou trois autres cavaliers armés. Ils furent encore quelquefois utiles sous les règnes de Louis XIV et de Louis XV; l'arrière-ban de la Basse-Bretagne, commandé par le maréchal de Vauban, se distingua particulièrement en 1694, en repoussant à Camaret les Anglais débarqués sur les côtes de Brest; et en dernier lieu, les garde-côtes prirent une part glorieuse au combat de Saint-Cast gagné en 1758 par le duc d'Aiguillon, sur les Anglais débarqués entre Saint-Brieuc et Saint-Malo.

LISTE GÉNÉRALE DE NOSSEIGNEURS DE LA CHAMBRE DES COMPTES

DEPUIS 1400 JUSQU'EN 1790.

Premiers Présidents.

1405. CHATEAUGIRON (Jean de), chancelier de Bretagne, évêque de Saint-Brieuc.
1420. ROUSSEL (Jean), abbé de Saint-Mathieu.
1444. LESPERVEZ (Charles de), général des monnaies.
1445. MALESTROIT (Guillaume de), évêque de Nantes.
1456. CHAUVIN (Guillaume), chancelier de Bretagne.
1467. KERLÉAU (Vincent de), abbé de Bégar.
1477. ÉPERVIER (Jean l'), évêque de Saint-Malo.
1478. BOUCHET (Guy du), évêque de Cornouailles.
1486. MAOUT (Alain le), évêque de Cornouailles.
1492. GUÉGUEN (Guillaume), évêque de Nantes.
1526. CLERC (Raimbault le), notaire et secrétaire du Roi.
1528. PARAJAU (Jean), trésorier et général des finances.
1536. QUÉLÉNEC (Hervé du).
1537. POMMERAYE (Gilles de la).
1547. CLAUSSE (Côme), s^r de Marchaumont.
— SAINT-MÉMIN (Jacques de).
1551. FORTIA (Marc).
1574. MORIN (Jean), avocat du Roi au présidial de Nantes.
1584. AVRIL (Jean).
1596. LESCOËT (Auffray de), s^r de la Guérande.
1616. BARRIN (Jacques), s^r de la Galissonnière.
1626. HAROUIS (Louis), s^r de la Seilleraye.
1633. BECDELIÈVRE (François), s^r de la Busnelays.
1634. BLANCHARD (Jean), s^r de Lessongère.
1636. BLANCHARD (César-Auffray), marquis du Bois-de-la-Musse.
1673. CHARETTE (Jacques), s^r de Montebert.
1678. BECDELIÈVRE (Jean-Baptiste), s^r de la Busnelays.
1722. BECDELIÈVRE (Guillaume-Jean-Baptiste-François), marquis de Tréambert.
1733. BECDELIÈVRE (Hilarion-François).
1772. BECDELIÈVRE (Hilarion-Anne-François-Philippe).

Présidents.

1402. ROUSSEL (Jean), abbé de Saint-Mathieu, premier président en 1420.
1413. CHAUVIN (Jean).
1417. EDER (Raoulet).
1418. RIVIÈRE (Jean de la), s^r d'Auverné.
1422. GIBON (Jean).
1426. KERLOAGUEN (Maurice de).
1442. VANNES (Jean de).
1455. ROLLAND (Jean).
1458. CELLIER (Jean du).

1459. Launay (Raoul de).
1461. Garin (Gilles).
1462. Coëtlogon (Olivier de).
1473. Breton (N. le), s^r de Lancé, archidiacre de Rennes.
1485. Guéguen (Guillaume), premier président en 1492.
1486. Damas (Nicolas).
1492. Borgne (Guillaume le).
1498. Moal (Raoul le), évêque de Cornouailles.
1517. Chevalier (Jean).
1524. Marc'hec (Alain le), s^r de la Martinière.
1526. Commacre (Gilles de).
1534. Loysel (Guillaume).
1537. Plédran (Jean de), conseiller au parlement.
1540. Kermainguy (François de).
1548. Kermainguy (François de).
1560. Méance (Claude).
1565. Bloay (François le).
1571. Braillon (Louis), s^r de Barigny.
1573. Barrin (Jacques), s^r de la Galissonnière.
1574. Verge (René), s^r du Rosseau.
1577. Mignot (Charles le), s^r de la Bouëxière.
1578. Coustureau (Nicolas).
1583. Ayrault (Jean).
1587. Coustureau (François).
1592. Charlet (Jacques), conseiller au parlement.
1598. Raoul (Guillaume), s^r de la Ragotière.
1601. Coussaye (Trajan de la).
1602. Binet (Victor), s^r de Montifray.
1619. Bernard (Pierre), s^r de la Turmelière.
— Harouis (Louis), premier président en 1626.
1623. Pont (Louis du), s^r d'Échuilly.
1626. Coquille (François).
1628. Ferron (René), s^r de la Ville-Audon.
— Gravé (Jean), s^r de Launay.
1632. Tromelin (Gabriel de), s^r de Kerliviry.
1635. Juchault (Christophe), s^r du Blottereau.
1643. Morin (Rolland), s^r du Tresle.
1644. Huteau (Jacques), s^r du Buron, † en charge.
1651. Pontual (René de).
1654. Poulpiquet (Bernard de), s^r du Halegoët.
1661. Pontual (Sébastien de), s^r de la Ville-Révault.
1671. Huteau (Jacques), s^r du Buron.
1674. Cornulier (Jean-Baptiste), s^r du Bois-Maqueau.
1679. Rousseau (Joseph), s^r de Saint-Aignan.
1682. Raguideau (François), s^r du Rocher.
1691. Cornulier (Claude), s^r du Bois-Maqueau.
1692. Meneust (Pierre le), s^r des Treilles.
— Cornulier (Jean-Baptiste), s^r du Pesle.
1706. Bidé (Jean), s^r de la Provôté.
— Grout (Jean), s^r de Bellême.
— Ballet (Jean), s^r de la Chénardière.
1711. Becdelièvre (Guillaume-Jean-Baptiste).
1713. Barrin (Armand-Christophe), archidiacre de Tréguier.
1723. Meneust (Pierre-Christophe le), s^r des Treilles.
1724. Bouin (François-Georges), s^r de Cacé.
1725. Becdelièvre (Hilarion-Marie).
1726. Cornulier (Toussaint), s^r du Bois-Maqueau.
1728. Pinot (Jean-Baptiste-Marie), s^r de la Gaudinaye.
1736. Peillac (Nicolas-Jacques-Augustin), s^r de la Hubaudière.
1739. Bouin (François-Anne), s^r de Cacé, † en charge.
1741. Langlois (Jacques), s^r de la Roussière.
1742. Provost (Laurent-François), s^r de Boisbilly.
1748. Bellabre (Pierre), s^r du Tellement.
1749. Grout (Jean-Thomas-Guy), s^r de Bellême.

1753. Chéreil (Mathurin-Pierre-François), s'' de la Rivière.
1758. Burot (Jean), s'' de Carcouët.
1759. Barnabé (Pierre), s'' de la Papotière.
— Val (François-Gabriel), s'' de la Vergne, † *en charge.*
1763. Val (François-Gabriel-Henri du), s'' de Chassenon, *honoraire en 1782.*
1765. Bouin (Jean-Baptiste-François), s'' de Cacé.
— Pinot (Louis-André), s'' de la Gaudinaye.
1766. Viart (Alexis-Jean-Pierre), s'' de Jussé.

1770. Gardin (Guy-René-Pierre), s'' du Bois-du-Liers.
1778. Chéreil (Mathurin-Jean-Paul), s'' de la Rivière.
1779. Puissant (Augustin-Jacques), s'' de Saint-Servan.
1781. Lavau (Alexandre-Guy-Pierre), s'' de la Vincendière.
1782. Saulnier (Jean-François-Yves-Xavier le), s'' de la Villehélio.
— Pascaud (Marie-Joseph-Philippe), conseiller au châtelet de Paris.
1789. Budan (René), s'' de Beauvoir.

Maîtres.

1402. Louvel (Macé).
— Carné (Jean de).
— Coq (Jamet le).
— Mauvoisin (Guillaume).
— Coglez (Geoffroi de).
1413. Lespervez (Charles de).
— Gibon (Jean).
1414. Mainfeny (Jean).
1442. Garin (Jean).
— Rolland (Jean).
— Chauvin (Guillaume).
1444. Kerloaguen (Maurice de).
— Comte (Nicolas le).
— Quirisec (Olivier de).
— Dresnay (Charles du).
1445. Kerloaguen (Jean de).
— Maydo (Simon).
1449. Gibon (Amaury).
1458. Rolland (Jean).
— Bonabry (Pierre de).
— Lopriac (Louis de).
— Noue (Guillaume de la).
— Bel (Pierre le).
1470. Giraud (Pierre).
1477. Kerboutier (Jean de).
— Loquéren (Guillaume de).
1492. Gibon (Jean), s'' du Grisso.
— Beaune (Guillaume de).
— Kerloaguen (Maurice de).
— Espinay (Jean de l').
1498. Lanvaux (Olivier de), s'' de Beaulieu.

1505. Nas (Jean le).
— Callac (François de), s'' de la Salle.
— Maydo (Yves), s'' de Trédudé.
— Drouillard (Jean), s'' de Kerlen.
1518. Loysel (Guillaume), s'' de la Touraudais.
1521. Commacre (Gilles de).
1524. Flo (Yves le), s'' de Kermabilon.
— Baud (Mathurin le), s'' de Mouligné.
— Tissard (François), s'' de la Guespière.
— Mandard (Alain).
1527. Viart (Jacques).
— Rue (Marc de la).
1532. Cosnoual (Pierre).
1533. Hus (Jean).
1536. Dalesso (Joseph).
1539. Picaud (Pierre).
1541. Hay (Noël), s'' de la Vincendière.
— Phélypeaux (François).
1543. Hus (Jean).
1546. Tissart (Jean).
— Mottay (François du).
1549. Chauraye (Martin de la), s'' de Bourbonnois.
1552. Gaultier (Pierre), s'' de Kerfus.
— Bitault (Louis).
1553. Cheminart (René).
1554. Bonnier (René).
1555. Beaune (Martin de).
— Chauraye (Pierre de la).

1555. Papillon (Pierre), conseiller à la table de marbre.
— Sorée (Jean).
1557. Francheville (Pierre de).
1558. Morin (Guillaume).
1568. Cornulier (Pierre), sr de la Touche.
— Barberé (Marc), sr de la Bauche.
1570. Jallier (Jean), sr de la Renaudière.
1572. Dachon (René).
— Merceron (Louis).
— Ménardeau (Pierre).
— Bitault (René), sr de Beauregard.
— Gautier (Jean), † en charge.
— Boutin (Raoul).
— Lou (Michel le), sr du Breil.
— Brossais (Adrien).
— Cosson (Jean).
— Monti (Bernard de).
1575. Trotereau (François).
1578. Tullaye (Alexandre de la).
— Morel (François).
1580. Sorée (Philippe).
1581. Franc (Étienne le).
1582. Picaud (Jean).
— Morin (Georges).
1586. Regnouard (Guy), sr d'Onglée.
— Lou (Yves le), sr du Breil.
— Gueurie (Pierre de la), sr des Roches.
1587. Contour (Vital de).
— Godet (Georges).
— Charette (Jean), sr de Lornière.
1588. Coussaye (Trajan de la).
— Beaurepaire (Julien de).
— Cosson (Claude).
— Moyne (Gilles le).
— Milon (Jean).
1590. Fourché (Jean), sr de la Courosserie.
1592. Charton (François), sr de la Rivière.
— Crespy (Julien).
1593. Boutin (Pierre).
1595. Brénezay (Mathieu), sr du Tertre.
1596. Marqueraye (Joseph de la).
— Rambouillet (Jean de).
1597. Chapelle (Gilbert).
— Baudry (François).
— Mériaud (Jean).

1597. Cébret (Jean).
— Hupel (Pierre).
1598. Tullaye (Jean de la), sr de la Jaroussaye.
— Coustureau (François), sr de la Jaille.
— Barberé (Marc), sr de la Bauche.
1599. Verdier (Jean).
— Martineau (Charles).
1600. Monti (Pierre de), sr de la Chalonnière.
1602. Picot (Claude).
— Fouquet (Guillaume), sr de la Varenne.
— Fradin (René), sr de Malmouche.
1603. Chrétien (Michel).
— Ménardeau (Pierre), sr de la Bouchetière.
— Febvre (Claude le).
1606. Tullaye (René de la), sr de Belle-Isle.
— Bouhier (Robert).
— Moyne (Christophe le).
1610. Jousselin (Claude).
— Huteau (Jacques), sr du Buron.
1612. Clerc (René le).
— Fourché (Jean), sr de Berso.
1613. Brethe (Claude).
1614. Varice (Philippe).
1615. Brégel (Raoul).
— Lou (Michel le), sr du Breil.
1616. Viau (Jacques), sr du Pé.
— David (Pierre), sr de la Botardière.
1617. Frotet (Jean), sr des Landelles.
1618. Gabard (François), sr de la Maillardière.
1619. Rollée (Philippe-Christophe), sr de Rigny.
1621. Fourché (Jean), sr de Berso.
— Foucault (René), sr de Launay.
— Constantin (Jacques), sr de Montriou.
1622. Boislève (Robert), sr des Roches.
1623. Ménardeau (Jacques).
1624. Monti (Yves de), sr de la Chalonnière.
— Avril (Raoul), sr de l'Isle.
— Kerboudel (Pierre de).
1626. Boux (Mathurin), sr du Teil-Abelin.

1626. Verge (René), sr du Rosseau.
1628. Rollée (Nicolas), sr de Rigny.
1632. Crespy (Adrien), sr de la Mabilière.
1632. Séré (Jacques), sr des Landes.
— Boutin (Marc), sr de Lériais.
— Frotet (Jean), sr des Landelles.
1633. Regnouard (César), sr de Drouges.
— Pinart (René), sr de Cadoualan.
— Sesmaisons (Claude de), sr de la Sauzinière.
1634. Compludo (Alexandre).
— Bidé (Sébastien), sr de Ranzay.
1636. Jousselin (Claude).
— Meneust (Sébastien le), sr du Bouëdrier.
— Tullaye (Salomon de la), sr du Plessis-Tison.
1637. Monneraye (Jean de la).
1638. Robien (Jean de).
1639. Salomon (Jean), sr de Bréfort, † *en charge.*
1640. Saint-Pern (Jean de), sr du Lattay.
— Bonnemetz (Jacques), sr de la Hémeriais.
— Gouvello (René de), sr de Kerival, † *en charge.*
1643. Artault (Jean), sr de la Chesnaye.
1644. David (Pierre), sr de la Botardière, *honoraire en 1664.*
— Meslou (Jean), sr de Kersaintéloy.
1645. Gillouart (Alain), sr de Kerfraval.
— Roy (Jean le), sr de Keralno.
— Guischard (François), sr de Martigné.
1647. Martin (Jean), sr de la Balluère.
1650. Rollée (Thomas).
— Fleury (Jean), sr du Poncel.
— Pas (Michel du), sr de la Charodière.
— Pas (Louis du), sr de Crévy.
1652. Juchault (Pierre), sr du Gué-Robert.
— Gouvello (Pierre de), sr de Kerantré.
— Henry (Guillaume), sr de Belestre.
1654. Sauldraye (Guillaume de la).
1656. Juchault (Christophe), sr de Lourme.
— Artur (Guillaume), sr de la Motte.
1659. Pontual (Sébastien de), sr de la Ville-Révault.
— Marié (René le), sr de la Garnizon.

1659. Frain (Pierre), sr de la Vrillière.
1660. Bidé (Rolland), sr de la Provosté.
1661. Rousseau (Joseph), sr de Saint-Aignan.
— Beaujouan (Vincent), sr de Kermadio.
1661. Dondel (Guillaume), sr de Pendreff.
1662. Huteau (Jacques), sr du Buron.
1664. Gazeau (Jacques), sr de la Gestière.
1665. Pezron (Julien), sr du Clio.
1668. Godet (Pierre), sr du Perret.
1670. Brochart (Jacques), sr de la Souchais.
1672. Dollier (Claude), sr du Port-de-Roche.
— Bernard (René), sr du Préau.
— Hommeau (Joseph de l'), sr du Boisrenaud.
— Saint-Pern (Charles-Joseph de).
1673. Bouin (François), sr de Rains.
— Meneust (Julien le), sr des Islettes.
1675. Lohéac (René), sr de Trévoazec.
1676. Salomon (Jean), sr de Bréfort.
— Saint-Pern (Vincent-Gabriel de).
— Simon (Alexandre), sr de la Chambre.
— Gouvello (Joseph de), sr de Kerival.
— Langlois (Jean), sr de la Roussière, † *en charge.*
— Lair (Guillaume), sr de Lessongère.
— Ravenel (Jean-François), sr du Plessis.
1677. Bedeau (Mathieu), sr de Launay.
— Giraud (Ferdinand), sr du Verger.
1678. Artur (Jean), sr de la Gibonays.
— Martineau (François), sr de Princé.
— Artault (Guy), sr de la Chesnaye, † *en charge.*
1680. Brun (Jérôme le), sr de Trohadio.
1682. Gencian (Joachim), sr de Vrigné.
— Bedeau (Guillaume), sr des Renardières.
— Macé (Pierre), sr de la Morandais.
1685. Nepveu (François le), sr de la Villedu.
1686. Bocquant (Pierre), sr de la Hégronnière.
— Guiton (François), sr de la Foubertière.

1686. BACHELIER (François), sr de Bercy.
1687. GUITON (Jacques), sr de la Sensive.
— BOUSSINEAU (Jean), sr de Boispéan.
— BARBERÉ (Michel), sr du Bocage.
— PIERRE (François de la), sr de Talhouët, † *en charge.*
1690. MACÉ (Charles-Yves), sr de la Cour.
1691. SORIN (François), sr de la Hillière.
1692. BILLON (Joseph), sr du Demaine.
— BUSSON (Olivier), sr de la Ville-Jégu.
— IMBERT (Jean), sr de la Patouillère.
1694. BRIDON (André), sr du Carteron.
— CASSIA (Pierre du), sr de la Houssaye.
1696. CHARETTE (Julien), sr de la Colinière.
— GODET (Pierre), sr du Châtillon.
— MOSNIER (Joseph), sr de la Valtière, † *en charge.*
— LAIR (Pierre), sr de Lessongère.
— BOCQUANT (Pierre), sr de la Hégronnière.
— CASSARD (Paul), sr de la Frusière.
1697. BARBERÉ (Michel), sr du Bocage.
1698. CLÉMENT (Siméon), sr de Beauvais.
1699. NEPVOUET (Honoré le), sr du Branday.
— CLÉMENT (François), sr de Beauvais.
1702. BERNARD (François), sr de Grand-Maison.
— LANGLOIS (Jacques), sr de la Roussière, † *en charge.*
1705. ROUILLÉ (Louis), sr de la Mettrie.
— FRÉMONT (Jacques), sr des Croix.
— GARSENLAN (Pierre), sr de la Perrière.
— POULLAIN (Guy), sr de la Grée.
— SIMON (Alexandre), sr de la Chambre.
1707. BIDÉ (Louis), sr de Chavagnes.
1708. BECDELIÈVRE (Guillaume-Jean-Baptiste-François).
1709. BEDEAU (Guillaume), sr de l'Ecochère.
— BOUIN (François), sr de Cacé.
— COUDRAIS (Joseph de la), *honoraire en 1739.*
— BIDÉ (Claude), sr du Plessis.
1711. ROUSSEAU (Gaspard), sr de la Mesnardière, *honoraire en 1733.*

1711. BECDELIÈVRE (Hilarion-Marie).
1713. FOUCARD (François-Antoine), sr de Beauchamp.
— MENANT (Mathieu-François le), sr de Comenan.
1714. RODAIS (Pierre), sr de l'Arzillier.
— GRIL (Philippe-Joseph le), sr du Pratel.
1715. RICHARD (François), sr du Pontréau.
1717. MENEUST (Pierre-Christophe le), sr des Treilles.
— BIDÉ (Rolland), sr du Bois.
— MACÉ (Joseph), sr de la Morandais, † *en charge.*
1718. LAIR (François), sr de la Botardière.
— BACHELIER (André-François), sr de Bercy.
— GARSENLAN (Pierre-Marc), sr de la Perrière.
— COURADIN (Mathurin), sr des Mortiers, † *en charge.*
— FRANÇOIS (René), sr de la Vieuville.
— MAILLARD (Charles), sr de la Souchais.
— GRAND (Pierre-Jean le), sr de Beaumont, † *en charge.*
1721. PERTUYS (Joseph du).
— SIMON (Pierre-Joseph), sr du Creil.
1722. PINOT (Marie-Jean-Baptiste), sr de la Gaudinais.
1723. LÉONARD (Jacques), sr de la Rablaye.
— DANGUY (Jacques), sr de l'Ecurais, *honoraire en 1748.*
1724. GOUIN (François), sr de la Quémeraye.
— MACÉ (Bernard-Hippolyte), sr de la Morandais.
1725. PROUST (Charles-Joseph-Julien), sr du Port-la-Vigne, † *en charge.*
1726. MARTIN (Jean), sr de la Plesse.
1727. PIERRE (François-Marie de la), sr du Hénan.
— MACÉ (Charles-François), sr de la Cour, *honoraire en 1751.*
— MARTIN (Julien), sr du Plessis-Rabatière.
1728. PEILLAC (Nicolas), sr de la Souchais.
— MOSNIER (Jacques), sr de Thouaré.

1728. Lavau (Abraham-Isaac), † en charge.
— François (Jacques), sr de la Gourtière.
1731. Lavau (François), sr de la Piardière.
1733. Langlois (Jacques), sr de la Roussière.
— Fresneau (Louis), sr de la Templerie.
— Cicoteau (Pierre-Thomas).
1734. Danguy (François).
1736. Moïsan (Pierre), sr de la Corbinaye.
— Valleton (Armand-François).
1737. Macé (François-Maurille), sr de la Lande.
— Valleton (Jean-Baptiste).
1738. Gillot (Henri-Louis-Charles), sr de Boutigny.
1739. Béritault (Pierre-Anne), sr de Salbœuf.
1740. Ralet (Antoine-Marie-Paul), † en charge.
— Poullain (Jean-Michel), sr de Brétignolles, † en charge.
— Boucher (André), sr de la Bazillière.
— Talour (Jean-Jacques), sr de la Villenière, *honoraire en 1766*.
1742. Chaillou (François-René-Benoit), sr du Croisat, † en charge.
— Grand (Pierre-Jean le), sr de Beaumont.
1743. Pays-Mellier (Joseph-Donatien), sr de Bouillé.
— Chaillou (Ambroise-Julien), sr de l'Estang.
— Galbaud (Philippe-François), sr du Fort, *honoraire en 1766*.
1745. Chotard (Jean-Baptiste-Louis), sr de la Louerie, *honoraire en 1776*.
— Raisin (Jean), sr de Boismorin, *honoraire en 1767*.
1746. Sourdeau (Jean-François), sr de Beauregard.
1748. Bachelier (Jean-André), sr de Bercy.
— Burot (Jean), sr de Carcouët.
— Tourneulx (François-Jean-Gabriel le), sr d'Avrillé.
1749. Bocquant (Nicolas-Joseph), sr de Pontbureau, *honoraire en 1775*.

1749. Chalumeau (Jean-Claude).
— Bellabre (Pierre), sr du Tellement.
1750. Charault (Guillaume), sr de Mérionnec, *honoraire en 1775*.
1751. Libault (Antoine), sr de la Barossière.
1752. Grand (Pierre-Louis le), sr de la Lirais, *honoraire en 1780*.
— Grand (Jean le), sr de Lumyon.
1754. Lavau (Alexandre-Armand-Jules).
1755. Thiercelin (Louis-Marie-René), sr de la Drouétière, *honoraire en 1775*.
1756. Bonnetier (Louis le), *honoraire en 1780*.
— Normant (Jean-Félix-René le), sr du Hardas.
1758. Val (François-Gabriel-Henri du), sr de Chassenon.
1759. Fouquer (Mathieu-François), sr de Kersallio, *honoraire en 1785*.
1761. Foussier (Marc-Jean), sr de la Cassinerie, *honoraire en 1782*.
— Maillard (Jacques Antoine), sr de la Gournerie.
1762. Lucas (Pierre), sr de Championnière, *honoraire en 1785*.
— Bouvier (Urbain-René-Thomas), sr des Mortiers, *honoraire en 1784*.
1764. Mauvillain (Jacques-François), sr de Beausoleil.
— Grand (Pierre-Marie le), sr de Saint James, *honoraire en 1785*.
— Merlaud (Pierre-Auguste), sr de la Clartière, *honoraire en 1784*.
1766. Fouray (Guillaume), sr de la Granderie.
— Proust (Charles-Hilarion), sr de la Gironnière.
— Berthelot (Michel-Hyacinthe), sr de la Glétais.
— Vollaige (Armand-René), sr de Vaugiraud.
1767. Cady (Mathieu-Jean), sr de Pradouais.
1768. Perrée (Nicolas-Olivier), sr de la Villestreux.
1769. Fresneau (Louis), sr de la Templerie.
— François (Jacques), sr de la Gourtière.

TOME III.

- 1770. Panou (Jacques-Louis), sr de Faymoreau.
- — Ralet (Paul-François-Julien).
- — Robert (Jean-Baptiste-Marc), sr de Lévraudière.
- — Deist (Nicolas le), sr de Kerivalant.
- 1771. Lavau (Louis-Auguste), sr de la Roche-Giffart.
- — Jolivet (Pierre), sr de Treuscoat.
- — Maussion (Gabriel-François), sr du Joncheray, † en charge.
- — Pays-Mellier, (Jacques-Joseph), sr de Bouillé.
- 1773. Berthelot (Joachim-Nicolas), sr de la Bernardais.
- 1775. Thiercelin (Mathurin), sr de la Planche-Miraud.
- — Auburon (Jean-François d'), sr de Monthelon.
- 1779. Fresneau (Joachim-Alexandre), sr de la Templerie.
- — Baudry (Jean), sr de la Brétinière.
- — Poupard (Charles-Jean-Baptiste).
- 1780. Cady (Charles), sr de Pradouais.
- 1781. Roche (Augustin-Claude de la), sr de la Ribellière.
- — Thomas (Joseph-Marie), sr de la Guinvrays.
- — Maussion (Gabriel-Claude), sr du Joncheray.
- — Boutillier (Marin-Jean), sr de la Chaise.
- 1782. Fouquer (Charles-François), sr de Kersallio.
- — Bernard (Pierre-François), sr de la Peccaudière.
- 1783. Forget (François-Marie).
- — Bernard (Toussaint-Ange), sr de la Peccaudière.
- 1784. Rocquet (Joseph-Jean-Louis), sr de la Brunière.
- — Baudry (Pierre), sr du Plessis.
- 1785. Gendron (Joseph-Claude), sr de la Gendronnière.
- — Luette (Victorien-Charles), sr de la Pilorgerie.
- 1786. Frey (François-Charles-Joseph), sr de Neuville.

Correcteurs.

- 1583. Juchault (Michel), sr de la Bourderie.
- — Paëtral (Pierre), sr de Monnoel.
- — Morin (Damien), sr du Plessis.
- 1584. Godet (Georges).
- 1632. Bouchet (Charles du), sr d'Ambillon.
- — Mercier (Pierre le), sr de Keroman, † en charge.
- 1644. Mercier (Jacques le), sr de l'Ecluse.
- 1646. Constantin (Gabriel), sr de la Varenne.
- 1659. Cosnier (Mathurin), sr de la Grande-Haie.
- 1661. Lamoureux (Charles), sr de la Javelière.
- 1677. Guy (Bonaventure), sr des Meltières.
- 1684. Bellot (Louis), sr de la Galmelière, † en charge.
- 1693. Martineau (Guillaume).
- 1694. Bidé (Jean), sr de la Provosté.
- 1696. Cosnier (Mathurin), sr de la Grande-Haie.
- 1698. Guesdon (Jacques), sr de la Roussière.
- 1699. Robert (Philippe), sr de Rosée.
- 1706. Boucault (Raoul), sr de Laugeardière, † en charge.
- — Poullain (Jacques), sr de Ceintré.
- — Hervouet (Julien-Antoine), sr de la Pilletière.
- — Couradin (Mathurin), sr des Mortiers.
- — Terrien, (Pierre), sr de la Ragottière.
- 1708. Normant (Jean le), sr d'Oeste.
- 1709. Bellot (Pierre), sr de la Berthaudière.
- 1710. Guytteau (Nicolas), sr du Lattay, honoraire en 1731.
- 1719. Hochedé (Louis-Claude), sr de Belair.
- 1720. Bonnetier (Jean le), sr de la Bareille, † en charge.

1723. Martin (Jean), sr de la Plesse.
1725. Luzeau (Clément), sr de Bazilleul.
1726. Glotin (René), sr de la Morandais.
1727. Gouin (Etienne-Henri), sr du Fief.
— Tripier (François-Robert), sr de Mérel, *honoraire en 1748.*
— Davy (Louis), sr de Vaux.
1729. Richard (Toussaint), sr de Beauchamps, *honoraire en 1756.*
1730. Marquis (René), sr des Places.
1739. Gautreau (François), *honoraire en 1762.*
— Doublard (Simon), sr du Vigneau, *honoraire en 1761.*
1740. Boguais (Louis-Hector), sr de la Boëssière, *honoraire en 1760.*
1742. Guiton (Armand-Mathieu), sr de la Rairie, *honoraire en 1763.*
1746. Bocquant (Joseph), sr du Pontbureau.
1747. Baudry (François), sr du Plessis, *honoraire en 1769.*
1748. Olivier (Joseph-René), sr de la Plesse, *honoraire en 1777.*

1756. Richard (Toussaint-Augustin), sr de Beauchamps, *honoraire 1776.*
1760. Brindeau (René-Pierre-Nicolas), sr de la Gaulerie.
1761. Prégent (Jean-Baptiste-Michel), sr du Breuil.
— Falloux (Guillaume-Claude), *honoraire en 1784.*
— Gautreau (François), *honoraire en 1782.*
1763. Chauvière (Jean-Victor), sr de la Pagerie, *honoraire en 1785.*
1768. Boguais (Louis-Hector-Clément), sr de la Boëssière.
1769. Berthelot (Michel), sr des Farges.
1773. Guillermo (Jean-Joseph-François).
1777. Guillon (Charles-Pierre-Martin).
1780. Luette (Michel-Jean), sr de la Pilorgerie.
1782. Gautreau (René-Pierre).
1783. Forget (Louis).
1785. Doublard (Simon-Joseph), sr du Vigneau.
— Tard (Pierre-Jacques le), sr de la Bouralière.

Auditeurs.

1402. Pellerin (Étienne).
— Chauvin (Jean).
1404. Denisot (Éon).
— Raoul (Jean), abbé de Prières.
— Garin (Jean).
1405. Fournier (Thomas).
1413. James (Guillaume).
— Mainfeny (Jean).
1418. Bonabry (Nicolas de).
1420. Penhoët (Jean de).
— Périou (Salomon).
— Ferré (Jacques).
— Ivette (Pierre).
1421. Frézérou (Jean).
— Coq (Jean le).
1425. Juzel (Jean).
1426. Bois (Jean du).
1438. Rémond (Alain).
1440. Tromelin (Henry de).

1439. Landelle (Guillaume de la) abbé de Prières.
— Chauvin (Guillaume).
1441. Maydo (Hervé).
1445. Nas (Lucas le), clerc-secrétaire.
— Saulx (Henriet le) clerc-secrétaire.
1458. Labbé (Alain).
— Bréhault.
— Vay (Jean de).
— Mathézou (Macé).
1464. Benoit (Jean).
1465. Marchand (Itier le).
1466. Peigné (Raoulet).
1467. Comte (Pierre le).
1468. Cresolles (Gilles).
1477. Collédo (Michel du).
— Guillard (Jean).
— Sénéchal (Pierre le).
1492. Roux (Olivier le).

1492. Bourcier (François le).
— Commacre (Gilles de).
— Drouillart (Jean).
— Maydo (Yves).
— Callac (François de), sr de la Salle.
— Mahé (Pierre), clerc-secrétaire.
— Rue (Jean de la).
— Davy (Yvon).
— Quifistre (Jean de).
— Saulx (François le), clerc-secrétaire.
— Espinay (Guillaume de l'), clerc-secrétaire.
1498. Parajau (Jean), clerc-secrétaire.
— Nas (Jean le).
— Martin (Alain).
1503. Coué (Julien).
— Tromelin (Jean de).
— Davy (Guillaume).
— Guillart (François), sr de la Villedel.
— Milon (Robert), clerc-secrétaire.
1505. Rocaz (Yves).
1514. Commacre (Gilles de), clerc-secrétaire.
1515. Bigot (Michel), clerc-secrétaire.
1520. Honoré (Pierre l'), sr de la Forest.
1524. Rivière (Jean de la).
— Hubert (Jacques), clerc-secrétaire.
1525. Callac (Pierre de), clerc-secrétaire.
1526. Bricaud (Gilles), clerc-secrétaire.
1529. Boulomer (Jean).
— Dessefort (Antoine).
1532. Davy (Guillaume).
1537. Bertault (François).
1540. Riou (Pierre).
— Boulomer (Jean).
1542. Rocaz (Bernard).
1545. Douette (Jean).
— Dortel (Guillaume).
— Dessefort (Michel).
— Carheil (Jean de).
1551. Francheville (Guillaume de).
1552. Durand (François), sr de Ponpiétin.
1555. Tullaye (Yves de la).
1557. Guilloré (Fierabras).
— Saint-Martin (Tristan de).
1558. Kergrist (Goulven de).
1559. Ménardeau (Pierre).

1559. Bruc (François de).
— Dachon (René).
1560. Guillaubé (Jean), sr de la Grenetière.
1561. Callac (Geoffroy de).
1569. Picaud (Jean).
— Gougeon (Guillaume).
1571. Adam (Aimé).
— Tullaye (Alexandre de la).
— Meneust (Guillaume le).
1572. Moyne (Gilles le).
— Charette (Jean), sr de Lornière.
— Breil (Jean du).
— Fourché (Jean), sr de la Courosserie.
— Febvre (Nicolas le).
— Nicolon (Raoul).
— Turpin (Mathurin).
— Fradin (François).
1573. Cousin (Guillaume).
— Sorée (Guillaume).
— Hubert (Robert).
— Maillard (Étienne).
1578. Tullaye (Jean de la).
1579. Ogier (René), sr de la Valais.
— Cousin, (Jean), sr de la Marrière.
— Regnouard (Guy), sr d'Onglée.
1580. Terrien (Jean).
— Ménardeau (Mathurin).
1582. Popipeau (Guillaume), sr de la Sertais.
— Hupel (Pierre), sr du Val.
1583. Meneust (Charles le).
— Godet (Georges).
1584. Mériaud (Guillaume), sr de la Coppiannerie.
1586. Masle (René le), sr de la Bretonnière.
— Touzelin (Jean).
1587. Marcel (Guillaume), sr de Maurepas.
— Mériaud (Jean).
1588. Bizeul (Patrice), sr de la Roche.
— Labbé (Julien), sr de Muzillac.
— David, (Pierre), sr de la Botardière.
— Rossignol (Paul).
— Beaujouan (Jean).
1589. Guibourg (Jean), sr du Clos.
1592. Moucheron (Étienne), sr de l'Aiglerie.
— Escoufflart (Georges), sr de Gaillou.
— Bruc (Guillaume de).
— Mercier (Pierre le), sr de la Guillière.

1592. Dhariette (François).
1593. Macé (Jacques).
1594. Mosnier (Pierre le), s^r de la Fresnays.
1596. Adam (François), s^r de la Gandonnerie.
1597. Morel (Jean).
— Baudry (François).
1598. Macé (Guillaume), s^r de la Roche.
— Billy (Jean).
1599. Thébaud (Gilles), s^r du Plessis.
— Fradin (René), s^r de Malmouche.
— Febvre (Alain le), s^r du Pont.
— Moayre (Pasquier), s^r des Mortiers.
— Bonfils (René).
— Touzelin (Michel).
— Miron (Louis).
1606. Nepveu (René).
— Madeléneau (Pierre), s^r de la Templerie.
— Adam (Pierre), s^r de la Brandaisière.
— Harel (Jean), s^r du Bois de Pacé.
1608. Trégouet (Mathieu de).
— Gascher (Jean), s^r des Burons.
— Paignon (Bertrand).
1609. Héliand (René), s^r de la Touche.
— Grandamy (François).
— Luzeau (Nathan).
1611. Gaultier (Jean), s^r des Burons.
1612. Garnier (Pierre), de la Chalais.
1613. Padioleau (Albert).
1614. Bigot (Jean le).
— Juchault (Claude), s^r du Perron.
1616. Cassard (Denis), s^r de la Penthière, † en charge.
— Bidé (Rolland), s^r des Mortiers.
— Macé (Jean), s^r de la Roche.
1617. Olivier (Hylaire).
— Couperie (Maurice), s^r de Tartifume.
— Avril (Julien), s^r de la Pénicière.
1618. Madeléneau (Guillaume), s^r de Bréron.
— Masle (Pierre le), s^r de Juigny.
1619. Moucheron (Étienne), s^r de l'Aiglerie.
— Mercier (Jacques le), s^r de l'Ecluse.
— Bouchet (Charles du), s^r d'Ambillon.
— Bourgues (André), s^r de la Jaunays.

1621. Gallivier (Mathurin du), s^r du Bois-Aunet.
— Martin (Jean), s^r du Haut-Chemin.
1623. Febvre (René le).
1625. Viaudet (Luc).
1627. Marquès (René), s^r de la Vairie.
1628. Ragaud (Jean), s^r des Perrières.
1632. Moayre (Jean), s^r du Reglis.
— Simon (Mathurin), s^r de Villeneuve.
1633. Boux (Claude), s^r des Aulneaux.
— Bariller (Antoine le), s^r du Bois-Joly.
1634. Moine (Pierre le), s^r des Ormeaux.
— Drouet (René), s^r de Torigny.
1636. Moine (François le), s^r de la Tour.
1637. Cerizay (Jean), s^r du Haut-Chemin.
1638. Madeléneau (François), s^r de la Briancière.
— Brun (René le), s^r de la Herdrie.
1639. Regnier (Jean), s^r de la Souchais.
— Luzeau (Jean), s^r de la Bertaudière, † en charge.
1641. Bretagne (Christophe), s^r de la Houssinière.
— Guy (Pierre), s^r des Meltières.
— Petiteau (Pierre), s^r du Cléré.
1643. Héliand (Jean), s^r de la Touche.
— Varice (René).
1644. Bedeau (Mathurin), s^r de Saint-Lo.
— Geffrard (Mathieu), s^r de la Motte.
1645. Jaudonnet (Jacques).
1646. Cassard (Jacques), s^r de la Penthière.
— Tourneulx (François), s^r de Belair.
— Trégouet (Pierre de), s^r de Kerasmont.
1648. Rouxeau (Laurent), s^r des Fontenelles.
1649. Guillermo (Philippe), s^r du Plessis.
— Bourdin (Jean), s^r du Fief.
1650. Bocquant (Pierre), s^r de la Hégronnière.
— Pelaud (Julien), s^r de la Ville-Aubin.
— Meneust (Simon le), s^r des Treilles.
— Guiton (René), s^r de la Foubertière.
— Vilaines (Pierre), s^r de la Perraudière.
1651. Raguideau (François), s^r du Rocher.

1652. GUITON (Jacques), sr de la Sensive.
1654. FEBVRE (René le), sr de Champbourault.
1656. BERTHELOT (René), sr de Boumois.
— SIMON (Mathieu), sr de la Bretaignerie.
— BRUN (François le), sr de la Herdrie.
1659. DAVY (René), sr de Chauvigné, † en charge.
1661. COUAISNON (Pierre), sr du Haut-Verger.
— NORTH (Julien), sr du Perray.
1662. GUILLON (Jacques), sr de Beauregard.
1666. BOUX (François), sr de Louvardière.
1669. MERCIER (Julien le), sr de Quénoumen.
1670. LUZEAU (Jean), sr de la Bertaudière.
1671. LÉONARD (Jacques), sr de la Rablaye, † en charge.
1672. VALLEILLES (François), † en charge.
— BELLOT (Pierre), sr de la Hunaudais.
1674. JAUDONNET (Jacques), sr de Lavau.
1676. MOAYRE (Jean), sr du Vigneau.
— LUZEAU (Claude), sr de la Grande-Noë, † en charge.
1677. DANIEL (François), sr d'Ardennes, † en charge.
1678. PICOT (Augustin), sr de Bellebat.
— AMIOT (Claude), sr de Beausoleil.
1679. COUDRAIS (Bertrand de la).
— GEFFRARD (Joseph), sr du Plessis.
— TOURNEULX (Claude le), sr de l'Epronière.
1680. DAVY (Claude), sr du Chiron.
— TOUZÉ (Jean), sr de Botloré.
1681. GUILLAY (Luc), sr de la Rouaudière, † en charge.
— GUILLERMO (Guillaume), sr du Plessis, † en charge.
1683. VALLEILLES (Barthélemy).
— RAGAUD (Pierre), sr de la Jalescière.
1686. VERRIN (Philippe).
1687. TOURNEULX (Christophe), sr de Sens.
— ENFANT-DIEU (Mathurin l'), sr de Lestardière, † en charge.
— PERRAULT (Pierre), sr de la Chaussée.
1688. THIBAUDEAU (Claude), sr de la Poëze.

1688. BOURGOGNE (François), sr de Vieillecour.
1689. GARSENLAN (Pierre), sr de la Perrière.
— GUILLERMO (René), sr de la Grée.
1690. CHIRON (Joseph), sr de la Cazinière, † en charge.
1692. DROUET (Jacques), sr de la Harlière.
— LÉGER (René), sr de la Châteigneraye.
1693. BRETON (Joseph le), sr de Villeneuve.
— FEBVRE (Charles le), sr de Champbourault.
1694. MOISAN (Pierre), sr de la Corbinaye.
1695. LUZEAU (André), sr de la Morinière.
— FRESNEAU (René), sr de la Couronnerie.
1696. GÉRARD (Julien), sr de Nais.
— BOUCHAUD (Pierre), sr de la Forestrie.
— MARTIN (Julien), sr du Plessis-Rabatière.
1697. GUILLON (Yves), sr de Teillé.
1698. SIMON (François), sr de la Carterie.
— ENFANT-DIEU (Claudel'), sr de la Hamelinière.
— GUILLAY (Luc), sr de la Rouaudière.
1699. LAVAU (François), † en charge.
1700. PAULUS (Nicolas), sr de Fontenil.
1701. BERTHELOT (René), sr de Villeneuve.
— COHIER (Julien), sr des Marais, † en charge.
— ROBERT (Mathurin), sr de Mosny.
1702. ROCHARD (Pierre), sr de la Lande-Bergère.
— LUZEAU (Jean), sr de la Grande-Noë, honoraire en 1743.
— GALBAUD (Pierre), sr du Fort.
1703. RINÇAY (Jean-Joseph), sr de la Héronnière.
1705. DANIEL (Robert), sr d'Ardennes.
— BOUCHAUD (Julien), sr de la Pignonnerie.
— MABILLE (Claude), sr des Granges.
— PECQUET (Antoine).
1706. COHON (Sébastien).
— LAVAU (Abraham), sr de la Clartière, honoraire en 1732.
1709. DORÉ (Pierre), sr de Laurière.

1709. Léonard (Jacques), sr de la Rablaye.
1710. Bessard (Julien), sr du Parc.
— Robart (Gabriel), sr de la Juberdière, † en charge.
1713. Talour (Mathieu), sr de la Carterie, † en charge.
1714. Giroust (Nicolas-Guillaume), sr du Bois-Hirvoix.
1715. Grand (Jean le), sr de la Coutais.
1716. Cicoteau (Louis), sr de la Touche, honoraire en 1737.
1718. Belon (Pierre).
— Guiton (Mathieu), sr de la Rairie.
1719. Valleton (François), sr du Désert.
— Voyneau (René-Louis), sr du Plessis-Mauclerc, honoraire en 1741.
1720. North (François-Eugène), sr du Perray, honoraire en 1740.
— Gouin (François), sr de la Quémeraye.
— Thiercelin (Louis), sr de la Fardière.
1721. Robert (Pierre-Jacques), sr des Essertons.
— Normant (Charles-François), sr de la Baguais.
1723. Briand (François), sr du Gazil, honoraire en 1743.
1724. Cicoteau (Louis-Venant), sr de Linière.
— Tourneulx (Jean-Guy le), sr des Aulnays, honoraire en 1764.
— Badereau (Judes), sr de la Saminière, † en charge.
1725. Bonnet (Olivier), sr de la Verdière.
— Perrault (Claude), sr de la Chaussée, honoraire en 1752.
1726. Léger (Salomon), sr de la Chateigueraye, honoraire en 1743.
— Trébillard (François), sr de la Rollandière.
— Poly (Nicolas).
— Gril (Marie-Vincent le), sr du Guern, honoraire en 1743.
— Éveillon (Augustin), sr des Fauconnières, honoraire en 1751.

1727. Lavau (François-Nicolas).
— Chevaye (René), sr du Plessis, honoraire en 1749.
— Perrault (Pierre-Maurice), sr de Lessart, honoraire en 1750.
1729. Moricet (Jean-Baptiste), sr de la Renaudière, honoraire en 1750.
1730. Badereau (Jean-Judes), sr de la Caffinière.
— Badereau (Armand-Gabriel), sr du Buttay.
1731. Olivier (Yves), sr de la Plesse, honoraire en 1751.
— Bouchaud (René), sr des Hérettes.
1732. Vollaige (Armand-Célestin), sr de Vaugirault, honoraire en 1753.
— Champs (René-Julien des), sr du Méry, honoraire en 1753.
1733. Bouvier (René), sr des Mortiers, honoraire en 1754.
— Talour (Guy-Barthélémy), sr de la Carterie, honoraire en 1755.
1734. Chiron (François-Nicolas), sr de la Cazinière.
— Goguet (Sébastien), sr du Bois-Hérault, † en charge.
1735. Lardic (Antoine le), sr de la Ganry, † en charge.
1736. Jeune (Joseph le), sr de Grandmaison.
1737. Jannet (Jacques-Joseph), sr de la Jarrie, honoraire en 1758.
— Ville (François de la), sr de la Tourrière, honoraire en 1759.
1738. Guérin (Jean-Baptiste), sr de la Métairie-Neuve.
— Angevin (Jean), sr de la Maillardière, honoraire en 1760.
— Robart (Cyr-René), sr de la Sérennerie.
1739. Falloux (René-Paul), sr de Chozé, honoraire en 1761.
1740. Bourgeois (Adrien), sr du Désert.
— Fresneau (Pierre).
— Babin (Paul-François), sr des Ardilliers, honoraire en 1779.
— Lardic (Antoine le), sr de la Ganry.

1741. Voyneau (Louis-Charles-Édouard), s⁺ du Plessis-Mauclerc, *honoraire en 1768.*
— Terrien (Grégoire), s⁺ de la Haie-Tessendeau.
1742. Vollaige (François), s⁺ de Verdigny, *honoraire en 1768,*
— Hardouin (Jean-Toussaint), s⁺ de la Coudrière.
1743. Mabille (Étienne), s⁺ des Granges, *honoraire en 1775.*
1744. Panou (Jacques), s⁺ de Faymoreau, *honoraire en 1765.*
1747. Caillard (Louis-René), *honoraire en 1773.*
1748. Lièvre (Jacques-René-Félix le), s⁺ du Sauzay, *honoraire en 1779.*
— Biaille (Louis-Jacques), s⁺ de la Milletière, *honoraire en 1770.*
— Rochard (Pierre), s⁺ de la Lande-Bergère.
1749. Angevin (René), s⁺ de la Maillardière, *honoraire en 1778.*
— Bizeul (Félix-Nicolas), s⁺ de la Hulonnière.
— Merlet (Gabriel), s⁺ du Paty, *honoraire en 1777.*
— Goguet (Sébastien), s⁺ de la Salmonière, *honoraire en 1776.*
1750. Goguet (Louis), s⁺ du Bois-Hérault, *honoraire en 1776.*
— Bouhier (Jean-Baptiste), s⁺ du Plessis.
1751. Babin (Mathurin), s⁺ de la Chevalerie, *honoraire en 1780.*
— Tripier (Gabriel-Pierre), s⁺ de la Fresnaie, *honoraire en 1775.*
— Frémont (René), s⁺ du Mottay.
— Bernier (Joseph).
1752. Bascher (Pierre), s⁺ du Préau.
1753. Guilbaud (Jean-Baptiste), s⁺ de la Balinière.
— Febvre (François-Urbain le), s⁺ d'Argence, *honoraire en 1778.*
1754. Bonnet (Jean-Baptiste), s⁺ de la Verdière.
1755. Frémont (Jean-Augustin), s⁺ de la Bourdonnaye.

1555. Merlaud (Claude-François), s⁺ de la Cossonnière, *honoraire en 1778.*
1757. Béritault (Pierre-Artur), s⁺ de la Bruère.
1758. Moreau (Pierre), s⁺ de la Mussetière.
1759. Macé (Guillaume-René), s⁺ de la Vernelle, *honoraire en 1780.*
— Bessard (Julien-Thomas), s⁺ du Parc, *honoraire en 1781.*
1760. Chevaye (René), s⁺ du Plessis, *honoraire en 1787.*
1761. Guéniveau (Eustache-André), *honoraire en 1783.*
1764. Tourneulx (René-Philippe-Auguste le), s⁺ de Beaumont, *honoraire en 1785.*
— Razeau (Paul-Louis-Julien), s⁺ de Beauvais, *honoraire en 1785.*
1767. Vollaige (François-Armand), s⁺ de Chavagne.
— Reliquet (René-Jean), s⁺ de la Roberdière.
1768. Guerry (Jean-Louis).
1769. Blouin (Claude-René).
— Marquis (François-Augustin), s⁺ des Places.
— Arnault (Maximilien), s⁺ de la Motte.
1771. Toublanc (Pierre-René), s⁺ de Belle-Touche.
— Richard (Jean-Antoine), s⁺ de Marigné.
— Béritault (Charles-Joseph), s⁺ de la Contrie.
— Hardouin (Jean-Toussaint), s⁺ d'Argentais.
1772. Falloux (Paul-Antoine-Édouard), s⁺ de Châteaufort.
1773. Planchenault (Pierre).
1774. Falloux (René-Louis).
1775. Pays-Mellier (Charles-Marie), s⁺ de Bouillé.
— Gaudin (Jean-Baptiste), s⁺ du Plessis.
1777. Réal (François-Charles), s⁺ des Perrières.
— Panetier (Olivier-Jean), s⁺ de Baillé.
1778. Verdier (René-François), s⁺ de la Milletière.

1778. Béritault (Pierre-Germain), sʳ de la Bruère.
— Launay (François-René de).
— Cardin (Jean-Aimé-François), sʳ des Nouhes.
1779. Bourasseau (Jacques-Joseph), sʳ de la Renollière.
— Laboureau (Michel-François), sʳ de la Garenne.
— Cossin (Charles-Lezin), sʳ de Belle-Touche.
1781. Merlet (Alexandre), sʳ du Paty.
1782. Rocher (François-Yves du), sʳ du Rouvre.
— Laboureau (Michel-Jean), sʳ des Bretesches.

1784. Buhigné (Jean-René), sʳ de Grandval.
— Lièvre (Jean-Baptiste-François le), sʳ de la Touche.
— Pichard (Marie-Augustin), † en charge.
1785. Vollaige (Charles-Jean-Louis), sʳ de Rouillon.
— Arnault (Louis-Charles), sʳ de la Motte.
— Boulonnois (Aimé-Anne-Médard), sʳ de Saint-Simon.
— Pichard (François-Augustin), sʳ de la Caillère.
1786. Soulard (François), sʳ de la Roche.
1787. Puillon (Louis-Marie le), sʳ de Boblay.

Avocats généraux.

1558. Boulomer (Jean).
1575. Francheville (Guillaume de).
1581. Charette (Raoul).
1588. André (Pierre).
1592. Tullaye (André de la), sʳ du Fresne.
1606. Pont (Louis du).
1624. Calloët (Antoine).
1628. Jan (Jérôme), sʳ de la Haye.
1639. Morin (Rolland).
1642. Calloët (Gabriel).
1646. Calloët (Gabriel).
— Becdelièvre (Jean-Baptiste), sʳ de la Busnelaye.
1649. Morice (Yves), sʳ de Coëtquelfen.
1650. Perrier (Nicolas du).
1651. Borgne (Claude le), sʳ du Vigneu.
1660. Noblet (Pierre), sʳ de Lespau, † en charge.
1665. Manoury (Mathurin).

1670. Heureau (Jean), sʳ du Temple.
1695. Guiho (Henry), sʳ de Monnoël, † en charge.
1700. Jouault (Jacques), sʳ du Mesnil.
1725. Doré (Jean), sʳ de Lorière.
1730. Guiho (Jean-Henry), sʳ du Chaffault.
1731. Boucher (Jean-Baptiste le), sʳ de l'Étardière, *honoraire en 1755.*
1734. Goyon (Arnaud-François du), sʳ de Carcouët, *honoraire en 1756.*
1755. Barre (Toussaint-Pierre), *honoraire en 1766.*
1756. Budan (René-François), sʳ de la Haye, *honoraire en 1784.*
1766. Lombart (Marc-Antoine-François).
1769. Mosnier (Julien-Célestin le), sʳ de la Rivière.
1784. Lasseur (René-François le), sʳ de Ranzay.

Procureurs généraux.

1444. Breil (Olivier du).
1446. Gibon (Jean).
1477. Vay (Pierre de).
1492. Gibon (Jean).
1520. Racine (François).
1522. Bouëxière (Alain de la).
1552. Farges (Antoine de).

1554. Barre (Jean de la).
1557. Francheville (Guillaume de).
1575. Francheville (Jean de).
1595. Lescoët (Auffray de), sʳ de la Guérande.
1612. Blanchard (Jean), sʳ de Lessongère.
1619. Rousseau (René), sʳ de Saint-Aignan.

TOME III.

1631. Pontual (René de).
1650. Prestre (René le), sr de Lezonnet.
1651. Morice (Yves), sr de Coëtquelfen.
1682. Tullaye (Salomon de la), sr du Plessis-Tizon.
1715. Tullaye (Salomon-François de la).
1745. Tullaye (Henri-Anne-Salomon de la).
1775. Tullaye (Augustin-Louis-Salomon de la).

Substituts (création de 1704).

1710. Reynes (Jean).
1720. Kermasson (Olivier de), † en charge.
1722. Allaneau (Jean).
1741. Kermasson (Olivier-René de).
1785. Gandon (Jean-Baptiste-Charles).

Généraux des finances.

1494. Cardonne (Jean-François de).
1510. Parajau (Jean).
1524. Tissart (Joachim).
1530. Bajart (Philbert).
1531. Bullion (Antoine), sr de Vaulx.
1552. Troys (Nicolas), sr du Boisregnault.
1557. Clerc (Pierre le).
1558. Charon (Florimond), sr de la Papotière.
— Troys (Claude).
1570. Jallier (Jean), sr de la Renaudière.
— Cornulier (Pierre).
1575. Miron (François).
1588. Cornulier (Claude).
1596. Coussaye (Trajan de).
1604. Chahu (Balthazar).
1617. Lescoët (Isaac de), sr du Boschet.
1629. Chahu (Henry).
1632. Huteau (Jacques), sr des Burons.
1633. Laurens (René), sr de la Noë-Passay.
1644. Guido (Pierre).
1647. Babin (Jean).
1672. Guillaume (Pierre), sr de la Vieuville.
1673. Rousseau (Joseph), sr de Saint-Aignan.
1686. Dondel (Marc).
1688. Héron (Antoine).
1702. Mellier (Gérard).
1707. Locquet (Charles), sr de Grandville.
1713. Pecquet (Antoine).
1714. Bouchaud (Julien), sr de la Pignonnerie, † en charge.
1720. Barnabé (Pierre), sr de la Papotière.
1726. Védier (Charles-François).
1727. Fresneau (Joseph), sr de la Couronnerie.
1730. Danguy (Jacques).
1737. Bouchaud (Julien-Nicolas), sr de la Pignonnerie.
1739. Goyon (Joseph-Martin du), sr de l'Abbaye.
1750. Bouchaud (Jean-Baptiste), sr du Plessis, *honoraire en 1785*.
1751. Bretton (Gatien), sr des Chapellës.
1752. Viart (Jean-Charles), sr de Mouillemuse, † en charge.
1756. Boissière (Isaac-Pierre).
1759. Blond (Pierre le), sr de la Tour.
1765. Fresneau (Guillaume-Pierre), sr de la Couronnerie, *honoraire en 1786*.
1766. Drouet (François-René).
1783. Viart (Charles-Jean-Marie), sr de Mouillemuse.
1785. Sarrebourse (Philippe-Sébastien), sr d'Audeville.
1786. Ballan (René-Julien), sr de la Richardais.

Greffiers en chef.

1569. Valdain (Jean).
1578. Trocheu (Lucas).
— Renaud (Edmond).
1582. Belon (Isaac).
— Guibourg (Jean).
1590. Monnier (Pierre).

1597. Guibourg (Antoine).
1610. Fouéneau (Etienne).
— Odion (Julien), sr du Val.
1629. Haste (Jean le).
1631. Prud'homme (Pierre).
1645. Ernaud (Pierre).
— Macé (Guillaume).
1650. Guiton (Guy).
1667. Fleury (Michel).
— Forcheteau (Michel), sr de la Rairie.
1675. Papelard (François).
1680. Chevalier (Jean).
1685. Libault (Michel).
1690. Vacher (Simon le).
1697. Bazillais (Jacques-Hyacinthe).

1706. Bazillais (Jacques-Hyacinthe), † *en charge.*
1709. Bazillais (Claude).
1720. Bazillais (Yves).
1730. Bruneau (Claude), sr du Fretay.
1732. Biaille (Jean), sr de Lengibaudière, *honoraire en 1763.*
1750. Bourdeaux (Simon), sr du Boislambert, *honoraire en 1771.*
1761. Biaille (Jean), sr de Lengibaudière.
1769. Cardin (Jean), sr des Nouhes.
1770. Arnault (Louis-Marie), sr de la Fauconnière.
1781. Pichard (Jean-Baptiste), sr de la Blanchère.

Payeurs des gages.

1492. Gaubertière (Tanguy de la).
1494. Val (Nicolas du).
1537. Avril (Jean).
1555. Sorée (Jean).
1556. Bernard (Jean).
1582. Lopin (René).
1586. Enfant-Dieu (Mathurin l').

1616. Lopin (Michel).
1648. Robin (François).
1652. Perrier (Jacques), † *en charge.*
1675. Raoul (Raoul), sr de la Mossardière, † *en charge.*
1713. Beauvais (Pierre-Félix de).
1741. Reteau (Louis), sr de la Budorière.

Gardes des livres.

1492. Gelin (Jean).
1498. Bigot (Michel).
1515. Saulx (Lucas le).
1521. Meneust (Guy le).
1532. Meneust (Guillaume le).
1575. Godet (Georges).
1582. Bonfils (René).
1598. Cordelier (Denis).
1600. Granjon (Maurice).
1601. Bouin (Germain).

1606. Macé (Antoine).
1618. Macé (Julien).
1633. Macé (Guillaume).
1638. Cassard (Olivier).
1644. Guiho (Antoine).
1647. Gicqueau (Jacques).
1678. Denis (François).
1708. Thiberge (Joseph).
1750. Trouvé (Honoré).
1761. Perrier (Bernardin).

Premiers Huissiers.

1588. Berthaud (Hervé).
1649. Rouillé (François).
1663. Perrier (Guillaume).
1678. Raguideau (François).

1691. Gorsse (Jacques).
1725. Garnier (Dominique).
1732. Méance (Jean-François), sr de Courtemer, *honoraire en 1784.*

PARLEMENT DES GRANDS-JOURS DE 1495 A 1554.

Premiers Présidents.

1495. GANNAY (Jean de).
1528. DÉSERTS (Louis des).

1535. POYET (Guillaume).
1543. BERTRAND (Jean).

Présidents.

1495. BREIL (Rolland du).
1508. GUILLARD (Charles).
1513. QUÉNEC'HQUIVILLY (Amaury de).
1524. ROUGE (Gilles le).
1530. VISTE (Antoine le).

1538. CRESPIN (François), *président à mortier en 1556.*
1550. BOURGNEUF (Julien de), *président à mortier en 1554.*

Conseillers.

1495. RUZÉ (Martin).
— HAUTBOIS (Charles du), *évêque de Tournai en 1510.*
— BOUCHET (Jean du).
— CALLOËT (Jean).
— BOHIER (Jean), *abbé de Buzay.*
— FERRÉ (Olivier).
— KERROUDAULT (Olivier de).
— KERMOGOAR (Geoffroy de).
— ARBALESTE (Guy l').
— BESANÇON (Guillaume de).
— GUILLARD (Charles), *président en 1508.*
— DANIEL (Jacques).
— RACINE (Nicolas).
— SCLICZON (Rolland).
— GOUÉON (Rolland).
— FORESTIER (Alain le).
— QUÉNEC'HQUIVILLY (Amaury de), *président en 1513.*
— QUENQUIZOU (Alain de).
— BRIÇONNET (Jean).
1498. BRAILLON (Yves).
— BRACHET (Jean).
— GUERMEUR (François du).
— MARC'HEC (Alain).

1503. MIGNOT (Vincent).
— MILON (Yves).
— KEROUZY (Christophe de).
1508. BIGOT (Guillaume le), *sénéchal de Guérande.*
— BERTHELOT (Jean), *vice-chancelier.*
1510. ROUGE (François le).
1513. BOTDÉRU (Pierre du).
1514. SAINT-ANDRÉ (François de).
1515. ROUGE (Gilles le), *président en 1524.*
1520. DUC (Guillaume le), *prévôt de Rennes.*
1523. MARC'HEC (Pierre).
1525. FRÈRE (Charles le), *président à mortier en 1558.*
1530. LYROT (Hervé).
— MONTHOLON (François de), *garde des sceaux en 1542.*
1532. ERRAULT (François), *garde des sceaux en 1543.*
1533. BARBIER (Hamon), *abbé de Saint-Mathieu.*
— BRULLON (François).
— PETAU (François).
1535. LONGUEJOUE (Thibault de).
— QUÉLIN (Nicolas).
1536. BRANDON (Pons).

1536. Glé (Jean).
— Groesquer (Louis du).
— Hardaz (Robert du).
— Hay (Jean).
1537. Glé (Bertrand).
— Godelin (Julien).
— Quélennec (Henry du).
— Plédran (Jean de).
1538. Chateautro (Jacques de).
— Glé (Mathurin).
— Kermenguy (François de), *alloué de Nantes.*
— Lignières (Guillaume de).

1538. Loges (Jean des).
1540. Calon (François), *président à mortier en 1556.*
— Rosmadec (Etienne de).
— Richard (Olivier).
— Lyon (Antoine de).
1543. Perrot (Miles).
— Pinart (Rolland).
— Pinart (Jean).
— Prévost (Bernard).
1546. Han (René du).
1550. Duc (Michel le).
— Duc (Julien le).

Avocats généraux.

1539. Maistre (Gilles le).

1543. Prévost (Jean le).

Procureurs généraux.

1495. Penancoët (Hervé de).
1513. Gédouin (Guillaume).

1536. Han (Jean du).

Greffiers.

1495. Barault (Olivier).
1533. Forestier (Pierre le).

1543. Forestier (Mathurin le).
1550. Julienne (Gilles).

Payeurs des gages.

1495. Bertaud (Philippe).

Huissiers.

1495. Vérus (Bernard).
— Bourgeois (Louis).

1503. Quélennec (Jean du).

LISTE DE NOSSEIGNEURS DU PARLEMENT DE BRETAGNE

DEPUIS SON ÉRECTION EN 1554 JUSQU'EN 1790.

Premiers Présidents.

1554. Baillet (René), sr de Sceaux.
1556. Guillard (André), sr de l'Isle.
1570. Bourgneuf (René de), sr de Cucé.
1587. Faucon (Claude), sr de Ris.
1595. Bourgneuf (Jean de).
1636. Bourgneuf (Henry de), sr d'Orgères.
1661. Argouges (François d'), sr du Plessix Patté.
1677. Phélypeaux (Louis).
1687. Fèvre (René le), sr de la Falluère.
1703. Brilhac (Pierre de), sr de Gençay.
1734. Briffe (Antoine-Arnaud de la), sr d'Amilly.
1777. Merdy (Charles-Marie-François-Célestin du), sr de Catuelan.

Présidents à mortier.

1554. Bourgneuf (Julien de).
— Guillard (André).
— Crespin (François), sr du Gast.
1556. Calon (François).
1558. Frère (Charles le).
1568. Brullon (Pierre), sr de Beaumont et de la Musse.
1569. Lucas (Jacques).
1570. Crespin (René).
1573. Lesrat (Guillaume).
1574. Rogier (Jean).
1577. Braillon (Louis).
— Barrin (Jacques).
1581. Harpin (François), sr de Marigny.
— Vétus (Jean).
1585. Dodieu (Louis).
1587. Carpentier (Pierre).
1593. Fouquet (Christophe).
1594. Chastellier (Olivier du), sr de la Hautais.
1596. Loaisel (Isaac), sr de Brie.
1598. Launay (Jacques de).
1601. Roux (Nicolas le).
1602. Hay (Paul), sr des Nétumières.
1603. Rogier (François), sr de Villeneuve.
1607. Meneust (René le).
1609. Potier (Bernard).
1611. Potier (André).
1618. Gédouin (Julien).
— Marbœuf (Claude de), sr de la Pilletière et de Blaison.
1620. Amphernet (René d').
— Bouchet (Pierre du).
1622. Rocquel (Yves), sr du Bourgblanc.
1625. Rogier (Jean).
1631. Fouquet (Christophe).
1632. Bonnier (Pierre).
1633. Meneust (Guy le).
1635. Loaisel (François).
1640. Cornulier (Pierre), sr de la Touche.
1643. Marbœuf (François de).
1645. Marbœuf (Claude de), sr de Laillé.
1647. Freslon (Gabriel).
1653. Boisgeslin (Jean de), sr de Mayneuf.
1656. Fouquet (Christophe).
— Bonnier (Pierre), sr de la Coquerie.
1657. Cornulier (Claude).
1674. Montigny (François de).
1678. Meneust (Charles-Marie le).
1679. Bidé (Joseph), sr de la Grandville.

1680. CHERTEMPS (Pierre).
1687. LARLAN (Vincent-Exupère de), sr de la Nitré.
— BOISGESLIN (Gabriel de).
1690. MARBŒUF (Guillaume de).
1692. LARLAN (Jean-Baptiste de), sr de Kercadio.
1695. CORNULIER (Toussaint).
— FÈVRE (Antoine-René le), sr de la Falluère.
1696. BONNIER (Jean-François), sr de la Coquerie.
1700. PRESTRE (René le), sr de Lézonnet.
1703. BOURDONNAYE (François de la), sr de Liré.
— CHERTEMPS (Jean-Baptiste), sr du Seuil.
1706. ROBIEN (Paul de).
1711. BOURDONNAYE (Jacques-Renault de la), sr de Blossac.
1713. MARBŒUF (Charles-François-Claude de), sr du Guay.
1716. ROBIEN (Thomas de), sr de Kerambourg.
1717. LARLAN (François-Julien de), sr de Kercadio et de Rochefort.
1722. BOURDONNAYE (Louis-Gabriel de la), sr de Blossac.
1723. LANGLE (François-Joseph de), sr de Kermorvan.
— MEILLEUR (François-Joseph le), sr de Larré.
1724. ROBIEN (Christophe-Paul de).
— PRESTRE (Jacques-René le), sr de Châteaugiron.
— MARBŒUF (Claude-François-Marie de).
1727. CORNULIER (Charles-René).
1730. BOISGESLIN (Renaud-Gabriel de), sr de Cucé.
— FRANCHEVILLE (Jean-Baptiste-Joseph de).

1738. LANGLE (Louis-Jean-François de), sr de Beaumanoir.
— MONTBOURCHER (René-Claude-Marie de), sr de la Maignane.
— CORNULIER (Toussaint), sr de Boismaqueau.
1740. LANGLE (Claude-Marie de), sr de Coëtuhan.
1750. FRANCHEVILLE (Pierre-Joseph de).
— ROBIEN (Paul-Christophe-Céleste de).
1756. PRESTRE (René-Jacques-Louis le), sr de Châteaugiron.
— FARCY (Jacques-Annibal-Gabriel), sr de Cuillé.
1768. LANGLE (Louis-Guy de), sr de Coëtuhan.
1771. Nos (Louis-Florian des), sr des Fossés.
— GEFFROY (Jean-René), sr de la Ville-Blanche.
— CONEN (Gilles-René), sr de Saint-Luc.
1775. MERDY (Charles-Marie-François du), sr de Catuélan.
— VICOMTE (J.-B.-Marie-Anne-Renault le), sr de la Houssaye.
— MARNIÈRES (René-Jean de), sr de Guer.
— CORNULIER (Toussaint-Charles-François), sr de la Touche.
1776. TALHOUËT (Joseph-Marie-François-Louis de), sr de Boishorhant.
1779. MERDY (Emmanuel-Florian-Toussaint du), sr de Catuélan.
— GUERRY (Claude-Joseph de), sr du Boisbamon.
1787. HUE (Nicolas-Louis-Marie), sr de Montaigu.
1788. Saint-Pern (Mathurin-Louis-Anne-Bertrand), sr de la Tour.

Présidents des Enquêtes.

1557. BARJOT (Philibert).
1558. BURDELOT (Jean).
— BOJU (Jacques).

1558. ANGLEBERMES (Claude-Phyrrus d').
1559. BARJOT (Philibert).
1560. AUROUX (Hiérôme).

1562. Foullé (Jean).
1563. Porte (Eustache de la).
— Fumée (Antoine).
1569. Allixant (Nicolas).
1570. Foucault (Jean).
1571. Barrin (Jacques).
1572. Bonvoisin (Jean).
1577. Mésanger (Jean de).
1587. Bertaud (Jacques), s^r de la Guitonnière.
1595. Poulpry (Alain du).
1596. Guette (Pierre de la).
1597. Bonnier (Pierre).
1598. Gras (Félix le).
1602. Argentré (Charles d').
1604. Godart (Luc).
1617. Feuvre (François le).
— Gédouin (Julien).
1618. Duc (Marc le).
1619. Roquel (Yves).
— Véyer ou Vayer (Jean le).
1622. Despinoze (Michel).
1625. Cazet (Louis).
1637. Porte (Jean de la)
— Visdelou (Claude).
1642. Busnel (Jacques).
1644. Boju (Louis).
1652. Becdelièvre (Jean-Baptiste).
1655. Larlan (Julien de), s^r de Penhair.
1656. Tanouarn (Yves de), s^r du Bourgblanc.
1657. Jégou (Claude), s^r de Kerjean.
1659. Fouquet (François), s^r de la Bouchefolière.
1663. Sanguin (Yves).
1676. Corbinaye (Julien de la).
1679. Saint-Pern (Pierre de).
1681. Bigottière (René de la).
1683. Bragelongne (Pierre de).
1692. Guischard (Maurice), s^r de Martigné.
1698. Plessis (René du), s^r de Grenédan.

1702. Escu (François-Pierre de l').
1703. Marbœuf (Claude-François de).
1707. Visdelou (René-François), s^r de Bienassis.
— Montbourcher (Gabriel-René de), s^r de la Maignane.
1710. Botherel (Charles-Élisabeth), s^r de Bédée.
1713. Bourdonnaye (Yves-Marie de la), s^r de Cordemais.
1722. Guischard (Maurice), s^r de Martigné.
1724. Lys (Gabriel-Marc de), s^r de Beaucé.
1728. Escu (Louis-Gilles de l'), s^r de Runfau.
— Boislève (Joseph-François-Marie), s^r de Chamballan.
— Montbourcher (René-Claude-Marie de), s^r de la Maignane.
1730. Bourdonnaye (Louis-Charles-Marie de), s^r de Montluc.
1736. Cornulier (Toussaint), s^r du Boismaqueau.
1738. Saliou (René-Joseph-Fiacre), s^r de Chef-du-Bois.
— Merdy (Charles-Pierre-Félicien du), s^r de Catuélan.
1744. Kerouartz (Jacques-Joseph-René de), s^r de Lomenven.
1756. Boislève (Joseph-Louis-Marie), s^r de Chamballan.
— Merdy (Charles-Marie-François du), s^r de Catuélan.
1762. Kerouartz (François-Jacques de), s^r de Lomenven.
— Saliou (René-Eusèbe), s^r de Chef-du-Bois.
1771. Blanchard (Jean-Baptiste), s^r du Bois de la Musse.
1784. Cornulier (Jean-Baptiste-Benjamin), s^r de Lucinière.

Présidents des Requêtes.

1581. Caradeuc (Pierre de).
1583. Gallope (Nicolas).
1586. Sauldraye (Michel de la).

1587. Fouquet (Christophe).
1591. Pepin (Claude).
1607. Sauldraye (Guy de la).

1619. SAULDRAYE (Jean de la).
1643. BERTHOU (René).
1645. NICOLAS (Jean), sʳ de Clayes.
— TALHOUËT (Germain de), sʳ de Bonamour.
1673. TRÉMERREUC (Louis de).
1676. BERTHOU (Jean-Olivier), sʳ de Kerverzio.
1688. BARRIN (Henry-Louis), sʳ de la Galissonnière.
1691. BARRIN (Jacques-François), sʳ de la Galissonnière.
1697. FARCY (Annibal), sʳ de la Daguerie.
1705. GESLIN (Gervais), sʳ de Trémargat.

1705. PLESSIS (Jean-Baptiste du), sʳ de Grenédan.
1709. FARCY (René-François), sʳ de la Daguerie.
1716. COLLIN (François), sʳ de la Biochaye.
1737. GESLIN (Gervais-Philippe-Marc), sʳ de Trémargat.
1746. COLLIN (Louis-François), sʳ de la Biochaye.
1771. FOURCHÉ (Paul-Armand), sʳ de Quéhillac.
1778. COLLIN (Christian-Marie-Louis), sʳ de la Biochaye.
1785. FRESLON (Gabriel-Isaac), sʳ de Saint-Aubin.

Conseillers.

1554. POTIER (Jacques).
— QUÉLIN (Nicolas).
— MAREC (Pierre).
— PRÉVOST (Bernard).
— BARJOT (Philibert).
— LIGNIÈRES (Guillaume des).
— GLÉ (Bertrand), sʳ de la Costardaye.
— DUC (Julien le).
— HAN (René du).
— FERRIER (Arnaud du).
— ROSMADEC (Étienne de).
— BOURGNEUF (René de).
— PINART (Jean).
— CORVAISIER (Jean le).
— PETAU (François).
— TURPIN (Jean).
— BRAILLON (Michel).
— CALON (François).
— RASSETEAU (Gautier).
— TITUAU (Jean).
— SAINT-MESMIN (Aignan de).
— VIART (Jacques).
— POISSON (Jacques).
— HAY (Jean).
— DRAC (Adrien du).
— KERMENGUY (François de).
— FRÈRE (Charles le).
— HARDAZ (Robert du).
— DANIELLO (Pierre).

1554. COLLÉDO (Nicolas du).
— CHATEAUTRO (Louis de).
— LAURENS (Guillaume).
— REFUGE (Jean du).
— MONTDOULCET (Robert de).
— BRAILLON (Louis).
— GODELIN (Julien).
— BRANDON (Pons).
— PORTE (Eustache de la).
1555. GRAVELLE (Simon de).
— LANGLE (Jean de).
— BERRUYER (Nicolas le).
— LANUZOUARN (Hervé de).
— PARENT (Claude).
1556. CHAPELLE (Pierre de la).
— FAISANT (Charles).
— DESSEFORT (Michel).
— PARCEVAULX (Yves).
— FORTIA (Bernard).
— CRESPIN (René).
— BERTRAND (Guillaume).
— BOUCHER (Arnoul).
1557. VAL (Jérôme du).
— FONTAINE (Guillaume de la).
— BRULLON (Pierre).
— CHEVALIER (Jean le).
— BRESLAY (René).
— GARRAULT (Jean).
— FILLEUL (Jacques).

TOME III.

1557 BERZIAU (Guillaume).
1558. DODIEU (Louis).
— GRIGNON (Jean).
— MAISTRE (Jacques le).
— CHALOPIN (Raoul).
— HOULLE (Jean du).
— JOREL (Jean).
— AYMERET (François).
— DOUETTE (Jean).
1559. ALLIXANT (Nicolas).
— GOURREAU (Philippe).
— REGNIER (Guillaume).
— MONDIN (Jacques).
— MELOT (Gilles).
1560. NEUILLY (Étienne de).
— COUTEL (Antoine).
1561. ALLEMAND (Étienne l').
1563. MARTINES (Jean).
— VAL (Nicolas du).
1564. BERNARD (Guillaume).
— BARRIN (Jacques).
1565. CRESPIN (Pierre).
1566. CAPPEL (Jacques).
— MALON (Charles).
— MATHIEU (François).
— CLAUSSE (Henry).
1568. BOJU (Michel).
— CROC (Zacharie).
— GUÉGUEN (Jean).
— TITUAU (Christophe).
— HARPIN (François), sr de Marigny.
— CHARNIÈRES (Jean de).
— MALON (Claude).
— THÉVEN (Robert).
— TITUAU (Julien).
— FOUCAULT (Jean).
— MÉSANGER (Jean de).
— POYET (Hélie).
— GRASMENIL (Jean de).
— GUÉRIN (Jean).
— MARBŒUF (Jean de).
1569. FRANCE (Jacques de).
— PAIN (François).
— SAINT-MARTIN (Pierre de).
— MAUMILLON (Jacques).
— JOURDAN (Mathieu).
— FLEURIOT (Pierre).

1569. BECDELIÈVRE (François), sr du Bois-Basset.
1570. REGNAUD (Antoine).
— TESTU (Claude).
— PLESSIS (François du).
— LOUVEL (Julien).
— KERCABIN (Jean de).
— KERMENGUY (Guy de).
— GRIGNON (Jacques).
— COUSTURIER (Pierre le), sr de Rouartay.
— HOUSSAY (Pierre du)
— DROUET (Mathurin).
— AUVRIL (Jean).
— JOUAN (Gabriel).
1571. GAUTIER (Jacques).
— LAUNAY (Jacques de).
— BECDELIÈVRE (Gilles de), sr de Bury.
— CHALOT (Jean).
— VÉTUS (Jean).
— LESRAT (Guy).
— DODIEU (Louis).
1572. FAIL (Noël du).
1573. CHARLET (François).
— BLAVOU (Gabriel de).
— ALLANEAU (Clément).
— CHESNE (Pierre du).
— GABART (François).
— HAROUIS (Charles).
— POULPRY (Alain du).
— HUBY (Jean).
1574. COIGNET (Hylaire).
— BONGARS (Jacques).
— VIETTE (François).
— DAMOURS (Jean).
— BRÉGEL (François).
1575. BOULLAY (Philippe du).
1576. PAIN (François).
— BAILLEUL (René).
— JACQUELOT (Adrien).
— ALLAIN (Jean).
— CAHIDEUC (François de).
— DENIAU (Jacques).
— PONT (Thomas du).
— FOREST (Jacques de la).
1577. HALEGOUET (Philippe du).
— GOUSSAULT (Guillaume).

1577. Chastellier (Olivier du), sr de la Hautais.
— Boislève (Maurice).
— Huchet (Charles).
— Noue (Charles de la).
— Charnacé (Jacques de).
— Trimollerie (Jean de la).
— Limonier (Michel le).
— Roscoët (Jean du).
— Bertaud (Jacques).
— Garrault (Louis).
— Argentré (Claude d').
1578. Devin (Claude le).
— Pain (Geffroi).
— Erbrée (Jean d'), sr de la Chèze.
— Folnays (Jacques de).
1579. Chalopin (François).
— Becdelièvre (François).
— Collobel (Louis).
— Guérin (Gilles).
— Vauloué (Nicolas de).
— Guersans (Jules).
1580. Bélinaye (René de la).
1581. Fournier (Gabriel).
— Irland (Jean).
— Lyais (Jean).
— Gaudin (Artur).
— Anjorrant (Pierre).
— Limonier (Jean le).
— Rouxeau (Philippe).
— Martin (Jean).
1582. Glé (Claude).
— Han (Eustache du).
— Hubert (Guillaume).
— Porte (Jean de la).
— Bitault (Gabriel).
— Morellon (Jean).
— Montdoré (Jérôme de).
— Audebert (Nicolas).
— Chalonge (Pierre du).
1583. Gefflot (Jean).
— Amboise (François d').
1584. Martines (Isaac).
— Hay (Paul), sr des Nétumières.
1585. Longueil (Nicolas de).
1586. Charlet (Charles).

1586. Cartes (Joachim des).
— Marquerays (David de la).
— Poueze (Michel de la).
— Loisel (Isaac), sr de Brie.
— Godet (Charles).
— Testu (Claude).
— Lescoët (Auffray de).
— Casset (Jean).
— Gras (Félix le).
1587. Sévigné (Gilles de), sr de Saint-Didier.
— Bélinaye (Jean de la).
— Poulpry (Alain du).
— Aradon (Georges d').
— Lasnier (Claude).
— Raoul (Etienne).
1588. Rivière (Alexandre de la).
— Provost (Jean le).
— Kermeno (Alain de).
— Guillaubé (Denis).
— Gazet (Michel).
— Levier (Jean le), sr de Kerroc'hiou.
— Amys (Zacharie).
— Vaillant (Moïse le).
1589. Colin (François).
— France (Jacques de).
— Lopriac (Jean de), sr de Kermassonnet.
— Macé (François).
— Bodéru (Jacques du).
1590. Amys (Salomon).
— Trogoff (René de).
1591. Becdelièvre (Jean).
— Busnel (François).
1592. Lande (Jean de la).
— Faucon (Alexandre).
1593. Meneust (René le).
— Garnier (Jean).
— Gaultier (Jacques).
1594. Gabriau (Jean).
— Mésanger (René de).
— Girault (Gabriel).
— Brandin (Marin).
— Forest (Pierre de la).
1595. Bélinaye (Jean de la).
— Francheville (Jean de).
— Hay (Simon), sr de la Bouëxière.

1595. BOISLÈVE (Charles).
— BÉLINAYE (Louis de la).
— POULPRY (Alain du).
— OGIER (Pierre).
1596. GUETTE (Pierre de la).
— NOBLET (François).
— BONNIER (Pierre).
— BOTHEREL (Jean).
1597. LYS (Gilles de).
— BROSSAYS (Adrien).
— CADORÉ (Bernard).
— JEUNE (Gilles le).
— GODART (Luc).
— CORNULIER (Pierre).
— BITAULT (Louis).
1598. NOUE (Guillaume de la).
— LAUZON (Joseph de).
— RAOUL (Etienne).
— CHARETTE (René).
— VALLÉE (Jacques de la).
— GUISCHARD (Mathurin), s^r de Martigné.
— DESPINOZE (Bernardin).
— CAILLETEAU (Jean).
— FOUCAULT (Jacques).
1599. BOT (Rolland du).
— TRÉGUÉNÉ (Guillaume de).
— BRÉGEL (François).
— BOUTIN (François).
— ELBÈNE (Jean d').
— ARGENTRÉ (Charles d').
— HEÈRE (Charles).
— PESCHART (Laurent), s^r de Lorme.
— HUCHET (François), s^r de la Bédoyère.
1600. FAUCON (Charles).
— BARRIN (Jacques).
— PIDOUX (Jean).
— TURCAN (Jean).
— THÉVEN (François).
— MARNIÈRES (Jean de).
1601. HALEGOUËT (Jean du), s^r de Kergrec'h.
— ALLANEAU (François).
— CHARETTE (Louis).
1602. PORTE (André de la).
— CHARPENTIER (Michel).
1603. BARRIN (André), s^r du Boisgeoffroy.
— COTEREAU (Dominique).

1603. LASNIER (Guillaume).
— LUXEMBOURG (Pierre de).
— POUSSEPIN (Pierre).
— FEBVRE (François le).
1604. PLESSIX (Sébastien du), s^r de Grenédan.
— ROMELIN (Gilles de).
— GASCHER (Gilles).
— REST (Michel du).
1605. FEBVRE (François le), s^r de la Ferronnière.
— CASSET (François), s^r de Vautorte.
1606. ROSCOËT (Vincent du).
— DENYAU (Jacques).
— MARBŒUF (Claude de), s^r de la Pilletière et de Blaison.
— CHOHANT (Hiérôme).
— ALESME (Toussaint).
— HUS (Oudart).
1607. LANGLE (Julien de).
— POTIER (André).
— GUERRY (Claude).
— LOUP (Michel le).
— SAULDRAYE (Guy de la).
— KERBOUDEL (Claude de).
1608. LESRAT (Guy).
— GUESCLIN (Gabriel du).
— THÉVEN (Guillaume).
— FOUQUET (François).
1609. PIGUELAIS (Guy de la).
— BOISLÈVE (Michel).
— BOUCHET (Pierre du).
— GÉDOUIN (Julien).
— BEAUCÉ (René de).
— MARTIN (Jean).
1610. SAGUIER (Claude).
— FOURCHÉ (Mathieu).
— LESCU (Gilles de).
— SAULNIER (François).
— THURIN (Philibert).
1611. GUERSANS (Jules).
— LESRAT (Guillaume).
— BRÉGEL (Isaac).
— ANDIGNÉ (François d').
1612. ROQUEL (Yves), s^r du Bourgblanc.
— CONSTANTIN (Gabriel).
— GIRARD (Henry).

1613. Ruellan (Gilles).
— Talhouet (Georges de).
— Nicolaï (Antoine).
1614. Girard (Louis).
— Coniac (Hervé le).
— Bourgneuf (Henry de), s^r d'Orgères.
1615. Rosnyvinen (Bertrand de), s^r du Plessix-Bonenfant.
— Luxembourg (Claude de).
— Montescot (François de).
— Han (Jean du).
— Tanouarn (Thébaud de), s^r de Couvran.
1616. Sévigné (Renauld de).
— Hay (Paul).
— Bonnier (Pierre).
— Raoul (Jacques).
— Poulpry (François du).
— Boisgeslin (Jean du).
1617. Lopriac (Guy de).
— Irland (Charles).
— Godard (René).
— Fouquet (Christophe).
— Corvaisier (René le).
— Larlan (Pierre de), s^r de la Nitré.
— Grimaudet (François).
— Gabriau (Jean).
— Toublanc (Claude).
— Duc (Pierre le).
1618. Cartes (Pierre des).
— Duc (Marc le).
— Pepin (René).
— Despinoze (Michel).
— Becdelièvre (Jean).
— Hay (Jean).
— Landes (Maurille des).
— Kerguézec (Georges de).
— Rogier (Jean).
— Vayer (Jean le).
1619. Collin (François).
— Bois (Jacques du).
— Bouchet (Henry du).
— Barillon (Antoine).
— Jacquelot (Philippe).
— Bonnier (Jacques).
— Keraly (Louis de).
— Sévin (Charles.)

1619. Coëtlogon (Louis de), s^r de Méjusseaume.
1620. Cousturié (Louis le).
— Launay (Etienne de).
— Sénéchal (François le).
— Tanouarn (Thébaud de).
— Villeoutrys (Nicolas de).
— Becdelièvre (François).
— Bonnier (François).
— Nicolas (Jean).
— Barillon (Jean-Jacques).
1621. Morellon (Jean).
— Bodéru (Paul du).
— Champion (Charles).
1622. Franchet (Thomas).
— Goddes (Claude).
— Garnier (Pierre).
— Chouet (Jacques).
1623. Trémigon (René de).
— Bourgneuf (Nicolas de).
— Gefflot (Jean).
— Martin (Raoul).
— Marot (Guillaume).
— Mangot (Anne).
1624. Budes (Christophe).
— Brandin (Siméon).
— Touche (Pierre de la).
— Huart (Gervais).
— Casset (Louis).
— Meneust (Guy le).
— Bot (Pierre du).
1625. Kerméno (René de).
— Gazet (Jean).
— Lantivy (Louis de).
— Jaulnier (Jacques).
— Rogier (René).
— Roy (Bénigne le).
1626. Huchet (Gilles).
— Guiton (Pierre).
1627. Boutin (Jean).
— Cartes (Joachim des).
— Guichard (Mathurin).
1628. Febvre (François le).
— Goddes (Charles).
— Tavernier (Étienne le).
— Gouvello (Pierre le).
1629. Hay (Paul).

1629. JOLY (Jean).
— BRAGELONGNE (Jean de).
1630. CORNULIER (Pierre), sr de la Touche.
— HENNEQUIN (Pierre).
— CHOART (Nicolas).
1631. PORTE (Jean de la).
— KERCABIN (Jean de).
— COUYON (François de).
— BRÉHAND (Jean de).
1632. FEYDEAU (Louis).
— TONNELIER (Louis le).
— BRÉNUGAT (Vincent de).
— MARBŒUF (François de).
— MARNIÈRES (Julien de).
— DUC (Luc le).
— GARNIER (Louis).
— LYS (Eustache de).
— GOUVELLO (Julien le).
1633. THOU (Achille-Auguste de).
— BARRIN (Jean).
— FOREST (François de la).
— ANDIGNÉ (Jean-Baptiste d').
— BERTHOU (René).
— PESCHART (Jean).
— LOAISEL (François).
— FRESLON (Gabriel).
— GALLICHON (Louis).
— COUESPELLE (Henry de).
1634. HALEGOUËT (Philippe du).
— BOJU (Louis).
— VISDELOU (Claude).
1635. BERVET (François le).
— SÉRENT (Jean de), sr de Kerfily.
— PESCHART (Jean).
— RIVIÈRE (Olivier de la).
— MONTBOURCHER (Olivier de).
— BUDES (Charles).
— AYRAULT (Pierre).
— DREUX (Pierre).
1636. HENRY (Yves).
— PORÉE (Nicolas).
— QUÉLO (René).
1637. DENYAU (Jacques).
— HUBERT (Antoine), sr de Lasse.
— FOREST (François de la).
— PLESSIS (René du).
— BOISLÈVE (Gabriel).

1637. GAULAY (Briand de).
1638. GUESCLIN (Bertrand du).
— BEAUCÉ (Joachim de).
— BOUILLY (René du).
1639. SAVONNIÈRES (Martin de).
— POIX (Renaud de).
— PLESSIX (René du).
1640. ROSNYVINEN (Jean de).
— LAUNAY (Pierre de).
— CLISSON (François de), sr de Keralio.
— ROSCOËT (Bernardin du).
— LESCU (François de), sr de Beauvais.
— GONIDEC (Jacques le), sr des Aulnais.
— AUVRIL (Maurice).
1641. HINGANT (Jean).
— LANJAMET (René de).
— BONNIER (Pierre).
— DUC (Jean le).
— NOUE (Henry de la).
— HALEGOUËT (François du).
— BOISLÈVE (Charles).
— CHARETTE (Jean).
1642. LANGLE (Louis de), sr de Kermorvan.
— SALIOU (Jean).
— DENYAU (Jacques).
— BUSNEL (Jacques).
— GRASMENIL (René de).
— DREUX (Pierre).
— COETANSCOURS (Alexandre de).
1643. DUC (Jean le).
— SAGUIER (François).
— TANOUARN (Yves de).
— PONT (Guy du).
— MARBŒUF (Claude de), sr de Laillé.
— GUERRY (Claude).
— LESRAT (Guy).
— HUART (François).
1644. FEBVRE (Jean le).
— HAY (Paul).
— KERGUÉZEC (René de).
— JACQUELOT (Louis).
— FOURCHÉ (Jean).
— BOISGELIN (Jean du), sr de Mayneuf.
1645. CHASTELLIER (Charles du).
— BRÉAND (François de), sr de Galinée.
— VASSEUR (Nicolas le).
— SALUDEN (Nicolas).

1645. Bouëxic (Claude du).
1646. Lopriac (René de).
— Touche (Jean de la).
— Febvre (Charles le).
— Ogeron (Jean).
— Jacobin (Jean-Claude le), sr de Keramprat.
1647. Martin (Gilles), sr des Hurlières.
1648. Huchet (André).
— Cartes (Joachim des).
— Prestre (René le).
— Denyau (François).
1649. Grimaudet (François).
— Cousturié (René le).
— Bouëxic (Louis du).
— Becdelièvre (Jean-Baptiste).
— Constantin (Jean).
— Larlan (Julien de).
— Roche (Louis de la), sr de Saint-André.
— Thierry (Pierre), sr de la Prévalaye.
— Rogier (François).
— Razes (Jean de).
— Feuvre (Nicolas le).
— Porcaro (Jacques de).
1650. Coniac (Jean le), sr de Toulmen.
— Bourdonnaye (Louis de la).
— Raoul (Guillaume), sr de la Guibourgère.
1651. Prestre (René le), sr de Lézonnet.
— Huteau (François).
— Fresnay (Sébastien du), sr du Faouët.
1652. Marin (René), sr de Montcan.
— Bonnier (Pierre), sr de la Coquerie.
1653. Rogier (Eugène-Joseph), sr de Kervéno.
— Fouquet (Christophe).
— Febvre (François le).
— Larlan (Vincent-Exupère de), sr de la Nitré.
— Corbière (Claude de la).
— Porte (René de la).
1654. Bréhand (Maurille de).
— Pepin (Gabriel).
— Chouet (Pierre).
— Febvre (René le).

1654. Despinoze (Michel).
— Fouquet (François).
— Guichard (François), sr de Martigné.
— Cousinot (Jacques).
1655. Constantin (Robert).
— Gouyon (Joseph), sr de Launay-Comats.
— Lantivy (Louis-François de).
— Larlan (Julien de).
— Moussaye (Amaury-Charles de la).
— Gabard (Jacques), sr de Roslieu.
1656. Lanjamet (Guillaume de), sr de Miniac.
— Robien (Sébastien de).
— Talhouet (Jean de), sr de Keravéon.
— Huart (Jacques), sr de Beuvres.
— Gefflot (Sébastien).
— Sanguin (Yves).
— Brug (Louis de).
— Jégou (Claude).
1657. Poulpry (François du).
— Champion (François), sr de Cicé.
— Trévégat (François de), sr de Locmaria.
— Barrin (Jacques), sr de la Galissonnière.
— Cervon (Joseph de).
1658. Coëtlogon (Guy de).
1659. Cartes (Joachim des), sr de Chavagne.
— Cosquer (Joseph du).
— Boux (François), sr de la Varenne.
— Sévigné (Charles de).
1660. Marguerie (Jacques de), sr de Vassy.
— Regnouard (Jean-Jacques).
— Barrin (Henry).
— Langan (Gabriel de), sr du Bois-Février.
— Croc (Paul), sr de la Robinaye.
— Freslon (Claude).
— Cahideuc (Jean-François de), sr du Bois-de-la-Motte.
— Chastelier (Jacques du).
1661. Denyau (Charles).
— Visdelou (Guy).
1662. Han (Jean-François-Marie du).
— Porée (Michel).
1663. Hay (Siméon).
— Champion (François).

1663. Noue (Guillaume de la).
— Godart (René).
— Chat (René le).
1664. Hubert (Louis), sr de Lasse.
— Saint-Pern (Pierre de).
— Corbinaye (Julien de la).
— Cornulier (Jean-Baptiste).
1665. Bigottière (René de la).
1667. Dondel (Guillaume), sr de Pendreff.
1668. Tanouarn (Pierre de), sr de Couvran.
— Boislève (Charles).
— Boislève (François).
— Lièvre (Eusèbe le).
1669. Robien (André de).
— Montbourcher (René de).
— Escu (Gilles de l').
— Boullay (Philippe du).
1670. Corbière (Charles de la).
1671. Argouges (Florent d').
— Farcy (François-Jacques).
— Langle (Louis de).
— Febvre (François le), sr de Laubrière.
1672. Caradeuc (Jacques de).
— Chauvel (Ignace).
— Butault (Gilles).
— Brécheu (François).
1673. Barrin (Henry-Louis).
— Ferret (Jean-Charles).
— Geffroy (Jean).
— Lesrat (Guy).
— Saguier Henri-René.
— Marot (Guillaume).
1674. Parc (Jean du).
— Thierry (François), sr de la Prévalaye.
— Bintinaye (Gabriel de la).
— Febvre (René le).
— Meneust (Charles-Marie le).
— Plessis (Jean-Baptiste du), sr du Grenédan.
1675. Boisyvon (Pierre du), sr de Saint-Pierre.
— Boëssière (Marc-Antoine de la), sr de Lennuic.
1676. Auvril (Maurice).
— Grimaudet (Jean).
— Cornulier (Jean-Baptiste).

1676. Febvre (Siméon le), sr de la Silandais.
1677. Ruellan (Gilles).
— Pont (Guy du).
— Becdelièvre (Jean-Baptiste).
— Bourdonnaye (Yves-Marie de la).
1678. Marbœuf (Guillaume de).
— Grimaudet (Jean).
— Boisgeslin (Gabriel du).
— Trévégat (René-François de).
— Saliou (Jean).
— Forest (François-Pierre de la).
— Guersans (François).
— Geslin (Gervais).
1679. Raoul (Jacques).
— Huby (Charles).
— Trémerreuc (Louis de).
1680. Nepveu (Thomas le).
— Girard (Nicolas).
1681. Jacobin (François-Pierre le), sr de Keramprat.
— Sérazin (Pierre le), sr du Boterff.
— Colin (Pierre).
— Bouëxic (Louis du).
— Jégou (René).
— Bruc (François de).
— Marest (François).
— Gall (Louis le), sr du Cunfiou et de Palévartz.
1682. Coniac (Yves le).
— Cornulier (Toussaint).
— Corbière (Charles-Guillaume de la).
— Guerry (Charles-Louis).
— Meilleur (Joseph le), sr de Kerhervé.
1683. Sanguin (Joseph).
— Marin (François-Louis).
— Fabroni (Denis).
— Bidé (Charles).
— Lantivy (François-Claude de).
— Kergus (Sébastien de).
1684. Cosnier (Gilles).
— Robien (Paul de).
1685. Auvril (Jacques).
— Guichardi (Maurice).
— Roy (Pierre le), sr de la Potherie.
— Hubert (Anne-François), sr de Lasse.
1686. Bourdonnaye (Jacques-Renaud de la), sr de Blossac.

1686. KERALY (François-Jean de).
— JACOBIN (Jean-Claude le), sr de Keramprat.
1687. MONTALEMBERT (François-Pierre de).
— MENEUST (Joseph le).
— FLEURY (Pierre), sr de la Villeroux.
— MACÉ (François).
— BOURDONNAYE (François de la), sr de Liré.
1688. FEUVRE (Antoine-René le), sr de la Falluère.
— EVEILLARD (François).
— DENYAU (François-Guy).
— BONNIER (François-Jean).
— PONTUAL (René de).
1689. ROBIN (Armand-Charles), sr d'Estréans.
— DENYAU (Robert).
— JACQUELOT (Florian-Louis).
— FERRÉ (Anne-Louis).
— BRÉHAND (Jean-René de).
— LOPRIAC (René de).
1690. FRESLON (César).
— HUART (Nicolas-Jacques).
— KERMÉNO (Charles-Robert-Joachim de).
— Nos (Louis-Florian des).
— Loz (Claude-Hyacinthe), sr de Beaulieu.
— CHARETTE (Gilles).
— HAY (Jean-Paul).
— PONT (Louis-René du).
— EUDO (Louis-Joseph).
— CHERTEMPS (Jean-Baptiste), sr du Seuil.
1691. CARTES (François-Joachim des), sr de Kerléau.
— CARADEUC (Jacques-Anne de).
— BOSCHIER (René-Jean), sr d'Ourxigné.
— GRÉE (François de la).
— FERRET (Jacques-Anne-Marie).
1692. HUART (Jacques-Gervais).
— MONTBOURCHER (Gabriel-René de).
— MARBŒUF (Claude-François de), sr du Guay.

1692. BOISBAUDRY (Joseph-François du) sr de Langan.
— FERRON (Joseph-Placide).
— HILLERIN (Jean-Baptiste), sr du Bois-Tissandeau.
1693. BARRIN (Gilles-André).
— ESCU (François-Pierre de l').
1694. DERVAL (Jean-Louis de).
1695. CHAT (Henry le).
— FOUQUET (Bernardin).
— MOSNIER (Pierre-François), sr du Bois-Foucault.
— ARTUR (Allain).
— MONNERAYE (Gabriel de la).
— PLESSIX (René du), sr de Grenédan.
1696. BEAUCLERC (Charles).
— LANGLE (Louis-François-Joseph de).
— BOISLÈVE (Charles-Joseph).
— ROBIEN (Thomas de), sr de Kerambourg.
— KERSAUSON (Jacques-Gilles de).
— FARCY (Annibal-Auguste), sr de Cuillé.
1697. FOUQUET (René-François), sr de la Bouchefolière.
— MICHAU (Maurille), sr de Ruberzo.
1698. GRIMAUDET (Jean-Marie), sr du Gazou.
— GUERSANS (François).
— FABRONI (René), sr de la Prégenterie.
— VISDELOU (François), sr de Bienassis.
1699. BOURDONNAYE (Yves-Marie de la), sr de Cordemais.
1700. ANDIGNÉ (Joseph d'), sr de Kermagaro.
1701. GALL (Guillaume le), sr de Cunfiou de Ménoray.
— BOISLÈVE (Joseph-Hyacinthe-François).
— NOUÉ (Guillaume de la).
— MAROT (Claude-Toussaint), sr de la Garaye.
— PICQUET (Guy), sr de la Motte.
1702. CHAUVEL (Ignace), sr de la Boullaye.
— CORMIER (Judes), sr de la Courneuve.

1703. COËTLOGON (Philippe-Guy de).
— AUVRIL (Maurice-Joseph), sr de la Chauvière.
— JACQUELOT (Louis).
— BOTHEREL (Charles-Elisabeth), sr de Bédée.
— PONT (Claude du), sr d'Oville.
1704. BUTAULT (Jacques-Julien-Joseph), sr de Marzan.
— TALHOUËT (Jean de), sr de Brignac.
— TROUILLET (Nicolas-René), sr de la Berthière.
— LANTIVY (Louis-Pierre de), sr de Champiré.
1705. MARBŒUF (Claude-François-Auguste de).
— VERDIER (Henry), sr de Genouillac).
1706. BIGOTTIÈRE (Jean-Joseph de la).
— BOUËXIÈRE (Vincent de la), sr de Brantonnet.
— LYS (Eustache-Charles de).
1707. HUCHET (Charles), sr de la Bédoyère.
— GEFFROY (Jean-Maurice), sr de Kervégant.
— POULPRY (Gabriel-François-Guillaume du).
— ROSNYVINEN (Jean-Baptiste de), sr de Piré.
— DESPINOZE (Jean-Joseph).
— FARCY (François-René de).
— LAMBILLY (Pierre-Joseph de).
1708. RAOUL (Jacques-Claude), sr de la Guibourgère.
— BERTHOU (Jacques), sr de Kerverzio.
— MONTIGNY (François-Gabriel de).
— CONIAC (Jean-François-Dinan le).
— FEUVRE (Claude le), sr de la Falluère.
— BOUX (René), sr de Saint-Mars.
— TALHOUËT (Jean-François-Armand de), sr de Sévérac.
— LONG (Jean-Baptiste le), sr du Dréneuc.
1709. BOUËXIC (Yves-Mathurin du), sr de Pinieuc.
— RACINOUX (Jean-Georges de).

1709. FERRET (Barthélemy-Antoine-François), sr du Timeur.
— HUBERT (Anne-Louis), sr de Lasse.
— BÉGASSON (René de).
1710. GEOFFROY (René-François), sr de la Villeblanche.
1711. LANDE (Gabriel-Anne de la), sr du Lou, de Trégomain.
1712. TRÉVÉGAT (Joseph-François de), sr de Limoges.
— GUERRY (Claude), sr du Bois-Hamon.
— BONIN (Alain-Jacques-René), sr de la Villebouquays.
— BRUC (Joseph-Jean-Baptiste de).
— GUINY (Achille-Marie du), sr de Kerbos.
— SAISY (Henry-Albert), sr de Kerampuil.
— FOREST D'ARMAILLÉ (François-Pierre de la), sr de Noizay.
1713. BOUX (Louis-Charles), sr de Bougon.
— ERNOTHON (François-Joseph d').
— BOURDONNAYE (Louis-Gabriel de la), sr de Blossac.
— HUBERT (Agathon), sr de Lasse.
— MARBŒUF (Charles-Marie-Anne de).
— DENYAU (Charles-Jacques), sr de Châteaubourg.
— MARNIÈRES (Julien-Joseph de), sr de Guer.
1714. BARRIN (Achille-Rolland), sr du Palet.
— CHAMPION (Joseph-Clément), sr de Cicé.
— SAINT-PERN (Louis-Célestin de), sr du Lattay.
— DERVAL (Jean-Claude de).
— SAINT-PERN (Pierre-Mathurin-Bertrand de), sr de Ligouyer.
— GRIMAUDET (Louis-Jean-François), sr de la Croiserie.
1715. CORNULIER (Charles-René).
— LARLAN (François-Julien), sr de Kercadio, de Rochefort.
— BOUCAULT (Paul-Cyprien), sr de Méliant.
— DESNOS (Louis-Florent), sr des Fossés.

1715. Prestre (Jacques-René le), sr de Châteaugiron.
1716. Gouyon (Amaury-Charles), sr de Marcé.
1717. Auvril (Anne-Camille), sr de Trévénégat.
— Saliou (Jean-Jacques), sr de Chef-du-Bois.
— Gibon (Anne-Julien), sr du Pargo.
— Robien (André-Joseph de), sr de Campson.
1718. Marest (Louis-François).
— Henry (Jean-Baptiste), sr de la Plesse.
1719. Bouëxic (Bernard-Louis du), sr de Pinieuc.
— Hubert (Casimir), sr de la Rochefordière.
— Montalembert (Pierre-François-Marie de).
— Pontual (Sébastien-François de).
— Forest (René-Gabriel de la), sr d'Armaillé.
— Marest (Michel-Joseph).
— Poulpiquet (Jean-François de), sr du Halgouët.
1720. Bois-Adam (Jean-Louis du).
— Robien (Paul-Christophe de).
1721. Charpentier (Hiérôme-François), sr de Lenvos.
— Chaffault (Alexis-Augustin du).
— Cornulier (Claude-Jean-Baptiste), sr de Lorière.
1722. Boisgeslin (Renaud-Gabriel du).
— Marbœuf (Claude-François-Marie de).
— Meilleur (François-Joseph le), sr de Larré.
1723. Ferré (François-Louis-Joachim), sr de la Villesblanc.
— Noué (Toussaint-Marie de la).
— Motte (Louis-Angélique-Robert de la), sr d'Aubigné.
— Nepveu (Thomas le), sr d'Urbé.
— Ruellan (René), sr du Tiercent.
— Mesnard (Charles-Bernardin), sr de Touchepres.
— Hay (Joachim-Daniel-René), sr de Bonteville.

1723. Corbinaye (François-Joachim de la), sr de Bourgon.
— Escu (Louis-Gilles de l'), sr de Runfau.
1724. Langle (Louis-Jean-François de), sr de Beaumanoir.
— Bourdonnaye (Julien de la), sr de Coëtcaudec.
— Boislève (Joseph-François-Marie), sr de Chamballan.
— Langle (Claude-Marie de), sr de Coëtuban.
— Eveillard (François-Pierre), sr de Livois.
— Ferron (Jean-Baptiste-Célestin), sr du Quengo.
— Moëlien (Vincent-Guillaume de).
1725. Montbourcher (René-Claude-Marie de), sr de la Maignane.
— Caradeuc (François-Nicolas-Gabriel de).
1726. Saliou (René-Joseph-Fiacre), sr de Chef-du-Bois.
1727. Macé (Anne-Maurice), sr de la Roche.
— Huart (Jacques-François-René), sr de la Bourbansais.
— Merdy (Charles-Pierre-Félicien du), sr de Catuélan.
1728. Farcy (Jacques-Annibal-Daniel de), sr de Cuillé.
— Andigné (Charles-Joseph d').
— Roy (Pierre-Louis-Cyr le), sr de la Potherie.
— Forest (Jean-Baptiste-Gabriel de la).
— Lantivy (Jerôme-François de).
1729. Bourdonnaye (Louis-Charles-Marie de la), sr de Montluc.
— Bourdonnaye (Joseph-Amaury de la), sr de la Bretesche.
— Becdelièvre (Antoine), sr du Bouëxic.
— Brilhac (Pierre-René-Eugène de), sr de Gençay.
— Heuzey (Gabriel-Guillaume), sr de Bréfontaines.
— Jacquelot (Louis-René), sr de la Motte.

1729. Jacquelot (Jean-François), sr du Bois-Rouvray.
— Boberil (René Maurice du), sr du Molant.
1730. Pont (Louis-François-Marguerite du).
— Plœuc (Nicolas-Louis de).
— Parc (René du), sr de Keryvon.
1731. Becdelièvre (Hilarion-François).
— Farcy (François-Philippe-Camille de), sr d'Arquenay.
— Fabroni (Pierre-Denis).
— Morant (Charles-Thomas-Marie de).
— Vicomte (Jean-François le), sr de la Houssaye.
1732. Chat (Henry-Louis-Claude le), sr de Vernée.
— Gonidec (Olivier-Joseph le), sr de Traissan.
— Bigot (Toussaint-Maurille le), sr de Neubourg.
— Febvre (Jean-Baptiste le), sr de la Brulaire.
— Noir (François-Henry le), sr de Carlan.
— Rosily (Mathurin-Olivier-Etienne de).
1733. Gouvello (François-Anne le) sr de la Porte.
1734. Trouillet (René-Nicolas), sr de la Berlière.
— Caradeuc (Anonyme de), sr de Keranroy.
— Pont (Claude-François-Marie du), sr d'Echuilly.
— Boux (Martin), sr de Saint-Mars.
— Trévellec (Jean-Marie de), sr de Kerolivier.
1735. Noue (Guillaume-François de la).
— Foucher (Louis-François), sr de Careil.
— Keroulas (Jean-Guillaume de).
— Gall'(Louis-Marie-Joseph le), sr de Cunfiou, de Ménoray.
— Grimaudet (Jean-François), sr du Gazon.
1736. Geffroy (Jean-René), sr de la Villeblanche.

1736. Guichardi (Guillaume), sr de Martigné.
1737. Bonin (René-Jean), sr de la Villebouquays.
— Borgne (Olivier-Gabriel le), sr de Coëtivy.
— Charette (Louis), sr de la Gascherie.
1738. Grimaudet (Charles-Élisabeth), sr de la Marche.
— Gibon (Olivier-Anne-Marie), sr du Pargo.
— Talhouet (Georges-Jean de), sr de Brignac.
— Bégasson (Julien-René de).
— Saisy (Charles-Robert), sr de Kerampuil.
— Picquet (Louis-Jacques), sr de Montreuil.
— Berthou (Jacques-Louis), sr de Kerverzio.
— Guerry (Claude-Alexandre-Malo).
— Guiny (Achille-Ferdinand-François du), sr de Kerhos.
1739. Talhouet (Jean-Jacques de), sr de Bonamour.
— Talhouet (René-Armand de), sr de Sévérac.
— Plessix (Jean-Baptiste-Claude-Marie du), sr de Grenédan.
— Euzénou (Jean-François), sr de Kersalaun.
1740. Gouyon (Jean-Amaury de), sr de Nortz.
— Kerouartz (Jacques-Joseph-René de), sr de Lomenven.
— Guiny (Louis-Michel du), sr de Porcaro.
1741. Francheville (Pierre-Joseph de).
— Kermarec (Claude-Joseph de), sr de Traurout.
1742. Prestre (René-Jacques-Louis le), sr de Châteaugiron.
— Poulpiquet (François-Gabriel de), sr de Kermen.
— Bois-Péan (Charles-François-Isaac du).

1742. Febvre (Jean-Baptiste-Paul le), s^r de la Brulaire).
1743. Sabans (Louis-Marie).
— Charpentier (Pierre-Baptiste-Louis), s^r de Lenvos.
— Freslon (Marie-Joseph), s^r de la Freslonnière.
1744. Verdier (Henry-Augustin), s^r de Genouillac.
— Trouillet (Jean-Louis-Auguste), s^r de l'Échasserie.
— Grimaudet (François-Julien-René-Jean), s^r de Roche-Bouët.
— Conen (Gilles-René), s^r de Saint-Luc.
— Forest (Louis-Henry de la), s^r d'Armaillé.
— Jouneaux (Jean-Baptiste), s^r du Breil Houssoux.
— Ravenel (Théodore-Jean-Baptiste), s^r du Boisteilleul.
1746. Fresne (Augustin du), s^r de Virel.
— Noue (Joseph-Silvain-Toussaint-Marie de la), s^r de Bogard.
— Farcy (Jacques-Annibal-Gabriel de), s^r de Tresséol.
— Bourdonnaye (Louis-Jacques de la), s^r de Blossac.
— Andigné (Charles-François-René d'), s^r de la Chasse.
1747. Motte d'Aubigné (Louis de la).
— Boucault (Pierre-Paul-Jean-Baptiste), s^r de Méliant.
1748. Bois-Baudry (François-Dominique-Joseph du).
1749. Blanchard (Jean-Baptiste), s^r du Bois de la Musse.
— Prestre (Auguste-Félicité le), s^r de Châteaugiron.
— Fourché (Armand-Paul), s^r de Quéhillac.
— Charpentier (Jérôme-Louis), s^r de Keronic.
1750. Robien (Paul-Christophe-Céleste de).
— Farcy (Jean-Baptiste-Annibal-René de), s^r de Muée.
— Lantivy (Julien-Hilarion-Jérôme de), s^r du Rest.

1750. Lingier (Philippe-Quentin), s^r de Saint-Sulpice.
1751. Jouneaux (Jean-Louis-Anastase), s^r du Breil-Houssoux.
— Langle (Claude-Gilles de).
1752. Bouëxic (Bernard-Louis-François du), s^r de Pinieuc.
— Esperonnière (Jacques-Thomas de l'), s^r de Vritz.
1754. Foucher (Denis-Louis), s^r de Careil.
1755. Forest (Gabriel-Charles-Anne-François de la), s^r d'Armaillé).
— Boislève (Joseph-Louis-Marie), s^r de Chamballan.
— Ferron (Julien-François-Placide), s^r du Quengo.
— Caradeuc (René-Jacques-Raoul de), s^r de Vern.
— Coniac (Pélage le).
— Merdy (Ch.-Marie-François du), s^r de Catuélan.
— Boux (René), s^r de Bougon.
— Moëlien (Sébastien-Marie-Hyacinthe de).
1756. Trouillet (René-Charles-Marie), s^r de la Bertière.
— Kerouartz (François-Jacques de), s^r de Lomenven.
— Kergariou (René-Fiacre de), s^r de Coëtilliau.
— Bouëxic (Claude-Fabien du), s^r de Pinieuc.
— Bourdonnaye (Alexandre-Fidèle de la), s^r de Liré.
1757. Picot (Pierre-Jean-Baptiste), s^r de Peccaduc.
1758. Lou (Louis-Antoine le), s^r de la Billiais.
— Gouvello (Guillaume-Exupère le), s^r de la Sauvagère.
1759. Saliou (René-Eusèbe), s^r de Chef-du-Bois.
— Pont (Louis-Anne du), s^r des Loges.
— Vicomte (J.-B.-Marie-Anne-Regnault le), s^r de la Houssaye.
— Plœuc (Louis-René de), s^r de Kerharo.

1759. MESNARD (Gabriel-Honoré), s⁼ de Touche-Prés, des Noyers.
1760. MARNIÈRES (René-Jean de), s⁼ de Guer.
— BOUEXIÈRE (François-Marie-Joseph-Yves de la), s⁼ de Bagatz.
— FERRON (Étienne-François), s⁼ du Chesne.
1760. MESNARD (René-Augustin-François), s⁼ de Touche-Prés.
— VAY (Marie-Gédéon-Samuel de), s⁼ de la Fleuriais.
— BOURDONNAYE (Charles-Sévère de la), s⁼ de Montluc.
1762. CORNULIER (Toussaint-Charles-François), s⁼ de la Touche.
— BOURBLANC (Saturnin-Marie-Héracle du), s⁼ de Keramanac'h.
1763. CHARETTE (Louis-François), s⁼ de la Colinière.
— CORNULIER (J.-B.-Benjamin), s⁼ de Lucinière.
— BONIN (Bertrand-Jean-Marie), s⁼ de la Villebouquais.
1764. MOREL (Charles-Jean-Baptiste), s⁼ de la Motte.
1767. BECDELIÈVRE (Hylarion-Anne-François-Philippe).
— CHAMPEAUX (Jean-Baptiste-René des).
1768. OLIVIER (N. l'), s⁼ de Tronjoly.
— COGNETS (René-Sébastien des).
— MÉNARDEAU (N.), s⁼ du Perray.
— BORGNE (Yves-Alain-Joseph le), s⁼ de Coëtivy.
— ROLLAND (François-Gilles), s⁼ du Roscoët.
— BORGNE (Charles-Guy-Joseph le), s⁼ de Boisriou.
1770. TULLAYE (René-Henry de la), s⁼ de Varennes.
— VAY (Louis-Joseph de), s⁼ de la Fleuriais.
— JACQUELOT (Bernardin-Julien), s⁼ du Boisrouvray.
1771. KERMAREC (François-Claude de), s⁼ de Traurout.

1771. TALHOUËT (Joseph-Marie-François de), s⁼ de Boisorhant.
— AUVRIL (Anne-Camille), s⁼ de Trévénégat.
— CARADEUC (Félix-Sixte-Marie de), s⁼ de Keranroy.
— VICOMTE (Charles-Pierre-Aubin le).
— PIC (Louis-Guillaume), s⁼ de la Mirandole.
— VILLELOUAYS (François-Julien de la), s⁼ du Meslé.
— ROUSSEAU (René-Marie le).
— ANDIGNÉ (Jean-Mathurin-Pierre d').
— ROLLAND (Gilles), s⁼ de Savazon.
— LAURENS (Jean-Jacques du).
1775. GUERRY (Claude-Joseph de).
— FARCY (François-Annibal), s⁼ de Pont-Farcy.
— EUZÉNOU (Jean-Vincent), s⁼ de Kersalaun.
— MARTIN (Pierre-Joseph-Jean), s⁼ du Boistaillé.
— ROUXEAU (Antoine-Jean-Baptiste), s⁼ des Fontenelles.
— LOZ (Hippolyte-Louis-Marie), s⁼ de Beaucours.
— FARCY (Louis-François-Annibal de), s⁼ de Saint-Laurent.
— NEPVOU (Jean-François le).
— FOURNIER (Louis-Jean-Charles), s⁼ de Trélo.
— ROSNYVINEN (Aristide-Gaston-Louis de), s⁼ de Beaucé.
— HULLIN (Jean-Louis), s⁼ de la Fresnaye.
— COMBLES (Jacques-Marie-Louis), s⁼ de Naives.
1776. CARADEUC (Gabriel-Jean-Raoul de), s⁼ de la Chalotais.
— MATZ (Pierre-François du), s⁼ de Villeneuve.
— DRUAIS (Albert-François), s⁼ de la Noë.
1777. VERDIER (André-Paul-Louis du), s⁼ de Genouillac.
— TOUCHE-LIMOUSINIÈRE (Claude-Louis de la).

1777. Talhouët (François-Julien de), sr de Brignac.
— Ravenel (Balthazar-Auguste), sr du Boisteilleul.
— Gonidec (Armand-Mériadec le), sr de Traissan.
— Kerguz (Jean-Louis de), sr de Troffagan.
1778. Ferron (Célestin-J.-B.-Placide), sr du Quengo.
— Gouvello (Joseph-François-Exupère le), sr de Trémeur.
— Boispéan (François-Joseph du).
1779. Merdy (Emmanuel-Florian-Toussaint du), sr de Catuélan.
— Chateaubriand (J.-B.-Auguste de), sr de Combourg.
— Bouëtiez (Jacques-Marie-Joseph du), sr du Quélennec.
— Couëdic (Armand du), sr de Kergoaler.
— Bintinaye (Auguste-Marie-Xavier de la), sr de la Grignonnaye.
— Lesguern (Jean-François de), sr de Kervéatoux.
1780. Noue (Guillaume-François de la), sr de Bogar.
— Charbonneau (Godefroi-Anne-Casimir), sr de la Minière.
— Lyrot (Guillaume-Jacques-François), sr de Montigné.
1781. Espivent (Antoine-Anne), sr de la Villeboinet.
— Merdy (Marie-Charles-Célestin du), sr de Catuélan.
— Coataudon (Jean-Marie de), sr de Tromanoir.
— Bois (Alexandre-Louis du), sr de la Ferronnière.
1782. Hingant (François-Marie-Joseph), sr de la Tiemblaye.
1783. Saint-Meleuc (Henry-Alain-Jean-Joseph de).

1783. Poulpiquet (Louis-François de), sr du Halgouët.
— Goyon des Hurlières (Louis-Augustin du), sr de Taillis.
— Blanchard (François-Gabriel-Ursin), sr du Bois-de-la-Musse.
1784. Pont (Pierre-Louis du), sr des Loges.
— Forest (Gabriel-Julien-Jacques-Louis de la), sr d'Armaillé.
— Hue (Nicolas-Louis-Marie), sr de Montaigu.
— Malfilastre (Alexandre-Henry).
1784. Grignard (René-Joseph), sr de Champsavoy.
— Saint-Pern (Mathurin-Louis-Anne-Bertrand de), sr de la Tour.
— Gouyon (Louis-René-Michel-Anne), sr de Thaumats.
1786. Farcy (Charles-Louis-Annibal), sr de Beauvais.
— Caderan (Louis-Pierre de), sr de Saint-Mars.
— Bouëxic (Georges-Luc du), sr de la Driennais.
1786. Trémerreuc (Hyacinthe-Auguste de), sr de Lehen.
— Bédée (Marie-Annibal-Joseph de), sr de la Bouëtardais.
1786. Fresne (Julien-François du), sr de Rénac.
— Polastre (Sauveur-Charles de).
1787. Gac (Jacques-Bonaventure-Louis le), sr de Lansalut.
— Plessis (Louis-Joseph-Anne-Marie du), sr de Grenédan.
— Talhouët (Joseph-Jean-Baptiste de), sr de Bonamour.
1788. Andigné (Louis-Gabriel-Auguste d'), sr de Mayneuf.
— Botherel (Victor-Charles-Jean), sr du Plessis.

GENS DU ROI.

Avocats généraux.

1554. Provost (Jean).
— Dessefort (Michel).
1555. Barjot (Claude).
1556. Muzillac (Jean de).
1566. Goureau (Jacques).
1568. Rogier (Jean).
1575. Gouz (Pierre le).
1586. Toublanc (Yves).
1597. Busnel (François).
1607. Duc (Marc le).
1618. Hay (Paul). sr du Chastelet.
1623. Montigny (René de).
1630. Busnel (Jacques).
1642. Kervérien (René de).
1653. Montigny (François de), sr de Beauregard.
1660. Bois-Baudry (Gilles du), sr de Langan.
1678. Francheville (Daniel de).
1681. Lièvre (Eusèbe le).
1691. Francheville (Pierre de).
1697. Lièvre (Jacques-Eusèbe le), sr de la Villeguérin.
1715. Francheville (Jean-Baptiste-Joseph de).
1730. Caradeuc (Louis-René de), sr de la Chalotais.
1740. Porée (Louis-René-François), sr du Parc.
1753. Prestre (Auguste-Félicité le) sr de Chateaugiron.
1771. Ménardeau (Jean-Baptiste-Armand), sr de la Charodière.
— Silguy (Jean-Hervé de), sr de Coëthirbescont.
1775. Bourblanc (Saturnin-Marie-Hercule du), sr de Keramanac'h.
1779. Loz (Hippolyte-Louis-Marie), sr de Beaucours.

Procureurs généraux.

1554. Budes (Jacques).
1581. Rogier (Jean).
1590. Rogier (François).
— Guezle (Jacques de la).
1603. Febvre (Jean-Jacques le), sr des Roussières.
1612. Marbœuf (Claude de), sr de la Pilletière.
1618. Fouquet (Christophe).
1631. Huchet (Gilles).
1650. Huchet (André).
1674. Huchet (Charles), sr de la Bédoyère.
1710. Huchet (Charles), sr de la Bédoyère.
1752. Caradeuc (Louis-René de), sr de la Chalotais.
1764. Caradeuc (Anne-Jacques-Raoul de), sr de la Chalotais.
1771. Grimaudet (Jean-François), sr de Gazon.

Substituts.

1768. Gault (N.), sr de Livois.
1771. Potier (Henry-Marie), sr de la Germondaye.
1771. Richard (Charles-Étienne), sr de la Bourdelière.

Greffiers en chef civils.

1554. Julienne (Gilles).
1558. Plessix (François du).
1570. Gaudin (Guillaume).
1586. Gautier (Pierre).

1590. Gautier (Yves).
1594. Couriolle (Pierre).
1657. Monneraye (Pierre).
— Malescot (Gilles).
1684. Picquet (Jean), sr de la Motte.

1705. Picquet (Charles-Marie), sr de Montreuil.
1740. Picquet (Louis-Claude-Marie), sr du Boisguy.
1771. Nos (Jean-Baptiste des).
1785. Buret (Joseph-François).

Greffiers en chef criminels.

1554. Harouis (Guillaume).
1569. Fescan (Jean de).
1586. Repichon (Isaac).
1589. Menguy (Jean).
1601. Huart (François).
1623. Henry (Jean).
1640. Aulnette (Guy).
1671. Clavier (Jean le).

1683. Clavier (Jean-Baptiste le), sr du Bois-Bidé.
1720. Imbault (Léger).
1751. Blain (Joseph-René-Jacques), sr de Saint-Aubin.
1770. Louvel (Charles-François-Thomas), sr de la Maisonneuve.

Greffiers en chef aux enquêtes.

1670. Courtois (Gilles).
1684. Courtois (Yves).
1724. Courtois (Yves-René-Louis).
1756. Hévin (Jacques-Julien).

1758. Sauveur (Jean-François).
1764. Vatar (Jacques-Jean), sr de la Mabilais.
1783. Sauveur (Luc-Ange).

Greffiers en chef aux requêtes.

1581. Pigeon (Jacques le).
1585. Gréal (Abel).
1609. Henry (Jean).
1642. Liepvre (Guillaume du), sr de la Thébaudais.
1673. Moyne (Jean le).

1701. Miniac (Jean de).
1709. Prioul (Joseph), sr du Hautchemin.
1736. Prioul (René-Hyacinthe), sr du Hautchemin.
1780. Hamart (Patrice-Suzanne), sr de la Chapelle.

Greffiers en chef gardes-sacs.

1700. Lay (Jean-Bonaventure le), sr de la Villemarec.
1719. Cillart (Toussaint).

1720. Cillart (Jean-Bonavre-Toussaint).
1781. Fresne (Fidèle-Antoine-Michel), sr de la Loirie.

LISTE DES SECRÉTAIRES DU DUC,

TIRÉE DES REGISTRES DE LA CHANCELLERIE COMMENÇANT EN 1461.

1461. CRESOLLES (Gilles).
— RABOCEAU (Jacques).
— RICHARD (Guyon).
— MACÉ (Robert).
— GOUZ (Raoul le).
— MILLET (Henry).
— BLANCHET (Jean).
— BOUQUET (Raoul).
— CERIZAY (N.)
— BINO (A.)
— RABOCEAU (Pierre).
— PICART (Pierre).
— LEGE (R.)
— LADVOAN (Jean).
1462. MONTALEMBERT (Guillaume de).
— MÉNARD (Pierre).
— MAUBEC (Jean).
1463. MAULÉON (E.)
— COLINE (P.).
— DUSSEAU (Jean).
1464. THOUAINON (Jacques de).
1466. GUYET (Jean).
1468. PROUSILT (Pierre).
1472. GAULTROT (E.).
— GALLOU (R.).
— FORETZ (Guillaume de).
— JACQUET (F.).
— PLAMPLECY (François), or. d'Espagne.
1476. JUBIER (Jamet).
— GUÉGUEN (Guillaume).
— BRESTEL (Pierre).
— LACEUR (P. le).
— DOLLO (Olivier).
1477. BILLY (Girard de).
1478. MAUHUGEON (Pierre).
— HAYE (Pierre de la).
1479. AIGE (Michelin le).

1480. PUDINE (Gilles).
— NAS (Jean le).
— CALLAC (François de).
— FEBVRE (Olivier le).
1486. PERRAY (F. du).
— VISDELOU (J.).
— LOTODÉ (J.).
— BOUEXEL (D.).
— DUGUEON (P.).
— ROUAUD (P.).
— DEMONS (A.).
— AURAY (J. d').
— BLANC (R. le).
— BOUCHART (Alain).
— RAOUL (E.).
— HAYE (R. de la).
— MAIS (R. de).
1487. SALMON (E.)
— HAULENER (T.).
— CHANGE (Olivier du).
— DUGUTRON (P.).
— TOUZEAU (Guillaume).
— FLORUS (Vincent le).
— JAHAN (Jacques).
— PAVILLON (Jean du).
— GAC (M. le).
1488. MORIN (N.).
— VAULX (Guillaume des).
— SENCHAUSES (Thomas).
— LAURENCS (Olivier).
1489. GUIHART (J.).
— PARIS (N.).
— LALEU (N. de).
— MACZAULT (L.).
— MARÉ (Pierre).
— MALLET (Yves).
— BOULLAYS (Jamet).

1490. Carré (Jean).
— Ville (Y. de la).
— Ermar (N.).
— Erzac (Jean d').
— Geslin (Jean).
1494. Montauban (Philippe de), *chancelier*.
1502. Barberé (Yves).
— Blanchart (N.).
— Derrien (N.).
— Mauhugeon (Jean).
— Fourbeur (N. le).
— Robertet (N.).
— Vaucouleurs (N. de).
— Gibon (Jean).
— Pinczon (Jean).

1502. Lanvaux (Olivier de).
— Guyot (N.).
— Gédouin (Guillaume).
— Turin (N.).
1504. Sansay (René de).
— Scliczon (Rolland).
— Richard (Jean).
— Kerguern (N. de).
— Charron (N. le).
1505. Gibon (Yves).
1506. Marchant (N.)
1508. Berthelot (N.).
1536. Girguy (N. de).
1537. Rocaz (Bernard).

CHANCELLERIE PRÈS LE PARLEMENT
DEPUIS 1554.

Gardes-scel.

1572. Harpin (François), s^r de Marigny.
1581. Gaudin (Artur), s^r de la Chauvinière.
1597. Lys (Gilles de), s^r du Tertre.
1613. Blavou (Gabriel), s^r de Launay.
1614. Chohant (Jérôme), s^r de Coëtcandec.
— Bourgneuf (Henry de), s^r d'Orgères.
1624. Budes (Christophe), s^r du Tertre-Jouan.
1626. Huchet (Gilles), s^r de la Bédoyère.
1633. Peschart (Jean), s^r de Beaumanoir.
1635. Peschart (Jean-Baptiste), s^r de Beaumanoir.
1646. Jacobin (Claude le), s^r de Keramprat.
1659. Boux (François), s^r de la Varenne.
1681. Jacobin (François le), s^r de Keramprat.
— Bruc (François de).

1707. Picquet (Guy), s^r de la Motte.
1708. Marest (François).
1719. Marest (Louis-François), s^r des Aulnais.
— Sarsfield (Jacques).
1741. Barre (Toussaint-Pierre).
1748. Montaudouin (Thomas), s^r de Launay.
1750. Grou (Jean-Baptiste), s^r de la Villejean.
1754. Logeois (Yves-Charles-René), s^r de Bintin.
1761. Léon (Joseph).
1767. Patard (André), s^r de la Mélinière, de la Vieuville.
1781. Raguénel (Nicolas-Julien), s^r de Montmorel.
1787. Briot (Toussaint), s^r de la Gautrais, de la Mallerie.

Audienciers, Contrôleurs et Secrétaires.

A désigne les audienciers, *C* les contrôleurs.

1554. Casso (Jean du).
— Fourbeur (Hervé le).
— Harouis (Guillaume).
— Mesnager (Jean le).
1559. Bel (Pierre le).
— Barberé (Marc). (Paris).
1560. Fourbeur (Jacques le), *C*.
1561. Brandin (Gilles).
1562. Chasse (Toussaint de la).
1569. Chasse (Toussaint de la).
— Fescan (Jean), *C*.
— Plessis (François du).

1571. Harouis (Charles).
1572. Bonnier (André).
— Bardoul (Georges).
— Tuffin (Pierre).
— Gaultier (Pierre), *A*.
1573. Cheville (François).
1575. Aguaisse (René).
— Callouel (Jean).
— Gaudin (Guillaume).
— Lezot (Gilles), *C*.
— Mabille (Jean), *A*.
1576. Pinçon (Roch), *A*.

1576. Regnouard (Guy).
— Savary (Jean).
1577. Lezot (Gilles), C.
1578. Larcher (François).
1580. Gaultier (Yves), A.
— Mouezy (René).
— Moine (Gilles le).
1581. Busnel (Jean), C.
— Cormier (François).
1583. Bel (Olivier le).
1584. Bernard (Robert).
— Chertier (Charles).
— Cormier (Yves), † en charge.
1586. Busnel (François).
— Couriolle (Pierre).
— Voidier (Robert).
— Pinçon (Jacques).
1587. Gouverneur (Guillaume le).
— Brindol (Gilles), C.
1588. Macé (Jacques).
1589. Lezot (Roch), C.
1590. Chesne (Jean du).
1594. Quilien (Michel).
— Huart (François).
1595. Quilien (Julien).
— Parc (Christophe du), C.
— Petit (Jean).
1596. Bréal (Louis), lettres d'honneur en 1630.
— Alleaume (Guillaume).
1597. Hoste (Hilaire l').
— Prioul (Julien), C.
1598. Gatechair (Guy).
1600. Mérault (Gilles).
1601. Thébault (Guillaume), sr de la Motte.
1602. Daniel (François).
— Douart (Louis).
1603. Broust (Olivier).
— Foureau (Charles).
— Huart (Gervais), A.
1604. Broust (Gilles).
— Broust (Bertrand).
— Rocher (Olivier).
— Ravilly (Jean).
— Lezot (Jean).
1605. Malescot (Pierre), sr des Hayes, C.

1605. Hurel (Jean), C.
1607. Fonds (Pierre de la), C.
— Michel (Jacques).
1609. Cormier (Pierre).
1610. Bidon (Jean).
1611. Racinoux (N.)
1612. Lanriven (Julien).
1613. Quilien (Jean).
— Bel (Gilles le).
— Bourgonnière (Pierre).
1614. Cohan (N.)
— Simon (Pierre).
1615. Doudart (Gilles).
1616. Bertrand (Christophe).
1617. Artur (Christophe).
— Bonnier (Claude), C.
— Monneraye (Jean).
1618. Launay (Etienne de), A.
1619. Limonier (Samuel le), A.
1620. Gaudé (Jean).
— Artur (Julien).
1622. Monneraye (Pierre).
1623. Phélippot (Jean), A.
1625. Drouet (Pierre).
1627. Frogerais (Jean).
1629. Bréal (Pierre), sr du Perray.
1630. Gain (François le).
1631. Boulard (Jean).
— Boutouillic (Georges).
— Hurel (Zacharie), † en charge.
— Malescot (Luc), † en charge.
— Gauvain (Amaury).
1632. Pepin (Christophe), C.
1633. Rallier (Georges).
1634. Drouet (Bertrand), A, lettres d'honneur en 1670.
— Barrin (Jean), C.
1637. Gédouin (Denis). (Paris).
1638. Drouet (Julien).
— Henry (Julien).
— Monneraye (Pierre).
1639. Gaultier (Pierre), sr du Plessis.
1641. Gouëzel (Henry), C, lettres d'honneur en 1669.
— Monneraye (Raoul), A.
1642. Even (René).
1643. Greffier (Marc), sr du Bois, C.

1644. Fournel (Jean).
1645. Monneraye (Jean), *lettres d'honneur en 1655.*
— Malescot (Gilles), sr de Monceaux.
1647. Vignes (Jean des), *A*.
— Doudart (René).
1648. Chéret (Thomas).
1649. Drouet (André), *lettres d'honneur en 1670.*
— Douart (François).
— Fauchet (Jérôme le), *lettres d'honneur en 1670.*
— Pidoux (N.)
1650. Souchet (Jérôme).
1651. Goret (Jean).
1652. Brillet (Nicolas), *A*, *lettres d'honneur en 1682.*
1653. Cornouailles (Jean de) (Paris), *lettres d'honneur en 1673.*
— Gatechair (Pierre), † *en charge.*
1654. Gaultier (Pierre).
— Gauvain (N.).
— Séré (Luc), *lettres d'honneur en 1674.*
1655. Monneraye (Gabriel), *lettres d'honneur en 1675.*
— Clavier (Jean le), sr de la Pageotière, *lettres d'honneur en 1676.*
1657. Gouin (Jacques), sr de Beauchesne, † *en charge.*
1658. Biré (Olivier), sr de la Ganry. (Paris).
1660. Bureau (Gilles), sr d'Espargné.
— Bréhier (Olivier).
— Haye (Antoine de la), *A*.
— Hayers (Gilles des), sr de la Menurais, *A*, *lettres d'honneur en 1682.*
— Marquès (Germain).
1661. Amproux (Jacques). (Paris).
1663. Maczon (Louis).
1664. Coetlogon (Guy de), sr de Méjusseaume.
1665. Turnier (Jacques).
1666. Pré (Judes du).
— Guillaudeuc (Etienne).
— Kerméno (René de), marquis du Garo, *C*.
1668. Riou (Nicolas), sr du Plessis.

1668. Gaubert (Laurent).
— Réau (Gilles).
— Saye (Philippe le).
— Trébuchet (Abel), † *en charge.*
1669. Douart (Guy).
— Pinçon (Roch).
1670. Derval (François).
1671. Michau (Jacques), sr de Montarant, *lettres d'honneur en 1692.*
1672. Drouet (Jean), *A*.
— Bréal (Pierre).
— Goret (Laurent), sr de la Talmanchère, † *en charge.*
1673. Oriot (Jean), † *en charge.*
— Oriot (Olivier).
1674. Gatechair (Julien), sr de Launay, † *en charge.*
— Girault (Pierre), sr de Charmoy, *lettres d'honneur en 1694.*
— Greffier (Jean), *A*.
— Pierre (François de la), sr des Salles, † *en charge.*
— Artur (Alain), sr de Pellan, *A*, *lettres d'honneur en 1695.*
— Magon (Jean), sr de la Lande, *lettres d'honneur en 1694.*
1675. Gardin (Pierre).
— Grout (Bernard), † *en charge.*
1676. Brun (Jacques le), † *en charge.*
1677. Ferret (Barthélemy), † *en charge.*
1678. Jamois (Julien), sr du Hil, *C*, *lettres d'honneur en 1695.*
— Diouguel (François le), † *en charge.*
1679. Grout (Pierre), sr de la Ville-Jacquin (Metz).
1680. Julliot (François), *C*, † *en charge.*
— Chauvel (Simon), *non reçu.*
— Fouasse (Alexandre), sr de Noirville, *lettres d'honneur en 1701.*
— Fleury (Louis), † *en charge.*
— Thomé (Jacques), sr de Keridec, *lettres d'honneur en 1704.*
1681. Fleury (Jacques-Corentin).
— Angot (Pierre), sr de la Roche, † *en charge.*
— Bartz (Guillaume le), *C*.
— Boutin (René), † *en charge.*

1682. Jean (Maurice), sr de la Grand-ville, A.
— Varennes (Sébastien), A, † en charge.
1683. Mézec (Julien le), C, † en charge.
— Guimbal (Pierre).
1686. Busson (Pierre).
— Ballet (Nicolas), sr de la Chénardière.
— Mans (Léonard du).
1687. Masson (Laurent le).
— Magon (Jean), sr de la Fontaine-Roux, † en charge.
— Allain (Jacques), † avant réception.
1688. Héliès (Guillaume) (Bordeaux), A.
— Sourdille (Gabriel), sr de la Tremblaye, † en charge.
1690. Ragaud (Pierre).
— Aubert (Guy), sr de Trégomain.
1692. Picot (Pierre), sr de Closrivière.
— Bréart (Charles), sr de Boisanger, † en charge.
— Lièvre (François le), sr de la Baucheraye, † en charge.
1694. Heurtault (Jean), sr de Bricourt.
— Baudran (René), sr des Chastelliers.
1695. Bourdais (Julien).
— Danycan (Noël), sr de l'Espine.
1697. Farcy (Jacques) (Dôle).
1698. Picquet (Jean), sr de la Motte.
1699. André (Jean), sr de Malarit (Paris).
— Verger (Henri du), sr de la Morandière.
— Moreau (Guillaume), sr de la Primerais.
1700. Carré (Nicolas).
1701. Billouart (Guillaume), sr de Kervazégant.
— Chaillou (René), sr du Clos.
1702. Castel (Pierre), sr de la Rivaudière.
— Mézec (Julien le), sr du Parco, C.
— Morier (Etienne).
— Léon (Claude-François), sr de Tréverret, lettres d'honneur en 1727.
— Lorne (François de).
— Ravenel (Benjamin), sr du Boisteilleul.
— Bausse (Jacques), sr de Coëscodu.

1702. Potier (Henri), sr du Bois.
— Bourg (Jean du).
— Foucault (René), sr de Marpallu.
1703. Boudin (Jacques), sr de Longpré.
— Guihou (Charles), sr de la Martinais.
— Nicou (Charles), sr de la Chauvinière.
— Eberard (Michel), sr du Colombier.
— Olivier (Claude).
— Baillon (François), sr du Blanc-Pignon, lettres d'honneur en 1728.
1704. Hémery (Nicolas), sr de Charmoy, A.
— Lièvre (Jean-Baptiste le), sr de Beauregard.
— Hérisson (René), sr du Chesnay (Metz).
1706. Dampierre (Anne).
1707. Mouchard (François).
— Gaubert (Guillaume-Joseph) (Clermont).
— Isle (François de l').
— Pinot (René-Olivier), sr de la Gaudinays.
— Barraly (Jean-Jacques), A.
— Gaubert (Jean).
— Guillouet (Jean-Baptiste), A.
— Eon (Julien), sr de Carman (Bordeaux), lettres d'honneur en 1729.
— Vincent (Jacques), sr de Bassablons.
— Vincent (Claude).
— Baude (Henri), sr du Val.
— Évesque (François l'), sr de Boisbriant.
— Perrée (Pierre).
— Breton (Alain le), sr de la Busselinays.
— Gris (Pierre), sr du Colombier (Clermont).
— Macé (Étienne), sr de la Villéon (Clermont).
— Laurencin (Germain).
— Brun (Julien le), sr des Champsloret (Clermont).
— Beccard (Jean-Baptiste), sr des Aulnays (Clermont).
— Breil (Jean-Baptiste du), sr de Champcartier (Besançon).

1708. VERDEUC (Julien).
— DAVENNE (Pierre).
1709. MÉLOREL (Jacques-Joseph le), s^r du Brossay.
— EON (Guillaume).
— GAILLARD (Alain), s^r de la Motte.
— POTIER (Robert), s^r du Puis (Clermont), † en charge.
— BÉTHUNE (Paul-François de), marquis d'Ancenis.
1710. PICOT (Michel), s^r de Prémesnil, lettres d'honneur en 1734.
— LIVEC (Vincent-Eugène le), s^r de Limelec.
— JOLIF (Athanase), A.
— GOUEZNOU (Pierre), s^r du Parc.
1711. CLOS (Jacques des).
— DAUMESNIL (Gaspard).
— FER (François le), s^r de Beauvais.
1712. HÉMERY (Nicolas), s^r de Charmois.
— CLOS (Hervé des).
— PORÉE (Alain), s^r de la Touche.
— BONNESCUELLE (Blaise), s^r de la Fontaine.
— SAGET (René-Georges), s^r de la Jonchère.
— TRUBLET (Joseph), s^r de Nermont, C.
1713. CAZEAUX (Pierre des).
1714. PELLENEC (Bon), s^r du Demaine, C.
— GIGON (Jean-Baptiste), A.
1717. LAUNAY (Jean de).
— CAZEAUX (Joachim des), s^r du Hallay.
1718. GRAS (Pierre le), s^r de Charost.
— MONNERAYE (Jean de la), s^r de Bourgneuf.
— LAURENCIN (Germain).
1719. BAUDE (François-Joseph), C, lettres d'honneur en 1739.
— RALET (Antoine), s^r de Chalet, A.
— LOCQUET (Michel), s^r de la Chardonnière.
1720. BONNEFOUS (Barthélemy-Marie).
— BRETON (Julien le).
— PERCHE (Guillaume de la), s^r de la Trochardière.
— GARDIN (Gilles), s^r du Boishamon, C.
1722. COCHON (René), s^r de Maurepas.

1723. MONTAUDOUIN (René), s^r de la Clartière.
— BONNESCUELLE (Blaise-François), s^r de la Roche, lettres d'honneur en 1744.
— FEUDÉ (Jean).
1725. FOURNIER (Bertrand-Louis).
— BARRALY (Denis-Bernard), A.
1727. MÉLOREL (Julien-Anne le), s^r de Trémeleuc.
1730. BELLABRE (Mathurin).
— CALVÉ (Pierre), s^r de Morinays.
1731. GELLÉE (Charles).
1732. ÉVESQUE (André l'), s^r de la Souctière.
— MICHIEL (Gabriel), s^r de Tharon.
— BERTRAND (François), s^r de Cœuvres.
1734. SÉNANT (Jacques), s^r des Gravelles.
— BONNEMETZ (César-François), s^r du Nécoat.
— PLOUAYS (Pierre-Claude), s^r des Portes.
1735. ANDRÉ (N.), s^r de Saint-Mirel (Aix).
— RAY (François le), s^r de la Clartais.
— GARDIN (Jean-Guy), s^r du Boishamon.
1736. MÉROT (Jean).
— GUILLAUDEUC (Guillaume).
— ROYER (Pierre-Philippe).
1737. VIART (Charles-J.-B.), s^r de Mouillemuse.
1738. CHÉREIL (André), s^r de la Rivière.
1739. GUILLOTOU (François-Joseph), s^r de Kerever.
— LUYNES (Augustin de).
— EPERT (Jean-Baptiste), A.
1740. WALSH (Antoine-Vincent), A.
— GROU (Guillaume), s^r de la Ville-Jean.
1741. ROBINEAU (Vincent-Marc).
1743. VITTU (Jean-Louis), s^r de Kersaint.
— POITOU (Louis-Vincent).
1744. MÉSANGER (Antoine), s^r de la Hurlaye.
1747. MICHIEL (Joseph-Thérèse), s^r de Grilleau.
— PÉRISSEL (Amable).
— PLUMARD (Joseph), s^r de Rieux.
1748. PLUS (Louis-Mathurin), s^r de la Guyoterie.

1749. Michel (François-Augustin).
1750. Bon (Gilles le).
1751. Chaurand (Honoré), s^r du Chaffault, *lettres d'honneur en 1774.*
— Magon (Nicolas), s^r de la Gervaisais, lieutenant-général.
— Roy (Jacques-Sébastien-Amable le).
1752. O'Riordan (Étienne).
— Borie (Simon).
1753. Libault (François), *A, lettres d'honneur en 1774.*
— Baude (Henri), *C*, s^r de Saint-Père.
1754. Whitte (François), *C, lettres d'honneur en 1776.*
— Fer (Guillaume-Pierre le), s^r de la Sauldre.
1755. Briant (François-Joseph), s^r de Kervagat.
— Gravé (Mathurin-François).
1756. Demours (Jean le), s^r de Kernilien.
— Portier (Michel), s^r de Lentimo (Metz).
— Budan (René).
1757. Rabec (Jacques).
1758. Charet (Nicolas) (Paris), *lettres d'honneur en 1778.*
1759. Deist (François-Guillaume le), s^r de Botidoux, *C.*
1760. Milloc'h (Clément le), s^r de Kerloret.
1761. Roquefeuil (Aymar-Joseph de).
— Dacosta (Jean-Jacques).
— Moy (Joseph-Claude), s^r de la Croix.
1762. Trublet (Michel).
1763. Petit (Pierre).
— Banchereau (Michel-François).
— Magon (Nicolas-Marie), s^r de la Gervaisais, *C.*
— Fer (François-Guillaume le), s^r de la Sauldre.
1764. Buret (Joseph-Michel), s^r de l'Épinay, *lettres d'honneur en 1785.*
1765. Baude (Étienne-Auguste), marquis de la Vieuville.
1766. Guillaudeuc (François-Pierre-Hilarion), *A.*

TOME III.

1766. Fouray (Guillaume), s^r de la Granderie.
— Hervé (Joseph-Pierre), s^r de la Bauche.
1767. Chancep (Jean), naturalisé en 1764.
1768. Deurbroucq (Dominique).
— Richard (Georges), s^r de la Pervenchère.
1770. Chancerel (Charles).
1771. Fortin (Aignan).
— Mercier (Pierre-Constance le), s^r des Alleux.
— Guillon (Daniel-Jean).
— Thoinet (Pierre).
1772. Restou (Yves-René), s^r de la Tisonaye.
1774. Clerc (François le), s^r de la Galotière.
— Arnous (Nicolas), consul de Nantes.
— Capelle (François).
1775. Roux (Jean-Charles le), s^r des Ridellières.
1776. Geslin (Jean-Joseph-Louis), s^r de Chateaufur, *C.*
— Moulin (Étienne-Théodore du), *C.*
1777. Varieux (Melchior de).
— Cotteau (Ernest-Joseph), *A.*
— Fortier (Étienne-Jean).
— Bécart (N.), s^r des Aulnays (Pau).
1779. Drillet (Sébastien-René), s^r de Lanigou, *C.*
— Huguet (Joseph), *C.*
1781. Bois (Jean-François-Joseph du), s^r du Haut-Breil.
— Jogues (François).
— Fleury (Alexandre-Julien).
— Lamy (Jean-François-Charles).
1783. Ray (Jean le), s^r de Saint-Mesme.
1784. Sebire (Guy-Jean), s^r de la Sauldrais.
— Cottin (Jacques-Edme-Léger).
1785. Billy (Thomas-Bonaventure).
1786. Bouchaud (Pierre-Julien), s^r de la Pignonnerie.
— Guillet (François-Louis), s^r de la Brosse.
— Buchet (Julien), s^r de la Buzelais.
1788. Lubois (Julien le), s^r de Marsilly.
— Brignon (Nicolas-Jean), s^r de Lehen.

15

Référendaires qui n'ont que la noblesse personnelle.

1566. Faye (Jean le).
— Meneust (Guy le).
— Mignot (Georges).
— Tituau (Jean).
1572. Baudran (Yves).
— Daussy (Julien).
— Rue (Jacques de la).
1580. Liays (Jean).
1586. Busnel (François).
— Meneust (Jean le).
1587. Guesdon (Jean).
1588. Rollée (Nicolas).
1603. Bernichon (François).
— Quilien (Michel).
1604. Frangeul (Robert).
1605. Rollée (Pierre).
1606. Derval (Jean).
1607. Tronchet (Jean).
1610. Danguin (Pierre).
1611. Simon (André).
1622. Sauvageau (Mathurin).
1631. Mouton (Pierre).
1632. Gouëzel (Pierre).
1634. Huby (Jean).
1638. Huby (Mathieu).
1642. Orain (Tanguy).
1650. Rallier (Toussaint).
1651. Dondel (Yves).
1662. Gaudé (Jacques).

1665. Hays (Pierre des).
1681. Faucheux (René le).
1684. Kernafflen (Hervé de).
1686. Hindret (Ignace).
1707. Isle (François de l').
1709. Locquet (Michel-Charles), s^r de la Chardonnière.
1713. Arot (Joseph).
1718. Clos (Pierre du).
— Bartz (Joseph le).
1719. Robiou (René), s^r du Lupin.
1737. Rabec (Jacques).
1738. Isle (Patrice-Jean-François de l').
1743. Arot (Alexandre-Bonaventure).
1745. Palasne (Julien-Jean-Sébastien).
1753. Loisel (Olivier-Jean), s^r de la Quinière.
1761. Piroys (Nicolas-Julien).
1764. Loisel (Pierre-Jean-Noël), s^r de la Quinière.
1766. Fontaine (François-Julien).
— Marc (François-Julien), s^r de la Chénardais.
1773. Olivier (Jean-Mathurin), s^r des Brulais.
1784. Bigot (Félix-Pierre), s^r du Chesnay.
1785. Prigent (Jean-Yvon-Alexis), s^r de Keraudren.
1787. Arot (Jean-Joseph-Marie).
— Marcel (N.).

Scelleurs-chauffe-cire.

1607. Garnier (Jacques).
1611. Landes (Guillaume des).
1613. Bigaillon (Noël).
1633. Bigaillon (Jacques).
1676. Feudey (Noël).
1680. Bourgeois (Louis).

1714. Gall (Jean le), s^r de Ménéguen.
1725. Gall (Richard-Gabriel le), s^r de Ménéguen.
1733. Belletier (Jean).
1754. Gault (Luc-François), s^r des Ourmeaux.

Payeurs des gages.

1715. Briant (René-Hyacinthe), s^r de Lannorgard.
1727. Mauduit (Antoine).
1746. Rosée (Pierre).
1750. Bidon (Pierre), s^r des Rochettes, † *en charge.*

1756. Isle (N. de l').
1764. Grand (Louis le), s^r de la Villeneuve.
1776. Gratien (Alexis-Théodore).
1780. Gratien (Louis).

Greffiers gardes-notes.

1698. Guillo (Antoine), s^r du Bois-l'Archer.
1733. Lay (Jean-Bonav^{re} le), s^r de Guébriant.

1767. Reconseille (Simon-Jean).
1772. Olivier (Jean-Pierre), s^r des Brulais.

CHEVALIERS DE SAINT-JEAN DE JÉRUSALEM, DITS DE RHODES,

APPARTENANT A LA BRETAGNE.

1187. LANDELLE (Guillaume de la).
1420. FOURNIER (Yves), gouverneur de Pontmelven.
1438. MAISTRE (Robert le), s^r de Boisvert, commandeur du Faugaret, près de Guérande.
1443. DRESNAY (Perrot du), gouverneur de Saint-Jean-Balaznant, par. de Plouvien.
1447. DOMAIGNÉ (Guy de), commandeur de la Guerche.
1451. BOIS (François du), commandeur du Temple de Clisson.
1463. KERAMBORGNE (Pierre de), commandeur de la Feuillée et du Palacret, par. de Saint-Laurent.
1467. APPELVOISIN (Guillaume).
1469. BOISÉON (Alain de), commandeur de la Feuillée, Palacret, Pontmelven, Sainte-Catherine et Saint-Jean de Nantes.
1470. BARDOUL (Jacques), au nombre des défenseurs de Rhodes en 1480.
1475. PANTIN (Hardy), s^r de la Hamelinière, tué au siége de Rhodes en 1480.
1480. MILON (Yves).
— CHAPPERON (Charles), au nombre des défenseurs de Rhodes en 1480.
1486. CHASTEIGNER (N. de), commandeur de la Feuillée et du Palacret.
1500. KERBOURIC (François de), commandeur de Moulins, † 1518.
1510. LANGUÉOUEZ (Tristan de), commandeur du Saint-Esprit d'Auray.
— KERALIO (Guillaume de), tué au siége de Rhodes en 1522.
1513. VÉRONNE (Raoul de), commandeur de Pontmelven.
1515. FONTLEBON (de), au nombre des défenseurs de Rhodes en 1522.
1520. BOUCHERIE (Mathurin de la), commandeur d'Arétin.

CHEVALIERS DE SAINT-JEAN DE JÉRUSALEM, DITS DE MALTE,

APPARTENANT A LA BRETAGNE,

TIRÉS DES REGISTRES DU GRAND-PRIEURÉ D'AQUITAINE.

(La preuve était de huit quartiers, quatre paternels et quatre maternels.)

1523. KERLÉAU (Philippe de), commandeur de la Guerche.
— APPELVOISIN (Jacques).
1524. AUBIGNÉ (N. d')
1525. PUY-DU-FAOU (Joachim du).
1526. TOURNEMINE (Jean), commandeur de Ville-Dieu.
1527. CAHIDEUC (Jean de).
— ROCHE-LANDRY (Jean de la), commandeur de Nantes.
— AYMER (Jacques), commandeur de Quimper.
— BRÉHET (N.), de la Lande.
1529. BOUËXIÈRE (François de la), de Kerduté.
1531. BOT (N. du).
1539. LESCOËT (Gilles de), de la Moquelaye.
1543. COËTLOSQUET (Jean du).
1545. BEL (Michel le), de la Tour.
1550. QUÉLENEC (Rolland du), de Kerjolly.
— SAVONNIÈRES (N. de).
1555. HIREL (Jean), du Hastres.
1556. MOTTE (Antoine de la), de Longlée.
1560. MOTTE (Guillaume de la), de Longlée.
1562. JOURDAIN (Yves), de Kerverzic.
— PUY-DU-FAOU (Jacques du).
— TRIMOREL (Raoul), de la Trimolière.
1565. BEAUMANOIR (Jean de), du Besso.
1566. BOJU (N.), de la Mesnolière.
1567. BOËSSIÈRE (N. de la).
1567. AUX (N. d'), de Bournay.
1568. BOTLOY (Rolland de), de Kerguistin.
1570. CHEMINÉE (Simon), du Bois-Benest.
— JOUSSEAUME (Christophe), de Couboureau.
1572. GOUEAU (René), de la Brossardière.
1575. TALHOUËT (Jean de), de Keravéon.
— PLESSIS (Corentin du), de l'Abbaye-Jarno.
— COUTANCES (Sidrac de), du Boisdais.
— COUTANCES (Louis de), de Baillou.
1577. LINIERS (René de), d'Amaillou.
— LINIERS (Claude de), de la Bourbelerie.
— KERBOURIC (François de), de la Boissière.
1580. MONTIGNY (Pierre de).
— FRANCE (Jean de).
1581. LESMELEUC (Maurice de).
— LESMELEUC (François de).
1584. CAMBOUT (Jean du), de Valleron.
1585. PRÉZÉAU (Charles), de Loiselinière.
1594. MONTAIGU (Claude de).
1595. PIERRES (N.).
1597. ANDIGNÉ (René d').
— CHENU (Georges), du Bas-Plessis.
1598. SUYROT (Amable), des Champs.
1600. SAINT-OFFANGE (N. de), commandeur du Palacret et de Pontmelven.
1601. CHENU (Charles), du Bas-Plessis.
1603. BASCLE (N. le).

1605. Chenu (Jacques), du Belloy.
1606. Peschard (Gilles), de la Botherelais.
1608. Talhouët (François de), du Bois-Orbant, commandeur de Saint-Jouan de l'Isle en 1637.
— Budes (François), du Tertre-Jouan, depuis commandeur.
1610. Vexel (René le), du Tertre.
— Savonnières (René de), de la Bretesche.
— Savonnières (Damien), de la Bretesche.
1611. Boisbaudry (François de), de Trans.
1612. Cheminée (Paul), de la Mesnardière.
— Breil (François du), de Rays.
1615. Conigan (Hercule), de Cangé.
1618. Budes (Olivier), du Tertre-Jouan, depuis commandeur.
1622. Pestivien (N. de), de Goasvennou.
— Sévigné (Olivier de).
1624. Binet (François).
1626. Belinaye (Jacques de la).
— Sécillon (Pierre de), du Cosquer.
— Charbonneau (Louis), de l'Echasserie.
1629. Thomasset (Antoine).
— Chapperon (Gaspard).
1631. Boju (N.), de la Mesnolière.
— Gibot (Claude), de la Périnière.
1635. Pinart (Guillaume), de Cadoualan.
1640. Plantys (Charles du), de Landreau.
1644. Marbœuf (Claude de).
— Crocelay (René), de la Viollais.
1645. Romilley (Jean-Baptiste de), de la Chesnelaye.
— Montigny (Claude de), depuis commandeur.
— Huchet (Jean), de Kerbiquet.
1647. Acigné (Claude d'), de Grandbois.
— Charbonneau (Louis).
— Feydeau (Louis), de Vaugien.
1648. Bourdonnaye (Claude de la), de Bratz.
1650. Jégou (Louis), de Kervillio.

1651. Perrier (Olivier du), du Ménez.
— Budes (Charles), du Tertre-Jouan.
— Budes (Regnault), du Tertre-Jouan.
— Kersauzon (René-Pierre de).
1653. Kerpoisson (Pierre de).
1654. Roux (Charles le), des Aubiers.
— Perrier (Marc du).
— Charbonneau (N.)
— Sesmaisons (Jean-Baptiste de), depuis commandeur et bailli.
— Rougé (Henry-François de), du Fay.
1655. Bruc (Gabriel de).
— Jégou (Claude), de Kerguinezre.
1656. Jégou (Christophe), de Kervillio.
— Rosmadec (Marc-Hyacinthe de), du Plessis-Josso.
— Beaumanoir (Philibert de), de Saint-Jean.
— Beaumanoir (Charles de), de Saint-Jean.
1657. Gascoing (Louis le), de la Musse.
— Charbonneau (N.)
1659. Esperonnière (N. de l').
1660. Bréhant (Antoine de), de l'Isle.
— Talhouët (Louis de), de Bois-Orbant.
1661. Belinaye (Paul de la).
— Martel (N.)
— Lesquen (François de), de la Villemeneuc.
— Lesquen (Alain de), de la Villemeneuc.
1662. Barrin (Roland), de la Galissonnière.
— Saint-Pern (Charles de), du Lattay.
— Noue (Pierre de la), de Couëspeur.
— Bourdonnaye (Julien de la), de Liré.
1663. Aage (René de l').
— Rosmadec (Barthélemy de).
— Sérent (Pierre de).
— Sérent (Joseph-Malchior de).
1664. Chrétien (René), de Kerabel.
— Lys (René-Eustache de).
1665. Savonnières.
1666. Bourdonnaye (Gabriel-François de la), de Liré.
— Moine (Philippe-Emmanuel le), de Trévigny.

1667. Gourvinec (Guy-François du).
— Gourvinec (Pierre du).
1668. Bigot (Philippe).
— Gibot (Claude).
— Sauvaget (René-Jean), des Clos.
— Trécesson (Mathurin-Paul de).
1669. Corbière (François-Marie de la), de Juvigné.
— Quatrebarbes (Philippe).
1672. Sauvaget (N.)
1674. Brilhac (N. de).
1677. Marbœuf (N. de).
— Cambout (Guillaume du), de Carheil.
1681. Chilleau (Gabriel du), commandeur de la Guerche.
1686. Robien (Sébastien de).
1688. Kerhoënt (Toussaint de), du Mescouëz.
1689. Orvaulx (Alphonse-Léonard d').
1690. Lannion (François-Armel de).
1691. Gibot (Pierre-David), commandeur du Temple, près Clisson, en 1718.
— Aloigny (Guy d'), commandeur de la Feuillée.
1700. Roux (Victor-Henry le), de la Corbinière, depuis commandeur de Sainte-Catherine de Nantes.
— Romilley (Alexandre de).
— Sénéchal (Claude-Sylvestre le), de Carcado.
1701. Coëtlogon (César de).
1702. Rousselet (Anne-Albert), de Chateaurenault.
— Brilhac (Jean-Baptiste de).
— Lannion (Jean-Baptiste-Pierre-Joseph de).
1703. Bègue (Charles-Ernest le).
1704. Meneust (Charles le), du Chastellier.
— Andigné (Jean-Baptiste d').
1705. Andigné (Jean-René).
1706. Kerouartz (Achille-Charles-Paul de).
1709. Andigné (Charles-François d').
— Bouvans (Charles Hyacinthe de).
— Penfeunteniou (François-Claude de).
1710. Talhouët (Louis de), de Séverac.
— Bouvans (Gabriel de).

1711. Andigné (Joseph-Henry d'), de Mayneuf.
— Brilhac (René-Anne-Hippolyte de).
— Bruc (Luc-Joseph de).
1712. Catelan (Louis-Anne de), depuis commandeur.
— Marbœuf (Bernardin-Hippolyte de), depuis grand prieur de Champagne.
1713. Ruellan (Achille-Louis).
1714. Sesmaisons (René de).
1715. Becdelièvre (Guy-Hylarion).
1716. Riqueti (Victor), de Mirabeau.
1717. Bel (Pierre-Guy le), de la Jallière.
— Romilley (Hippolyte-Alexandre de), de la Chesnelaye.
1718. Chaffault (René-Antoine du), de la Sénardière, depuis commandeur.
— Géraldin (Nicolas).
— Becdelièvre (Pierre-Joseph).
1720. Riqueti (Jean-Antoine-Joseph-Charles-Elzéar), de Mirabeau, depuis commandeur et bailli.
— Nos (Nicolas-Pierre des), commandeur de Magny en 1769.
1721 Sanguin (Hippolyte-François), de Livry.
— Monti (Charles-Claude de), de Launay.
1724. Monti (Charles de).
— Nos (Nicolas-Pierre des).
1725. Cumont (François-Louis-Auguste de), command^r de la Guerche en 1750.
— Nos (Nicolas-Pierre des).
1726. Farcy (Camille-Hippolyte-Annibal), de Cuillé.
1727. Lande (Jean-Louis de la), de Calan.
— Regnon (Jean-François-Hippolyte), depuis commandeur de Puyravault.
— Regnon (Pierre-Henry), du Page.
— Lande (François-Jacques de la), de Calan, depuis commandeur de Clisson et bailli.
— Jumeau (Louis-Georges le), des Perrières, depuis commandeur de la Feuillée.
1729. Paris (N.), de Soulange, commandeur en 1760.

1727. Jumeau (Louis-Georges-Henri le), des Perrières, depuis commandeur de la Feuillée.
1729. Catelan (François-Marie-Auguste de), depuis commandeur.
1730. Rivière (François de la), de Saint-Quiouët.
— Talhouët (Claude-Gilbert de), de Sévérac.
1732. Géraldin (Marie-Thérèse), commandeur en 1783.
1737. Catelan (Claude-Joseph de).
1739. Auray (N. d'), de Saint-Poix, commandeur en 1782.
1742. Barbier (Alexandre-Claude-Marie), de Lescoat.
1745. Rohan (Ferdinand-Maxim.-Mériadec de), de Guéméné, depuis bailli.
— Boispéan (Auguste-Jacques du).
1748. Camus (Louis-Jean-Népomucène), de Pontcarré.
— Sérent (Joseph de).
1749. Catelan (Claude-Marie-Augustin de).
— Vaucouleurs (Louis-François-Georges de), de Lanjamet, depuis commandeur en 1786.
1750. Savonnières (Charles de), bailli de Morée.
— Pontual (Marie-Toussaint de).
1751. Bourdonnaye (Charles-Toussaint de la), de Montluc, commandeur de la Guerche en 1786.
— Chaffault (Julien-Alexis du).
— Pelletier (Charles-David le), de Rosambo.
1752. Montigny (Jean-Baptiste-Jérôme de).
1753. Bizien (Claude-Toussaint-Marie).
— Bourdonnaye (Charles-Esprit de la), depuis commandeur.
1755. Riqueti (André-Boniface-Louis), de Mirabeau.
1756. Freslon (Jean-Baptiste-Gabriel), de la Freslonnière, depuis bailli.
1757. Grimaudet (Félix-Henry), de Rochebouët.
— Bourdonnaye (Esprit-Louis de la).
— Roche (N. de la), de Saint-André.

TOME III.

1759. Bouëtiez (Charles-Anne du), depuis commandeur.
1760. Botherel (Victor-Hilarion), de la Bretonnière.
1762. Charette (Louis), de la Colinière.
— Moussaye (N. de la).
1763. Lantivy (Louis-Georges-Maurice de).
1764. Cornulier (Jean-Baptiste), depuis commandeur en 1774.
1765. Sanguin (Hippolyte), de Livry.
1767. Desson (François-Gabriel), de Douville.
— Corbière (Jacques de la), de Vahais.
— Moussaye (N. de la).
1768. Freslon (Amateur-Hippolyte), de la Freslonnière.
1769. Scépeaux (Paul-Alexandre de).
— Freslon (Alexis-Louis-Hugues), de la Freslonnière, depuis bailli en 1781.
— Andigné (Charles-René-François d').
1770. Hocquart (Jules-Toussaint).
1771. Grimaudet (Félix), de Rochebouët.
1772. Prestre (Auguste-Pierre le), de Chateaugiron.
1773. Nos (Nicolas-Charles des).
— Agay (Antoine-Thérèse-Joseph d').
— Chaffault (Charles-Augustin du).
— Roche (Gabriel-Marie de la), de Saint-André.
1774. Catelan (Joseph-Amable de).
— Roche (Augustin-Joseph de la), de Saint-André.
— Roche (Charles-Gabriel de la), de Saint-André.
— Whitte (Nicolas).
— Bullion (Claude-Edmond-Henry).
— Bullion (Guidon-Jacques).
1775. Gouyon (Armand-Aimé-Ange-Michel), de Vaurouault.
— Chaffault (Pierre-Gilbert du).
— Rohan (Jean-Baptiste-Manuel de), de Polduc, grand maître.
1776. Grimaudet (François), de Rochebouët.
— Perrin (N.), de la Courbejollière.

16

1776. Guerry (Gilbert-Alexis-Anne de).
— Budes (Charles-Louis), de Guébriant.
— Charette (Louis-François), de la Colinière.
1777. Grimaudet (François), de Rochebouët.
— Cumont (Pierre de).
— Cumont (Léonard de).
— Camus (Gabriel).
— Kerouartz (Claude-François-Louis de).
— Rebours (Ambroise-François-Hippolyte le).
— Visdelou (Isidore-Agathon), de la Villethéart.
1778. Denis (François-Emmanuel), de Trobriand.
— Bègue (Philippe-Charles-Gabriel le).
— Billehbust (Jean-Charles).
— Boulleuc (Charles-Gabriel).
— Charette (François), de la Colinière.
— Lantivy (Guy-Félicité de).
— Lantivy (Camille-Philippe de).
— Bouëxic (Pierre-François-Joseph du), de Pinieuc.
1779. Guerry (Charles-François de), de Beauregard.
— Moisan (Charles-François-Jean-Amateur), de la Villeirouët.
— Chatton (César-Thomas), des Morandais.
— Febvre (Antoine-Marc le), de la Falluère.
— Budes (Sylvestre-Louis), de Guébriant.
— Hayeux (Jean-Marie des), de Keranével.
— Kergorlay (Louis-Florian-Paul de).
— Kergu (Louis-Agathe-Marie de).
— Sesmaisons (Claude-Gabriel-Clément de).
— Sécillon (Marie René-Patrice de).
— Rebours (Jean-Chrysostôme-Antoine le).
— Rebours (Alex.-Jacques-Louis le).
— Forest (N. de la), d'Armaillé.

1780. Bintinaye (J.-B.-Simon-Marie de la).
— Montigny (Guillaume-Louis de).
1781. Kergu (Claude-Mathurin-Louis de).
1782. Baillehache (Armand-Sébastien).
— Berthelot (Clément).
— Boisgeslin (Pierre-Louis-Marie de).
1783. Desson (François-Charles), de Douville.
— Grimaudet (Jean-François-Prosper).
— Penfeunteniou (Georges-Marie-René de).
1784. Becdelièvre (Louis-Marie-Christophe).
— Penfeunteniou (Ambroise-Joseph-Étienne de).
— Suffren (Paul-André de), bailli.
— Boisgeslin (Alexandre-Joseph de).
— Béjarry (Prosper).
— Béjarry (Achille-Balda).
— Penfeunteniou (Achille-Guy-Michel de).
— Penfeunteniou (Armand-Louis-Marc-Urbain de).
— Hocquart (Gilles-Toussaint).
— Marbœuf (N. de).
1785. Bourdonnaye (Amédée-Esprit-Eugène de la), de Blossac.
— Desson (Marie).
— Sesmaisons (Alex.-Pierre-Louis-Gabriel-Rogatien de).
1786. Couëssin (Athanase-Emmanuel-Joseph de).
— Grimaudet (Jean-François).
1787. Bourdonnaye (Joseph-Isidore-Esprit de la), de Blossac.
— Catelan (N. de).
— Dachon (René), de la Billière.
— Fournas (Victor-François-Joseph), de la Brosse de Fabrezan.
— Mellet (Guillaume-Armand).
— Borgne (Alexandre-Guillaume le).
1788. Boisgeslin (Joseph-Louis de).
1789. Chateaubriand (François-Auguste de).
1791. Catelan (Jean-Baptiste-Augustin de).
— Catelan (Jean-Étienne de).
1792. Cibon (Jean-François-Éléazar-Paul).
— Trogoff (N. de).

CHEVALIERS DE L'HERMINE.

1404. Bargeon (Robert de), écuyer de la duchesse.
— Houvet, écuyer de la duchesse.
1414. Consin (Jean le).
1431. Gourlai (le sire de), envoyé d'Écosse.
— Rigmaiden (Guillaume), Anglais.
— Taillefer (Simon).
— Peloc (le sire de), ambassadeur d'Écosse.
1433. Bourgneuf (Jean de), écuyer du duc.
1444. Malestroit (Jean de), sire de Keraër.
1445. Vère (comte de la).
— Muzillac (Pierre de).
— Puy-Garnier (Pierre du).
— Rataud (Jacques).
— Roche (Thomas de la).
— Hérault (Hémery).
— Fayel (Casin du).
— Albret (Jeanne d'), comtesse de Richemont.
1447. Huet (Olivier), Anglais.
— Écosse (Isabeau d'), duchesse de Bretagne.
— Abourre (James), Anglais.
— Parc (Raoulin du).
1448. Bart (Thomas le).
1453. Angier (Jeanne), dame de Coëtmen.
— Penhoët (Françoise, dame de).
— Maillé (Perronnelle de), vicomtesse de Rohan.
— Raguénel (Jean), sire de Malestroit.
— Chateaugiron (Geoffroi de), baron de Combourg.
1454. Chateaugiron (Jean de), baron de Derval.
— Guémadeuc (Rolland de).
— Martellis (Martel de).
— Mériadec (Hervé).
— Mauhugeon (Geoffroi).
— Mareil (Bertrand de).
— Laval (Guy de), sire du Gavre.
— Laval (Jean de), baron de la Roche-Bernard.
— Bourgogne (le bâtard de).
— Quélen (Olivier de), sire du Broutay.

1454. Pontrouault (Jean de).
— Tournemine (Gilles de), sire de la Hunaudaye.
— Ploufragan (Olivier de).
— Rohan (Jean, vicomte de).
— Ruffier (Jean).
— Saint-Nouay (Henri de).
— Saint-Aignan (Michel de).
— Abbé (Jean l').
— Angier (Jean), sire du Plessis.
— Bellouan (Jean de).
— Botloy (Pierre de).
— Bogier (Guillaume), trésorier général.
— Giffart (Olivier).
— Enfant (Charles l').
— Eder (Jean).
— Epervier (Robert l').
— Fau (Jean du).
— Faou (Guyon du).
— Coëtlogon (Olivier du).
— Rieux (François de).
— Carné (Sylvestre de).
— Cleuz (Olivier du).
— Chaffault (Bertrand du).
— Chauvin (Jean).
— Chauvin (Guillaume).
1455. Saint-Pou (Jacques de).
— Laval (Artuse de).
— Laval (Jeanne de).
— Rataud (Archambault), écuyer du connétable.
1459. Rivière (Poncet de).
1466. Lameth (Antoine de), écuyer de Jacques de Luxembourg.
— Marche (le sieur de la), envoyé de M. de Charolais.
— Martel (Antoine), sr de Beaumont.
— Chauvin (Guillaume), chancelier.
— Garlot (Hervé), écuyer de Bourgogne.
1475. Urfé (Pierre d'), écuyer de la chambre du duc.
1477. Comines (Philippe de).
1486. Bouteiller (Jean le), sire de Maupertuis.

CHEVALIERS DE SAINT-MICHEL OU DE L'ORDRE DU ROI,

DEPUIS LA CRÉATION DE CET ORDRE EN 1469 JUSQU'A L'ORDONNANCE DE 1665.

(La preuve était de trois degrés, avec les dispenses habituelles.)

1476. Rohan (Pierre de), sʳ de Gyé.
1493. Rohan (Pierre de), comte de Quintin.
1498. Rohan (Charles de), sʳ de Gyé.
1510. Pantin (Jean), sʳ de la Hamelinière.
1522. Villeblanche (Claude de).
1530. Acigné (Jean d').
— Montejean (René de).
1532. Sansay (René de).
— Brullon (François), sʳ de la Musse.
1535. Annebaud (Claude d').
1538. Brémier (René).
— Nos (Jean des).
1543. Gouyon (Joachim), sʳ de Matignon.
— Hopital (Gilles de l'), sʳ de la Rouaudais.
1544. Roche (Mathurin de la), sʳ de Saint-André.
1547. Ridellières (Guillaume des).
1548. Rohan (François de), sʳ de Gyé.
1549. Montalembert (André de), sʳ d'Essé.
1550. Visdelou (Gilles), sʳ de Bienassis.
— Goulaine (Gabriel de).
1551. Rohan (René, vicomte de).
1552. Cambout (René du).
— Savonnières (Antoine de).
1553. Bouteiller (Jean le), sʳ de Maupertuis.
1554. Scépeaux (François de), sʳ de Vieilleville.
1558. Prestre (Jean le), sʳ de Lezonnet.
1559. Keruoënt (Olivier de), sʳ de Kergournade'ch.
1560. Coëtlogon (François de).
— Launay (Jean de), sʳ d'Onglée.
— Kernévénoy (François de).
— Gué (François du), sʳ de Servon.
1561. Rosmadec (Tanguy de).
1563. Rohan (Louis de), comte de Montbazon.
1565. Breil (Jean du), sʳ de Pontbriand.
— Cambout (François du), sʳ de Coislin.
— Espinay (Antoine d'), baron de Broons.
— Espinay (Jean, marquis d').
1566. Thézan (Paul de).

1567. Guesclin (Bertrand du), sʳ de la Roberie.
1568. Nos (François des).
— Mescouëz (Troïlus du).
— Patras.
1569. Gouyon (Amaury), sʳ de la Moussaye.
— Gautron (Jacques), sʳ de Robien.
— Chevigné (Christophe de), sʳ de la Sicaudais.
1570. Tourtereau (Louis).
— Trémigon (Tristan de).
— Ridellières (Christophe des).
— Robelot (Julien), sʳ de la Voltais.
— Louët (François du), sʳ de Coëtjunval.
— Launay (Olivier de), sʳ de Pontcornou.
— Langan (René de).
— Grandière (de la).
— Bouan (Mathurin), sʳ de Tizé.
— Breil (François du).
1571. Sansay (Claude de).
1572. Langan (Claude de), sʳ de la Chapellais.
— Tuffin (Guillaume), sʳ de la Rouërie.
— Prestre (Louis le), sʳ de Lezonnet.
1573. Trémigon (François de).
1574. Saint-Pern (Judes de).
— Cervon (Charles de), sʳ des Arcis.
1575. Espinay (Claude d').
— Poix (Christophe de), sʳ de Fouësnel.
— Parc (Claude du), sʳ de Locmaria.
1576. Pantin (Hardy), sʳ de la Hamelinière.
1577. Lambert (Jean), sʳ de la Rigourdaine.
— Talhouët (François de), sʳ de Boisorhant.
1579. Liscoët (Yves du),
— Chastellier (Pierre du), sʳ du Préauvé.
1580. Moine (Vincent le), sʳ de Trévigny.
— Vayer (Jacques le), sʳ de Trégomar.
— Lande (Jacques de la), sʳ du Lou.

1580. Kerouzy (François de).
— Roche (Christophe de la), s^r de Trébry.
— Rye (Gabriel de la).
— Boisbaudry (Pierre du).
— Breil (Julien du), s^r de la Villemanoüel.
— Escu (Jacques de l'), s^r de la Mancelière.
— Poffraye (Yves).
1582. Volvire (Philippe de).
1583. Marc'hec (René), s^r de Montbarot.
— Saint-Gilles (Olivier de).
— Tournemine (René), baron de la Hunaudaye.
1584. Gouyon (Georges), s^r de Beaucorps.
1585. Beaumanoir (Toussaint de), vicomte du Besso.
1586. Cosquer (François du), s^r de Barac'h.
1587. Savonnières (Charles de).
— Kerguézay (Claude de).
1588. Saint-Pern (René de).
— Sansay (Anne de), comte de la Maignane.
— Rosmadec (Sébastien de).
— Thomas (Georges), s^r de la Caulnelaye.
1589. Gassion (Hugues).
1590. Piguelais (François de la), comte du Chesnay.
— Mesnard (David), s^r de Toucheprez.
— Maistre (Guillaume le), s^r de Créneuc.
— Vieux-Pont (Alexandre de), baron de Neufbourg.
— Corbinaye (François de la).
— Coëtquen (Jean, marquis de).
— Breil (François du), s^r de Rais.
— Moussaye (Julien de la), s^r de la Folinaye.
— Motte (Guillaume de la), s^r de la Roche.
1591. Matz (Jean du), s^r de Montmartin.
— Budes (Charles), s^r du Hirel.
1592. Montigny (Louis de).
— Lambert (Amaury), s^r de la Rigourdaine.
1593. Aradon (René d').
— Fouquet (Guillaume), s^r de la Varenne.
1595. Bourdonnaye (Gilles de la), s^r de Coëlion.
1596. Coëtlogon (Vincent de), s^r de Kerbério.
— Sénéchal (François le), s^r de Carcado.
1597. Boiséon (Pierre du).
— Avaugour (Jean d'), s^r de Saint-Laurent.
— Conen (François), s^r de Précréant.
— Nos (Gilles des), s^r d'Hémenard.
1598. Rivière (René de la), s^r de Saint-Quiouët.
— Léziart (Georges), s^r du Matz.
— Keralbaud (René de).
— Thierry (Julien), s^r de la Prévalaye.
— Pou (Julien du), s^r de Kermoguer.
— Trémigon (François de), vicomte de Kerinan.
1599. Gouyon (Bertrand), s^r de Vaudurand.
1600. Tréal (Jacques de), s^r de Beaubois.
— Aubigné (Théodore-Agrippa d').
— Bréhand (Louis de), s^r de Galinée.
— Bouchet (René du), s^r de la Haye.
— Boulaye (Jacques de la).
— Carné (Jean de).
— Tinténiac (René de), baron de Quimerc'h.
— Villéon (François de la), s^r du Boisfeillet.
— Poilley (Jean de).
— Muzillac (Georges de).
— Ménager (Jean le), s^r de Piolaine.
— Montbourcher (René de), s^r du Bordage.
— Névet (Jacques de).
— Guer (Charles de), s^r de Pontcallec.
— Lannion (Pierre de).
— Kergroadez (François de).
— Kerhoënt (François de), s^r de Kergournade'ch.
— Kernezne (Charles de), vicomte du Curru.
— Langan (Pierre de), baron du Boisfévrier.

1600. Martel (Olivier).
1601. Luette (Michel), sr de la Vallée.
— Moraud (François), sr du Déron.
1602. Lambert (Jean), sr de la Havardière.
— Kerouartz (Claude de).
— Evesque (Jean l'), sr de la Silandais.
1603. Chateaubriant (Georges de), sr de Beaufort.
1605. Parc (Yves du), sr Kergadou.
— Pé (Claude du), sr d'Orvault.
1606. Parc (Louis du), sr de Locmaria.
1607. Trémigon (Jean de).
1608. Jousseaume (Charles).
— Kaerbout (Alain de).
— Robien (Christophe de).
— Lanjamet (René de).
1609. Penancoët (Guillaume de), sr de Kerouazle.
1610. Louët (Vincent du), sr de Coëtjunval.
— Marigo (François).
— Breil (Rolland du), sr du Chalonge.
1611. Glé (Guy), sr d'Ossé.
1613. Savonnières (Simon de).
1614. Cahideuc (Artur de).
1617. Gouicquet (Abel).
1618. Barbier (René), marquis de Kerjean.
1620. Poulain (Guillaume), sr de Kerolain.
— Quemper (Alain), sr de Lanascol.
— Ménez (Yves du), sr de Lézurec.
— Massuel (François), sr de la Bouteillerie.
— Montigny (Julien de), sr de la Hautière.
— Lande (Rolland de la), sr du Lou.
1621. Sévigné (Charles de), sr des Rochers.
1622. Lezot (Roch).
— Pantin (Claude), sr de la Hamelinière.
1624. Lannion (Claude de).
1625. Chastel (Jean du), sr de Coëtangarz.
1626. Gouyon (Jacques), sr de Vaudurand.
1627. Toustain (Adrien).
— Troussier (Sébastien).
— Rechignevoisin (Jean).
— Hallay (Louis du).
1628. Peschart (François), sr de Bossac.
— Marin (Jean), sr de Moncan.
1629. Kergoët (Vincent de), sr de Tronjoly.

1629. Glé (François), baron de Bécherel.
1630. Francheville (Jean de).
— Langan (César de).
— Evesque (Florent l'), sr de Langourla.
1632. Lambert (Jean), sr de la Havardière.
— Rosmadec (Guillaume de), vicomte de Mayneuf.
1633. Urvoy (Gilles), sr de Saint-Glen.
— Trémic (Christophe de).
1634. Boisadam (Jacques du).
1635. Beaumanoir (Jean-Baptiste-Louis de), sr d'Antoigné.
1636. Autret (Guy), sr de Missirien.
— Poilley (Henry de).
— Thomas (Jean), sr de la Caulnelaye.
1637. Mintier (Lancelot le), sr de Carméné.
1638. Jourdain (Tanguy), sr de Couëdor.
1639. Kerguiziau (Jean de), sr de Kerscao.
— Fleuriot (Claude), sr de Kerlouët.
— Gourcuff (Louis), sr de Tréménec.
1640. Ville (Pierre de la), sr de Férolles.
— Caradeuc (Sébastien de), sr de la Chalotais.
— Chapelle (Samuel de la), sr de la Roche-Giffart.
1642. Poulain (Louis), sr du Tramain.
1644. Kerboudel (Jean de), sr de la Cour-Péan.
— Guales (Rolland le), sr de Mezaubran.
— Quemper (François-Joseph), sr de Lanascol.
— Villéon (François de la), sr du Boisfeillet.
1649. Romilley (François de).
— Huon (Alain), sr de Kermadec.
1650. Huon (Alain), sr de Kerézélec.
— Rousseau (Jean le), sr de Diarnélez.
— Massuel (René).
1654. Borgne (Jean le), sr de Keruzoret.
— Couëssin (Philippe de).
1658. Guérin (Anne), sr de la Grasserie.
1659. Sesmaisons (Claude de).
1660. Kermenguy (Jacques de).
— Gouéon (René), sr de la Bouëtardaye.
— Chefdubois (Louis de), sr de Talhouët.

CHEVALIERS DU SAINT-ESPRIT

OU DES ORDRES DU ROI,

DEPUIS LA CRÉATION DE L'ORDRE EN 1578 ET 1579.

(La preuve était de quatre degrés.)

1579. GONDY, duc de Retz (Albert de), maréchal de France.
— GOUYON, comte de Matignon (Jacques), maréchal de France.
1595. GOUYON, comte de Thorigny (Odet), maréchal de camp.
— BEAUMANOIR, marquis de Lavardin (Jean de), maréchal de France.
— LAUZIÈRES, marquis de Thémines (Pons de), maréchal de France et gouverneur de Bretagne.
1597. ROHAN, duc de Montbazon (Hercules de).
1599. GOUYON, comte de Thorigny (Charles), lieutenant-général.
1600. CAMBOUT, baron de Pontchâteau (Charles du).
— BOURIER (Vincent), conseiller d'Etat, trésorier de l'Epargne.
1619. ROHAN, marquis de Marigny (Alexandre de).
— ROHAN, duc de Montbazon (Louis de).
1641. BUDES, comte de Guébriant (Jean-Baptiste), maréchal de France.
1661. ROUXEL DE MÉDAVY, comte de Grancey (Jacques), maréchal de France.
— BEAUMANOIR-LAVARDIN (Philibert-Emmanuel de), évêque du Mans, commandeur.
— BÉRINGHEN, comte de Chateauneuf (Henry).
— GOUYON DE MATIGNON (Léonor), évêque de Lizieux.
— GOUYON, comte de Gacé (François), lieutenant-général.
1663. PORTE, duc de la Meilleraye (Charles de la), maréchal de France.
1688. VIEUVILLE (Charles, duc de la), lieutenant-général.
— BEAUMANOIR, marquis de Lavardin (Henry-Charles de).
— BÉRINGHEN, comte de Chateauneuf (Jacques-Louis).
— GOUYON, comte de Matignon (Jacques).
— CAMBOUT, duc de Coislin (Armand du), lieutenant-général.
— CAMBOUT DE COISLIN (Pierre du), cardinal, grand-aumônier de France.
— DURFORT, duc de Lorges-Quintin (Guy-Aldonse de), maréchal de France.
1701. CAMBOUT, duc de Coislin (Henri-Charles), évêque de Metz.
1706. ROUSSELET, marquis de Chateaurenault (François-Louis), maréchal de France.
1711. GOËSBRIAND (Louis-Vincent, marquis de), lieutenant-général.
— ROUXEL DE MÉDAVY, comte de Grancey (Jacques-Léonor), maréchal de France.
1713. ROHAN (Armand-Gaston-Maximilien, cardinal de), commandeur.
1724. GOUYON, comte de Gacé (Louis-Jean-Baptiste), lieutenant-général.
— GOUYON, comte de Gacé (Charles-Auguste), maréchal de France.

1724. Coëtlogon (Alain-Emmanuel, marquis de), maréchal de France.
— Bullion, marquis de Fervaques (Anne-Jacques).
1731. Béringhen, marquis de Chateauneuf (Henri-Camille).
1735. Fouquet, duc de Belle-Isle (Charles-Louis-Auguste), maréchal de France.
1737. Monti, marquis de Farigliano (Antoine-Félix de), lieutenant-général.
1745. Durfort, duc de Lorges-Quintin (Guy-Michel de), maréchal de France.
1749. Beaupoil de Saint-Aulaire, marquis de Lanmary (Marc-Antoine-Front), lieutenant-général.
1753. Rohan (Louis-Constantin, cardinal de), évêque de Strasbourg.
— Quélen, duc de la Vauguyon (Antoine-Paul-Jacques de), lieutenant-général.
1759. Lannion (Hyacinthe-Cajetan, comte de), lieutenant-général.
1776. Coëtlosquet (Jean-Gilles du), évêque de Limoges, commandeur.
1777. Rohan-Guémené (Louis-René-Edouard, prince de), cardinal, évêque de Strasbourg.
1778. Boisgeslin (Louis-Bruno, comte de), maître de la garde-robe.
1784. Suffren de Saint-Tropez (Pierre-André, bailli de), vice-amiral.
— Rohan-Chabot (Louis-Antoine-Auguste, comte de), lieutenant-général.
— Quélen, duc de la Vauguyon (Paul-François de), lieutenant-général.
1785. Bouëxic, comte de Guichen (Luc-Urbain du), lieutenant-général des armées navales.
1786. Marbœuf (Yves-Alexandre de), évêque d'Autun.
1820. Sérent (Armand-Louis, duc de), lieutenant-général.
1823. Law, marquis de Lauriston (Jacques-Alexandre-Bernard), maréchal de France.
1824. Chateaubriand (François-René, vicomte de).
1825. Ferron, comte de la Ferronnays (Auguste-Pierre-Marie), maréchal-de-camp.
1827. Corbière (Jacques-Joseph-Guillaume-Pierre, comte), pair de France.

NOMENCLATURE

DES CHEVALIERS BRETONS DE SAINT-LAZARE ET DU MONT-CARMEL,

DEPUIS LA RÉUNION DES DEUX ORDRES EN 1608.

(La preuve était de quatre degrés et depuis 1778 de neuf degrés pour les chevaliers de justice ; les dispenses habituelles pour les chevaliers de grâce et les servants d'armes.)

1612. Prévost (Jean le), du Plessis.
— Grignart (Philippe), de Champsavoy, commandeur.
— Catelan (Georges de), de Castelmeur.
1639. Catelan (Jacques de).
1647. Bel (René le), de la Jallière.
1660. Cléguennec (David de).
1665. Peschart (Gabriel), vicomte de Bossac.
1667. Champion (René), de Cicé, chef d'escadre de l'ordre.
— Bigot (Toussaint, dit le P. de Saint-Luc), aumônier.
1671. Verdier (Jean-Louis), de Genouillac, procureur-général et commandeur.
1673. Peschart (N.), de Bossac.
1681. Rousselet (François-Louis), de Châteaurenault, grand-prieur de Bretagne.
— Cornulier (   ).
1696. Sparler (René le), de Coëtcaric.
1700. Kermenguy (Rolland de), de Saint-Laurent.
1707. Breil (Charles du), de Rays.
1716. Kermoysan (Gabriel-François de).
— Picaud (Pierre), de Quéhéon.
1718. Cartes (Nicolas-Joachim des).
1719. Thébault (Jean-François), de Boisgnorel.
1720. Léger (Pierre-Elie), de Kermelo.

1720. Mellier (Gérard).
— Guillerm (Etienne-Marie), de Lanrun.
— Tanouarn (Christophe de), du Plessis-Bardoul.
— Foucher (Gabriel-Henry), de Circé.
1721. Barbier (Claude-Alain), de Lescoat.
— Coëtlosquet (Jean-Baptiste-François du).
— Marot (Claude-Toussaint), comte de la Garaye, commandeur et grand hospitalier.
— Kermel (Olivier de).
1722. Boëssière (François-Hervé de la).
— Borgne (Alain le), de Coëtivy.
— Moussaye (Victor-Martial de la), de la Villeguériff.
— Rieux (Louis Auguste de), marquis d'Assérac.
1723. Grout (Bernard), de Campaneux.
— Fournas (Claude), de la Brosse.
— Tréanna (Jean-François de).
— Cornulier (   ).
1724. Breil (Charles du), comte de Rays.
— Kerguélen (Hervé-Louis de), de Kerroc'h.
— Druais (René), de la Briandière.
— Lesquen (Charles-Louis de), de la Villemeneuc.
— Marche (François-Louis de la).
— Tréouret (Joseph-Louis de).

TOME III.

1725. Andigné (Henry-François d').
1726. Rosily (Joseph-Marie de), de Méros.
— Hernothon.
— Rouge (René-Marie le), du Marhallac'h.
1727. Coëthéloury (Marc-Antoine de).
— Thébault (Adrien-François), de Boisgnorel, depuis commandeur.
1728. Gentil (Yves-René le), de Rosmorduc.
— Keroulas (Jean-Guillaume de).
1729. Harrington (Thomas), de la Corderie.
— Guéhéneuc (Henry-François), de Boishue.
— Potier (Jacques), de Bouësouse.
1730. Potier (Robert), de la Houssaye.
— Ladvocat (Jean-Claude), de la Crochais.
— Breil (Léon du), de Pontbriand.

1730. Sénéchal (Louis-René), de Carcado.
1763. Boisgeslin (N. de), de Kergomar, commandeur.
1763. Quélen (N. de), commandeur.
1774. Plessis (Jean-Baptiste du), d'Argentré, évêque de Seez, commandeur ecclésiastique.
1778. Coëtnempren (Guy-Pierre de), de Kersaint.
1779. Boisgeslin (N. de), commandeur.
1780. Trépézec (Gabriel-Louis de).
1783. Coëtlosquet (N. de), commandeur.
— Collas (Armand-Fidèle), de la Baronnais.
— Sesmaisons (Louis-Henri-Charles-Rogatien de), depuis commandeur.
1785. Picot (Pierre-Marie-Auguste), de Peccaduc.

GRANDS-CROIX DE SAINT-LOUIS

DEPUIS LA CRÉATION DE L'ORDRE EN 1693.

1693. BRUC, marquis de la Rablière (François de), lieutenant-général.
— ROUSSELET, marquis de Chateaurenault (François-Louis), vice-amiral.
1755. POILVILAIN, chevalier de Crenay, vice-amiral.
1756. RIVIÈRE (Charles-Yon-Thibault, comte de la), lieutenant-général.
— MACNÉMARA (comte de), vice-amiral.
1761. CAHIDEUC, comte du Bois de la Motte (Emmanuel-Auguste de), vice-amiral.
1766. MARIN, comte de Moncan (Jean-Baptiste), lieutenant-général.
— COETLOGON (Louis-Emmanuel de), lieutenant-général.
1775. CHAFFAULT DE BESNÉ (Louis-Charles, comte du), lieutenant-général des armées navales.
1778. GOUZ DU PLESSIS (Louis-François-Lionel le), maréchal de camp.
1779. ROHAN, prince de Soubise (Charles de), maréchal de France.
— MARBŒUF (Louis-Charles-René, comte de), lieutenant-général.
— ROQUEFEUIL (Aymar-Joseph, comte de), vice-amiral.
1780. BIDÉ DE MAURVILLE, lieutenant-général des armées navales.
1781. BOUËXIC, comte de Guichen (Luc-Urbain du), lieutenant-général des armées navales.
1784. PIQUET DE LA MOTTE (Jean-Toussaint-Guillaume), lieutenant-général des armées navales.
— HAUDENEAU, comte de Breugnon (Pierre-Claude), lieutenant-général des armées navales.
1800. CADOUDAL (Georges), lieutenant-général.
1814. BERNARD, vicomte de Marigny (Charles-René-Louis), vice-amiral.
1815. BEAUPOIL, comte de Saint-Aulaire (Cosme-Joseph), lieutenant-général.
— TINTÉNIAC (Hyacinthe-Joseph-Jacques, marquis de), lieutenant-général honoraire.
1816. QUENGO, marquis de Crenolle (Anne-Louis du), lieutenant-général.
1821. LAW, marquis de Lauriston (Jacques-Alexandre-Bernard), maréchal de France.
— GIBON, comte de Kerisouët (Hyacinthe-Vincent-Marie), lieutenant-général.
1822. ROSILY DE MÉROS (François-Étienne, comte de), vice-amiral.
1823. SESMAISONS (Louis-Henri-Charles-Rogatien, vicomte de), lieutenant-général.
— SOL DE GRISOLLES (Louis-Charles-René, baron), lieutenant-général honoraire.
— BARRIN DE LA GALISSONNIÈRE (Augustin-Félix-Elisabeth), lieutenant-général.
— EVÊQUE, comte de la Ferrière (Louis-Marie l'), lieutenant-général.
— HALLAY-COËTQUEN, comte de Montmoron (Emmanuel-Agathe du), lieutenant-général.
1825. DULONG DE ROSNAY (Louis-Étienne, comte), lieutenant-général.
— BIDÉ, comte de Maurville (Antoine-Germain), contre-amiral.
1829. JAN DE LA HAMELINAYE (Jacques-Félix, vicomte), lieutenant-général.

COMMANDEURS DE SAINT-LOUIS.

1720. Nos de Champmeslin (Gilles des), lieutenant-général des armées navales.
1724. Lamoureux de la Javelière (Joseph), maréchal de camp.
— - Lesquen de la Villemeneust (Joseph de), brigadier d'infanterie.
1728. Trouin du Guay (René), lieutenant-général des armées navales.
1732. Beauharnais (Charles, marquis de), lieutenant-général des armées navales.
1734. Magon de Terlaye (Alain), lieutenant-général.
1750. Saint-Pern (Vincent-Judes de), lieutenant-général.
1751. Marnières, chevalier de Guer (Jean-François-Constance de), lieutenant-général.
1752. Barrin, marquis de la Galissonnière (Rolland-Michel), lieutenant-général des armées navales.
1757. Bullion de Montlouet (Claude), chef d'escadre.
1758. Quesne, marquis de Menneville (Abraham du), chef d'escadre.
1779. Sénéchal, marquis de Molac (Corentin-Joseph le), lieutenant-général.
— Thierry de la Prévalaye (Pierre-Bernardin), chef d'escadre.
1781. Gouyon, comte de Vaudurand (Louis-Claude), lieutenant-général.
— Hector (Jean-Charles, comte), lieutenant-général des armées navales.
— Barrin de la Galissonnière (Achille-Marc), lieutenant-général.
— Vassor, comte de la Touche-Tréville (Louis-Charles le), lieutenant-général des armées navales.
1814. Bidé de la Grandville (Louis-Joseph-Mathieu), lieutenant-général.
— Thévenard (Antoine-Jean-Marie, comte), vice-amiral.
1816. Dubreton (Jean-Louis, baron), lieutenant-général.
— Leissègues (Corentin-Urbain-Jacques-Bertrand de), vice-amiral.
— Mercerel de Chateloger (Joseph-Hyacinthe), lieutenant-général.
1817. Ghaisne, comte de Bourmont (Louis-Auguste-Victor de), lieutenant-général.
1818 Roche de Kerandraon (François-Yves de la), contre-amiral.
1820. Coëtnempren, baron de Kersaint (Guy-Pierre de), contre-amiral.
— Willaumez (Jean-Baptiste-Philibert), vice-amiral.
1821. Andigné (Louis-Marie-Auguste-Fortuné, comte d'), lieutenant-général.
1823. Fournier, comte de Pellan (Jean-Louis-Marie), maréchal de camp.
— Trogoff (Joachim-Simon, comte de), maréchal de camp.
— Coëtlosquet (Charles-Yves-César-Cyr, comte du), lieutenant-général.
— Bourke (Jean-Raymond-Charles, comte), lieutenant-général.
— Baudin (François-André, baron), contre-amiral.
— Parscau du Plessis (Hervé-Louis-Joseph-Marie de), capitaine de vaisseau.
1825. Boëssière, comte de Chambors (Louis-Joseph-J.-B. de la), lieutenant général.
— Poilvilain de Crenay (Georges-Antoine-Gabriel), maréchal de camp.
— Trémic de Keranisan (de), contre-amiral honoraire.
1826. Gouvello (Louis-Paul, vicomte de), maréchal de camp.
1827. Penfeunteniou de Cheffontaines (Nicolas-René-Marie de), maréchal de camp.
1829. Courson de Kernescop de la Villevalio (Alexandre-Jacques-François, baron), maréchal de camp.

GOUVERNEURS DE BRETAGNE.

1492. CHALONS, prince d'Orange (Jean de), † *1502*.
1502. RIEUX (Jean de), maréchal de Bretagne, † *1518*.
1525. LAVAL (Guy, comte de), † *1531*.
1531. LAVAL, baron de Chateaubriant (Jean de), † *1542*.
1542. BROSSE, duc d'Etampes (Jean de), † *1566*.
1566. LUXEMBOURG, vicomte de Martigues (Sébastien de), † *1569*.
1569. BOURBON, duc de Montpensier (Louis de), † *1582*.
1582. LORRAINE, duc de Mercœur (Philippe-Emmanuel de), † *1602*.
1598. BOURBON, duc de Vendôme (César de), † *1665*.
1626. LAUZIÈRES, marquis de Thémines (Pons de), maréchal de France, † *1627*.
1632. PLESSIS, duc de Richelieu (Armand-Jean du), † *1642*.
1647. AUTRICHE (Anne d'), reine douairière de France, † *1666*.
1670. ALBERT D'AILLY, duc de Chaulnes (Charles), † *1698*.
1695. BOURBON, comte de Toulouse (Louis-Alexandre de), † *1737*.
1736. BOURBON, duc de Penthièvre (Louis-Jean-Marie de), † *1793*.

INTENDANTS DE BRETAGNE.

1689. POMMEREU (Augustin-Robert de).
1696. BÉCHAMEIL DE NOINTEL (Louis).
1705. FERRAND (Antoine-François).
1716. FEYDEAU DE BROU.
1728. GALLOIS DE LA TOUR (Jean-Baptiste le).
1735. CAMUS DE PONTCARRÉ DE VIARMES.
1753. BRET (Cardin-François-Xavier le).
1765. FLÉCELLES (Germain-Christophe de).
1767. AGAY (François d').
1771. DUPLEIX DE BACQUENCOURT.
1774. CAMUS DE PONTCARRÉ DE VIARMES.
1778. CAZE DE LA BOVE (Anne-Nicolas-Robert).
1782. BERTRAND DE MOLLEVILLE (Antoine-François).

PAGES DU ROI ET DE LA REINE.*

(La preuve devait remonter à 1550, sans anoblissement.)

1550. Mescouez (Troilus du).
1553. Perrien (Maurice de).
1637. Charette.
1643. Boessière (Guillaume de la), de Chambors.
1669. Bigot (Philippe), de la Villefréhour.
1677. Gédouin (Philippe-René), de la Dobiais.
— Pérenno (Jacques-François du), de Penvern.
— Pluvié (Jean-Toussaint de), de Ménéhouarn.
— Sénéchal (René-Alexis le), de Carcado.
— Sénéchal (Sébastien-Hyacinthe le), chevalier de Carcado.
1678. Rivière (Charles-Yves-Jacques de la), de Plœuc.
— Coëtlogon (Jacques-Florimond de), de Méjusseaume.
1680. Goësbriand (Charles-Jean de).
1681. Monti (Yves-Joseph de), de Rezé.
1682. Goësbriand (Julien-Joseph de), page de la Dauphine.
— Halegoët (Joseph du), de Kergrec'h, de Tracy, page de la Reine.
— Breil (Joseph-Yves du), de Pontbriand.
1683. Aubigné (Louis d'), de la Rocheferrière.
1684. Marbœuf (Robert-Jean de), de Laillé.
1686. Botdéru (Claude-Joseph du), de Kerdrého.
— Goësbriand (Jean, chevalier de).
1686. Gourvinec (René de), du Beyzit.
1687. Langan (René de), de Boisfévrier.
— Saint-Gilles (Jean-Baptiste-René de), de Romillé.
— Binet (Victor-Claude), de Montifray.
1688. Gouyon (Luc), de Touraude.
— Montaigu (Marc-Antoine de), de Boisdavid.
— Haye (Bazile-Joseph de la), de Saint-Hylaire.
— Morel (Charles-Gabriel), de la Motte-de-Gennes.
— Olivier (Sébastien l'), de Lochrist.
1689. Trévou (N. du), de Bréfeillac.
— Boisbaudry (Germain-Marie du), de Langan.
— Ny (Olivier-Corentin le), de Coëtudavel.
— Plessis (Pierre du), d'Argentré.
1690. Kerc'hoent ou Querhoent (Maurice-Sébastien de), de Coëtanfao.
— Kerc'hoent (Jean-Sébastien de), de Coëtanfao.
— Kergoët (Thomas-Corentin de), du Guilly.
— Coëtlogon (René-Charles-Élisabeth de), de Loyat.
1691. Nos (Louis des).
— Guervazic (Pierre de).
— Guervazic (Joseph de).
— Langle (Claude de), de Kermorvan.
1692. Farcy (Annibal-Auguste), de Cuillé.
— Béraud (Louis), de la Haie de Riou.
1693. Espinay (Gabriel d'), de Vaucouleurs.

* Les pages du Roi sont ceux dont les noms ne sont suivis d'aucune indication.

1694. Visdelou (Morille-Ange-François), de Bienassis.
— Hay (Charles-Paul), du Chastelet.
— Haye (René de la), du Sable.
1695. Lambilly (Pierre-Joseph de).
— Toustain (François-Joseph), de Carency.
1696. Farcy (Daniel-Michel), de Cuillé.
— Botherel (Thérèse), de la Marche.
1697. Drouallen (Jean-Benjamin), de Lesnalec.
— Bouetiez (François du), de Kerorguen.
1699. Guer (Charles-René de), de Pontcallec.
— Geslin (François), de Coëtcouvran.
— Pennec (Jacques le), de Boisjolan.
— Bahuno (François-Guillaume), de Berrien.
1700. Kersulguen (Joseph-Hyacinthe de), de Kerlorec.
— Crocelay (Louis), de la Viollais.
1701. Bouexic (Yves-Mathurin du), de Pinieuc.
— Grout (Joseph-Mathurin), de Princé.
1702. Plessis (N. du), d'Argentré.
— Poilvilain (Sébastien), de Crenay.
1703. Bégasson (François-René de), de la Lardais.
1704. Tuffin (Anne-Jacques), de la Rouërie.
— Saint-Pern (Bonaventure-Hilarion de), de Ligouyer.
1705. Tertre (N. du), de Montalais.
— Regnouard (Angélique-François), de Villayers.
— Tuffin (Joseph-Charles), de la Rouërie.
— Constantin (Gabriel-Félix), de la Lorie.
— Breil (François-Louis du), de Pontbriand.
1706. Kergoët (François-Jean-Baptiste de).
1707. Rouge (Louis le), de Guerdavid.
1708. Penfeunteniou (Jean-Baptiste de), de Rosarnou.
— Roux (Christophe le), de Coëtando.
— Saint-Gilles (François-René de), de Perronnay.
1708. Carné (N. de).
— Saint-Gilles (Jean-René de), de Perronnay.
— Chastel (Jean-René du), de la Rouaudais.
— Guéhéneuc (René-François), de Boishue.
— Kermenguy (Guy-Roland de), du Roslan.
1709. Breil (Jean-Baptiste du), de Rais.
— Hingant (Jean-Charles), de Kerizac.
1710. Kerret (Jean-René de), de Keravel.
— Gibot (Pierre), de la Périnière.
— Kerc'hoent (Louis-Melchior de), de Coëtanfao.
1711. Chilleau (Gabriel-Joseph du).
— Bonsens (Jean-Guill^{me}), des Epinais.
1712. Maistre (Jean-François-Henri le), de la Garrelaye.
— Marin (Jean-Baptiste), de Montcam.
— Ménez (Olivier-Vincent de), du Lezurec.
— Bourdonnaye (Louis-François de la).
— Gouyon (Claude-Charles), du Vaurouault.
1713. Forest (N. de la), des Chapelles.
— Rivière (Charles de la), de Saint-Germain.
1714. Gouyon (François-Gabriel), de Beaufort.
1715. Pinart (Charles-Antoine-Joseph), de Cadoalan.
— Quemper (Yves-Joseph-Jacques), de Lanascol.
— Roche (René de la), de Saint-André.
— Kerguélen-Penanjeu (Charles-François de).
— Andigné (Jean-René d'), de la Chasse.
1716. Goësbriand (Antoine de).
1717. Boisbaudry (René-Joseph du).
— Coëthéloury ou Coëtloury (Marc-Antoine).
1718. Coëtrieu (Charles-Honorat-Marie de).
— Mintier (Jean-Marie le), de Léhellec.
— Borgne (Jacques-Vincent le), de Kermorvan.
— Pé (N. du), de Liancé.

1719. Huchet (Louis-Marie), de Cintré.
— Huchet (Claude-Joseph), de Cintré, de Tréguil.
— Charbonneau (Gabriel), de l'Echasserie.
1720. Charlet (François-Philippe), de la Poupardière.
— Lambilly (Marie-Jean-Louis de), du Broutay.
— Vahais (René-Charles-Joseph de), de Vauloger.
— Meur (Vincent le), de Kerigonan.
— Lande (François-Marie de la), de Calan.
— Langle (Louis-Marie de), de Kermorvan.
— Monti (Joseph-Claude de), de Rezé.
— Rougé (Gabriel-César de).
1721. Lambilly (Charles-Joseph de), du Broutay.
— Lorgeril (Louis-François-Nicolas de).
— Moelien (Gui-Guillaume de).
— Vauborel (Charles-Malo de), de la Chapelle.
1722. Hay (Jean-Gervais-Marc), de Bonteville des Nétumières.
— Gourcuff (Jean-François), de Tréménec.
— Coutances (N. de), de la Celle.
1723. Grandière (Louis de la), de Bois-Gauthier.
— Vauborel (Mathias-Louis de), de la Chapelle.
— Andigné (René-Philippe-Ambroise d'), des Ecotais.
1724. Visdelou (Jean-Sévère-Pélage), de la Villethéart.
1725. Pastour (Jean-Joseph), de Kerjan.
— Bouëtiez (Jacques-Pierre du), de Kerlan.
— Sesmaisons (Claude-François de), de la Sauzinière.
— Botherel (Marie-Daniel-Jérôme), de Saint-Denac.
1726. Plessis (Alexis du), d'Argentré.
1727. Scépeaux (Gabriel-René de).

1727. Poulpiquet (François-Gabriel de), de Kermen.
— Vergier (Victor-René du), du Pou de Ménéguen.
1728. Gibot (René-Louis), de la Périnière.
— Langan (Pierre-Hercule de), de Boisfévrier, page de la Reine.
— Lesquen (Constance-François-René de), de Largentais.
— Scépeaux (Claude-Gaston de), du Moulinvieux.
— Hay (Charles-Paul), de Tizé.
— Bot (Hervé-Claude-Joseph-Marie du), du Loc'han.
1729. Bihan (Jacques-Claude-Toussaint le), de Pennelé.
— Visdelou (N.), de Saint-Guéreuc.
— Gouyon (Louis-Claude), de Vaudurant.
— Péan (N.), de Ponfily.
— Rogon (N.), de Carcaradec.
— Servaude (Joseph-Zacharie de).
— France (Olivier-Joseph-Marie de), de Landal.
1730. Bahuno (Jean-Armand), de Berrien.
— Bot (François-Claude-Joseph du).
— Conen (Félix-Jean-Gabriel), de Précréant.
1731. Corbière (François-Honoré-Hyacinthe de la).
— Coëtlosquet (Alain-Yves-Marie du).
— Sénéchal (Louis-Gabriel le), de Carcado.
1732. Breil (Jean-Baptiste-Tanguy du), de Pontbriand.
— Bot (Jean-Louis du), des Salles.
1733. Gouyon (Louis-Charles de).
— Anthenaise (Henry-Geoffroy d'), page de la Reine.
1734. Gouyon (Armand-Louis de), de Vaux.
— Hay (Charles-Marie-Félix), des Nétumières.
— Andigné (Charles-Gabriel-Auguste d'), de Mayneuf.
— Kerc'hoent (Joseph-Marie des), de Locmaria.

1734. Métaer (Pierre-Gabriel-François-Joseph le), du Hourmelin.
— Kermel (Olivier-Jean-Marie de), de Kermézen.
1735. Monti (Yves-Laurent de), de Rezé.
— Kerboudel (Jean-Marie de), de la Courpéan.
— Bihan (Antoine-René le), de Pennelé, page de la Reine.
— Fourché (Armand-Paul), de Quéhillac.
1736. Botteuc (Michel le), de Couëssal.
1737. Olimant (Toussaint-Joseph), de Kernéguez.
— Urvoy (Toussaint-Félix), de Saint-Bédan.
— Grignart (Joseph), de Champsavoy.
— Kersauson (Marie-Louis-François de).
1738. Kergariou (N. de).
— Cresolles (N.), de la Villeneuve.
— Bégasson (René-Joseph).
— Lantivy (Louis-André de), de la Lande.
— Quifistre (N. de), de Bavalan.
1739. Marche (François-Louis de la).
— Forsanz (N. de).
— Pérenno (Jacques-François du), de Penvern.
— Pluvié (Jean-Toussaint de), de Ménéhouarn.
1740. Bois (N. du), de la Ferronnière.
— Catelan (N. de).
— Nos (Charles-Louis des), page de la Reine.
1741. Tréanna (N. de).
— Bouétiez (N. du), du Quélennec.
— Coatarel (Gabriel-Jean-René de), de Kernaudour.
— Pluvié (de) de Ménéhouarn.
1742. Sécillon (N. de), de Villeneuve.
1743. Salaun (N.), de Keromnès.
— Botherel (N.), de la Bretonnière.
— Coëtlosquet (Jean-François-Yves du).
1744. Espinay (Samuel-Alexis de l').
— Espinay (Louis-Gabriel de l').
— Tuffin (Charles-Joseph-François), de la Rouërie, de Villiers.

1745. Quélen (Urbain-Guillaume de).
— Troërin (Tanguy-Marie de), de Kerjean.
1746. Mercerel (Joseph-Hyacinthe le), de Chasteloger.
— Rosnyvinen (Pierre-Charles-Philippe de).
— Rouge (René-Gabriel le), de Guerdavid.
1747. Martin (Pierre-Hervé), de Montlige.
— Monti (Laurent-Yves de).
— Minault (René-Louis), de la Hélandière.
— Meur (Jean-Marie le), de Kerigonan.
— Pracomtal (Antoine-Charles de).
1748. Launay (Jean-Marie de), de l'Estang, page de la Reine.
— Toustain (Louis), d'Ecrennes.
1749. Fruglaye (François-Marie-Gabriel de la), de Kervers.
— Saige (Pierre-Jacques-René le), de Villesbrunne.
1750. Kermenguy (François-Marie de), du Roslan.
— Barre (N. de la), du Chastelier.
— Fleuriot (Nicolas-Jacques), de la Freulière.
— Lesquen (N. de).
1751. Billeheust (Jean-Marie-Balthazar), de Saint-Georges.
1752. Forestier (N. le), de la Galiotaye.
1753. Gouyon, de Thaumats.
— Trévellec (N. de).
— Barrin (Achille-Marc), de la Galissonnière.
— Bizien (N.), du Lezard.
— Chevigné (Augustin Christophe-René de).
— Fleuriot (Jean-Charles-Marie), de Langle.
1754. Méhérenc (Jean-Marie-Rolland), de Saint-Pierre.
— Bonsens, des Épinais.
— Becdelièvre (Anne-Louis-Roger), de Cany.
— Becdelièvre (Pierre-Louis), du Brossay.

TOME III. 18

1755. Kermenguy (N. de), page de la Reine.
— Bot (Charles-François-Jules du), du Grégo.
— Bruc (Marie-François de), de Montplaisir.
— Bélinaye (René de la).
— Villegontier (N. de la).
1756. Guerrif (N.), de Lanouan.
1757. Tresle (N. le), de Kerbernard.
1758. Chastel (Louis-François-Tanneguy du), de la Rouaudais.
1759. Breil (N. du), de Pontbriand.
— Bouays (N. du), du Rocher.
— Barre (N. de la), du Chastelier.
1760. Toustain (Charles-Gaspard), de Richebourg.
— Breil (N. du), de Pontbriand.
— Couëtus (Jean-Baptiste-René de).
1761. Saint-Pair (N. de).
— Anthenaise (Charles-Claude d'), page de la Reine.
— Noue (Guillaume-François de la), de Bogar.
— Pépin (Julien-Louis), de Bellisle.
1762. Huon (Jean-Marie), de Kermadec.
— Bois-Béranger (Gilbert-Gabriel-J.-B. du).
1763. Huon (Jean-Michel), de Kermadec.
— Douarain (Jean-Marie le), de Lemo.
— Dieusie (N. de).
— Chastel (Louis-Jean-René du), de la Rouaudais, page de la Reine.
1764. Couaisnon (Jean-César-Élisabeth de), page de la Reine.
— Tréouret (Joseph de), de Kerstrat.
1765. Penfeunteniou (N. de).
— Sesmaisons (Louis-Henri-Charles-Rogatien de).
1766. Trévellec (N. de).
— Bahuno (N.), du Liscoël.
1767. Fleuriot (Jean-Marie-Jérôme), de Langle.
1769. Goulaine (N. de).
— Amphernet (François-Michel d'), de Pont-Bellanger.
— Saisy (Charles-Marie-François de), Kerampuil.

1769. Langle (N. de).
— Saisy (Henri-Jacques), de Kerampuil.
1770. Catelan (N. de).
— Botherel (N.), de Quintin.
— Coëtlosquet (du).
— Bot (du), de la Grignonnays, page de la Reine.
1771. Poulpiquet (N. de), de Kermen.
— Roche (N. de la), de Saint-André.
— Saisy (Pierre-Anne), de Kerampuil.
— Regnon (Louis-Benigne-Jean), du Page.
— Moussaye (François-Augustin-Félix de la).
1772. Chardonnay (Alexandre du).
1773. Moulin (Armand-Charles-Pierre-Daniel du), du Brossay.
— Estourbeillon (N. l').
— Celle (Emmanuel-Félicité-Malo de la), de Chateaubourg.
— Guiny (François-Marie-Louis du).
— Saisy (Pierre-Marie), de Kerampuil.
— Charette (N.), de Boisfoucaud.
— Brunet (François-Louis), du Hac, page du comte d'Artois.
1774. Binet (J.-M.-Philippe), de Jasson.
— Saint-Pern (Jean-Louis-Bertrand de).
— Villéon (Claude-Marie-Joseph de la), page de la Reine.
— Bégasson (N. de).
— Goulaine (Charles-Emmanuel de).
1775. Kermel (Olivier-François-Marie de).
— Toustain (Jean-Baptiste-François-Hippolyte-Casimir), de Limésy.
— Bois-Guéhenneuc (N. du).
1776. Corgne (Joseph-Gabriel-Ange le), de Launay.
— Tuffin (N.), de Ducy.
— Becdelièvre (Anne-Marie-Alexandre), de Penhoët.
— Baude (N.), sr de la Vieuville, page de la comtesse d'Artois.
— Landelle (N. de la).
— Robinault (N.), de la Lande.
— Meur (Jean-Marie le), de Kerigonan.
1777. Quengo (René du), de Tonquédec.

1777. CHILLEAU (Gabriel-Jean-Baptisté-Marie du), page de la reine.
— ANDIGNÉ (François-Marie-René d').
— GRIGNART (René-Joseph), de Champsavoy.
— SAISY (Joseph-Joachim), de Kerampuil.
— SÉCILLON (de), page du comte d'Artois.
1778. TROLONG (Charles de), du Rumain·
— BAHUNO (N.), du Liscoët.
— TRÉMERREUC (N. de).
— THUOMELIN (N.).
— ROUGE (Jean-François le), de Guerdavid, page du comte d'Artois.
— CHATEAUBRIAND (Pierre de).
— DENIS (N.), de Trobriand, page du comte d'Artois.
— CHAPPEDELAINE (Jean-René).
1779. CHAPPEDELAINE (N.), page de la comtesse d'Artois.
— GOUVELLO (Marie-René-Gervais de), de Keriaval.
— SAINT-PERN (Mathurin-Louis-Anne Bertrand de).
— BAHUNO (N.), de Kerolain.
— SALAUN (Jean-Marie), de Kertanguy.
1780. HARSCOUET (N.), page de *Monsieur*.
— SALAUN (Lubin), de Kertanguy.
— SALAUN (Jean-Augustin), de Kertanguy.
— CARHEIL (N. de).
— MÉNARDEAU (N.), de Maubreuil.
— SERVAUDE (N. de), de la Ville-ès-Cerfs.
1781. CUMONT (Louis-Timothée-Charles-François de).

1781. BOUGRENET (N.), de la Tocquenaye, page de *Monsieur*.
— KERGUÉLEN (Charles-Jean-Yves de), page de *Madame*.
— MONTI (N. de), de Rezé.
1782. MONTI (N. de).
— PICOT (Placide-Marie-Fidèle), de Peccaduc, page de *Madame*.
— VICOMTE (N. le), de la Houssaye.
— KERGUÉLEN (N. de), page de la comtesse d'Artois.
1783. BAUDE (N.), s^r de la Vieuville, page de la comtesse d'Artois.
1784. BOIS-BÉRANGER (N. du), page du comte d'Artois.
1785. SAINT-PERN (Joseph-Marie-Thérèse de), de la Tour, page de la Reine.
— COLLIN (Séraphin-Guenolé), de la Biochaye.
— BARRE (N. de la).
1786. BODIN (N.), du Bois-Renard.
— KERGUÉZEC (N. de).
— GRIGNART (Louis-Henri), de Champsavoy.
— COUAISNON (N. de), page de *Monsieur*.
— MOTTE (N. de la), de Broons.
— BECDELIÈVRE (Louis-Clair), du Brossay.
— BOUETIEZ (N. du).
1787. SAVIGNHAC (N. de).
— QUÉLEN (N. de).
— GOYON (N.), page de la Reine.
1788. DENIS (N.), de Trobriand, page du comte d'Artois.
— DRESNAY (N. du), page de la Reine.
1789. PENGUERN (N. de).

DAMES ET DEMOISELLES DE LA MAISON DE SAINT-CYR
DEPUIS SA CRÉATION EN 1686.

(La preuve était de 140 ans de noblesse paternelle.)

1686. Calloët (Marie-Anne), de Lanidy.
— Montalembert (Anne de), dame.
— Montalembert (Catherine de).
1687. Breil (Marie-Gabrielle du), de Pontbriant.
— Montaigu (Marie-Anne de), du Boisdavid.
— Pluvié (Catherine de).
— Rorthays (Charlotte de).
1688. Bigot (Madeleine), de Morogues.
— Dalesso (Marie-Jeanne-Françoise), de Ragny.
1689. Aubigné (Marie-Elisabeth d').
1690. Quettier (Renée), de la Roullaye.
— Robecq (Françoise-Catherine de), de Pallière.
1692. Escuyer (Renée-Catherine l'), de la Papotière.
1693. Kerlec'h (Jeanne-Françoise de), du Chastel.
— Lempérière (Suzanne).
— Montalembert (Charlotte de).
— Proisy (Marie-Catherine de).
— Seillons (Marguerite-Catherine des).
1697. Barre (Gabrielle de la).
— Pinart (Radégonde-Gabrielle), de la Ville-Auvray.
— Plessis (Marguerite-Charlotte du), d'Argentré.
1698. Hallay (Catherine du).
1699. Gonidec (Marie-Thérèse le).
— Gonidec (le).
— Marant (Françoise-Louise le), de Penanvern, dame.
1701. Imbault, de Marigny.
1702. Goulhezre (de).
— Launay (de), de Pencrec'h.
1703. Boisgeslin (de).
— Gouyon (Louise-Perrine), de Miniac.
— Kerérault (Catherine-Jeanne de), de Boissauveur, dame.
1704. Goulhezre (de), de Rulan.

1705. Marant (Marie-René le).
1706. Goulhezre (de), de l'Isle.
— Gouyon (Charlotte-Claude), du Vaurouault.
— Michel, du Carpont.
1707. Bonsens, de Courcy.
— Boëssière (Gillette de la), de Rosvéguen.
1709. Caqueray (Marguerite), dame.
1710. Goulaine (de).
— Tullaye (de la).
1713. Aubaud (Catherine-Fr^{oise}), du Perron.
1715. Lesquen (de), de Carméné.
— Louail, de la Sauldraye.
— Rhuis.
1717. Boissière (de la).
— Plessis (du), d'Argentré.
1718. Chrétien, de la Masse.
— Viart (Anne-Michelle), de Pimelle.
1720. Thébault, de Boisgnorel.
1721. Veneur (le), de Beauvais.
1722. Veneur (Marie-Louise-Renée-Agathe le), de la Villechaperon.
1726. Saint-Pern (Jeanne-François de), de la Tour.
1729. France (de), de Landal.
1730. Boisgeslin (de).
— Kaerbout (de).
1731. Bourdonnaye (de la), de Boisry.
— Visdelou, de Bonamour.
1733. Escures (des).
— Gouyon (Elisabeth), de Vaux.
— Merliers (Henriette des), de Longueville, dame.
— Tertre (Rose-Catherine-Jeanne du).
1734. Breil (du), de Pontbriand.
— Geslin, de Bringolo.
— Talhouët (Agathe-Françoise de), de Sévérac.
1735. Montlouis (de).
— Quélen (Hélène de), de la Villechevalier.

1736. Lande (de la).
— Urvoy (Marie-Françoise-Hyacinthe), de Saint-Bédan.
1737. Landelle (Marthe-Françoise de la), de la Gras, dame.
1740. Botdéru (du).
1742. Hamon (Pétronille), de Coëtmartin.
1744. Léziart, du Dezerseul.
1745. Marant (Marie-Françoise le), de Kerdaniel.
— Robinault, du Boisbasset.
— Rosnyvinen (de).
1746. Trémigon (de).
1749. Escuyer (Françoise-Louise l'), de la Papotière, dame.
— Monti (de).
1750. Kerouallan (de).
1751. Mintier (le), de la Mottebasse.
1752. Fleuriot, d'Omblepied.
— Marant (Marie-Jeanne le), de Kerdaniel.
— Tranchant, du Treff.
1753. Freslon, de Saint-Aubin.
— Mathésou, de Keruznou.
— Vicomte (le), de la Houssaye.
1754. Hémery, de la Fontaine Saint-Père.
1757. Chastel (du).
— Chauff (le).
— Landelle (de la).
— Trémerreuc (de).
1758. Nos (des).
1759. Bréal, des Chapelles.
1760. Boberil (du).
— Lorgeril (de).
— Plessis (du), d'Argentré.
1762. Boisbilly (du).
— Carné (de).
— Champion, de Cicé.
1763. Douarain (le), de Trévélec.
1764. Chastel (du).
— Huchet.
— Orcises (d').
— Pepin (Marie-Anne), de Bellisle.
1767. Chaton (Céleste-Jeanne), des Morandais.
1769. Boisgeslin (de), de Kerdu.
— Gouyon.

1770. Henry, de Beauchamp.
1771. Normand (le), de Lourmel.
1772. Berthelot, du Gage.
— Sol, de Grisolles.
1773. Bruc (de).
1774. Villéon (de la).
1775. Lys (de).
1777. Noé (de la), du Rohou.
1778. Blanchard, du Val.
1779. Collas (Emilie), de la Baronnais, dame.
1780. Mintier (Agathe-Renée-Marguerite le), des Champsblancs, dame.
— Poulain, de Mauny.
1782. Grandière (de la).
— Noué (de la).
— Trolong (de), du Halgoat.
1783. Fontlebon (de).
— Quengo (de), de Tonquédec.
— Vicomte (le), de la Houssaye.
— Vicomte (le), de la Villegourio.
1784. Aubin.
— Billeheust, de Saint-Georges.
— Lesquen (de), de l'Argentaye.
— Toustain, de Richebourg.
— Béjarry, de la Roche-Guéffier.
1785. Dachon.
1786. Botherel.
1787. Arnault (Ambroisine d'), de Sarasignac.
— Auvergne (d').
— Coëthéloury (de).
— Grignart (Françoise-Emilie), de Champsavoy, dame.
— Langlois.
— Lenfant, de Louzil.
— Royer (le), de la Sauvagère.
— Stangier (du).
— Rouxeau (le), de Rosencoat.
— Valleaux (de).
— Villéon (de la), de Kerjon.
1788. Collas (Hélène), de la Baronnais.
— Collas (Agathe), de la Baronnais.
— Haffont (du), de Lestrédiagat.
1789. Charnières (de).
— Fruglaye (de la).
1791. Pontual (de).

HONNEURS DE LA COUR ET PRÉSENTATIONS
DEPUIS 1731 [1].

1731. Budes de Guébriant (comte).
— Franquetot de Coigny, marquis du Bordage.
1734. Rohan-Soubise (prince de).
1737. Cossé, duc de Brissac.
— Rohan (duc de).
— Rousselet de Chateaurenault (marquise).
1738. Rohan-Soubise (princesse de).
1739. Sénéchal, marquis de Molac (le).
1740. Rohan (marquis de).
1742. Rohan-Soubise (princesse de).
1743. Rohan-Chabot (vicomte de).
1744. Rohan (mademoiselle de).
1749. Goesbriand (madame de).
— Rohan-Soubise (princesse de).
1751. Walsh (comte).
— Sénéchal de Carcado (M. le).
— Brégand (marquis de).
— Cambout de Coislin (marquis du).
— Cambout de Coislin (marquise du).
1752. Maillé (marquis de).
— Walsh (comtesse).
— Rochechouart, duc de Mortemart (de).
— Sarsfield (comte de).
1753. Montalembert (comte de).
— Gouyon-Matignon (marquis de).

1754. Gouyon de Gacé (comte de).
— Sérent (marquis de).
1755. Paris de Soulange (M^r).
— Fouquet de Gisors (comte).
— Roquefeuil (M^r de).
— Trémoille (duc de la).
1756. Sénéchal de Carcado (madame le).
— Gouyon de Gacé (comtesse de).
— Paris de Soulange (Madame).
— Bourdonnaye de Liré (M^r de la).
— Ferron de la Ferronnays (marquis).
1757. Rougé (comte de).
1758. Sarsfield (chevalier de).
— Trémoille (duchesse de la).
— Boisgeslin de Cucé (M^r de).
— Coëtlosquet (comte du), gentilhomme de la manche.
— Coëtlosquet (Jean-Gilles du), évêque de Limoges.
1759. Boisgeslin de Cucé (chevalier de).
— Boisgeslin (marquis de).
1760. Boisgeslin (M^r de), gentilhomme de la manche.
— Rohan (prince Camille de).
— Rohan-Chabot (duchesse de).
— Sérent (madame de).
1761. Rohan-Guéméné (princesse de).
— Rieux (madame de).

[1] Les preuves, depuis une ordonnance de 1760, devaient remonter à l'année 1400, sans anoblissement; mais il y eut parfois des présentations par *ordre* ou par *grâce* en faveur des grands officiers de la couronne, des chevaliers du Saint-Esprit et de leurs descendants. Outre leurs titres héréditaires, nous avons conservé aux gentilshommes et aux dames les titres de *courtoisie* dont ils furent généralement décorés pour leur présentation. Les dames n'étaient pas présentées sur les preuves de leur propre famille, mais sur celles de la famille de leur mari. Les noms marqués d'une astérisque, après avoir fait leurs preuves, ont été empêchés par la Révolution de monter dans les carrosses du Roi.

1762. Hallay (comte du).
— Quélen, duc de la Vauguyon (de).
1763. Rohan-Guéméné (prince de).
— Poilvilain, marquis de Crénay.
— Gouyon-Matignon (marquis de).
1765. Quengo de Crenolle (comte du).
1766. Rarécourt de la Vallée, marquis de Pimodan.
— Dresnay (marquis du).
1767. Goësbriand (madame de).
— Quélen (comtesse de).
— Sesmaisons (comte de).
1768. Rougé (comtesse de).
— Bréhand (marquis de), maréchal de camp.
— Dresnay (comtesse du).
— Haudeneau de Breugnon (comtesse).
1769. Bourdonnaye (Mr de la).
— Toustain de Richebourg (vicomtesse).
— Rieux (marquis de).
1770. Quélen (comte de).
— Rohan-Guéméné (mademoiselle de).
— Scépeaux (chevalier de).
— Walsh de Serrant.
— Ferron de la Ferronnays (comte).
— Guesclin (comte du).
1771. Pontavice (Mr Richard du).
— Andigné (marquis d').
— Trémigon (marquis de).
— Thézan (chevalier de).
— Roquefeuil (vicomte de).
1773. Franquetot, duc de Coigny.
1774. Boëssière-Chambors (Mr de la).
— Budes de Guébriant (Mr.)
— Coëtlosquet (baron du).
— Ferron de la Ferronnays (chevalier).
— Rougé (Mr de).
— Walsh de Serrant.
1776. Chasteigner de la Roche-Pozay (Mr de).
— Sesmaisons (vicomte de).
— Pracomtal (marquis de).
1777. Sénéchal, marquis de Carcado (le).
1778. Gouyon de la Moussaye, officier aux gardes.
1780. Durfort, comtesse de Lorges, dame de la comtesse d'Artois.

1780. Lambilly (comte de).
— Cahideuc, vicomtesse du Bois-de-la-Motte (de).
— Polignac (duchesse de), a pris le tabouret.
— Quélen, duchesse de la Vauguyon (de), dame de Madame.
— Rohan-Rochefort (madame de), a pris le tabouret.
— Rohan-Rochefort (princesse Charlotte de), a pris le tabouret.
— Rougé du Plessis-Bellière (comtesse de).
— Bouchet, vicomtesse de Sourches (du), dame de la comtesse d'Artois.
— Cahideuc, comtesse du Bois-de-la-Motte (de), dame de Madame.
— Cahideuc, marquise du Bois-de-la-Motte (de).
1781. Beaupoil de Saint-Aulaire (comtesse).
— Bourdonnaye (marquise de la).
— Franquetot, marquise de Coigny, a pris le tabouret.
— Gestas de l'Esperoux (comte de).
— Gestas (comtesse de), dame de Madame Élisabeth.
— Savonnières (marquis de).
— Rohan, duchesse de Montbazon (madame de), a pris le tabouret.
— Tour du Pin-Chambly (comtesse de la).
— Sesmaisons (comtesse de).
— Sérent (comtesse Julie de), dame de la duchesse de Bourbon.
1782. Sénéchal, comte de Carcado-Molac (le).
— Trémoille, prince de Tarente (de la).
— Quengo de Crenolle (vicomte du).
— Clerc de Juigné (comtesse le).
— Coëtlosquet (baronne du).
— Freslon (chevalier), commandeur de Malte.
— Lascazes (marquise de), dame de la princesse de Lamballe.
1783. Polignac (comte Charles de).
— Ferron de la Ferronnays (marquis).

1783. Tour du Pin (comtesse Alexandre de la).
— Gouyon de la Moussaye (chevalier).
— Albert, duc de Luynes.
— Dresnay (marquis du), enseigne des chevau-légers de la garde.
— Durfort (chevalier de).
— Dresnay des Roches (comtesse du).
— Beaumont, vicomtesse d'Autichamp (de).
1784. Huchet de la Bédoyère (Mr.).
— Huchet de la Bédoyère (vicomtesse).
— Hurault de Vibraye (vicomtesse).
— Menou (comte Victor de).
— Plessis d'Argentré (marquis du).
— Amphernet (marquis d').
— Amphernet (chevalier d').
— Bourdonnaye (vicomtesse de la).
— Andrault de Langeron (comtesse).
— Aux (comte d').
— Coëtlogon (marquise de), dame de la comtesse d'Artois.
— Cossé, duchesse de Brissac, a pris le tabouret.
— Fouquet de Belle-Ile (marquise).
— Sénéchal de Carcado (comtesse le).
— Trévélec (comte de).
— Rohan-Chabot (duchesse de).
— Suffren (bailli de).
— Suffren de Saint-Tropez (chevalier de).
— Suffren de Saint-Tropez (comtesse de).
— Thézan (vicomtesse de).
— Vieuville (marquis de la).
— Trévélec (comte de).
— Walsh (comte Patrice).
— Robien (comte Paul de).
— Sérent (vicomte de).
— Poulpry (comte du).
— Ferron de la Ferronnays (comtesse Josephe).
— Poulpry (comtesse du).
— Kerouartz (marquis de).
1785. Sérent (comtesse de).
— Rosnyvinen, comte de Piré (de).
— Walsh (comtesse).

1785. Prestre de Lezonnet (comte le).
— Walsh de Serrant (comte).
— Valory (marquis de).
— Valory (marquise de).
— Rochechouart, duc de Mortemart (de).
— Fayette (marquis de la).
— Chevigné (Jacques-Antoine, vicomte de).
— Boëssière-Chambors (marquise de la).
— Boisgeslin (comte de).
— Botherel-Quintin (vicomte de).
— Gibon de Porhoët (comte).
— Bintinaye (chevalier de la).
— Menou (comtesse Charles de).
— Marbœuf (comtesse de).
— Kergorlay (comte de).
1786. Pluvié (comte de).
— Pluvié (comtesse de).
— Méhérenc de Saint-Pierre (comte).
— Lambilly (chevalier de).
— Amphernet, vicomte de Pontbellanger (d').
— Bourdonnaye (marquise de la).
— Chevigné (marquis de).
— Fouquet de Belle-Ile (marquis).
— Gestas (marquis de).
— Chastel (comte du).
— Pontavice de Rouffigny (marquis du).
— Méhérenc de Saint-Pierre (vicomte).
— Trémoille, prince de Talmont (de la).
— Toustain de Richebourg (vicomte).
— Sénéchal de Molac (marquis le).
— Quatrebarbes (comte de).
— Valory (comte de).
— Rarécourt de la Vallée, comte de Pimodan.
— Rarécourt de la Vallée, marquise de Pimodan.
— Rieux (comte de).
1787. Walsh (comte Théobald).
— Walsh (vicomtesse).
— Sénéchal de Carcado (comtesse le).
— Saint-Pern-Ligouyer (comte de).
— Roche-Saint-André (marquis de la).

1787. Andigné (marquis d').
— Bellouan d'Avaugour (comte de).
— Barrin (marquis de).
— Chateaubriand (chevalier de).
— Botdéru (comte Hyacinthe du).
— Porte-Vézins (marquis de la).
— Gentil de Paroy (marquis le).
— Kergorlay (comte Florian de).
— Kergorlay (comtesse de).
— Motte-Baracé (comte de la).
— Dreux-Brézé (marquis de).
— Roche-Saint-André (chevalier de la).
— Valory (chevalier de).
— Sérent (vicomtesse de).
— Rohan, princesse de Léon (madame de), a pris le tabouret.
— Tour du Pin - Gouvernet (comtesse de la).
— Toustain de Viray (comte François).
— Plessis de Grenédan (chevalier du).
1788. Quifistre de Bavalan (marquis de).
— * Rosily (marquis de).
— Rosnyvinen de Piré (comtesse de).
— Tinténiac (comte de).
— Trémoille (prince de la).
— Boisgeslin (marquise de).
— Chateaubriand (comte de).
— Chateaubriand (comtesse de).
— Barrin de la Galissonnière (comtesse).
— Boberil de Cherville (comte du).
— Gibon de Kerizouët (comte).
— Gouvello (comtesse de).
— Henri, vicomte de Kermadec.
— Hurault de Vibraye (comte Victor).
— Kerroignant d'Estuer (comte de).
— Loz (comte de).
— Dresnay (comtesse du).
— Plessis d'Argentré (marquise du).

1788. Penfeunteniou de Cheffontaines (marquis de).
— Maillé (marquise de).
— Pontavice (baron du).
— Foucault de Pontbriand (vicomte), major de vaisseaux.
1789 * Fruglaye (comte de la).
— * Boisbaudry (comte du), sous-lieutenant aux dragons de Monsieur.
— Amphernet de Pontbellanger (vicomtesse d').
— Toustain de Limezy (comte Hippolyte).
— * Tullaye (Mr de la).
— Sénéchal, comte de Carcado (Alexandre le).
— Rarécourt de la Vallée, baron de Pimodan.
— * Saisy de Kerampuil, capitaine aux dragons d'Artois.
— * Salaun de Kertanguy (Mr).
— Bouchet, marquis de Tourzel (du).
— * Bougrenet de la Tocquenaye (Mr).
— * Chaffault (comte du), sous-lieutenant au régiment du Roi.
— Poilvilain, marquis de Crénay.
— * Couëdic (comte du).
— Pont d'Aubevoye (Mr du).
— * Poulpiquet (Mr de).
— * Métaer du Hourmelin (Mr le).
— Moëlien (Mr de).
— * Planche (Mr de la).
— * Pé (Mr du).
— * Kergariou (comte de), chef de division des armées navales.
— * Landelle (comte de la), sous-lieutenant au régiment d'Anjou.
— * Lantivy (Mr de).

TERRES TITRÉES D'ANCIENNETÉ

OU ÉRIGÉES EN DIGNITÉ.

A.

Acigné, par. de ce nom, év. de Rennes, baronnie, bannière ou châtellenie d'ancienneté aux d'Acigné, et marquisat en 1609 pour Charles de Cossé-Brissac, époux de Judith d'Acigné; par acquêt en 1637 aux Freslon, et par alliance en 1720 aux Talhouët de Bonamour.

Aguéneuc, par. d'Elven, év. de Vannes, châtellenie en 1650 pour les Sérent.

Alensac, vicomté en 1644 pour les Barrin.

Ancenis, par. de ce nom, év. de Nantes, baronnie d'États successivement possédée par les maisons d'Ancenis, Rochefort, Rieux, Lorraine-Elbeuf, Lorraine-Mercœur, Bourbon-Vendôme; par acquêt Fouquet, et par alliance en 1657 Béthune-Charost.

Appigné, par. du Rheu, év. de Rennes, châtellenie d'ancienneté aux Botherel, et vicomté en 1585 pour Julien Botherel; par alliance en 1640 aux Sénéchal de Carcado, et par acquêt aux Magon de la Gervaisais.

Arcis (les), baronnie en 1620 pour René Cervon, passée par alliance aux Montesson en 1700.

Ardaine, par. de Saint-Georges-de-Reintembault, év. de Rennes, châtellenie d'ancienneté aux d'Ardaine, fondue au XVe siècle dans Romilley; érigée en marquisat pour ces derniers en 1684, et transmis par alliance aux Roncherolles en 1728.

Artois, par. de Mordelles, év. de Rennes, châtellenie d'ancienneté aux d'Artois fondus dans Le Vayer; acquise avant 1513 par les Gougeon, érigée en vicomté en 1679 pour René de la Porte, et transmis successivement par alliance aux Rousselet de Chateaurenault, d'Estaing et Visdelou.

Assérac, par. de ce nom, év. de Nantes, châtellenie d'ancienneté aux d'Assérac, fondus dans Rochefort puis Rieux; et marquisat en 1574 pour les Rieux, acquis en 1679 par les Lopriac et passé par alliance aux Kerboënt en 1775.

Avaugour, par. de Plésidy, év. de Tréguier, baronnie d'États, successivement aux d'Avaugour, Bretagne-Penthièvre, Bretagne et Bretagne-Vertus éteints en 1746.

B.

Bain, par. de ce nom, év. de Rennes, châtellenie d'ancienneté, successivement possédée par les maisons de Bain, Machecoul, Dinan, la Haye-Passavant, en Anjou, Montespédon, Scépeaux, Gondy, et par acquêt aux La Marzelière qui la firent ériger en baronnie en 1618, puis Coëtquen, Durfort et La Bourdonnaye-Montluc.

Bazouges, par. de Bazouges-sous-Hédé, év. de Rennes, châtellenie d'ancienneté aux Bintin, puis Hingant du Hac.

Beaufort, par. de Plerguer, év. de Dol, châtellenie d'ancienneté successivement aux Beaufort, Chateaubriant et par acquêt en 1650 Forsanz.

Beaumanoir, par. d'Evran, év. de Saint-Malo, baronnie d'ancienneté successivement aux Beaumanoir, Dinan, Laval; par acquêt Peschart, puis Le Meneust et de Langle.

Beaumanoir, par. de Vieux-Bourg de Quintin, év. de Cornouailles, baronnie d'ancienneté, successivement aux Eder, Bernard de l'Isle-Aval, du Halgoët et Cambout; par acquêt en 1753 Crozat, puis Béthune.

Beaumont, par. de Mordelles, év. de Rennes, châtellenie en 1433 pour les Raguénel, depuis Dinan, Laval et Rohan.

Beauvais, par. de Gévezé, év. de Rennes, châtellenie d'ancienneté, successivement aux d'Acigné et aux Bourgneuf, érigée en comté en 1680 pour Gilles de Lescu.

Becdelièvre, voy. Tréambert.

Bécherel, par. de ce nom, év. de Saint-Malo, baronnie d'ancienneté, successivement aux Dinan, Avaugour, Tinténiac, Laval, Montfort, Coligny, Glé de la Costardaye, Le Blanc de la Baume-la-Vallière, Lopriac et Kerhoënt.

Belinaye (la), par. de Saint-Christophe de Valains, év. de Rennes, vicomté en 1682 en faveur du s^r de la Belinaye.

Bellière (la), par. de Pleudihen, év. de Dol, vicomté d'ancienneté, successivement aux maisons de Dinan, Botherel, Raguénel-Malestroit, Rieux, Laval, Montejean, Acigné, du Chastel, Rieux et Boiséon; acquise en 1674 par les Giraud, et transmise par alliance aux Collin du Boishamon.

Belle-Isle-en-Mer, év. de Vannes, marquisat en 1573 en faveur du s^r de Gondy, par acquêt en 1688 au surintendant Fouquet, réuni au domaine en 1719.

Besso (le), par. de Saint-André-des-Eaux, év. de Dol, vicomté d'ancienneté, successivement aux du Besso, Beaumanoir et Rosmadec.

Betton, par. de ce nom, év. de Rennes, châtellenie d'ancienneté aux Saint-Gilles.

Beuvres ou Beuves, par. de Messac, év. de Rennes, châtellenie d'ancienneté aux La Chapelle, possédée ensuite par les Guémadeuc, puis Camus de Pontcarré.

Blain, par. de ce nom, év. de Nantes, châtellenie d'ancienneté, successivement aux maisons de Blain, Clisson et Rohan, érigée en marquisat en 1660 pour Marguerite, duchesse de Rohan-Chabot; *nunc* Janzé.

Bléhéban, par. de Caden, év. de Vannes, châtellenie d'ancienneté, successivement aux Bléhéban, Carné, et par acquêt Chéreil de la Rivière.

Blossac, par. de Goven, év. de Saint-Malo, châtellenie successivement aux Blossac, Montbourcher, Québriac, Guémadeuc et la Bourdonnaye.

Bodister, par. de Plourin, év. de Tréguier, châtellenie successivement possédée par les Guicaznou, Dinan-Montafilant, Laval, Montespedon, Scépeaux, Gondy, du Parc-Locmaria et Caradeuc.

Boischevalier, par. de Légé, év. de Nantes, châtellenie en 1666 pour Olivier Chevalier.

Bois de la Motte, par. de Trigavou, év. de Saint-Malo, bannière en 1433 pour Jean de Beaumanoir, possédée ensuite par les Coëtquen et les Bellouan, érigée en marquisat en 1621 pour Robert d'Avaugour, s^r de Saint-Laurent, époux de Bonne de Bellouan, dame du Bois de la Motte et passée depuis aux Montbourcher, Cahideuc, d'Andigné et Le Roux de Coëtando; *nunc* Briot.

Bois de la Musse, par. de Chantenay, év. de Nantes, châtellenie possédée par les La Musse, Chauvin et la Tullaye, érigée en baronnie en 1644 pour Jean Blanchart, et en marquisat en 1651 pour César-Auffray Blanchart.

Bois de la Roche, par. de Néant, év. de Saint-Malo, bannière en 1451 et vicomté en 1518 pour les Montauban; puis comté en 1607 pour les Volvire, passé par alliance aux L'Olivier de Saint-Maur, puis Saint-Pern.

Boiséon, par. de Lanmeur, év. de Dol, châtellenie d'ancienneté, puis comté en 1617 pour Pierre de Boiséon; par acquêt en 1688 Héliès, et par alliance Léon de Tréverret, puis Forestier et du Dresnay.

Bois-Février, par. de Fleurigné, év. de Rennes, châtellenie aux Février, puis Langan, érigée en baronnie en 1658 et en marquisat en 1674 pour Gabriel de Langan.

Boisgeffroy, par. de Saint-Médard-sur-Ille, év. de Rennes, châtellenie possédée d'abord par les Saint-Gilles, puis Denée; érigée en marquisat en 1644 pour André Barrin, et possédée ensuite par les Mornay-Montchevreuil, Lannion, Vaucouleurs et Quifistre.

Boisorhant, par. de Sixte, év. de Vannes, seigneurie passée des Boisorhant aux Talhouët et érigée en châtellenie pour les Talhouët en 1583 et 1610; *nunc* Talhouët.

Bonnefontaine, par. d'Antrain, év. de Rennes, châtellenie aux Porcon, transmise par alliance aux La Marzelière pour lesquels elle fut érigée en baronnie en 1565, et possédée ensuite par les Coëtquen, Durfort, et par acquêt la Motte de Lesnage.

Bordage (le), par. d'Ercé, près Gosné, év. de Rennes, châtellenie d'ancienneté, puis marquisat en 1656 pour les Montbourcher, passé par alliance aux Franquetot de Coigny en 1699.

Boschet (le), par. de Bourg-des-Comptes, év. de Rennes, châtellenie possédée par les Chalot, fondus dans Lescoët; érigée en vicomté en 1608 pour Auffray de Lescoët, puis acquise par les Magon de la Gervaisais.

Bossac, par. de Pipriac, év. de Saint-Malo, châtellenie aux Rohan, érigée en vicomté en 1637 pour Jean Peschart, baron de Beaumanoir.

Bouëxic (le), par. de Guipry, év. de Saint-Malo, vicomté en 1637 en faveur de Jean Becdelièvre, passée par acquêt aux du Bouëxic de Pinieuc en 1756.

Bouëxière (la), par. de la Gacilly, év. de Vannes, marquisat en 1717, sous le nom de la Bourdonnaye, pour Yves-Marie de la Bourdonnaye, sr du Bouëxic.

Bouin (Ile de), év. de Nantes, châtellenie successivement aux la Garnache, Retz, Machecoul, Craon, Montmorency-Laval dit de Retz, le Ferron, Goheau, Montberon, Machecoul, Chataigner et Clérambault; érigée en baronnie en 1714 pour Jérôme Phélyppeaux, comte de Pontchartrain, et passée par alliance à Louis-Jules-Barbon Mancini-Mazarini, duc de Nivernais, † *1798*.

Bourdonnaye (la), *voyez* Bouëxière (la).

Breignou (le), par. de Plouvien, év. de Léon, châtellenie successivement possédée par les Langoueznou, Plœuc, Kerlec'h et Thépault.

Bretesche (la), par. de Maisdon, év. de Nantes, châtellenie aux Couppegorge, puis la Pouëze, érigée en marquisat en 1657 en faveur de Louis Jousseaume; *nunc* Jousseaume.

Brie, par. de ce nom, év. de Rennes, seigneurie unie à celle de Chambière, par. de Saint-Armel-des-Boschaux, érigée en marquisat en 1660 pour François Loisel, et transmise ensuite aux Cahideuc, Sarsfield, et par acquêt de Langle.

Broërec, év. de Vannes, comté, partage d'un puîné de Bretagne.

Broons, par. de ce nom, év. de Saint-Malo, châtellenie successivement aux maisons de Broons, du Guesclin, Bretagne, Penthièvre, Brézé, Villeblanche et de Bruc.

Broutay (le), par. de Guillac, év. de Saint-Malo, vicomté en 1657 pour les Quélen, acquis ensuite par les Lambilly.

Buhen, par. de Plourhan, év. de Saint-Brieuc, châtellenie en 1632, pour Guillaume de Rosmadec, vicomte de Mayneuf, possédée ensuite par les Boisgeslin.

C.

Callac, par. de Plumelec, év. de Vannes, châtellenie aux Callac, puis la Lande, Tiercent, le Forestier et Rogier, pour lesquels elle fut érigée en baronnie en 1645; elle a appartenu depuis aux Guémadeuc, Marbœuf et Blanchard de la Buharaye.

Camzillon, par. de Mesquer, év. de Nantes, baronnie d'ancienneté aux Tournemine, puis Jacquelot; *nunc*: Chomart.

Caradeuc, par. de Plouasne, év. de Saint-Malo, seigneurie à la maison de ce nom, érigée en marquisat en 1776 en faveur de Louis-René de Caradeuc, s^r de la Chalotais; *nunc*: Falloux.

Carcado, par. de Saint-Gonéry, év. de Vannes, baronnie en 1624 en faveur du sieur le Sénéchal.

Carheil, par. de Plessé, év. de Nantes, vicomté en 1658 en faveur de René du Cambout.

Carman ou Kermavan, par. de Kernilis, év. de Léon, châtellenie à la maison de Carman, fondue dans Ploësquellec, puis Maillé; érigée en marquisat pour ces derniers en 1612, puis passée par acquêt aux Crozat et par alliance aux Gontaud-Biron.

Chambière, par. de Saint-Armel-des-Boschaux, év. de Rennes, *voyez* Brie.

Chapelle (la), par. de la Chapelle-sous-Ploërmel, év. de Saint-Malo, châtellenie à la maison de la Chapelle, fondue dans Rosmadec, et comté en faveur de ces derniers en 1576, transmis par alliance aux Sénéchal.

Chapelle (la), év. de Saint-Malo, comté en 1639 en faveur du s^r Rogier.

Charette, *voyez* Gascherie (la).

Chasse (la), par. d'Iffendic, év. de Saint-Malo, seigneurie unie à celle de Saint-Jean, par. de Saint-Mallon, et érigée en châtellenie en 1707 pour les d'Andigné.

Chastel (le), par. de Plouarzel, év. de Léon, baronnie d'ancienneté successivement aux maisons du Chastel, Rieux, Scépeaux, Gondy, Cossé-Brissac, Penancoët, Crozat et Gontaud-Biron.

Chastellier (le), par. d'Eréac, év. de Saint-Malo, châtellenie à la maison du Chastellier, fondue dans Villeblanche et par acquêt Botherel de la Bretonnière.

Chateaubourg, par. de ce nom, év. de Rennes, comté en 1680 en faveur de Charles Deniau, transmis par alliance aux la Celle.

Chateaubriant, par. de Saint-Jean-de-Béré, év. de Nantes, baronnie d'États à la maison de Châteaubriant, puis Dinan, Laval, Montmorency et Bourbon-Condé.

Chateaufremont, par. de Saint-Herblon, év. de Nantes, châtellenie successivement aux Châteaufremont, le Felle, Avoir, et de Bueil, qui la vendirent au duc de Bretagne en 1431; puis Mésanger, des Houmeaux et Cornulier, pour lesquels elle a été érigée en marquisat en 1683; *nunc*: Cornulier.

Chateaugiron, par. de ce nom, év. de Rennes, baronnie d'ancienneté successivement aux Châteaugiron, Malestroit, Raguénel, Rieux, Laval, Acigné, Cossé-Brissac et par acquêt en 1701 le Prestre de Lezonnet.

Chateauneuf, par. de ce nom, év. de Saint-Malo, châtellenie à la maison de Rieux, érigée en marquisat en 1702 pour les Béringhen, et renouvelée en 1746 pour les Baude de la Vieuville.

CHATEAUNEUF EN GOËLLO, vicomté aux Sénéchal de Carcado.
CHATELET (le), par. de Balazé, év. de Rennes, marquisat en 1682 pour le s*r* Hay.
CHATILLON EN VENDELAIS, par. de ce nom, év. de Rennes, châtellenie possédée successivement par les maisons de Vitré, Laval, Monfort, Rieux, Coligny et la Trémoille.
CHESNAY (le), par. de Guipel, év. de Rennes, seigneurie possédée successivement par les Maillechat et les Prévost, érigée en comté pour François de la Piguelays en 1590, et passée ensuite aux Bréchen, Keraly, puis Roscoat.
CHESNELAYE (la), par. de Trans, év. de Rennes, marquisat en 1641 pour François de Romilley, possédé ensuite par les Roncherolles, puis Boisbaudry; par acquêt en 1765, la Motte de Lesnage, et par alliance la Forest d'Armaillé; *nunc* : Palys.
CICÉ, par. de Brutz, év. de Rennes, seigneurie possédée par les Botherel, puis Hingant; érigée en baronnie en 1642 pour Charles Champion et transmise ensuite aux Berthou de Kerverziou, puis la Bourdonnaye-Mont-Luc.
CLISSON, baronnie d'ancienneté, év. de Nantes, successivement aux maisons de Clisson, Rohan, Penthièvre, Bretagne-Vertus et Rohan-Soubise.
CLOS (les), par. de Plénée-Jugon, év. de Saint-Brieuc, châtellenie en 1682 pour les Sauvaget, passée par alliance aux Froulay en 1713.
COESMES, paroisse de ce nom, év. de Rennes, baronnie successivement aux maisons de Coësmes, le Vayer, Maillé; par acquêt en 1433, la Roë, puis par alliance du Refuge et Goyon.
COËTFREC, par. de Ploubezre, év. de Tréguier, seigneurie successivement aux Coëtfrec, Coëtgoureden et Kerimel, érigée en bannière en 1451 pour Guillaume de Penhoët; transmise par alliance en 1492 aux la Touche-Limouzinière, puis par acquêt, Cosquer de Rosambo, et par alliance en 1688, le Pelletier; *nunc* : Le Pelletier.
COËTION, par. de Ruffiac, év. de Vannes, vicomté en 1647 pour le s*r* de la Bourdonnaye.
COËTIVY, par. de Plouvien, év. de Léon, baronnie d'ancienneté successivement à la maison de Coëtivy; par acquêt en 1497, du Juch; puis du Chastel, Rieux, Scépeaux, Gondy, Cossé-Brissac, Penancoët, Crozat et Gontaud-Biron.
COËTLOGON, par. de Plumieux, év. de Saint-Brieuc, châtellenie d'ancienneté aux Coëtlogon, érigée en marquisat en 1622 pour le s*r* de Coëtlogon, passé par alliance aux Trécesson en 1740.
COËTMADEUC, év. de Vannes, baronnie en 1637 pour René de Lopriac, passée par alliance aux Kerhoënt en 1752.
COËTMEAL, par. de ce nom, év. de Léon, vicomté d'ancienneté à la maison de Léon, passée par mariage aux Rohan en 1363.
COËTMEN, par. de Tréméven, év. de Saint-Brieuc, vicomté puis baronnie en 1487 pour Jean de Coëtmen, possédée ensuite par les d'Acigné, Cossé, Neuville de Villeroy, puis par acquêt Coëtmen-Kergadiou et par alliance en 1748 Rougé.
COËTMÉNEC'H, par. de Plonider, év. de Léon, vicomté successivement aux Coëtménec'h, le Vayer, la Feillée, Beaumanoir, Rosmadec, Kergroadez, Montmorency, et par acquêt Barbier de Lescoat.
COËTQUEN, par. de Saint-Hélen, év. de Dol, marquisat en 1576 en faveur des Coëtquen, fondus dans Durfort de Duras en 1735.
COËTQUÉNAN, par. de Plouzuerneau, év. de Léon, vicomté d'ancienneté successivement aux Coëtquénan, Bouteville, Parcevaux, Goulaine, de Plœuc, Percin, Kerérault, et par acquêt, Carné; *nunc* : Carné.

Coëtrivoas, par. de Kervignac, év. de Vannes, seigneurie successivement aux Kerguiris, puis aux Liniac et baronnie en 1636 pour Georges de Talhouët, sr de Keravéon.

Coislin, par. de Cambon, év. de Nantes, seigneurie successivement aux la Muce, le Guennec et Baye, érigée en marquisat en 1634 et en duché-pairie en 1663 en faveur du sr du Cambout; resté marquisat par extinction du duché en 1732.

Colinière (la), par. de Doulon, év. de Nantes, baronnie en 1776 en faveur de Louis-François Charette.

Combourg, par. de ce nom, év. de Saint-Malo, comté successivement aux maisons de Dol, Soligné, Tinténiac, Malestroit-Chateaugiron, Raguénel, du Chastel, Montejean, Acigné, Durfort, et par acquêt en 1731, Chateaubriand; *nunc* : Chateaubriand.

Cours (les), par. de Trébœuf, év. de Rennes, châtellenie en 1659, en faveur du sr de Launay.

Comper, par. de Concoret, év. de Saint-Malo, châtellenie d'ancienneté successivement aux Comper, Montfort, Laval, Rosmadec, Sérent et Narbonne-Pelet.

Couësby, par. de Guégon, év. de Vannes, vicomté successivement aux Couësby, du Val, Talhouët et Huchet de Cintré.

Crévy (le), par. de la Chapelle-sous-Ploërmel, év. de Saint-Malo, comté en 1697 pour le sr Rogier, possédé ensuite par les Brilhac, et par acquêt du Breil.

Croisille (la), par. de Saint-Symphorien, év. de Rennes, châtellenie en 1643 pour le sr Rollée.

Crozon, par. de ce nom, év. de Cornouailles, comté successivement aux maisons de Léon, Rohan, Rosmadec, du Han, la Porte, Rousselet et d'Estaing.

Cucé, par. de Cesson, év. de Rennes, seigneurie possédée d'abord par les Montbourcher, érigée en marquisat pour les Bourgneuf en 1644 et transmise aux Boisgeslin, puis aux Cahideuc.

Curru (le), par. de Milizac, év. de Léon, vicomté d'ancienneté successivement aux Faramus, Kernezne, Robien, Huchet, du Chastel et du Bot-du-Grégo.

D.

Dinan, év. de Saint-Malo, vicomté d'ancienneté à la maison de Dinan fondue dans Vitré, puis Mayenne et Avaugour; et acquise par le duc Jean le Roux en 1275.

Dobiays (la), par. de Saint-Jean-sur-Couaisnon, év. de Rennes, marquisat en 1645 pour les Gédouin, possédé ensuite par les Hay des Nétumières et les la Belinaye.

Dol, comté d'ancienneté successivement aux maisons de Dol, Soligné, Tinténiac et Laval.

Donges, par. de ce nom, év. de Nantes, vicomté d'ancienneté successivement aux maisons de Donges, Blain, Rochefort, Rieux; par acquêt en 1680 Lopriac, puis Kerhoënt.

Derval, par. de ce nom, év. de Nantes, châtellenie d'ancienneté aux Derval et baronnie d'États en 1451 pour Jean de Chateaugiron, dit de Malestroit, possédée depuis par les Raguenel, Rieux, Laval, Montmorency et Bourbon-Condé.

Driennays (la), par. de Saint-Malo de Phily, év. de Saint-Malo, vicomté en 1658 en faveur du sr du Bouëxic; *nunc* : du Bouëxic.

E.

Épine-Gaudin (l'), par. de Saint-Julien-de-Concelles, év. de Nantes, châtellenie d'ancienneté successivement aux Clisson, Bretagne, Châlons, Lépervier, la Noue et Goulaine.

Espinay (d'), par. de Champeaux, év. de Rennes, marquisat en 1575 en faveur du sr d'Espinay, depuis possédé par les maisons de Schomberg, la Rochefoucauld, la Trémoille, et par acquêt en 1719, le Prestre.

Euzénou, *voyez* Trévalot.

F.

Faou (le), par. de Rosnoën, év. de Cornouailles, vicomté d'ancienneté possédée successivement par les maisons du Faou, Quélennec, Beaumanoir, Guémadeuc, Vignerot du Plessis-Richelieu, et par acquêt Magon, qui la firent ériger en marquisat, sous le nom de la Gervaisais, en 1768.

Faouët (le), par. de ce nom, év. de Cornouailles, baronnie d'ancienneté successivement aux Lezivi, Bouteville, Goulaine, et par acquêt, du Fresnay.

Feillée (la), par. de Goven, év. de Saint-Malo, châtellenie d'ancienneté possédée par les maisons de la Feillée, Rieux; par acquêt Lopriac et depuis 1684 Sénéchal.

Fercé, par. de ce nom, év. de Rennes, vicomté successivement aux Maure, Rochechouart, par acquêt en 1650 Appelvoisin, puis Gouyon de Marcé, Massart et Boispéan.

Fniaudour, par. de Quimper-Guézennec, év. de Tréguier, châtellenie d'ancienneté successivement aux maisons d'Avaugour, Kergorlay, Montfort, Laval, et par acquêt Coëtrieux.

Fougeray, par. de ce nom, év. de Nantes, châtellenie successivement aux le Bœuf, Rieux, Amboise, la Trémoille, Chateaugiron, Raguénel, Rieux et Laval; érigée en marquisat en 1644 pour Henri de la Chapelle, et passée par alliance aux du Bouays de Méneuf, puis Loquet de Grandville.

Fougères, év. de Rennes, baronnie d'États, successivement aux maisons de Fougères, Lusignan et Valois; acquise par le duc Jean V en 1428.

Fourneaux, par. d'Availles, év. de Rennes, châtellenie en 1518 pour François de Broons, acquise en 1538 par Olivier Grout.

Fresnaye (la), par. de Réminiac, év. de Saint-Malo, vicomté d'ancienneté aux Bellouan, possédée ensuite par les Macé qui prirent le nom de la Fresnaye.

Fresnay (du), par. de Plessé, év. de Nantes, châtellenie à la maison du Fresnay, érigée en baronnie pour les Volvire en 1440 et possédée ensuite par les Belleville, Clisson et Rohan.

Frétay (le), par. de Pancé, év. de Rennes, vicomté en 1578 pour Renaud de la Marzelière.

Fromenteau, par. de Vallet, év. de Nantes, seigneurie successivement aux le Roux, la Boucherie, la Touche et du Puy-du-Fou, érigée en marquisat en 1760 pour le sr Barrin.

Frossay, par. de ce nom, év. de Nantes, châtellenie possédée par les Migron, Sion, Saffré, Tournemine, Heaulme, Conigan, et par acquêt d'Espinoze en 1682; érigée en marquisat pour les d'Espinoze en 1764, vendue en 1766 aux Priou de Saint-Gilles et possédée en 1780 par le sr Geslin, contrôleur à la chancellerie.

G.

Gartière (la), par. de Saint-Brieuc-de-Mauron, év. de Saint-Malo, vicomté en 1637 en faveur du sr Troussier.

Gael, par. de ce nom, év. de Saint-Malo, baronnie d'ancienneté successivement aux maisons de Montfort, Rieux, Coligny, la Trémoille et par acquêt Montigny.

GALISSONNIÈRE (la), voyez JANNIÈRE (la).

GALMELIÈRE (la), châtellenie en 1627 pour le s^r de Lescoët.

GARAYE (la), par. de Taden, év. de Saint-Malo, vicomté en 1654 et comté en 1685 pour le s^r Marot.

GASCHERIE (la), par. de la Chapelle-sur-Erdre, év. de Nantes, châtellenie d'ancienneté successivement possédée par les Montauban, Lépervier, la Noue et du Pé, et érigée en marquisat en 1775 sous le nom de Charette, pour Louis Charette.

GAUDINAYE (la), par. de Ploërmel, év. de Saint-Malo, châtellenie en 1570 pour le s^r de Coëtlogon.

GOËLLO, év. de Saint-Brieuc, comté successivement aux maisons d'Avaugour, Bretagne, Penthièvre et Bretagne-Vertus.

GOUARLOT, par. de Kernével, évêché de Cornouailles, vicomté d'ancienneté successivement aux Gouarlot, Rosmadec, Kerméno et Guernisac.

GOULAINE, par. de Haute-Goulaine, év. de Nantes, marquisat en 1621 pour Gabriel de Goulaine, tombé par alliance aux Rosmadec en 1655 et en 1786 aux Baillehache.

GOURNOIS, par. de Guiscriff, év. de Cornouailles, vicomté d'ancienneté successivement aux Mauny, du Chastellier, du Chastel, Mescouëz, Coëtanezre, Kernezne, Robien, Huchet, du Chastel, du Bot-du-Grégo et d'Amphernet de Pont-Bellanger.

GRANBOIS, par. de Landébaëron, év. de Tréguier, vicomté d'ancienneté successivement aux Péan, Acigné, Richelieu et par acquêt Hay du Châtelet.

GRENÉDAN, par. d'Illifaut, év. de Dol, marquisat en 1747 pour le s^r du Plessis de Grenédan.

GUÉ (le), par. de Noyal-sur-Vilaine, év. de Rennes, châtellenie d'ancienneté aux du Gué, puis la Marzelière.

GUÉMADEUC, par. de Pléneuf, év. de Saint-Brieuc, châtellenie en 1451 pour le s^r de Guémadeuc, possédée depuis 1626 par les Richelieu.

GUÉMÉNÉ, par. de ce nom, év. de Vannes, châtellenie successivement possédée par les Guégant, Rohan, Beaumez, Longueval et de nouveau Rohan en 1377; érigée en principauté en 1570 en faveur de Louis de Rohan.

GUÉRAND (le), par. de Plougat, év. de Tréguier, marquisat en 1637 pour le s^r du Parc de Locmaria, possédé ensuite par les Quemper de Lanascol.

GUERCHE (la), par. de ce nom, év. de Rennes, châtellenie d'ancienneté possédée par les maisons de la Guerche, Chateaubriant, Beaumont, Chamaillart, Valois, Montferrat, Gonzague de Mantoue, Cossé-Brissac et Neuville de Villeroy.

GUERCHE (la), par. de Saint-Brévin, év. de Nantes, marquisat en 1682 pour le s^r de Bruc.

GUERCHE (la), marquisat en 1701 en faveur du s^r Barrin.

GUERLESQUIN, par. de ce nom, év. de Tréguier, vicomté d'ancienneté successivement aux Charuel, Penhoët, la Touche, et par acquêt Cosquer de Rosambo, puis le Pelletier.

GUIGNEN, par. de ce nom, év. de Saint-Malo, châtellenie d'ancienneté successivement aux la Lande et d'Elbiest, et vicomté en 1519 pour le sieur de Saint-Amadour, depuis Rieux, Bretagne-Avaugour, Rohan et Bourbon-Condé.

GUILDO (le), par. de Créhen, év. de Saint-Malo, baronnie d'ancienneté successivement aux Beaumanoir, Dinan, Laval, Scépeaux, Gouyon, Avaugour, Montbourcher, Cahideuc, et par acquêt Picot.

GUINGAMP, év. de Tréguier, comté successivement aux maisons d'Avaugour, Penthièvre, Châtillon-de-Blois, de Brosse, Luxembourg, Lorraine-Mercœur, Bourbon-Vendôme, Bourbon-Conti et Bourbon-Penthièvre.

TOME III.

H.

Hardouinaye (la), par. de Saint-Launeuc, év. de Dol, baronnie d'ancienneté successivement aux Beaumanoir, Dinan, Laval, et par acquêt Saint-Pern.

Houmeaux (les), par. de Saint-Brolazdre, év. de Dol, baronnie d'ancienneté aux du Breil, puis Saint-Genys.

Houssaye (la), par. de Saint-Martin-sur-Oust, év. de Vannes, châtellenie d'ancienneté de temps immémorial aux la Houssaye.

Hunaudaye (la), par. de Plédéliac, év. de Saint-Brieuc, baronnie en 1487 en faveur de François Tournemine, possédée ensuite par les la Motte-Vauclair, Rosmadec, Rieux, Talhouët et Guéhéneuc de Boishue.

I. J.

Ingrande, év. de Nantes, baronnie d'ancienneté successivement aux maisons d'Ingrande, Chantocé, Craon, Laval, Bretagne, Bretagne-Vertus, et par acquêt en 1775 Walsh de Serrant.

Isle (l'), par. de Plœuc, év. de Saint-Brieuc, vicomté d'ancienneté successivement aux Bréhand et aux Maillé.

Jannière (la), par. de Monnières, év. de Nantes, vicomté en 1644 pour Jacques Barrin, et marquisat en 1658 pour le même, sous le nom de la Galissonnière, possédé ensuite par les Berthou.

Juch (le), par. de Ploaré, év. de Cornouailles, baronnie d'ancienneté successivement aux maisons du Juch, du Chastel, Gouyon-la-Moussaye, Montbourcher et Franquetot de Coigny.

K.

Keraër, par. de Locmaria, év. de Vannes, baronnie en 1553 pour les Malestroit, possédée ensuite par les Montalais, et par acquêt en 1727 Robien.

Kerambourg, par. de Landaul, év. de Vannes, vicomté en 1553 pour les Malestroit, puis Montalais, et par acquêt Robien.

Keranraiz, par. de Plouaret, év. de Tréguier, châtellenie d'ancienneté successivement possédée par les Keranraiz, fondus en 1432 dans Montauban, puis Rohan-Guéméné, Boiséon et Hay de Bonteville.

Keravéon, par. d'Erdeven, év. de Vannes, baronnie en 1636 pour les Talhouët.

Kergoët et Bodigneau, par. de Cloharz-Fouësnant, év. de Cornouailles, baronnie en 1680 sous le nom de Cheffontaines, pour le s^r de Penfeunteniou.

Kergorlay, par. de Motreff, év. de Cornouailles, baronnie d'ancienneté successivement aux Kergorlay, Beaumanoir, Coëtquen, Bellouan, Avaugour-Saint-Laurent et de Plœuc.

Kergournadec'h, par. de Cléder, év. de Léon, châtellenie d'ancienneté aux Kergournadec'h, échue par mariage en 1473 aux Coëtquelfen, qui prirent le nom de Kergournadec'h, et possédée depuis par les Kerhoënt, Rosmadec et le Sénéchal; par acquêt Pinsonneau, puis Bidé de la Grandville et Hautefort; *nunc* : Maillé.

Kergroadez, par. de Plourin, év. de Léon, baronnie d'ancienneté successivement aux Kergroadez, Kerouartz, d'Houchin et Roquelaure.

Kergrois, par. de Moustoir-Remungol, év. de Vannes, baronnie d'ancienneté successivement aux d'Avaugour, Bellouan, Machecoul, et par acquêt Lambilly.

Keribert, par. de Ploudalmézeau, év. de Léon, baronnie d'ancienneté successivement aux Keribert, Rannou et Sansay.

Kerimerc'h, par. de Bannalec, év. de Cornouailles, baronnie d'ancienneté successivement aux Kerimerc'h, du Hautbois, Tinténiac et du Breil de Rays.

Kerinan, par. de Langadias, év. de Saint-Malo, vicomté en 1598 pour les Trémigon, depuis possédée par les d'Espinay, du Breil de Pontbriand et de Bruc.

Kerjean, par. de Vieuxbourg de Quintin, év. de Cornouailles, vicomté d'ancienneté possédée successivement par les Mahé, la Garenne, Jégou; par alliance en 1680 Rougé, puis Lorraine-Elbœuf.

Kerjean, par. de Saint-Vougay, év. de Léon, marquisat en 1618 pour René Barbier, successivement possédé depuis par les Coëtanscours, Kersauzon, Brilhac et Forzanz; *nunc* : Coëtgoureden.

Kerlec'h, par. de Ploudalmézeau, év. de Léon, baronnie en 1576 en faveur du s^r de Kerlec'h, possédée ensuite par les Kergroadez, Lopriac, Kerhoënt, Lauzun et Lannion.

Kermavan ou Carman, *voyez* Carman.

Kernuz, par. de Ploubannalec, év. de Cornouailles, baronnie d'ancienneté successivement aux Kernuz, de Plœuc, Riou et Esclabissac.

Kerouzéré, par. de Sibéril, év. de Léon, baronnie d'ancienneté successivement possédée par les Kerouzéré, Kerimel, Boiséon, du Poulpry, Bréhant, des Clos, Larlan, Eon du Vieuxchâtel, Penfeuntenion, Rosnyvinen, et par acquêt du Beaudiez; *nunc* : l'Estang du Rusquec.

Kervéguen, par. de Scaër, év. de Cornouailles, châtellenie en 1665 en faveur du s^r Le Borgne, puis Euzénou.

Kervéno, par. de Pluméliau, év. de Vannes, marquisat en 1624 en faveur des Kervéno, fondus dans Rogier, et passé par acquêt aux Lambilly en 1734.

L.

Lanascol, par. de Plouzélembre, év. de Tréguier, châtellenie en 1647 en faveur du s^r Quemper.

Landal, par. de la Boussac, év. de Dol, châtellenie d'ancienneté successivement aux Montsorel, Aubigné, Montauban, Rohan, Maure et de France; érigée en comté pour ces derniers en 1716, et transmise par alliance aux du Breil en 1780.

Langan, par. de ce nom, év. de Dol, châtellenie en 1674 en faveur de Gilles du Boisbaudry, puis l'Escu de Beauvais.

Langourla, par. de ce nom, év. de Saint-Brieuc, châtellenie d'ancienneté possédée par les Langourla, puis l'Evesque; *nunc* : Quemper de Lanascol.

Lannion, év. de Tréguier, comté successivement aux maisons de Penthièvre et de Bretagne.

Lanvaux, par. de Grandchamp, év. de Vannes, châtellenie d'ancienneté à la maison de Lanvaux; érigée en baronnie en 1485 pour Louis de Rohan, sire de Guéméné.

Largouët, par. d'Elven, év. de Vannes, comté successivement aux maisons de Malestroit, Rieux et Lorraine-Elbœuf; acquis par le surintendant Fouquet en 1659, revendu en 1686 aux Trémerreuc, et passé par alliance aux Cornulier.

Lattay (le), par. de Gueroc, év. de Saint-Malo, châtellenie en 1647 pour le s^r de Saint-Pern.

Laz, par. de ce nom, év. de Cornouailles, baronnie d'ancienneté successivement aux Mescouëz, Coëtanezre, Kernezne, Robien, Huchet, du Bot du Grégo et d'Amphernet de Pontbellanger.

Léon, comté souverain, réuni au domaine ducal en 1276.

Léon, vicomté d'ancienneté et baronnie d'États à la maison de Léon; transmise par mariage aux Rohan en 1363, et érigée en principauté en 1572.

Lescoat, par. de Plouguin, év. de Léon, vicomté d'ancienneté successivement possédée par les Coëtmeur, Tournemine, la Béraudière, Boiséon et la Bourdonnaye-Montluc.

Lescoat, par. de Lesneven, év. de Léon, châtellenie en 1656 pour le s^r Barbier.

Lescoulouarn, par. de Plonéour, év. de Cornouailles, baronnie d'ancienneté successivement aux Foucault, Languéouëz, Gouandour et Moëlien.

Lesmais, par. de Plestin, év. de Tréguier, vicomté d'ancienneté successivement possédée par les Lesmais, Saliou, Le Moine, la Bourdonnaye-Blossac et Camus de la Guibourgère.

Lesnen, par. de Saint-Tual, év. de Dol, châtellenie d'ancienneté aux Lesnen, Mauny, du Chastellier, et par alliance en 1522 du Chastel.

Lessongère, par. de Saint-Herblain, év. de Nantes, vicomté en 1642 pour le s^r Barrin, depuis possédée par les familles Lair, Richard du Ponceau, Boux et Urvoy de Saint-Bédan.

Lezarvor, év. de Cornouailles, châtellenie en 1655 pour le s^r de Gouandour.

Lohéac, par. de ce nom, év. de Saint-Malo, baronnie d'ancienneté à la maison de Lohéac fondue dans la Roche-Bernard en 1298; puis passée en 1364 aux Montfort, qui prirent le nom de Laval en 1404, et possédée successivement ensuite par les Rieux, Saint-Maure, Maure, Rochechouart, et par acquêt Rosnyvinen.

Lorges, *voyez* Quintin.

Loroux-Bottereau (le), par. de ce nom, év. de Nantes, châtellenie d'ancienneté successivement possédée par les Botterel ou Bottereau, Machecoul, Craon, Laval, et en 1474 Landais, puis l'Epervier et la Noue, qui la vendirent en 1590 aux Goulaine.

Loyat, par. de ce nom, év. de Saint-Malo, vicomté d'ancienneté successivement aux Fontenay, Acigné et Coëtlogon.

Loyaulx, par. de Fresnay, év. de Nantes, vicomté en 1490 pour Gilles de Condest, puis Montdragon, Gondy et Fouquet.

M.

Maillé, *voyez* Seizploué.

Malestroit, par. de ce nom, év. de Vannes, châtellenie d'ancienneté aux Malestroit, et baronnie d'États en 1451 pour les Chateaugiron, qui prirent le nom de Malestroit; possédée ensuite par les Raguenel, Rieux, Laval, Montejean, Acigné et Cossé-Brissac; acquise par les Guénégaud, puis Lannion et Sérent.

Martigné, par. de Martigné-Ferchaud, év. de Rennes, châtellenie d'ancienneté successivement aux Martigné, La Guerche, Châteaubriant, Brienne, Gaudin, du Perrier et Villeblanche; par acquêt Montmorency, et par alliance en 1632 Bourbon-Condé.

Marzain, par. de Saint-Nazaire, év. de Nantes, châtellenie d'ancienneté successivement aux Malor, Rohan, Carné, et par acquêt Camus de Viarmes.

Marzelière (la), par. de Bain, év. de Nantes, marquisat en 1618 pour le s^r de la Marzelière, depuis possédé par les Coëtquen, Durfort, et par acquêt la Bourdonnaye.

Matignon, par. de Saint-Germain-la-Mer, év. de Saint-Brieuc, baronnie d'ancienneté transmise par alliance en 1149 des Matignon aux Gouyon.

Maure, par. de ce nom, év. de Saint-Malo, comté en 1553 pour le s^r de Maure, passé par alliance aux Rochechouart, puis par acquêt aux Rosnyvinen.

Mauron, par. de ce nom, év. de Saint-Malo, baronnie en 1635 et vicomté en 1658 pour Amaury de Bréhant, transmise par alliance aux Richelieu, et par acquêt d'Andigné.

Mayneuf, par. de Saint-Didier, év. de Rennes, vicomté en 1478 pour Gilles du Hallay, puis Rosmadec-Gouarlot et Boisgeslin.

Méjusseaume, par. du Rheu, év. de Rennes, vicomté en 1573 pour François du Gué, possédée ensuite par les Coëtlogon, Trécesson, et par acquêt en 1753 Freslon.

Merdrignac, par. de ce nom, év. de Saint-Malo, vicomté d'ancienneté aux Merdrignac, fondus en 1294 dans Beaumanoir, et possédée ensuite par les Dinan, Laval, Scépeaux, Gondy, et par acquêt Saint-Pern.

Miniac, par. de Miniac-Morvan, év. de Dol, vicomté d'ancienneté successivement aux Mauny, du Chastellier, du Chastel, Rieux, Scépeaux, Gouyon, et par acquêt Le Clavier.

Molac, par. de ce nom, év. de Vannes, baronnie d'ancienneté successivement aux Molac, la Chapelle, Rosmadec et Sénéchal.

Montafilant, par. de Corseul, év. de Saint-Malo, baronnie d'ancienneté successivement aux Dinan, Laval, Tournemine, la Motte-Vauclair, Rosmadec et Rieux-d'Assérac.

Montauban, par. de ce nom, év. de Saint-Malo, baronnie d'ancienneté aux Montauban, passée par alliance aux Rohan-Guéméné en 1443.

Montbarot, par. de Saint-Aubin de Rennes, baronnie en 1671 pour le s^r Barrin, possédée ensuite par les Mornay-Montchevreuil, Lannion et Marnières de Guer.

Montfort, par. de Montfort-la-Canne, év. de Saint-Malo, baronnie d'ancienneté successivement aux maisons de Montfort, Laval, Rieux, Coligny et la Trémoille.

Montmoron, par. de Romazy, év. de Rennes, comté en 1657 en faveur des Sévigné, possédé ensuite par les du Hallay en 1684.

Montrelais, par. de ce nom, év. de Nantes, baronnie d'ancienneté successivement aux Montrelais, Châteaubriant, Anger, Maure, Rochechouart; par acquêt aux Lesrat, qui la revendirent en 1686 aux Cornulier, et par alliance aux du Dresnay en 1740.

Moros et Kervichard, par. de Lanriec, év. de Cornouailles, châtellenie en 1682 pour le s^r du Quesne, acquise en 1728 par les Périer de Salvert.

Motte (la), par. du Rheu, év. de Rennes, vicomté d'ancienneté successivement aux Fontenay, Acigné, Maure, Le Rouge et Coëtlogon.

Motte (la), par. de Saint-Armel, év. de Rennes, vicomté en 1642 pour le s^r Loisel, possédée ensuite par les Cabideuc et les Sarsfield.

Moussaye (la), par. de Plénée-Jugon, év. de Saint-Brieuc, châtellenie d'ancienneté aux la Moussaye, échue par mariage aux Gouyon en 1506; érigée en marquisat pour ces derniers en 1615, et passée par alliance aux Montbourcher, puis aux Franquetot de Coigny; *nunc* : la Motte-Vauvert.

Musse (la), par. de Baulon, év. de Saint-Malo, baronnie d'ancienneté aux Brullon, fondus en 1680 dans Sansay, et possédée depuis 1725 par les Grignart de Champsavoy.

Musse (la), par. de Ligné, év. de Nantes, châtellenie en 1455 pour Guillaume de la Musse, possédée ensuite par les Chauvin et les Gouyon de Marcé.

N.

Nantes, ancien comté souverain, possédé ensuite par les maisons d'Anjou et d'Angleterre, et réuni au domaine ducal en 1182.

Névet, par. de Plogonnec, év. de Cornouailles, baronnie d'ancienneté aux Névet, fondus en 1729 dans Franquetot de Coigny.

Nétumières (les), par. d'Erbrée, év. de Rennes, baronnie en 1629 pour le s^r Hay.

O.

Orgères, par. de ce nom, év. de Rennes, baronnie en 1641 pour les Bourgneuf, renouvelée en 1774 pour le s^r Bonnescuelle.

Oudon, par. de ce nom, év. de Nantes, châtellenie d'ancienneté à la maison d'Oudon, fondue en 1317 dans Chateaugiron-Malestroit; acquise en 1540 par Raoul du Juch et possédée ensuite par les du Bellay, Montmorency et Bourbon-Condé.

Ouessant (Ile d'), év. de Léon, marquisat en 1597 pour le s^r de Rieux.

P.

Pallet (le), par. de ce nom, év. de Nantes, châtellenie d'ancienneté aux Souvaing, possédée depuis 1416 par les Aménart, tombée par alliance aux Goulaine en 1497, et vendue aux Barrin en 1635.

Penhoët, par. de Saint-Thégonnec, év. de Léon, baronnie d'ancienneté successivement possédée par les maisons de Penhoët, Rohan-Gié, Rosmadec, Kerhoënt, Le Vicomte, et par acquêt Kerouartz.

Penmarc'h, par. de Saint-Frégan, év. de Léon, baronnie en 1502 pour le s^r de Penmarc'h; *nunc* : Cresolles.

Perrier (le), par. de Kermoroc'h, év. de Tréguier, châtellenie d'ancienneté aux du Perrier, transmise par alliance aux Laval en 1482, et aux Rohan-Guémené en 1529, puis Lannion et Pons.

Penthièvre, év. de Saint-Brieuc, comté souverain, possédé par les maisons de Penthièvre, Avaugour, Bretagne, de Blois et de Brosse; érigé en duché-pairie en 1569 pour les Luxembourg; transmis par alliance aux Lorraine-Mercœur, puis aux Bourbon-Vendôme, et par acquêt aux Bourbon-Conti qui le revendirent au comte de Toulouse, au profit duquel le duché fut renouvelé en 1697.

Pestivien, par. de ce nom, év. de Cornouailles, baronnie d'ancienneté successivement aux Pestivien, Molac, la Chapelle, Kerméno, Kergorlay et du Cleuz du Gage.

Plaintel, par. de ce nom, év. de Saint-Brieuc, vicomté d'ancienneté successivement aux Dolo, Gautron, Robien et Durfort.

Plédran et Pirvit, par. de Plédran, év. de Saint-Brieuc, vicomté d'ancienneté successivement aux Plédran, la Chapelle-de-Bœuves, Beaumanoir, Coëtquen, du Louët, du Harlay, Montmorency et Potier de Gesvres.

Pléhédel, par. de ce nom, év. de Saint-Brieuc, vicomté d'ancienneté successivement possédée par les Lanloup, Goudelin, Coëtmen, la Feillée, Rieux, Beringhen et Boisgeslin.

Plélo, par. de ce nom, év. de Saint-Brieuc, comté successivement aux Quélen, Bréhand, et par alliance en 1740 Richelieu duc d'Aiguillon.

Plessis-Bertrand (le), par. de Saint-Coulomb, év. de Dol, comté en 1702 pour Jacques-Louis Béringhen; passé par acquêt aux Magon.

Plessis-Balisson (le), par. de ce nom, év. de Saint-Malo, châtellenie d'ancienneté aux du Plessis, transmise par alliance au xive siècle aux du Perrier, puis Villeblanche, et possédée depuis par acquêt par les Marc'hec, du Breil et Baude.

Pleugriffet, par. de ce nom, év. de Vannes, baronnie d'ancienneté successivement aux Malestroit, Espinay, Téhillac, Coëtlogon, Trécesson et Babuno du Liscouët.

Plœuc, par. de ce nom, év. de Saint-Brieuc, châtellenie d'ancienneté aux de Plœuc; érigée en comté en 1696 pour le s^r de la Rivière.

Plouër, par. de ce nom, év. de Saint-Malo, comté en 1747 pour le s^r de la Haye.

Plourhan, par. de ce nom, év. de Saint-Brieuc, vicomté d'ancienneté aux la Roche-Suhart, transmise par alliance en 1248 à Guillaume Le Borgne.

Plusquellec, par. de ce nom, év. de Cornouailles, châtellenie d'ancienneté aux Plusquellec, tombée par alliance en 1478 à Charles du Pont-l'Abbé, et possédée depuis par les du Chastellier et les Villeblanche.

Poher, év. de Cornouailles, comté partage des puînés de Cornouailles, réuni au domaine ducal au xie siècle, et vicomté tombée dans la maison de Léon, réunie au domaine ducal en 1239.

Poilley, par. de ce nom, év. de Rennes, comté en 1636 en faveur de Julien de Poilley, échu par alliance aux du Bourgblanc.

Pommerit, par. de ce nom, év. de Tréguier, vicomté d'ancienneté successivement aux du Chastellier, du Chastel, Gouyon et Durfort.

Pommorio, par. de Tréveneuc, év. de Saint-Brieuc, vicomté d'ancienneté de tout temps aux Chrétien.

Pontcallec, par. de Berné, év. de Vannes, châtellenie d'ancienneté successivement possédée par les maisons de Pontcallec, Bretagne, Derval, Clisson, Beaumanoir, Malestroit et Papin; érigée en marquisat en 1657 pour Alain de Guer, et passée ensuite aux Cossé-Brissac.

Pontchateau, par. de ce nom, év. de Nantes, baronnie d'ancienneté successivement aux maisons de Pontchateau, Rohan, Maillé, Laval, Cambout, Lorraine-Lambesc, et par acquêt en 1754 aux Menou.

Pontcroix, par. de Beuzec-Cap-Sizun, év. de Cornouailles, marquisat en 1719 en faveur du s^r le Sénéchal de Carcado, depuis possédé par les Carbonnel, Brancas et d'Escoubleau.

Pont-l'Abbé (le), par. de Plobannalec, év. de Cournouailles, baronnie d'ancienneté successivement aux maisons de Pont-l'Abbé, Foix, du Chastel, Quélennec, Beaumanoir, Guémadeuc, Richelieu; par acquêt d'Hernothon, puis Argouges, Baude, Pérebaud et de Beuves.

Pordic, par. de ce nom, év. de Saint-Brieuc, baronnie d'ancienneté, partage des puînés de Penthièvre qui prirent le nom de Pordic, et successivement la Jaille, la Porte-Vézins, Le Porc, d'Andigné; par acquêt Bréhant, et par alliance en 1740 Richelieu, duc d'Aiguillon.

Porhoët, év. de Saint-Malo, comté successivement aux maison de Porhoët, Fougères, Lusignan, Valois, Clisson et Rohan.

Porteric, par. de Saint-Donatien, év. de Nantes, baronnie en 1640 pour le s^r d'Espinoze; passée par acquêt aux Rosmadec en 1775.

Poulmic, par. de Crozon, év. de Cornouailles, marquisat en 1651 pour le s^r du Han, depuis par alliance aux La Porte d'Artois, Rousselet de Châteaurenault et d'Estaing.

Pratmeur, par. de Ploudalmezeau, év. de Léon, vicomté d'ancienneté aux Rannou et par alliance en 1620 aux Sanzay.

Pontbriand, par. de Saint-Briac, év. de Saint-Malo, comté en 1652 pour Tanguy du Breil, passé par alliance aux de Bruc en 1738.

Q.

Quélen, par. de Duault, év. de Cornouailles, baronnie en 1512 pour le s^r de Quélen, par alliance en 1585 aux Lanuion, puis aux Sénéchal de Carcado.

Quélénec (le), par. de Vieux-Bourg de Quintin, év. de Cornouailles, baronnie d'ancienneté aux Quélénec, transmise par alliance aux Beaumanoir en 1572, puis Guémadeuc, Vignerot du Plessis-Richelieu, Grivel de Grossoves, et depuis 1737 Chavagnac, en Auvergne.

Quemper-Guézennec, par. de ce nom, év. de Tréguier, vicomté d'ancienneté successivement aux Quemper, la Roche-Jagu, Péan, Acigné, Richelieu, et par acquêt Coëtrieux.

Quintin, év. de Saint-Brieuc, comté d'ancienneté aux Quintin, et baronnie d'États en 1451 en faveur de Tristan du Perrier, possédée ensuite par les maisons de Laval, et en 1521 de la Trémoille qui la vendit aux Gouyon-la-Moussaye, et ces derniers aux Durfort de la maison de Lorges, en Blaisois, en faveur desquels Quintin fut érigé en duché-pairie en 1691, continué sous le nom de Lorges en 1706, et possédé ensuite par les Choiseul. *Nunc*: Nédonchel.

Quimerc'h, *voy.* Kerimerc'h.

R.

Rais ou Rays, par. de Ploubalay, év. de Saint-Malo, comté en 1680 pour le s^r du Breil.

Rénac, par. de ce nom, év. de Vannes, baronnie en 1462 pour Tanguy du Chastel, possédée ensuite par les Montejean et les Cossé; en 1656 Martel, puis Fournier.

Rennes, ancien comté souverain, réuni au domaine ducal en 1008.

Retz, év. de Nantes, baronnie d'États successivement aux maisons de Retz, Chabot, Laval, Chauvigny, Tournemine, Annebaud et Gondy; érigée en duché-pairie pour ces derniers en 1581, et passée depuis aux Bonne de Lesdiguières, Cossé-Brissac, Neufville de Villeroy, et par acquêt en 1778 Brie de Serrant.

Rezé, par. de ce nom, év. de Nantes, vicomté d'ancienneté successivement aux Rezé, qui la vendirent en 1453 à Guillaume de Saint-Gilles, puis Chasteigner, Trévécar, Guémadeuc, Cornulier et Barrin; érigée en comté en 1681 pour le s^r de Monti. *Nunc*: de Monti.

Rieux, par. de ce nom, év. de Vannes, baronnie d'ancienneté à la maison de Rieux, passée par alliance aux Coligny en 1547, et aux Lorraine-Elbœuf en 1605; acquise par le s^r Guénégaud, et érigée pour lui en comté en 1667.

Rigourdaine (la), par. de Taden, év. de Saint-Malo, châtellenie en 1577 pour le s^r Lambert.

Roche (la), par. de Nort, év. de Nantes, baronnie d'ancienneté successivement aux La Roche-Bernard, Lohéac, Montfort-Gaël, Laval, la Trémoille et la Chapelle; acquise en 1686 par les Cornulier, et érigée pour eux en comté en 1712, puis vendue en 1720 aux Bourbon-Condé.

Roche-Bernard (la), par. de Nivillac, év. de Nantes, baronnie d'États, successivement aux maisons de la Roche, Lohéac, Montfort, Laval, Rieux, Coligny, Lorraine, Cambout, et par acquêt en 1744 Boisgeslin.

Roche-Derrien (la), par. de ce nom, év. de Tréguier, châtellenie d'ancienneté successivement aux maisons de la Roche, Goüyon-Matignon, Bretagne, du Guesclin et Rohan-Soubise.

Rochefort, par. de ce nom, év. de Vannes, châtellenie d'ancienneté aux Rochefort, passée par alliance aux Rieux en 1374, puis aux Lorraine-Elbœuf; par acquêt Larlan, puis Hay des Nétumières.

Roche-Helgomarc'h (la), par. de Saint-Thoix, év. de Cornouailles, marquisat en 1576 pour Troïlus du Mescouëz, depuis possédé par les Coëtanezre, Kernezne, Robien, Huchet du Chastel, du Bot-du-Grégo et d'Amphernet de Pontbellanger.

Roche-Jagu (la), par. de Ploëzal, év. de Tréguier, baronnie en 1451 en faveur de Jean Péan, possédée ensuite par les d'Acigné, puis Richelieu, et acquise en 1773, par les Gonidec de Traissan.

Roche-Montbourcher (la), par. de Cuguen, év de Dol, châtellenie d'ancienneté aux la Roche, tombée par alliance aux Saint-Bricc et vers 1300 aux Montbourcher et acquise avant 1513 par Pierre Thierry, s^r de Boisorcant.

Roche-Moysan (la), par. d'Arzano, év. de Vannes, baronnie d'ancienneté successivement aux la Roche, Gauvaing, Clisson, Bentelée, Vendôme, Rohan-Guéméné, Tinténiac et par acquêt Monistrol.

Roche-Rousse (la), par. de Quessoy, év. de Saint Brieuc, châtellenie d'ancienneté aux la Roche-Rousse, Kerimerc'h et Halegoët, et par acquêt Plancher.

Rocher (le), châtellenie en 1595 pour le s^r du Breil.

Rocheservière (la) dans les Marches, év. de Nantes, châtellenie d'ancienneté successivement aux Chabot, Volvire, Téhillac, Hamon de Bouvet et la Lande dit de Machecoul; échue par alliance aux la Chapelle de la Rochegiffart en 1656.

Roche-Suhart (la), par. de Trémuzon, év. de Saint-Brieuc, châtellenie d'ancienneté successivement aux maisons de la Roche, Le Borgne, Dinan-Montafilant, Laval, et par acquêt en 1542 de Brosse-Penthièvre.

Rohan, par. de ce nom, év. de Vannes, vicomté d'ancienneté aux Rohan, puis duché-pairie en 1603, en faveur du vicomte de Rohan, renouvelé en 1652 pour Henri Chabot, époux de Marguerite, duchesse de Rohan.

Rosmadec, par. de Telgruc, év. de Cornouailles, châtellenie d'ancienneté puis marquisat en 1608, pour Sébastien de Rosmadec, tombé par alliance aux Sénéchal et par acquêt aux Brancas de Forcalquier en 1756.

Rostrenen, par. de Kergrist-Moëlou, év. de Cornouailles, baronnie d'ancienneté aux Rostrenen, tombée par mariage aux Pont-l'Abbé en 1440 et possédée ensuite par les maisons du Quélénec, Beaumanoir, Rougé et Lorraine-Elbœuf.

TOME III.

Rougé, par. de ce nom, év. de Nantes, baronnie d'ancienneté aux Rougé, tombée par mariage aux Chateaugiron en 1400 et possédée ensuite par les Malestroit, Raguénel, Rieux, Laval et Montmorency.

Rubaudière (la), par. de Montauban, év. de Saint-Malo, châtellenie d'ancienneté successivement aux la Feillée, Bouteiller, Parthenay, Lorgeril et par alliance en 1480 Rohan-Landal.

S.

Saffré, par. de ce nom, év. de Nantes, châtellenie d'ancienneté aux Saffré, portée par mariage en 1416 à Jean de Tournemine et possédée ensuite par les Annebaud, Avaugour, La Lande dit de Machecoul, la Chapelle, Damas, Crux, et par acquêt en 1775 O'Riordan.

Saint-Brice, par. de ce nom, év. de Rennes, baronnie en 1513 pour Philippe de Montauban, érigée en marquisat pour les Volvire en 1650 et passée par alliance aux Guérin de la Grasserie.

Saint-Denoual, par. de ce nom, év. de Saint-Brieuc, vicomté d'ancienneté successivement aux Saint-Denoual, Saint-Guédas et par alliance en 1660 la Moussaye de Carcouët.

Saint-Gilles, par. de ce nom, év. de Rennes, châtellenie d'ancienneté successivement aux Saint-Gilles, Lionais et Saint-Amadour.

Saint-Maudan, par. de ce nom, év. de Saint-Brieuc, vicomté d'ancienneté aux Sénéchal de Carcado.

Saint-Nazaire, par. de ce nom, év. de Nantes, vicomté d'ancienneté aux Rieux, Coësmes, du Plessis-Bourgonnière, puis Bretagne-Vertus et par alliance vers 1580, Goulaine.

Saint-Père, par. de Saint-Père-Marc-en-Poulet, év. de Saint-Malo, châtellenie d'ancienneté aux Saint-Père, puis en 1478 à Olivier de Tréal et en 1513 à Guillaume de Guitté, par mariage avec Jeanne de Tréal.

Salle (la), par. de Fresnay, év. de Nantes, châtellenie en 1681 pour Jean Bastelard, possédée ensuite par les la Roche-Saint-André.

Seizploué, par. de Plounévez-Lochrist, év. de Léon, comté en 1626 sous le nom de Maillé, en faveur du s^r de Maillé, possédé ensuite par les Rohan-Rochefort, et par acquêt Ameline de Cadeville.

Sens, par. de ce nom, év. de Rennes, baronnie d'ancienneté successivement aux du Guesclin, Brochereul, Montauban, Volvire et Guérin de la Grasserie.

Sérent, par. de ce nom, év. de Vannes, baronnie d'ancienneté successivement aux Sérent, la Chapelle, Rosmadec, Sénéchal, et par acquêt en 1787 Castel.

T.

Téxue, par. de Pacé, év. de Rennes, châtellenie en 1570 pour Pierre Brullon, époux de Bonne de Téxue, possédée ensuite par les du Han.

Tiercent (le), par. de ce nom, év. de Rennes, baronnie en 1615 pour le s^r Ruellan.

Timeur (le), par. de Poullaouën, év. de Cornouailles, marquisat en 1616 pour le s^r de Ploeuc, transmis par alliance aux Percin de Montgaillard, par acquêt aux Ferret, puis par alliance en 1713 aux la Bourdonnaye.

Tivarlen, par. de Landudec, év. de Cornouailles, châtellenie d'ancienneté successivement aux Tivarlen, Rosmadec et Sénéchal.

Tizé, par. de Thorigné, év. de Rennes, châtellenie d'ancienneté successivement aux Tizé, Montbourcher, Chevigné, Saint-Amadour, Bouan et Hay.

Tonquédec, par. de ce nom, év. de Tréguier, vicomté d'ancienneté successivement aux Coëtmen, Acigné, du Chastel, Gouyon, et par acquêt en 1640 du Quengo. *Nunc :* du Quengo.

Touche (la), par. de la Limouzinière, év. de Nantes, châtellenie en 1556 pour le s^r de la Touche, possédée ensuite par les Saint-Amadour et Bretagne-Vertus.

Trans, par. de ce nom, év. de Rennes, baronnie d'ancienneté successivement aux Chantegrue, Boisbaudry, Saint-Gilles, et par acquêt la Motte de Lesnage.

Tréal, par. de ce nom, év. de Vannes, châtellenie d'ancienneté aux Tréal, transmise par alliance aux Sévigné en 1500.

Tréambert, par. de Mesquer, év. de Nantes, châtellenie en 1643 pour les Sesmaisons, et marquisat en 1717 pour les Becdelièvre, sous le nom de Becdelièvre.

Trécesson, par. de Campénéac, év. de Saint-Malo, comté en 1681 pour le s^r de Trécesson.

Trégomar, par. de ce nom, év. de Saint-Brieuc, baronnie d'ancienneté aux Le Vayer, possédée en 1778 par les Calloët.

Trédion, par. d'Elven, év. de Vannes, vicomté en 1666 pour le s^r de Sérent, puis Lorraine-Elbœuf; acquis par les Fouquet en 1676 et transmis par alliance aux Lantivy en 1709; *nunc :* du Fresne de Virel.

Tréguiel, par. de Loyat, év. de Saint-Malo, vicomté en 1644 pour les Buinart, passé par alliance aux Huchet.

Tréguier, comté, partage des puînés de Penthièvre qui prirent le nom d'Avaugour.

Trémédern, par. de Guimaëc, év. de Tréguier, châtellenie d'ancienneté successivement aux Trémédern, Malestroit, Montalais, Esmez, Kerérault, Bégasson et Grignart.

Trévalot, par. de Scaër, év. de Cornouailles, vicomté d'ancienneté possédée successivement par les Trévalot, de Bueil, Kernezne, Carné, Le Borgne et Euzénou et érigée en marquisat en 1775 sous le nom d'Euzénou, en faveur du s^r Euzénou de Kersalaun.

Trévécar, par. d'Escoublac, év. de Nantes, châtellenie d'ancienneté aux Trévécar, passée par alliance aux Guémadeuc en 1486 et possédée depuis par les Pennec et les Sesmaisons.

Trogoff, par. de Plouégat-Moysan, év. de Tréguier, châtellenie d'ancienneté successivement possédée par les Trogoff, Ploësquellec, Pont-l'Abbé, Tournemine, du Chastellier, Villeblanche, Espinay, Schomberg et Pensornou; par alliance en 1654 Huon de Kermadec, et par acquêt Allain de la Marre, puis des Nos-des-Fossés et Kergorlay.

Troguindy, par. de Penvénan, év. de Tréguier, vicomté d'ancienneté successivement aux Troguindy, du Parc et Péan.

Tronchâteau, par. de Cléguer, év. de Vannes, châtellenie en 1272 à Pierre de Tronchateau, donnée en 1334 par le duc Jean III à Jean, son fils naturel, et possédée ensuite par les maisons de Malestroit, Papin et Guer.

Trouzilit, par. de Plouguin, év. de Léon, vicomté d'ancienneté successivement aux Kerlec'h, Barbier, Carné, et Kergorlay.

U.

Uzel, par. de ce nom, év. de Saint-Brieuc, vicomté en 1538 pour les Coëtquen, transmise par alliance aux Durfort de Duras et acquise en 1760 par les Boschat.

V.

VAIR, par. de Saint-Herblon, év. de Nantes, châtellenie d'ancienneté, successivement aux de Vair, et par acquêt en 1482 aux du Chaffault ; puis Cardonne, Tissart, Argy et du Breil, qui la vendirent en 1605 aux la Noue, pour lesquels elle fut érigée en comté en 1653, revendu aux Cornulier en 1664. *Nunc* · Cornulier.

VANNES, ancien comté souverain réuni au domaine ducal en 1008.

VAUCLAIR, par. de Plémy, év. de Saint-Brieuc, châtellenie d'ancienneté aux la Motte, transmise par alliance aux Rosmadec en 1600 et possédée depuis par les Rieux.

VAUDORÉ, év. de Saint-Malo, marquisat en 1702 pour le s^r Béringhen.

VAURUFFIER, par. de Plouasne, év. de Saint-Malo, baronnie en 1576 pour le s^r de Coëtquen, possédée ensuite par les Caradeuc.

VIEILLEVIGNE, par. de ce nom, év. de Nantes, châtellenie d'ancienneté, successivement aux Gastineau, Machecoul, la Lande, la Chapelle de la Rochegiffart ; par alliance en 1675 Damas, puis Crux, Rochechouart et Le Clerc de Juigné.

VIEUVILLE (la), *voyez* CHATEAUNEUF.

VILLAYERS, év. de Rennes, comté en 1681 pour le s^r Regnouard, possédé depuis par les Freslon et les Talhouët.

VILLENEUVE, év. de Saint-Malo, comté en 1640 pour le s^r Rogier.

VIEUXCHATEL (le), par. de Plounévez-Porzay, év. de Cornouailles, baronnie d'ancienneté aux Vieuxchatel fondus vers 1400 dans Quélen et possédée ensuite par les Lannion, Sénéchal et Moëlien ; *nunc* : Halna.

VIOREAU, par. de Joué, év. de Nantes, baronnie d'ancienneté successivement aux Machecoul, Chateaubriant, Dinan, Montfort-Laval, Montmorency et Bourbon-Condé.

VITRÉ, év. de Rennes, baronnie d'États, successivement aux Vitré, Laval, Montfort, Coligny et la Trémoille.

FAMILLES TITRÉES AVEC OU SANS MAJORATS,
OU AVEC ÉRECTION DE TERRES ÉTRANGÈRES A LA PROVINCE.

ALLEMAND, comte de l'Empire.
AMPHERNET (d'), baron de Montchauvet, en Normandie en 1616.
ARNOUS-RIVIÈRE, baron en 1816.
AUBRÉE, baron de l'Empire, tué à Waterloo, en 1815.
BARCHOU, chevalier en 1816, baron en 1829 avec institution de majorat sur la terre de Penhoën.
BASTON DE LA RIBOISIÈRE, comte de l'Empire.
BAUDIN, baron de l'Empire.
BECDELIÈVRE, marquis de Quévilly en Normandie, en 1654.
BÈGUE (le), comte du Saint-Empire en 1714 et de Germiny en Lorraine en 1724.
BERNARD DE MARIGNY, maintenu dans le titre de vicomte en 1818.
BEAUMONT, baron de l'Empire.
BÉRARD, comte de Déciane, en Piémont en 1521.
BERTHOIS, baron de l'Empire.
BERTRAND-GESLIN, baron de l'Empire.
BIGARRÉ, baron, puis comte de l'Empire.
BIGOT DE PRÉAMENEU, comte de l'Empire.
BLOCQUEL, baron de Wismes en Artois en 1759.
BIZIEN, chevalier de l'Empire.
BOIS DU BOISMARQUÉ (du), baron de l'Empire.
BOULLÉ, baron de l'Empire.
BOURAYNE, baron de l'Empire, confirmé par le Roi en 1814.
BOURKE, baron de l'Empire, comte de la Restauration.
BOUVET, baron en 1819.
CAMBRONNE, baron de l'Empire, vicomte en 1818.
CAMUS DU MARTROY, baron de l'Empire.
COETNEMPREN DE KERSAINT (de), baron de l'Empire, maintenu dans le titre de comte en 1829.
COUEDIC DE KERGOALER (du), vicomte de la Restauration.
CHASSERAUX, baron de l'Empire.
CORBIÈRE, comte de la Restauration, en 1822.
CHAMPS (des), chevalier en 1818.
COAT DE SAINT-HAOUEN (le), baron nommé par le Roi en 1815.
CORNET, comte de l'Empire, confirmé en 1817.
COSMAO DE KERJULIEN, baron de l'Empire, confirmé en 1816.
COZ (le), archevêque de Besançon, comte de l'Empire.
DALL DE TROMELIN (le), baron en 1816.
DEIN, baron de l'Empire, confirmé en 1822.
DEFERMON DES CHAPELIÈRES, comte de l'Empire.
DENIS DE TROBRIAND, baron de l'Empire.
DEURBROUCQ, baron de l'Empire.
DEVAULX, baron nommé par le Roi en 1814.
DOUSSAULT, chevalier en 1816.
DORDELIN, comte de l'Empire.

Dubreton, baron de l'Empire.
Dulong de Rosnay, baron de l'Empire, comte de la Restauration.
Durand de Linois, comte de l'Empire, confirmé en 1816.
Emeriau de Beauverger, comte de l'Empire.
Evesque de la Ferrière (l'), comte de l'Empire.
Even, chevalier nommé par le Roi en 1815.
Fabre, baron de l'Empire.
Faverot, baron de l'Empire.
Falloux, comte en 1830.
Férey de Rozengat, baron de l'Empire, tué à la bataille des Aripiles en 1812.
Filhol de Camas, baron de l'Empire, confirmé en 1817.
Fou (du), comte en 1817.
Fouché, duc d'Otrante en 1808.
Foucher de Careil, baron de l'Empire, comte de la Restauration.
Fournier de Boisayrault, baron en 1818 avec institution de majorat sur la terre d'Oyron, en Anjou.
Frain de la Villegontier, comte de la Restauration.
Fresnais de la Briais, chevalier de l'Empire.
Galbois, baron de l'Empire.
Gautier, baron de l'Empire.
Gennes (de), comte d'Oyac, en Guyane en 1698.
Gentil (le), marquis de Paroy en Brie en 1754.
Gentil de Quélern (le), baron en 1830.
Ghaisne de Bourmont, comte de St-Michel-du-Bois en Anjou, sous le nom de Ghaisne en 1691.
Gonidec (le), comte de Traissan, au Maine en 1775.
Goyon de l'Abbaye, comte de l'Empire et institution de majorat au titre de vicomte sur la terre de la Roche-Goyon en 1824.
Grobon, baron de l'Empire.
Guéhéneuc, comte de l'Empire.
Guérin, baron de Walderbach en 1808.
Guillou de Kerincuff (le), chevalier de l'Empire.
Guiton de la Villeberge (de), vicomte en 1826 avec institution de majorat sur la terre de Guiton en Normandie.
Hamelin, baron de l'Empire.
Hervo, baron de l'Empire, tué à la bataille d'Eckmulh en 1809.
Jean de la Hamelinaye, baron de l'Empire, vicomte de la Restauration.
Janzé, baron de l'Empire, comte en 1829 avec institution de majorat sur la terre de Kerguéhéneuc.
Juchault des Jamonnières, baron en 1826 avec institution de majorat sur la terre de Clairmont.
Kergariou (de), comte de l'Empire, et institution de majorat au titre de baron sur la terre de la Grandville en 1829.
Langle (de), marquis en 1827, avec institution de majorat sur la terre du Plessis.
Lanjuinais, comte de l'Empire.
Law de Lauriston, comte de l'Empire.
Lascazes (de), comte de l'Empire.
Macnémara, comte en 1782.
Lharidon de Penguilly, baron en 1830, avec institution de majorat sur la terre de Moros.

Marant de Kerdaniel (le), baron de la Restauration.
Marion de Beaulieu, baron en 1820.
Michel de Kerhorre, baron de l'Empire, confirmé en 1817.
Mignot de la Martinière, baron de l'Empire.
Miollis, comte de l'Empire.
Miollis, baron de la Restauration.
Monti (de), marquis en 1815.
Moncuit, baron de l'Empire, confirmé en 1820, avec institution de majorat sur la terre du Boiscuillé.
Montluc de la Rivière, baron de l'Empire.
Moussaye de la Chesnaye (de la), maintenu dans le titre de marquis en 1818.
Moussaye de Carcouët (de la), maintenu dans le titre de marquis en 1819, avec institution de majorat sur la terre de Carcouët.
Normand, baron de l'Empire, confirmé en 1822.
Nielly, baron nommé par le Roi en 1815.
Nompère de Champagny, duc de Cadore en 1808.
Noury, baron en 1822.
Palasne de Champeaux, chevalier de l'Empire.
Pastol de Keramelin, baron de l'Empire.
Pays du Plessis-Villeneuve (le), comte palatin en 1672.
Palys, comte palatin en 1612.
Penguern (de), baron de l'Empire en 1813, confirmé sous la Restauration.
Picot de Peccaduc, baron de Herzogenberg, en Autriche, en 1810.
Pierre de Frémeur (de la), baron de l'Empire, maintenu dans le titre de marquis en 1817, avec institution de majorat sur la terre de Keruzadic.
Pigault de l'Épinoy, chevalier du Saint-Empire en 1769, comte palatin en 1764.
Plessis d'Argentré (du), marquis en 1819, avec institution de majorat sur la terre du Plessis.
Pommereul (de), baron de l'Empire.
Praud de la Nicollière, chevalier en 1825.
Rapatel, baron en 1822.
Redon de Beaupreau, comte de l'Empire, confirmé en 1817.
Riou de Kersalaun, baron de l'Empire.
Ropartz, chevalier de l'Empire.
Rosily de Mesros (de), comte de l'Empire.
Rosnyvinen de Piré (de), baron de l'Empire.
Roujoux, baron de l'Empire.
Rossi, comte en 1778.
Salaun de Kertanguy, baron de l'Empire.
Sané, baron de l'Empire.
Saullay de Laistre, baron romain en 1834.
Soussay (de), vicomte en 1823, avec institution de majorat sur la terre de la Maillère.
Surcouf, baron de l'Empire, confirmé sous la Restauration.
Taillepied de Bondy, comte de l'Empire.
Thévenard, comte de l'Empire.
Thomas de la Plesse, baron de l'Empire, confirmé en 1821.
Verger des Barreaux, baron de l'Empire.
Willaumez, comte en 1844.

OFFICIERS GÉNÉRAUX DES ARMÉES DE TERRE.

Les noms des Officiers sont accompagnés des titres soit héréditaires, soit de courtoisie et viagers portés sur leurs brevets.

Connétables.

1370. GUESCLIN (Bertrand du), † 1380.
1380. CLISSON (Olivier de) † 1407.
1425. RICHEMONT (Artur de Bretagne, comte de), † 1458.

Maréchaux de France.

1538. ANNEBAUD, baron de Retz (Claude d'), amiral de France en 1544, † 1552.
1745. ANDRAULT, marquis de Maulévrier (Jean-Baptiste-Louis).
1595. BEAUMANOIR, marquis de Lavardin (Jean de), † 1614.
1427. BROSSE, comte de Penthièvre (Jean de), † 1433.
1642. BUDES, comte de Guébriant (Jean-Baptiste), tué au siège de Rotweil en 1643.
1730. COËTLOGON (Alain-Emmanuel, marquis de), vice-amiral en 1716, † 1730.
1676. DURFORT-DURAS, duc de Lorges-Quintin (Guy-Aldonse de), † 1702.
1768. DURFORT, duc de Lorges-Quintin (Guy-Michel de), † 1773.
1741. FOUQUET, duc de Belle-Isle (Charles-Louis-Auguste), † 1761.
1643. GASSION (Jean), tué au siège de Lens en 1647.
1830. GHAISNE, comte de Bourmont (Louis-Auguste-Victor de), † 1846.
1573. GONDY, duc de Retz (Albert de), † 1602.
1579. GOUYON, comte de Matignon (Jacques), † 1597.
1708. GOUYON, comte de Matignon (Charles-Auguste), † 1729.
1429. LAVAL, baron de Retz (Gilles de), † 1440.
1823. LAW, marquis de Lauriston (Jacques-Alexandre-Bernard), † 1828.
1538. MONTEJEAN, vicomte de la Bellière (René de), † 1539.
1439. MONTFORT-LAVAL, sire de Lohéac (André de), amiral de France en 1437, † 1486.
1639. PORTE, duc de la Meilleraye (Charles de la), lieutenant-général en Bretagne, † 1664.
1397. RIEUX (Jean de), † 1417.
1417. RIEUX-ROCHEFORT (Pierre de), † 1439.
1476. ROHAN DE GIÉ (Pierre de), † 1514.
1758. ROHAN, prince de Soubise (Charles de), † 1787.
1703. ROUSSELET, marquis de Châteaurenault, comte de Crozon (François-Louis), vice-amiral en 1701, † 1716.
1651. ROUXEL DE MÉDAVY, comte de Grancey (Jacques), † 1680.
1724. ROUXEL DE MÉDAVY, comte de Grancey (Jacques-Léonor), † 1725.
1562. SCÉPEAUX DE VIEILLEVILLE (François de), † 1571.

Généraux d'armées.

1793. BERNARD DE MARIGNY (Gaspard-Augustin-René), général en chef de l'artillerie vendéenne, fusillé en 1794.
1793. BEAUHARNAIS (Alexandre, vicomte de), décapité en 1794.
1792. BOURDONNAYE (Anne-François-Augustin, vicomte de la), lieutenant-général en 1792, † 1793.
1793. CATHELINEAU (Jacques), général en chef de la grande armée vendéenne, tué à l'attaque de Nantes en 1793.
1793. CHARETTE DE LA CONTRIE (François-Athanase), général en chef de l'armée royale de la Vendée, fusillé en 1796.
1800. CADOUDAL (Georges), lieutenant-général nommé par le Roi, décapité en 1804.
1795. MOREAU DE LIZOREU (Jean-Victor), général de division en 1794, tué devant Dresde en 1813.
1793. VERGIER DE LA ROCHEJACQUELEIN (Henri du), général en chef de l'armée vendéenne, tué au combat de Nouaillé en 1794.
1793. TRÉMOILLE, prince de Talmont (Antoine-Philippe de la), général de la cavalerie vendéenne, exécuté en 1794.

Lieutenants-généraux et Généraux de division.

1823. ANDIGNÉ (Louis-Marie-Auguste-Fortuné, comte d').
1744. ANDRAULT, comte de Langeron (Louis-Théodore).
1784. ANDRAULT, comte de Langeron (Jean-Claude).
1781. BARRIN, vicomte de la Galissonnière (Charles-Armand).
— BARRIN, comte de la Galissonnière (Achille-Marc).
1814. BARRIN DE LA GALISSONNIÈRE (Augustin-Félix-Elisabeth), nommé par le Roi.
1807. BASTON, comte de la Riboisière (Jean-Amboise), † 1812.
1748. BEAUPOIL, marquis de Lanmary (Marc-Antoine-Front), † 1749.
1814. BEAUPOIL, comte de Saint-Aulaire (Cosme-Joseph).
1844. BEDEAU (Marie-Alphonse).
1843. BERTHOIS (Auguste-Marie, baron).
1814. BIDÉ DE LA GRANDVILLE (Louis-Joseph-Mathieu), maréchal de camp en 1788.
— BIGARRÉ (Auguste-Julien, baron), † 1838.
— BELINAYE (Charles-René, comte de la), maréchal de camp en 1784.
1825. BOUDIN, comte de Tromelin (Jacques-Jean-Marie-François), † 1842.
1820. BOËSSIÈRE, comte de Chambors (Louis-Joseph-Jean-Baptiste de la).
1813. BOURKE, comte de Burgh (Jean-Raimond-Charles), † 1847.
1641. CAMBOUT, marquis de Coislin (César du), † 1641.
1668. CAMBOUT, duc de Coislin (Armand du), † 1702.
1792. CHEVIGNÉ (Augustin-Christophe-René, comte de), nommé par le Roi.
1780. CLERC, marquis de Juigné (Jacques-Gabriel-Louis le), † 1807.
1748. COËTLOGON (Louis-Emmanuel de).
1821. COËTLOSQUET (Charles-Yves-César-Cyr, comte du), † 1836.
1718. COËTQUEN (Malo-Auguste, marquis de), † 1727.
1744. CROZAT, marquis du Chastel (Louis-François).

1812. DUBRETON (Jean-Louis, baron), † 1855.
1815. DULONG de ROSNAY (Louis-Étienne, comte), † 1828.
1748. DURFORT, duc de Lorges (Louis de).
1814. DURFORT-CIVRAC, duc de Lorges (Jean-Laurent de), nommé par le Roi, † 1826.
1650. ESTUER DE CAUSSADE, marquis de Saint-Mégrin (Jacques d'), † 1652.
1813. ÉVESQUE, comte de la Ferrière (Louis-Marie l'), † 1834.
1831. FABRE (Gabriel-Jean, baron), † 1858.
1810. FÉREY DE ROZENGAT (Claude-François, baron), † 1812.
1781. FERRON, comte de la Ferronnays (Pierre-Jacques-François-Auguste), † 1786.
1807. FOUCHER, comte de Careil (Louis-François), † 1835.
1742. FOUQUET DE BELLE-ISLE (Louis-Charles-Armand), † 1747.
1762. FOUQUET DE LA BOUCHEFOLIÈRE (René-François).
1838. GALBOIS (Nicolas-Marie-Mathurin, baron), † 1850.
1703. GALL (René-François le), † 1724.
1795. GAULTIER DE KERVÉGUEN (Paul-Louis), † 1814.
1687. GASSION (Gratien), † 1688.
1696. GASSION (Jean), † 1713.
1820. GIBON DE KERISOUËT (Hyacinthe-Vincent-Marie, comte).
1704. GOËSBRIAND (Louis-Vincent, marquis de), † 1744.
1636. GOUYON, comte de Matignon (Charles), † 1648.
1652. GOUYON, comte de Matignon (François), † 1675.
1734. GOUYON, comte de Matignon (Louis-Jean-Baptiste), † 1747.
1780. GOUYON, marquis de Marcé (Gédéon-René-Amaury).
— GOUYON, comte de Vaudurand (Louis-Claude).
1853. GOYON DE l'ABBAYE (Charles-Marie-Auguste, comte).
1836. GUÉHÉNEUC (Charles-Louis-Joseph-Olivier, baron).
1814. HALLAY-COETQUEN, comte de Montmoron (Emmanuel-Agathe du), nommé par le Roi, † 1826.
— JAN, vicomte de la Hamelinaye (Jacques-Félix).
1693. JOUSSEAUME, marquis de la Bretesche (Esprit), † 1706.
1843. JUCHAULT DE LA MORICIÈRE (Christophe-Louis-Léon).
1710. KERHOËNT, marquis de Coëtenfao (François-Toussaint de), † 1721.
1784. KERGORLAY (Alain-Marie, comte de), † 1787.
1702. LANNION (Pierre, comte de), † 1717.
1734. LANNION (Anne-Bretagne, marquis de), † 1734.
1759. LANNION (Hyacinthe-Cajetan, comte de), † 1762.
1743. LOCQUET DE GRANDVILLE (Étienne-Julien), † 1752.
1738. MAGON DE TERLAYE (Alain), † 1748.
1753. MAGON DE LA GERVAISAIS (Auguste-Nicolas), † 1765.
1734. MARBŒUF (Robert-Jean, comte de), † 1736.
1768. MARBŒUF (Louis-Charles-René, comte de).
1758. MARIN, comte de Moncan (Jean-Baptiste), † 1779.
1748. MARNIÈRES, chevalier de Guer (Jean-François-Constance de), † 1769.
1815. MERCEREL DE CHASTELOGER (Joseph-Hyacinthe le), maréchal de camp en 1788.
1793. MENOU (Jacques-François-Abdallah, baron de), † 1810.
1813. MIGNOT, baron de la Martinière (Thomas), † 1813.
1799. MIOLLIS (Sextius-Alexandre-François, comte), † 1828.

1653. Monti de Farigliano (Alexandre de), † 1653.
1736. Monti (Antoine-Félix de), † 1738.
1762. Monti (Charles-Armand de).
1791. Motier, marquis de la Fayette (Marie-Joseph-Paul-Roch-Yves-Gilbert), † 1834.
1855. Motterouge (Joseph-Edmond de la).
1792. Noue, comte de Vair (René-Joseph de la), † 1793.
1702. Parc, marquis de Locmaria (Louis-François du), † 1709.
1845. Pays de Bourjolly (Jean-Alexandre le).
1851. Pays de Bourjolly de Sermaise (Guillaume-Jean-Marie-Édouard le).
1693. Perrien, marquis de Crénan (Pierre de), † 1702.
1748. Pierre, marquis de Frémeur (Jean-Toussaint de la), † 1759.
1796. Pommereul (François-René-Jean, baron de), † 1823.
1814. Pont-d'Aubevoye, comte de Lauberdière (Louis-François-Bertrand du), nommé par le Roi, † 1837.
1748. Poulpry (Louis-Marie, marquis du), † 1769.
1702. Pracontal (Armand, marquis de), † 1703.
1748. Quélen d'Estuer de Caussade, duc de la Vauguyon (Antoine-Paul-Jacques de), † 1772.
1814. Quélen, duc de la Vauguyon (Paul-François de), nommé par le Roi, † 1828.
1816. Quélen; marquis de la Vauguyon, † 1837.
1814. Quengo, marquis de Crenolle (Anne-Louis du), maréchal de camp en 1780, † 1824.
1833. Rapatel (Paul-Marie, baron), † 1852.
1652. Refuge (Claude de).
1696. Refuge (Pompone, marquis de), † 1712.
1744. Refuge (Henri-Pompone, marquis de), † 1766.
— Rieux (Louis-Auguste, marquis de), † 1767.
1745. Rivière (Charles-Yves-Thibault, comte de la), † 1781.
1677. Rohan-Soubise (François de), † 1712.
1704. Rohan-Soubise (Hercule-Mériadec de), † 1749.
1734. Rohan-Chabot (Guy-Auguste de), † 1760.
1743. Rohan-Montauban (Charles de).
1762. Rohan-Montbazon (Jules-Hercule-Mériadec de).
1780. Rohan-Rochefort (Charles-Armand-Jules, prince de).
1781. Rohan-Chabot (Louis-Antoine-Auguste, comte de), † 1807.
1815. Rohan-Chabot (Alexandre-Louis-Auguste, duc de), nommé par le Roi, † 1816.
1813. Rosnyvinen, comte de Piré (Hippolyte-Marie-Guillaume de), † 1850.
1650. Rougé, marquis du Plessis-Bellière (Jacques de), † 1654.
1759. Rougé (Pierre-François de), † 1761.
1784. Rougé (Gabriel-François de).
1748. Saint-Pern (Vincent-Judes, marquis de), † 1761.
1780. Saint-Pern, chevalier de Ligouyer (Louis-Bonaventure de).
1781. Sarsfield (Jacques-Hyacinthe, vicomte de), † 1787.
1748. Scépeaux, marquis de Beaupreau (Jacques-Bertrand de), † 1778.
1780. Scépeaux (Claude-Gaston de), † 1781.
1708. Sénéchal de Carcado, marquis de Molac (René-Alexis le), † 1743.
1748. Sénéchal de Carcado, marquis de Molac (Louis-Alexandre-Xavier le), † 1763.
1780. Sénéchal de Carcado, marquis de Molac (Louis-Gabriel le).
1781. Sénéchal de Carcado, marquis de Molac (Corentin-Joseph le).

1801. Sérent (Armand-Louis, duc de), maréchal de camp en 1780, † 1822.
1767. Sesmaisons (Claude-François, marquis de), † 1779.
1814. Sesmaisons (Louis-Henri-Charles-Rogatien, vicomte de), nommé par le Roi.
1734. Trécesson (Gilles, comte de), † 1743.
1818. Sol, baron de Grisolles (Louis-Charles-René), † 1836.
1819. Tinténiac (Hyacinthe-Joseph-Jacques, marquis de), † 1822.
1784. Toustain, marquis d'Escrennes (Claude-Alexandre), † 1794.
— Toustain, marquis de Viray (René-Charles), † 1803.
1652. Vieuville (Charles duc de la), † 1689.
1710. Vieuxpont (Guillaume-Alexandre marquis de), † 1728.
1746. Volvire (Philippe-Auguste comte de), † 1751.
1816. Walsh, comte de Serrant (Antoine-Joseph-Philippe), † 1817.
— Walsh, vicomte de Serrant (Charles-Édouard-Joseph-Augustin), † 1820.

Maréchaux de camp et Généraux de brigade.

1734. Ameline de Cadeville (Nicolas), † 1736.
1748. Amproux de la Massays (Henri-Gabriel), † 1764.
1702. Andigné des Touches du Hallay (Jean d') † 1703.
1788. Andigné (François-Marie-René d'), † 1790.
1791. Andigné (N. d').
1788. Artur, chevalier de Keralio (Guillaume-Marie).
1791. Baude, baron de Pont-l'Abbé (Jean-Georges-Claude).
1792. Barazer, chevalier de Kermorvan (Gilles-Jean-Marie-Rolland), † 1817.
1644. Beaumanoir, marquis de Lavardin (Henri de), † 1644.
1651. Beaumanoir, vicomte de Lavardin (Claude de), † 1654.
1718. Béringhen (Jacques-Louis marquis de), † 1723.
1788. Blévin, marquis de Penhoët (Alexandre-Marie).
1861. Blois de la Calande (Étienne-Gabriel de).
1780. Boisgeslin, comte de Cucé (Louis-Bruno de), † 1794.
1788. Boisgeslin (Alexandre-Vincent vicomte de).
1791. Boisgeslin de Kerdu (Gilles-Dominique-Jean-Marie de), † 1794.
1758. Bodin de Vaux de la Brosse (François), † 1759.
1814. Boisgeslin (Bruno-Gabriel-Paul marquis de), † 1827.
1818. Boisgeslin (Alexandre-Joseph marquis de), † 1831.
1784. Bonnescuelle, baron d'Orgères (Yves-Blaise-Julien).
1709. Botherel de la Bretonnière (Gilles).
1646. Boëssière de Chambors (Guillaume de la), † 1648.
1815. Boëssière de Lennuic (Marc-Antoine-Marie-Hyacinthe, marquis de la), † 1846.
1791. Bourdonnaye de Blossac (Charles-Esprit-Clair de la).
1821. Bourdonnaye (Arthur-Charles-Esprit comte de la), † 1844.
1814. Bouvet de Lozier (Athanase-Hyacinthe).
1615. Bréhan, sr de Galinée (Louis de).
1761. Bréhan (Marie-Jacques vicomte de), † 1764.
1719. Brilhac (François de), † 1731.
1651. Bruc de Montplaisir (René de), † 1682.
1619. Budes de la Courbe (Jean).

1781. Budes, comte de Guébriant (Louis-Jean-Baptiste), † 1786.
1825. Cadoudal (Joseph), † 1852.
1770. Cambout, marquis de Coislin (Charles-Georges-René du), † 1774.
1815. Cambout, marquis de Coislin (Pierre-Louis du), † 1837.
1813. Cambronne (Pierre-Jacques-Étienne, vicomte), † 1842.
1815. Chaffault (Jacques-Gabriel, comte du), nommé par le Roi, † 1849.
1652. Chambellé (Sidrach-François), † 1674.
1814. Chappedelaine de Boslan (Jean-Baptiste-Marc), nommé par le Roi, † 1819.
1816. Chappedelaine (Jean-René, vicomte).
1811. Chasseraux (Thomas-Jean, baron), † 1840.
1649. Chateaubriant (Gabriel de), † 1658.
1781. Chilleau (Marie-Charles marquis du).
1788. Chilleau (Marie-Claude marquis du), tué au combat d'Ober-Kamlach en 1796.
1855. Clairembault (Charles-Philippe-Marie-Antoine de).
1780. Clerc, baron de Juigné (Léon-Marguerite le), † 1810.
1791. Coëtlosquet (Jean-Baptiste-Gilles baron du).
1748. Coëtmen (Alexis-René marquis de), † 1751.
1767. Coëtrieux (Charles-Honorat-Marie de).
1819. Courson de Kernescop de la Villevalio (Alexandre-Jacques-François baron), † 1847.
1861. Courson de la Villeneuve (Marie-Louis-Am.-Achille).
1822. Dein (Paul-Louis-Marie, baron), † 1831.
1825. Denis, baron de Trobriand (Joseph-Vincent-Pierre-Marie).
1830. Denis de Trobriand de Kerédern (Jacques-Pierre-Romain-Marie).
1791. Dresnay (Louis-Marie-Ambroise-René marquis du), † 1798.
1852. Dubreton (Jean-Louis-François baron).
1744. Escrots d'Estrées (Jean-Charles d'), † 1757.
1781. Escrots d'Estrées (François-Bernard d'), † 1797.
1860. Espivent de la Villesboisnet (Henry).
1861. Euzénou, marquis de Kersalaun (Marie-J.-Hippolyte).
1821. Faverot de Kerbrec'h (François-Jacques-Guy, baron), † 1853.
1743. Ferron de la Ferronnays (Pierre-Jacques-Louis-Auguste), † 1753.
1780. Ferron, marquis de la Ferronnays (Étienne-Louis).
1788. Ferron, comte de la Ferronnays (Paul).
1814. Ferron de la Ferronnays (Pierre-Jacques-François-Joseph-Auguste), nommé par le Roi, † 1848.
— Ferron, comte de la Ferronnays (Auguste-Pierre-Marie), nommé par le Roi, † 1848.
1811. Filhol de Camas (Jean-Edmond, baron), † 1854.
1814. Fleuriot de la Freulière (Nicolas-Jacques), nommé par le Roi, † 1824.
1849. Flo (Adolphe-Charles-Emmanuel le).
1830. Forest, vicomte d'Armaillé (René de la), † 1854.
1791. Fouquet (Jean-Gabriel-René-François, marquis).
1649. Fouquet de la Varenne, marquis de Sainte-Susanne (René), † 1697.
1815. Fournier, comte de Pellan (Jean-Louis-Marie), nommé par le Roi.
1817. Fruglaye (Paul-Émile-Louis-Marie comte de la), † 1849.
1792. Galbaud du Fort.
1815. Gardin de la Marchée (Jean-Marie), nommé par le Roi, † 1838.

1805. Gautier (Hyacinthe-Nicolas, baron), † 1809.
1792. Geslin de Trémergat.
1759. Gestas, marquis de l'Esperoux (Charles-Jean-Henri de), † 1770.
1791. Gestas (Sébastien-Charles-Hubert comte de), † 1793.
1781. Gicquel du Nédo.
1814. Girard de Chateauvieux (Basile-Marie-Olivier), nommé par le Roi, † 1824.
1738. Goesbriand (Louis-Vincent marquis de), † 1752.
1815. Gouvello (Louis-Paul vicomte de), nommé par le Roi, † 1826.
1780. Gouz du Plessis (Louis-François-Lionel le).
1594. Gouyon-Matignon, comte de Thorigny (Odet), † 1595.
1644. Gouyon, marquis de la Moussaye (François), † 1657.
1652. Gougeon du Plessis-Renard de la Houdinière (Claude), † 1663.
1761. Gouyon, comte de Marcé (Amaury).
1854. Gouyon de Saint-Loyal (Mériadec).
1784. Goyon de l'Abbaye (Augustin-Joseph).
1859. Grimaudet de Rochebouet (Gaëtan).
1814. Grobon (Pierre-André, baron).
1704. Grout de Princé (Claude), † 1708.
1791. Grout des Rivières.
1843. Grout de Saint-Paër (Léopold), † 1853.
1799. Guérin, baron de Waldersbach (Jacques-Julien), † 1844.
1788. Guynement de Keralio (Agathon), † 1788.
1860. Hardy de la Largère (Charles-Ernest-Édouard).
1807. Hervo (Claude-Marie, baron), † 1809.
1780. Hue de Montaigu (Joseph-Louis), † 1788.
1788. Jousseaume, marquis de la Bretesche (Louis-Constantin).
1734. Karuel de Mérey (Charles-Michel), † 1737.
1791. Kerhoënt ou Querhoënt, comte de Boisruault (de).
— Kergariou du Cosquer (François-Louis de), † 1794.
1734. Lamoureux de la Javelière (Joseph), † 1753.
— Lannion (Jean-Baptiste-Pierre-Joseph de), † 1754.
1780. Law de Lauriston (John), † 1796.
1821. Law, marquis de Lauriston (Auguste-Jean-Alexandre).
1593. Liscoët (Yves du), † 1594.
1780. Long, comte du Dréneuc (Jacque-Philippe le).
1762. Longaulnay (Charles-Claude de), † 1776.
1744. Lopriac de Coëtmadeuc, comte de Donges (Guy-Marie de), † 1764.
1814. Lou de Chasseloir (Louis-Marie le), nommé par le Roi.
1771. Luker (Édouard-Jean).
1650. Malnoë (de).
1830. Marion, baron de Beaulieu (Jean).
1761. Marbœuf (marquis de).
1591. Mats de Montmartin (Jean du).
1791. Maudet de Penhouët (Pierre-Adrien).
1748. Menou (René-François, marquis de), † 1765.
1740. Menou, comte de Cuissy (Louis-François de), † 1742.
1748. Menou, baron de Pontchâteau (Louis-Joseph, comte de), † 1 75

1781. Menou (François, comte de), † 1807.
1789. Menou (Louis-Edmond, comte de), † 1829.
1790. Métaer du Hourmelin (Pierre-Gabriel-François-Joseph le), † 1796.
1797. Mintier de la Mottebasse (René-Floriant le), nommé par le Roi, † 1813.
1814. Mintier de Léhélec (François-Marie le), nommé par le Roi, † 1827.
— Michiel, comte de Tharon (François), nommé par le Roi, † 1835.
1859. Mignot, baron de la Martinière (Charles-Edouard).
1815. Monistrol (Louis-Auguste-Fulcher), † 1846.
1688. Montbourcher, marquis du Bordage (René de), † 1688.
1762. Morant (Thomas-Charles de), † 1763.
1644. Motte de la Vallée (Charles de la).
1822. Nompère, vicomte de Champagny (Nicolas-Charles-Marie-Louis-Stanislas).
1840. Normand de Kergré (Alexandre le), † 1841.
1812. Normand (Jean-Gaspard, baron).
1852. Normand de Lourmel (Frédéric-Henri le), † 1854.
1788. Nos (Charles-Louis, comte des).
1825. O'murphy (Patrice).
1793. Palys de Montrepos (Henri-Marie-Dominique), † 1803.
1651. Parc, marquis de Locmaria (Vincent du).
1788. Parc de Locmaria (Olivier-Louis-René du).
— Pascal de Keranvéyer (François-Nicolas).
1809. Pastol de Keramelin (Yves-Marie, baron), † 1813.
1815. Penfeuntenio, vicomte de Cheffontaines (Nicolas-Marie-René de), † 1849.
1830. Penfeuntenio de Cheffontaines (Jonathas-François-Hyacinthe-Marie de).
1861. Penfeuntenio de Cheffontaines (Achille-Adrien-Joseph-Marie de).
1797. Périchou de Kerverzeau (François-Marie), † 1825.
1677. Pérouse des Bonnais (René de), † 1680.
1649. Perrien, marquis de Crénan (Pierre de), † 1670.
1791. Picot de la Motte (Bernard-François-Bertrand), † 1797.
1821. Picot, vicomte de Peccaduc (Henri-René-Marie), † 1841.
1780. Pierre, marquis de Frémeur (Jean-Toussaint de la).
1792. Pinot du Petitbois (Agathon), † 1809.
1814. Piquet du Boisguy (Aimé-Casimir), † 1839.
1791. Plessis d'Argentré (du).
1748. Poilvilain de Montaigu, marquis de Crenay (Sébastien), † 1767.
1781. Poilvilain, comte de Crenay.
1761. Poilvilain, chevalier de Montaigu (Thibaut-François-Henri), † 1771.
1815. Poilvilain, marquis de Crenay (Georges-Antoine-Gabriel-Thibault-Henri), nommé par le Roi.
1788. Pompery (Michel de).
1791. Poulain, comte du Tramain (Jean-Pierre-Olivier).
1719. Poulpry (François-Gabriel du), † 1726.
1780. Pracontal (Antoine-Charles, comte de).
1800. Prez de la Bourdonnaye (René-François des), nommé par le Roi.
1853. Puillon de Boblay (Théodore le).
1652. Quélen, vicomte de Broutay (Barthélemy de), † 1667.
1781. Quélen (Urbain-Guillaume, comte de).

1814. Quengo, marquis de Crenolle (du), nommé par le Roi.
— Quengo, comte de Crenolle (du), nommé par le Roi.
1823. Rapatel (Auguste, baron).
1791. Réau de Kerangués (François-Louis).
1788. Rieux (Louis-François, comte de).
1793. Rison (de), nommé par le Roi.
1792. Rogon de Carcaradec (Louis-Joseph-Marie), nommé par le Roi.
1748. Rohan-Chabot (Louis-Auguste, vicomte de), † 1753.
1781. Rohan-Chabot, comte de Jarnac (Marie-Charles-Rosalie de), † 1813.
1780. Rohan (Camille, prince de).
1814. Rohan-Chabot (Louis-Guy-Charles-Guillaume, vicomte de).
1824. Rohan-Chabot, prince de Léon (Alexandre-Louis-Fernand de).
1649. Romilley, marquis de la Chesnelaye (François de).
1743. Rosnyvinen (Joachim-Amaury-Gaston de), † 1743.
1780. Rosnyvinen (Antoine, chevalier de).
1797. Rospiec (de), nommé par le Roi.
1691. Rougé, marquis du Plessis-Bellière (Henri-François de), † 1692.
1791. Rougé, marquis du Plessis-Bellière (François-Pierre-Olivier de).
1796. Rougé (de), nommé par le Roi.
1861. Roujoux (Constant-Calixte, baron).
1795. Roux de Coëtando (Jean-Baptiste le), nommé par le Roi, † 1817.
1858. Rouxeau de Rosencoat (Julien-Vincent-Joseph le).
1780. Sarrebourse de Pontleroy (Nicolas).
1814. Sarrebourse de Pontleroy.
1797. Sesmaisons (Claude-François-Jean-Baptiste-Donatien, comte de), nommé par le Roi, † 1804.
1646. Sévigné (Renaud-René de).
1650. Sévigné (Henri, marquis de), † 1651.
1816. Talhouët-Bonamour (Auguste-Frédéric, marquis de), † 1842.
1784. Thébault de Boisgnorel (Adrien-François).
1814. Thierry, chevalier de la Prévalaye (Charles-Corneille-Placide).
1704. Thomas de la Caulnelaye (François-Hyacinthe), † 1716.
1784. Toustain, marquis de Viray (Joseph-Maurice), † 1808.
1823. Toustain (Victor-Louis-Alexandre, marquis de).
1814. Trogoff (Joachim-Simon, comte de), nommé par le Roi, † 1840.
1845. Urvoy de Closmadeuc (Victor).
1788. Vauborel (Louis-Malo-Gabriel, marquis de).
1761. Vaucouleurs, comte de Lanjamet (Pierre-Georges de), † 1776.
1809. Verger, baron des Barreaux (Pierre-François).
1748. Vicomte, chevalier de Rumain (Charles-Yves le).
1622. Vieuville (Charles, duc de la), † 1653.
1788. Vilaines de la Bastière (Bonaventure-Louis).
1627. Volvire (Henri de).
1719. Volvire (Joseph de), † 1731.
1816. Walsh de Serrant (Philippe-François-Joseph, comte), † 1852.

Brigadiers d'Infanterie.

1694. AMPROUX DE LA MASSAYS (Henri), † 1706.
1676. BECDELIÈVRE, marquis de Saint-Georges (René), † 1678.
1748. BIDÉ DE LA GRANDVILLE (Louis-Joseph).
— BODIN, chevalier de Boisrenard (Joseph).
1762. BOISGESLIN (René-Gabriel de), † 1764.
1743. BOTHEREL DE LA MARCHE (René-Thérèse), † 1748.
1767. CHAMPAGNÉ (Jean-Baptiste-Gabriel de).
1780. CILLART, comte de la Villeneuve (Louis-Marie), † 1805.
1690. CLERC DE JUIGNÉ (Urbain le), † 1695.
1735. CONIGAN (Guy-Louis), † 1746.
1708. ESPINAY (Barthélemy-Gabriel, comte d'), † 1716.
1748. FRESLON DE SAINT-AUBIN (Emmanuel), † 1753.
1674. GOUYON, comte de Gacé (Charles), † 1674.
1719. GOUYON, marquis de la Raimbaudière (Pierre-Alexandre), † 1727.
1748. GOUYON-GRIMALDI, comte de Matignon (Marie-Charles-Auguste), † 1749.
1734. GROUT DE PRINCÉ (Joseph-Mathurin), † 1759.
1781. GUESCLIN (Bertrand-Michel-Henri, marquis du), † 1783.
1768. LÉE (André).
1719. LESQUEN DE LA VILLEMENEUST (Joseph de), † 1732.
— MICHAU DE MONTARANT (Michel), † 1731.
1740. MONTAIGU DE BOISDAVID (Pierre-François de), † 1764.
1719. MONTMORENCY-NEUVILLE (François, marquis de), † 1748.
1702. MOREL DE LA MOTTE DE GENNES (François), † 1703.
1704. MOTTE DE BARACÉ (Philippe-Claude de la).
1768. PLESSIS D'ARGENTRÉ (Charles-Marie-Camille du), † 1774.
1780. PLESSIS, chevalier d'Argentré (N. du).
1748. ROCHE-SAINT-ANDRÉ (René de la).
1770. ROLLAND DU ROSCOËT (Olivier).
1743. ROHAN-CHABOT (Louis-Marie-Bretagne-Dominique, duc de), † 1791.
1719. ROMILLEY, marquis de la Chesnelaye (Adolphe-Charles de).

Brigadiers de Cavalerie.

1719. AVAUGOUR (Antoine-Erard, marquis d').
1780. BECDELIÈVRE DE BONNEMARE (Jean-Jacques-René).
1781. BECDELIÈVRE, comte de Cany (Anne-Louis-Roger).
1719. BOISLÈVE DU PLANTY (Louis-Jacques), † 1747.
1740. COËTLOGON, vicomte de Loyat (Louis de).
1770. ENFANT (l').
1780. FERRON DE LA FERRONNAYS (Pierre-Jacques-François-Louis-Auguste), † 1784.
1743. GALL (le).
1762. GÉRALDIN (Antoine-Anne-Nicolas).

TOME III.

1748. Gonidec (le).
1719. Gouyon, comte de Gacé (Marie-Thomas-Auguste).
1761. Gouyon, comte de Gacé (Marie-François-Auguste), † 1763.
1710. Kerhoënt de Kergournadec'h de Coëtenfao (Jean-Sébastien de), † 1744.
1748. Kerhoënt de Coëtenfao (Louis-Joseph, comte de).
1759. Kerret de Keravel (de), † 1785.
1748. Martel, baron de Renac (Damien-Charles).
1780. Rohan, prince de Guéméné (Henri-Louis-Marie de).
1691. Savonnières de la Troche (François-Martin de), † 1691.
1700. Sauvaget, marquis des Clos (Jean-Baptiste), † 1706.
1709. Tournemine (René-Guy de), † 1709.

Brigadiers de Dragons.

1781. Bernard de Marigny (Charles-André-Louis), † 1788.
1693. Cambout, marquis de Coislin (Jacques du), † 1701.
1756. Danycan de Landiviziau.
1719. Vieuville, marquis de Saint-Chamond (Charles-Louis-Joseph de la).

OFFICIERS GÉNÉRAUX DES ARMÉES NAVALES.

Amiraux de France.

1544. ANNEBAUD, baron de Retz (Claude d'), maréchal de France en 1538, † 1552.
1683. BOURBON, comte de Toulouse, duc de Penthièvre (Louis-Alexandre de), gouverneur de Bretagne, † 1737.
1737. BOURBON, duc de Penthièvre (Louis-Jean-Marie de), gouverneur de Bretagne, † 1793.
1439. COËTIVY (Prigent de), tué d'un coup de canon au siége de Cherbourg en 1450.
1461. MONTAUBAN (Jean de), grand maître des eaux et forêts de France, † 1466.
1437. MONTFORT-LAVAL, sire de Lohéac (André de), maréchal de France en 1439, † 1486.

Vice-Amiraux.

1809. ALLEMAND (Zacharie-Jacques-Théodore, comte), sous-lieutenant de vaisseau en 1787 † 1826.
1814. BERNARD, vicomte de Marigny (Charles-René-Louis), chef de division en 1786, † 1816.
1816. BOUVET (François-Joseph, baron), lieutenant de vaisseau en 1786, † 1832.
1762. CAHIDEUC, comte du Bois de la Motte (Emmanuel-Auguste de), † 1764.
1716. COËTLOGON (Alain-Emmanuel, marquis de), maréchal de France en 1730, † 1730.
1793. COËTNEMPREN, comte de Kersaint (Armand-Guy-Simon de), chef de division en 1786, décapité en 1793.
1811. EMERIAU DE BEAUVERGER (Maurice-Julien, comte), sous-lieutenant de vaisseau en 1786, † 1845.
1777. ESTAING, comte de Crozon (Jean-Baptiste-Nicolas d'), décapité en 1793.
1816. LEISSÈGUES (Corentin-Urbain-Jacques-Bertrand de), sous-lieutenant de vaisseau en 1787, † 1832.
1756. MACNÉMARA, † 1756.
1836. MARANT DE KERDANIEL (René-Constant, baron le).
1755. POILVILAIN, chevalier de Crenay, † 1756.
1784. ROHAN-MONTBAZON (Louis-Armand-Constantin, prince de), décapité en 1794.
1781. ROQUEFEUIL (Aymar-Joseph, comte de), † 1782.
1796. ROSILY DE MESROS (François-Etienne, comte de), capitaine de vaisseau en 1786, † 1832.
1701. ROUSSELET, marquis de Châteaurenault (François-Louis), maréchal de France en 1703, † 1716.
1784. SUFFREN-SAINT-TROPEZ (Pierre-André, bailli de), † 1788.
1792. THÉVENARD (Antoine-Jean-Marie, comte), chef d'escadre en 1784, ministre de la marine en 1791, † 1815.

1819. WILLAUMEZ (Jean-Baptiste-Philibert, comte), enseigne de vaisseau auxiliaire en **1791**, † 1845.
1801. VASSOR, comte de la Touche-Tréville (Louis-René-Madeleine le), capitaine de vaisseau en 1781, † 1804.

Lieutenants généraux des armées navales.

1680. ANDRAULT, comte de Langeron, marquis de la Coste (Joseph).
1700. BARRIN, marquis de la Galissonnière (Rolland).
1755. BARRIN, marquis de la Galissonnière (Rolland-Michel), † 1756.
1748. BEAUHARNAIS (Charles, marquis de), † 1749.
1775. BIDÉ DE MAURVILLE, † 1784.
1771. BIGOT, vicomte de Morognes (Sébastien-François), † 1781.
1779. BOUEXIC, comte de Guichen (Luc-Urbain du), † 1790.
1777. CHAFFAULT DE BESNÉ (Louis-Charles, comte du), † en captivité en 1794.
— FOUQUET, chevalier de la Bouchefolière (Paul), chef d'escadre en 1771, † 1780.
1779. HAUDENEAU, comte de Breugnon (Pierre-Claude).
1782. HECTOR (Jean-Charles, comte d').
1656. MARTEL, baron de Rénac (Damien).
1786. FAUCHER DE CHAMPREDON (Louis-François), chef d'escadre en 1776.
1697. NESMOND (N.)
1724. NOS DE CHAMPMESLIN (Gilles des), † 1726.
1786. Nos (Nicolas-Pierre, bailli des).
1782. PICQUET DE LA MOTTE (Jean-Toussaint-Guillaume), † 1791.
1667. QUESNE (Abraham du), † 1688.
1741. ROQUEFEUIL (Jacques-Aymar, comte de), † 1744.
1728. TROUIN DU GUAY (René), † 1736.
1781. VASSOR, comte de la Touche-Tréville (Louis-Charles le).

Chefs d'Escadre et Contre-Amiraux.

1816. ARTUR DE KERALIO (Guillaume-Marie-Alain), major de vaisseau en **1786**, contre-amiral honoraire en 1816, † 1833.
1808. BAUDIN (François-André, baron).
1786. BÈGUE (Antoine-François, comte le).
1769. BELLINGANT (N. de).
1764. BEAUHARNAIS (François, marquis de).
1767. BEAUHARNAIS (Claude, comte de).
1817. BERGEVIN DE KERLAURENT (Mathieu-Charles), contre-amiral honoraire.
1816. BIDÉ, comte de Maurville (Antoine-Germain), capitaine de vaisseau en **1786**, † 1840.
1764. BORGNE DE KERUZORET (Alain-François le), † 1771.
1781. BOSCAL DE RÉALS (César-Henri, chevalier).
1829. BOTHEREL DE LA BRETONNIÈRE (Voldemar-Guillaume-Nème).
1822. BOUVET (Pierre-François-Henri-Étienne, † 1861.
1781. BREIL DE RAYS (chevalier du).
1757. BUDES DE GUÉBRIANT (Joseph-Marie).

1754. Bullion de Montlouet (Claude).
1784. Caquerai (comte de).
1816. Cavelier de Cuverville (N.), capitaine de vaisseau en 1781, contre-amiral honoraire en 1816.
1784. Champion, comte de Cicé.
1786. Cillart de Suville (Armand-François-Marie), commandeur de Saint-Louis en 1798, † 1801.
1816. Coat, baron de Saint-Haouën (Yves-Marie-Gabriel-Pierre le), lieutenant de vaisseau en 1792, † 1826.
1814. Coëtnempren, baron de Kersaint (Guy-Pierre de), capitaine de vaisseau en 1786 † 1822.
1784. Collin de la Biochaye (Pierre-Marie-Auguste).
1806. Cosmao de Kerjulien (Julien-Marie, baron), sous-lieutenant de vaisseau en 1786, † 1825.
1842. Cosmao du Manoir.
1814. Coudé (Louis-Marie), sous-lieutenant de vaisseau en 1786, † 1822.
1827. Courson de la Villehélio (François-Thérèse), lieutenant de vaisseau en 1787, † contre-amiral honoraire.
1808. Dall de Keréon (Yves-Jean le), lieutenant de vaisseau et de port en 1775, † 1811.
1815. Dall, baron de Tromelin (Mathieu-Marie le), capitaine de vaisseau et de port en 1780, contre-amiral honoraire en 1815.
1799. Dordelin (Alain-Joseph, comte), lieutenant de vaisseau en 1786, † 1836.
1776. Dresnay des Roches (François-Julien, comte du), † 1786.
1800. Durand, comte de Linois (Charles-Alexandre-Léon), lieutenant de vaisseau et de port en 1789, † 1848.
1792. Flotte du Beuzidou (de), capitaine de vaisseau en 1782.
1698. Gennes, comte d'Oyac (Jean-Baptiste de).
1845. Goarant de Tromelin (Louis-François-Marie-Nicolas le).
1781. Gouandour (chevalier de).
1784. Grandière (Charles-Marie, comte de la).
1755. Grout, chevalier de Saint-Georges (Jacques-François), chef d'escadre de la Compagnie des Indes, † 1763.
1811. Hamelin (Jacques-Félix-Emmanuel, baron), sous-lieutenant de vaisseau en 1786.
1765. Hocquart (N.).
1784. Huon de Kermadec (François-Pierre, chevalier), † 1787.
— Jar, comte du Clesmeur (N. le).
1793. Kerquélen de Trémarec (Yves-Joseph de), capitaine de vaisseau en 1772, † 1797.
Magon, baron de Médine (Charles), tué à la bataille de Trafalgar en 1805.
1823. Méhérenc, marquis de Saint-Pierre (Auguste-Bonabes), lieutenant de vaisseau en 1778, contre-amiral honoraire en 1823, † 1827.
1761. Mercerel de Chasteloger (N.).
1794. Nielly (Joseph-Marie, baron), sous-lieutenant de vaisseau en 1786, † 1833.
1694. Nos (Charles des).
1745. Nos, comte de Champmeslin (Charles-Pierre des), † 1747.
1783. Olivier de Tronjoly (François-Jean-Baptiste l').
1765. Parcevaux (Claude, chevalier de).
1784. Parscau du Plessis (N. de).

1786. PARIS, comte de Soulange (Claude-René), fusillé à Quibéron en 1795.
1767. PÉPIN DE BELLISLE (Julien).
1784. PORTE DE VEZINS (Paul-Jules, marquis de la).
1755. QUESNE, marquis de Menneville (Abraham du).
1785. QUÉLEN (Claude-Louis, comte de).
    RAVENEL DU BOISTEILLEUL (Paul), † 1753.
1667. ROCHE-SAINT-ANDRÉ (N. de la), † 1668.
1817. ROCHE-KERANDRAON (François-Yves de la), lieutenant de vaisseau en 1786, contre-amiral honoraire, † 1822.
1771. ROQUEFEUIL (René, vicomte de), † 1780.
1764. ROSILY DE MESROS (N. de).
1760. SANGUIN, marquis de Livry (François-Hippolyte).
1776. THIERRY, marquis de la Prévalaye (Pierre-Bernardin), † 1786.
1814. THIERRY DE LA PRÉVALAYE (Pierre-Dimas), capitaine de vaisseau en 1786, contre-amiral honoraire, † 1816.
1825. TRÉMIC DE KERANISAN (N. de), lieutenant de vaisseau en 1778, † contre-amiral honoraire.
1765. TRÉMIGON (de).
1793. TROGOFF DE KERLESSY (Jean-Honoré de), capitaine de vaisseau en 1786, † 1794.
1818. TRUBLET DE VILLÉJÉGU (Jacques-Jérôme-Antoine), lieutenant de vaisseau en 1784, contre-amiral honoraire, † 1829.
1816. TULLAYE (Anne-Salomon-Louis de la), capitaine de vaisseau en 1786, † 1821.
1781. VERGIER DE KERHORLAY (N. du).
1792. VILLÉON DE LA VILLEVALLIO (N. de la), capitaine de vaisseau en 1781.
1816. VOSSEY (N. de), lieutenant de vaisseau en 1789, contre-amiral honoraire, † 1859.

Chefs de division des armées navales.

1786. BARRIN, marquis de la Galissonnière.
— CHILLEAU DE LA ROCHE (N. vicomte du).
— GOUZILLON, vicomte de Bélizal.
— KERGARIOU-COËTILLIO (Pierre-Joseph, marquis de), tué à l'affaire de Quibéron en 1795.
— KERGARIOU-LOCMARIA (Thibaud-René, comte de), fusillé à Quibéron en 1795.
— KEROULAS DE COHARS (N. de).
— MACNÉMARA (comte).
— MASCARÈNE, chevalier de Rivière (Charles-Joseph), † 1812.
— ROCHER, vicomte de Saint-Riveul (N. du).
— TRÉCESSON (chevalier de).

ÉVÊQUES

QUI ONT OCCUPÉ DES SIÉGES ÉPISCOPAUX HORS DE BRETAGNE.

ANDIGNÉ (François d'), évêque de Dax, en 1733, † 1736.
ANDIGNÉ DE LA CHASSE (Jean-François d'), évêque de Léon, puis de Châlons-sur-Saône en 1772, † 1806.
ARGOUGES (Michel-Pierre d'), évêque de Périgueux en 1721, † 1731.
AUBIGNÉ (Claude-Maur d'), évêque de Noyon, puis archevêque de Rouen, † 1719.
AVAUGOUR (Henri d'), archevêque de Bourges, 1423-1446.
BAGLION DE SAILLANS (François-Ignace), évêque de Tréguier, puis de Poitiers en 1686, † 1698.
BEAUMANOIR DE LAVARDIN (Charles de), évêque du Mans en 1601, † 1637.
BEAUMANOIR DE LAVARDIN (Philippe-Emmanuel de), évêque du Mans en 1649, † 1671.
BEAUMONT D'AUTICHAMPS (François de), évêque de Tulle, 1740-1764.
BEAUMONT DU REPAIRE (Christophe de), évêque de Bayonne en 1741, archevêque de Vienne, puis de Paris, † 1781.
BEAUNE (Martin de), archevêque de Tours, 1520-1527.
BEAUNE (Renaud de), archevêque de Bourges, puis de Sens, † 1606.
BEAUPOIL DE SAINT-AULAIRE (André-Daniel), évêque de Tulle en 1702, démissionnaire en 1720.
BEAUPOIL DE SAINT-AULAIRE (Pierre), évêque de Tarbes en 1740, † 1751.
BEAUPOIL DE SAINT-AULAIRE (Martial-Louis), évêque de Poitiers, 1759-1790.
BECDELIÈVRE (Charles-Prudent), évêques de Nîmes en 1738, † 1784.
BÉRINGHEN (François), évêque du Puy-en-Velay en 1725, † 1742.
BOISGESLIN DE CUCÉ (Jean-de-Dieu-Raymond de), évêque de Lavaur en 1765, archevêque d'Aix en 1770, puis de Tours, † 1804.
BOISLÈVE (Gabriel), évêque d'Avranches en 1652, † 1667.
BONNIN DU CHALUCET (Louis-Armand), évêque de Toulon en 1668, † 1712.
BOUESTEL (Alleaume), archevêque de Tours en 1380, † 1383.
BREIL DE PONTBRIAND (Henri-Marie du), évêque de Québec en 1740, † 1760.
BRILHAC (Christophe de), archevêque de Tours en 1514, † 1520.
BRUNNES DE MONTLOUET (François-Joseph), évêque de Saint-Omer en 1754.
CAMBOUT, cardinal de Coislin (Pierre du), évêque d'Orléans en 1666, † 1706.
CAMBOUT DE COISLIN (Henri-Charles du), évêque de Metz en 1697, † 1732.
CAMBOUT DE BESSAC (Anne-François-Guillaume du), évêque de Tarbes en 1717, † 1729.
CAMUS DE PONTCARRÉ (Jean-Pierre), évêque de Bellay en 1609, † 1652.
CAMUS (Jacques), évêque nommé de Seez en 1614, † 1650.
CARRON (Philippe-Marie-Thérèse-Guy), évêque du Mans en 1829, † 1833.
CATELAN (Jean de), évêque de Valence, † 1725.
CATELAN (Jean-Marie de), évêque de Rieux en 1747, † 1771.
CERVELLE (Sylvestre de la), évêque de Coutances en 1371, † 1386.
CHABOT (Jean-Baptiste), évêque de Saint-Claude, 1785-1790.

CHAMILLART (Jean-François), évêque de Dol, puis de Senlis en 1702, † 1714.
CHAMPION DE CICÉ (Louis), vicaire apostolique à Siam en 1701, † 1727.
CHAMPION DE CICÉ (Jérôme-Marie), évêque de Rhodez en 1770, archevêque de Bordeaux en 1781, puis archevêque d'Aix, † 1810.
CHAMPION DE CICÉ (Jean-Baptiste-Marie), évêque de Troyes en 1758, puis d'Auxerre de 1761 à 1790.
CHAPELLE DE JUMILHAC (Jean-Joseph), évêque de Vannes, puis archevêque d'Arles en 1746, † 1775.
CHASTEL (Gabriel du), évêque d'Uzès, † à Rome en 1463.
CHASTEL (Jean du), évêque de Carcassonne, † à Rome en 1472.
CHEVIGNÉ DU BOISCHOLLET (Hylarion-François de), évêque de Seez en 1802, † 1811.
CHEYLUS (Jean-Dominique de), évêque de Tréguier en 1762, puis de Cahors et de Bayeux, † 1797.
CHILLEAU (Jean-Baptiste du), évêque de Châlons-sur-Saône en 1781, archevêque de Tours en 1819, † 1824.
CLERC DE JUIGNÉ DE NEUCHELLES (Antoine-Éléonore Léon le), évêque de Châlons-sur-Marne en 1764, archevêque de Paris en 1781, † 1811.
COËTIVY (Alain, cardinal de), évêque d'Avignon, d'Uzès, de Nîmes, de Dol et de Cornouailles, † à Rome en 1474.
COËTQUIS (Philippe, cardinal de), évêque de Léon, puis archevêque de Tours en 1427, † 1441.
COËTLOGON (Louis-Marcel de), évêque de Saint-Brieuc, puis de Tournay en 1705, † 1707.
COZ (Claude le), archevêque constitutionnel d'Ille-et-Vilaine en 1791, archevêque de Besançon en 1802, † 1815.
COËTLOSQUET (Jean-Gilles du), évêque de Limoges en 1739, démissionnaire en 1758, † 1784.
DREUX DE BRÉZÉ (Pierre-Simon-Louis-Marie), évêque de Moulins en 1849.
ESPINAY (André, cardinal d'), archevêque d'Arles, de Bordeaux et de Lyon, † 1500.
ESPINAY (Jean d'), évêque de Mirepoix en 1486, puis de Nantes et de Léon, † 1503.
ESPINAY (Jean d'), évêque de Valence en 1491, † 1503.
ESPINAY (Guillaume d'), évêque et duc de Laon en 1500.
ESPINAY (Robert d'), évêque de Lescar, puis de Nantes, † 1493.
FAOU (Raoul du), évêque d'Angoulême, puis d'Evreux en 1480.
FEBVRE DE LAUBRIÈRE (Charles-François le), évêque de Soissons en 1732, † 1738.
FÈVRE DE CAUMARTIN (Jean-François de Paule le), évêque de Vannes, puis de Blois, † 1733.
FAGON (Antoine), évêque de Lombez en 1711, puis de Vannes, † 1742.
FERRON DE LA FERRONNAYS (Jules-Bazile), évêque de Saint-Brieuc en 1770, puis de Bayonne et de Lizieux, † 1799.
FORTIN DE LA HOGUETTE (Hardouin), évêque de Saint-Brieuc, puis de Poitiers en 1680 et archevêque de Sens, † 1715.
FOUQUET (François), évêque de Bayonne et d'Agde, puis archevêque de Narbonne, † 1673.
FOUQUET (Louis), évêque d'Agde, † 1702.
FOUQUET (Bernardin-François), archevêque d'Embrun en 1740, démissionnaire en 1767.
FEYDEAU DE BROU (Henri), évêque d'Amiens, † 1706.
FOUQUET DE LA VARENNE (Guillaume), évêque d'Angers, 1616-1621.
FRANCHEVILLE (Daniel de), évêque Périgueux en 1694, † 1721.
GUÉMADEUC (Sébastien de), évêque de Lavaur, puis de Saint-Malo en 1670, † 1702.
GOUYON (Guillaume), évêque de Luçon en 1427, † 1432.

GOESBRIAND (Louis de), évêque de Burlington (États-Unis), en 1853.
GOUYON DE MATIGNON (Lancelot), évêque de Coutances en 1588.
GOUYON DE MATIGNON (Léonor), évêque de Coutances, puis de Lizieux, † 1680.
GOUYON DE MATIGNON (Léonor), évêque de Lizieux, † 1714.
GOUYON DE MATIGNON (Jacques), évêque de Condom en 1671, † 1727.
GOUYON DE GACÉ (Léonor), évêque de Coutances en 1722, † 1757.
GUESCLIN (Bertrand-Jean-René du), évêque de Cahors en 1741, † 1766.
GUILLAUME DE LA VIEUVILLE (Pierre), évêque de Bayonne en 1728, † 1734.
HAUTBOIS (Charles du), évêque de Tournai en 1510.
HAY DE BONTEVILLE (Marie-Anne-Hippolyte), évêque de Saint-Flour, puis de Grenoble, † 1788.
HUREAU DE CHEVERNY (Jacques), évêque d'Autun en 1505, † 1546.
HUREAU DE CHEVERNY (Denis), évêque nommé d'Orléans en 1586.
HUREAU DE CHEVERNY (Philippe), évêque de Chartres, 1598-1620.
KERHOENT DE COËTENFAO (Rolland-François de), évêque d'Avranches en 1699, † 1719.
LANGLE (Daniel-Bertrand de), évêque de Saint-Papoul en 1739, † 1774.
LE BORGNE (Geoffroi), suffragant de Vannes et évêque de Tibériade, † 1524.
LESQUEN (Claude-Louis de), évêque de Beauvais puis de Rennes, 1823-1841.
LUBERSAC (Jean-Baptiste-Joseph de), évêque de Tréguier, puis de Chartres en 1780, † 1822.
MACHECOUL (Raoul de), évêque d'Angers en 1356, † 1358.
MAISTRE DE LA GARRELAYE (François-Marie le), évêque de Clermont-Ferrand en 1743, † 1776.
MALESTROIT (Guillaume de), archevêque de Thessalonique en 1466, † 1491.
MALLIER DU HOUSSAY (François), évêque de Troyes, 1641-1678.
MALLIER DU HOUSSAY (Claude), évêque de Tarbes en 1648.
MALLIER DU HOUSSAY (Marc), évêque de Tarbes, 1668-1675.
MAUNY (François de), évêque de Saint-Brieuc, puis de Tréguier et archevêque de Bordeaux en 1553, † 1558.
MARBŒUF (Yves-Alexandre de), évêque d'Autun, puis archevêque de Lyon, 1767-1790.
MENOU DE CHARNISAY (Augustin-Roch de), évêque de la Rochelle, 1729-1766.
MIRON (Charles), évêque d'Angers en 1588, † 1627.
MIOLLIS (Charles-François-Melchior-Bienvenu), évêque de Digne, 1805-1829.
MATHEFELON (Foulques de), évêque d'Angers en 1324, † 1355.
MONTAUBAN (Artur de), archevêque de Bordeaux en 1467, † 1478.
MAILLÉ DE BRÉZÉ (Simon de), archevêque de Tours en 1554, † 1597.
MAILLÉ DE LA TOUR-LANDRY (Jean-Baptiste-Marie de), évêque de Gap en 1778, puis de Saint-Papoul et de Rennes, † 1804.
NEUFVILLE DE VILLEROY (Ferdinand), évêque de Saint-Malo, puis de Chartres en 1637, † 1690.
NOS (Henry-Louis des), évêque de Rennes, puis de Verdun en 1770, † 1793.
NY DE COËTELEZ (Mathurin le), évêque de Poitiers en 1698.
PAPPE DE TRÉVERN (Jean-François-Marie le), évêque d'Aire en 1823, puis de Strasbourg, † 1842.
PLESSIS D'ARGENTRÉ (Charles du), évêque de Tulle en 1725, † 1740.
PLESSIS D'ARGENTRÉ (Louis-Charles du), évêque de Limoges en 1758, † 1807.
PLESSIS D'ARGENTRÉ (Jean-Baptiste du), évêque de Seez, 1775-1790.
PONT DES LOGES (Paul-Georges-Marie du), évêque de Metz en 1843.

Potier de Blancmesnil (René), évêque de Beauvais, † 1616.
Potier de Blancmesnil (Augustin), évêque de Beauvais, † 1650.
Potier de Novion (Jacques), évêque de Sisteron, puis de Fréjus et d'Évreux, † 1709.
Potier, cardinal de Gesvres (Léon), archevêque de Bourges en 1694, démissionnaire en 1729, † 1744.
Potier, cardinal de Gesvres (Étienne-René), évêque de Beauvais en 1728, † 1771.
Quélen (Charles-Marie de), évêque de Bethléem en 1755, † 1777.
Quélen (Hyacinthe-Louis de), archevêque de Paris en 1821, † 1839.
Raoul de la Guibourgère (Michel), évêque de Saintes en 1618, † 1630.
Raoul de la Guibourgère (Jacques), évêque de Saintes puis de la Rochelle, † 1661.
Richer de Cerisy (Jacques), évêque de Lombez en 1751, † 1771.
Robiou (Louis-Jean), évêque de Coutances en 1836.
Rogier du Crévy (Pierre), évêque du Mans en 1712, † 1723.
Rohan-Gié (François de), évêque d'Angers puis archevêque de Lyon en 1501, † 1536.
Rohan (Armand-Jules de), archevêque duc de Rheims en 1722, † 1761.
Rohan, cardinal de Soubise (Armand-Gaston-Maximilien de), évêque de Strasbourg en 1704, † 1749.
Rohan, cardinal de Soubise (Armand de), évêque de Strasbourg en 1749, † 1756.
Rohan-Montbazon (Louis-Constantin de), évêque de Strasbourg en 1757, † 1779.
Rohan-Guéméné (Louis-René-Édouard de), cardinal évêque de Strasbourg en 1779, † 1803.
Rohan-Guéméné (Ferdinand-Maximilien-Mériadec de), archevêque de Bordeaux, puis de Cambrai, 1770-1790.
Rohan-Chabot (Louis-François-Auguste, cardinal duc de), archevêque de Besançon, 1829-1832.
Rosmadec (Charles de), évêque de Vannes, puis archevêque de Tours en 1671, † 1672.
Rougé (Gabriel-Louis de), évêque de Périgueux, 1771-1773.
Rouxel de Médavy (François), évêque de Lizieux en 1600, † 1617.
Rouxel de Médavy (François), évêque de Seez en 1651, puis d'Autun, de Langres et archevêque de Rouen, † 1691.
Ruzé (Guillaume), évêque de Saint-Malo, puis d'Angers en 1572, † 1587.
Royère (Jean-Marc de), évêque de Tréguier, puis de Castres en 1773, † 1802.
Sanguin de Livry (Nicolas), évêque de Senlis en 1623, † 1651.
Sanguin de Livry (Denis), évêque de Senlis en 1652.
Savonnières (Mathurin de), évêque de Bayeux, 1583-1586.
Sesmaisons (René de), évêque de Soissons en 1731, † 1742.
Testard du Cosquer (Martial), légat apostolique à Haïti en 1862.
Texier de Queraly (Jacques), vicaire apostolique à Siam en 1728.
Vergne de Tressan (Louis de la), évêque de Nantes, puis archevêque de Rouen en 1723, † 1733.
Visdelou de Bienassis (Claude), vicaire apostolique en Chine et évêque de Claudiopolis en 1709, † 1737.
Vivet de Montclus (Louis-François), évêque de Saint-Brieuc, puis d'Alais en 1744, † 1755.
Voyer de Paulmy d'Argenson (François-Élie le), évêque de Dol, puis archevêque d'Embrun en 1715 et de Bordeaux, † 1728.

ABBÉS RÉGULIERS OU COMMENDAIRES ET ABBESSES

DONT LES BÉNÉFICES ÉTAIENT HORS DE BRETAGNE.

AAGE (de l'), abbé de Bellefontaine (diocèse de la Rochelle), 1754-1790.
ACIGNÉ (Amaury d'), évêque de Nantes et abbé de la Grenetière (diocèse de Luçon), † 1476.
ALLAIRE (François), abbé d'Huiron (diocèse de Châlons-sur-Marne) en 1754, † 1776.
ANDIGNÉ DE LA CHASSE (Jean-François d'), abbé d'Eu (Rouen) en 1773, évêque de Léon, puis de Châlons-sur-Saône, † 1806.
ANDIGNÉ DE MAYNEUF (d'), abbé d'Eu (Rouen) en 1759, et de Noyers (Tours), 1785-1790.
AUDREN DE KERDREL (Jean-Maur), abbé de Saint-Vincent (le Mans) en 1693, † 1725.
BARBIER DE LESCOËT (François de Sales-Louis-Augustin), comte de Lyon et abbé d'Ardorel (Castres), 1761-1790.
BARRIN DE VINGELLES (Toussaint), abbé de Saint-Romain de Blaye (Bordeaux), de Ferrières (Sens), et de Saint-Lo (Coutances), † 1581.
BARRIN DE LA GALISSONNIÈRE (Auguste-Félix), abbé de Reclus (Troyes) en 1747, † 1762.
BILLES DE PRATANLOUËT (René), abbé de Saint-Eusèbe (Apt) en 1686, † 1710.
BEAUMANOIR DE LAVARDIN (Lancelot de), abbé de Champagne (le Mans), † 1531.
BEAUMANOIR DE LAVARDIN (Charles de), abbé de Beaulieu (le Mans) en 1592, de Saint-Liguaire (Saintes), et évêque du Mans, † 1637.
BEAUMANOIR DE LAVARDIN (Emmanuel de), abbé de Saint-Liguaire (Saintes) en 1637.
BEAUMANOIR DE LAVARDIN (Philippe-Emmanuel de), abbé de Beaulieu (le Mans) en 1642, et évêque du Mans, † 1671.
BEAUMANOIR DE LAVARDIN (Jean-Baptiste de), abbé de Beaulieu (le Mans), de Moustier-Ramey (Troyes) en 1696, et évêque de Rennes, † 1711.
BEAUMANOIR DE LAVARDIN (Marguerite de), abbesse de Perrine (le Mans) en 1653, † 1691.
BEAUMANOIR DE LAVARDIN (Renée de), abbesse de Perrine (le Mans) en 1691, † 1713.
BESCHART (Nicolas), abbé de Montmorel (Avranches) en 1448, † 1475.
BESCHART (Jean), abbé de Montmorel (Avranches) en 1475, † 1512.
BESCHART (Julien), abbé de Montmorel (Avranches) en 1515, † 1520.
BOISBOISSEL (Toussaint-Joseph-Pierre du), comte de Lyon et abbé de Verteuil (Bordeaux), en 1784, † 1819.
BOISGESLIN DE CUCÉ (Jean-de-Dieu-Raymond de), abbé de Vauluisant (Sens) en 1776, évêque de Lavour, puis archevêque d'Aix et de Tours, † 1804.
BOISGESLIN DE KERDU (Thomas-Pierre-Antoine de), abbé de Mortemer (Rouen) en 1782, massacré en septembre 1792.
BOISLÈVE (Gabriel), abbé de Saint-Georges-sur-Loire (Angers), de Sainte-Marie de Bardoues (Auch), et évêque d'Avranches en 1652, † 1667.
BOUTOUILLIC (N.), abbé d'Hyverneaux (Paris), 1775-1790.
BREIL DE PONTBRIAND (Henri-Marie du), abbé de Meaubec (Bourges), et évêque de Québec, † 1760.
BREIL DE PONTBRIAND (René-François du), abbé de Saint-Marien (Auxerre) en 1746, et de Theulley (Dijon) en 1766, † 1779.

Bretagne (Aliénor de), abbesse de Fontevrault, † 1342.
Bretagne-Vertus (Marie de), abbesse de Malnoüe (Paris), † 1711.
Bretagne-Vertus (Françoise-Philippe de), abbesse de Nidoiseau (Angers), 1673-1700.
Bretagne-Vertus (François de), abbé de Cadouin (Sarlat) en 1540.
Brillet (Guillaume), abbé d'Yvry (Evreux) en 1474.
Cambout de Coislin (Louise-Gilberte du), abbesse de Nidoiseau (Angers) en 1695.
Catelan (Jean-Marie de), abbé de Boulencourt (Troyes) en 1727 et évêque de Rieux en 1771.
Cervon des Arcis (N. de), abbesse de Montons (Avranches) en 1704.
Champion de Cicé (Jérôme-Marie), abbé de Chantemerle (Troyes), et évêque de Rhodez en 1760, † 1810.
Charette de la Gascherie (Anne-Marie), abbesse de la Trinité (Poitiers) en 1692.
Chastel de Bruillac (Tanguy du), abbé de Samer (Boulogne) en 1746, † 1778.
Coësmes (Geffroi de), abbé de la Couture (le Mans) en 1343.
Coësmes (Catherine de), abbesse du Pré (le Mans), 1515-1550.
Coëtlogon de Loyat (René-Anne-Elisabeth de), abbé de Saint-Mesmie (Châlons-sur-Marne), 1730-1737.
Coëtlogon (N. de), abbesse de Montons (Avranches), 1770-1790.
Coëtlosquet (Jean-Gilles du), abbé de Saint-Philbert de Tournus (Châlons-sur-Saône) en 1745, de Saint-Paul (Verdun) en 1755, et évêque de Limoges, † 1784.
Coniac de Toulmen (Sébastien le), abbé de Talmont (Luçon) en 1632.
Corbière (Claude de la), abbé de la Valence (Poitiers) en 1649.
Corbière (Charles de la), abbé de la Valence (Poitiers) en 1685.
Corbière de Juvigné (N. de la), abbé de Talmont (Luçon), 1784-1790.
Corgne de Launay (Jean-Baptiste-Gabriel le), abbé de Vierzon (Bourges) en 1760, † 1804.
Cornillé (Guy de), abbé de Saint-Augustin (Limoges), 1337-1366.
Cornillé (Pierre de), abbé de Montmorel (Avranches), 1558-1575.
Court (Geoffroi le), abbé de la Luzerne (Avranches) en 1452, † 1463.
Cren de Kerbolo (N. le), abbé d'Huiron (Châlons-sur-Marne), 1770-1790.
Dall de Tromelin (N. le), abbé de Mureaux (Toul) en 1781, † 1808.
Espinay (Jean d'), abbé d'Aiguerive (Tours) en 1500.
Espinay (Robert d'), abbé de Saint-Crépin (Soissons) en 1520.
Febvre de Laubrière (Jérôme le), abbé de Saint-Marien (Auxerre), 1735-1746.
Fouquet de Chalain (Yves), abbé de Sainte-Colombe (Sens), 1656-1669.
Francheville (Daniel de), abbé de Tréport (Rouen) et évêque de Périgueux en 1694, † 1721.
Freslon de la Freslonnière (Alexandre), abbé de Saint-Nicolas-des-Prez (Verdun), 1772-1790.
Gouyon de Matignon (Léonor), abbé de Lessay (Coutances), de Thorigny (Bayeux), évêque de Coutances, puis de Lizieux, † 1680.
Gouyon de Matignon (Léonor), abbé de Lessay (Coutances), de Thorigny (Bayeux) et évêque de Lizieux, † 1714.
Gouyon de Matignon (Jacques), abbé de Foigny (Laon), de Saint-Victor (Marseille) en 1703 et évêque de Condom, † 1727.
Gouyon de Matignon (Eléonore), abbesse du Paraclet (Amiens) en 1681, † 1703.
Gouyon de Matignon (Marie-Catherine), abbesse de Cordillon (Bayeux) en 1655, † 1698.
Gouyon de Matignon (Charlotte), abbesse de Saint-Désir (Lizieux), † 1703.
Gouyon de Gacé (Léonor), abbé de Lessay (Coutances) en 1721 et évêque de Coutances, † 1757.
Gouyon de Vaurouault (René), abbé de Chambons (Viviers) en 1755.

Gouyon (N.), abbé de Saint-Prix (Noyon) en 1768.
Gouyon de Vaudurand (Jean-Louis), abbé de la Cour-Dieu (Orléans), évêque de Léon en 1745, † 1780.
Gouyon (N.), abbé de Saint-Victor en Caux (Rouen), 1785-1790.
Guémadeuc (Sébastien de), abbé de la Noë (Evreux) évêque de Lavaur, puis de Saint-Malo en 1671, † 1702.
Guermeur de Coroac'h (N. du), abbé du Breil-Benoît (Evreux) en 1600.
Guermeur de Coroac'h (N. du), abbé du Breil-Benoît (Evreux) en 1615.
Grimaud (Jean), abbé de Sainte-Marie d'Absie en Gâtine (Maillezais) en 1402.
Guesclin (Bertrand-Jean-Baptiste-René du), abbé de Theulley (Dijon) en 1733 et évêque de Cahors, † 1766.
Guibé (Robert), abbé de Saint-Victor (Marseille), cardinal évêque de Nantes, † 1513.
Hardaz de Hauteville (N. du), abbé de Lespau (le Mans) en 1733.
Hay de Bonteville (Marie-Anne-Hippolyte), abbé de Celles (Poitiers) en 1771, évêque de Saint-Flour, puis de Grenoble, † 1788.
Hercé (Urbain-René de), abbé de Noyers (Tours) en 1761, évêque de Tréguier, fusillé à la suite de l'expédition de Quibéron en 1795.
Kaerbout (Yves de), abbé de Tiron (Chartres) en 1423, † 1426.
Langan du Boisfévrier (N. de), abbé de Lespau (le Mans), 1786-1790.
Lescoët du Boschet (Louise de), abbesse de Bonlieu (Lyon), en 1643.
Lesquen (N. de), abbesse de l'Abbaye-Blanche (Avranches), 1778-1790.
Loquet (Jean du), abbé de la Croix-Saint-Leufroy (Evreux) en 1404, † 1411.
Loquet (Nicolas du), abbé de la Croix-Saint-Leufroy (Evreux) en 1411.
Louvel (Jean), abbé de Montmorel (Avranches) en 1575, † 1595.
Loz (N.), abbesse de Bouëxières-aux-Dames (Toul), 1760-1773.
Maistre de la Garrelaye (François-Marie le), abbé de Chéery (Rheims) en 1734, et évêque de Clermont en 1743, † 1776.
Malestroit (Guillaume de), abbé de Saint-Séver (Coutances), archevêque de Thessalonique, † 1491.
Marbœuf (René-Auguste de), abbé de Langonnet en 1725 et abbé de Ribemont (Laon) en 1741.
Moreau de Maupertuis (N.), abbé d'Ardorel (Castres), 1747-1761.
Pappe de Trévern (Jean-François-Marie le), abbé de Mores (Langres) en 1788, puis évêque d'Aire et de Strasbourg, † 1842.
Pezron de Kervégan (Yves), abbé de la Charmoye (Châlons-sur-Marne) en 1697, † 1706.
Plessis d'Argentré (Jean-Baptiste du), abbé de Saint-Germain (Auxerre) en 1761, évêque de Seez, 1775-1790.
Plessis-d'Argentré (Louis-Charles du), abbé d'Évron (le Mans) en 1771, et évêque de Limoges, † 1807.
Préaudeau (N.), abbesse de Sauvoir (Laon), 1771-1790.
Regnon (Jean), abbé de Fontenelles (Luçon) en 1412, † 1440.
Rieux de Sourdéac (Louise-Marie de), abbesse de Bonlieu (Lyon) en 1654.
Roche Saint-André (N. de la), abbé de Villedieu (Dax), 1750-1786.
Roche Saint-André (N. de la), abbé de Trisay (Luçon), 1764-1790.
Rohan-Gié (François de), abbé de Saint-Aubin (Angers) en 1500 et archevêque de Lyon, † 1536.
Rohan (Armand-Gaston-Maximilien, cardinal de), abbé de la Chaise-Dieu (Clermont), de Moustier en Argone (Châlons-sur-Marne), de Saint-Vaast (Arras), de Foigny (Laon), évêque de Strasbourg en 1704, † 1749.

Rohan-Soubise (Anne-Marguerite de), abbesse de Jouarre (Meaux) en 1707, † 1721.
Rohan-Soubise (Charlotte-Armande de), abbesse de Jouarre (Meaux) en 1722, † 1733.
Rohan-Soubise (Marie-Éléonore de), abbesse d'Origny (Laon) en 1722, † 1753.
Rohan de Poulduc (Jean-Léonor-Gabriel de), abbé de Manlieu (Clermont), † 1748.
Rohan-Guéméné (Ferdinand-Maximilien-Mériadec de), abbé de Mouzon (Rheims) en 1759, archevêque de Bordeaux, puis de Cambrai, 1770-1790.
Rohan-Guéméné (Eugène-Hercule-Camille, prince de), abbé d'Humblières (Noyon) en 1757 et de Villers-Betnac (Metz), 1774-1790.
Rohan-Soubise (Armand de), abbé de Saint-Epvre (Toul) en 1736, de Murbach et de Lure (Basle) en 1737, évêque de Strasbourg, † 1756.
Rohan-Guéméné (Louis-René-Édouard, cardinal de), abbé de la Chaise-Dieu (Clermont) en 1785, de Saint-Vaast (Arras) en 1780, évêque de Strasbourg, † 1803.
Rohan (Armand-Jules de), abbé du Gard (Amiens), de Gorze (Metz) et archevêque de Rheims en 1722, † 1761.
Rohan (Anne-Thérèse de), abbesse de Préaux (Lizieux) en 1700, et de Jouarre (Meaux), † 1738.
Rohan (Marie-Anne-Bénigne de), abbesse de Panthemont (Paris) en 1710, † 1743.
Rohan-Montbazon (Marie-Éléonore de), abbesse de la Trinité de Caen (Bayeux) en 1650, puis de Malnouë (Paris) en 1664, † 1682.
Rohan (Angélique-Eléonore de), abbesse de Marquette (Tournay) en 1700.
Rohan (Louis-Constantin de), abbé de Lire (Evreux) en 1734, de Saint-Epvre (Toul) en 1749, évêque de Strasbourg, † 1779.
Romilley (Raoul de), abbé de Lire (Evreux) en 1282.
Romilley (N. de), abbé de Maisières (Châlons-sur-Saône), 1755-1790.
Saint-Pern (N. de), abbé de Montbenoit (Besançon), 1776-1790.
Sesmaisons (René de), abbé de Saint-Clément (Metz), de Ham (Noyon) et évêque de Soissons en 1731, † 1742.
Sesmaisons (Marie-Camille-Adélaïde de), abbesse de Bival (Rouen) en 1740.
Sioc'han de Kersabiec (Joseph-Marie-Charles), abbé de Vaas (le Mans), 1777-1790.
Tinténiac (Michel de), abbé de Saint-Aubin (Angers) en 1509.
Tinténiac (Yves de), abbé de Saint-Aubin (Angers) en 1520.
Urvoy (N.), abbé de Ménat (Clermont), 1765-1785.

ÉTAT DES FAMILLES

QUI ONT SIÉGÉ DANS L'ORDRE DE LA NOBLESSE AUX ASSISES DES ÉTATS GÉNÉRAUX DE BRETAGNE TENUES DEPUIS 1736.*

A.

1736. Advocat (l') de la Crochais, — de la Lande.
— Andigné (d'), 1748 de la Chasse, 1758 du Plessis-Bardoul, 1762 de Beauregard, — de Saint-Germain, 1766 de Grandlieu, — de Saint-Goustan, 1774 du Leyon, 1786 de la Rouvraye.
— Auffray de Guélambert, 1758 de la Villeaubry.
— Aubert (d'), de Langron, 1754 de la Glimptière, 1784 de Launay.
1741. Artur de Keralio.

1746. Aubin de Botcouart, — de la Fontaine.
1752. Antigny (d') de Frégnicourt.
1756. Aulnette du Vautenet.
1760. Avice.
1764. Auffret de Kerizac.
— Aux (d').
1768. Allenou de la Villebasse.
1772. Audren de Kerdrel.
1774. Artur de la Villearmois.
1776. Aubaud du Perron.
1784. Ansquer de Kerillis.
1786. Amphernet (d') de Kermadehoa.

B.

1736. Baudran de Launay.
— Becdelièvre du Bouëxic, 1754 de Penhoët.
— Belinaye (de la), 1750 de la Teillaye.
— Barre (de la) du Chastelier.
— Berruyer (le) du Tertre-Volance.
— Bégasson de la Lardais, 1756 du Roz.
— Bellouan (de), 1760 du Vauniel.
— Berthou, 1752 de la Violaye, 1758 de la Motte, 1762 de Kerverzio.
— Bertaud du Heurtray, 1764 de la Baussaine.
— Bintinaye (de la), 1758 de Montmur.

1736. Biré de la Sénaigerie, 1764 de la Marionnière.
— Bitaut du Plessis.
— Bihan (le) de Pennelé, — de Keralou, — de Nouville.
— Boisadam (du).
— Boisbaudry (du) de Trans.
— Boisguéhenneuc (du), 1754 de Vernée, 1766 de Kervern, — de Minven, 1774 de la Budorière, 1782 de la Villion, — de Cahan.
— Boisgeslin (du), 1738 de Kergomar, 1744 de Kerdu, 1754 de Kersas, — de Cucé.
— Boispéan (du) de la Pilardière.

*Nous ne rapportons que la plus ancienne tenue à laquelle chaque famille et ses diverses branches ont assisté, tout en distinguant les homonymes. Les tirets tiennent lieu de la dernière date énoncée.

1736. Borel de Bottemont.
— Botherel-Quentin, de Saint-Dénac.
— Botdéru (du).
— Bouexic (du), de Guichen, — de Campel,—de Launay,—de la Driennays, — de Favigot, 1766 de Pinieuc, 1774 de la Bottellerais.
— Boullay (du).
— Bourblanc (du), 1742 d'Apreville, 1768 de Beaurepaire.
— Bourdonnaye (de la), de Boisry, — de Liré, 1774 de Montluc, 1778 du Boishullin.
— Bouays (du) du Boisrobert, — de la Bégassière, 1738 du Rocher.
— Botherel du Plessix, — de la Bretonnière, 1770 de Moron, 1774 de Landujan, 1776 de la Chevrie.
— Bruc (de) de Friguel, — de Clisson, de la Guerche, — du Cléray, — de Beauvais, 1738 de Montplaisir, 1776 de Sassenage, 1784 de Goulaine.
— Brilhac (de).
— Bois (du) de Maquillé.
— Breil (du) de Rais, — de Pontbriand, — de la Herpedaye, — 1740 de la Caulnelaye, 1742 du Chalonge, 1746 de Névet, 1782 du Bois-Billy.
— Borgne (le), de Coëtivy, 1741 de Kerdéven, 1746 de Keruzoret, 1770 de Kermorvan.
— Bouilly (du) de la Morandais, — de Vaunoise, 1758 de Turcan, — de Resnon, 1766 de la Provostais, 1782 du Frettay.
— Bellingant (de) de Crénan.
— Berthelot du Gage, — de la Villesion, — de Saint-Ylan, 1768 du Coudray, 1770 de la Coste.
— Bédée (de) de la Bouétardais, 1752 du Boisbras, 1754 de Lescoat, 1774 du Moulin-Tizon, 1778 de Vildé-Guingalan, 1784 de Kernois, — de Launay, — de Chefdeville.
— Busnel de Montauray,—de la Touche.

1736. Boishamon (du).
— Bouexière (de la) de la Villetanet, 1746 de la Mettrie, 1774 de la Bonnais.
— Bel (le) de la Gavouyère, — de Penguilly, 1738 de Lesnen.
— Bois (du) de la Villefily.
— Blanchard de la Buharaye, 1748 de Keroman, 1764 du Chastel, 1776 du Val.
— Boberil (du) du Molant, 1740 de Cherville.
— Brunnes de Montlouët.
— Bernard de Kersavet, — de Kergrée, 1758 de Keryvot, 1774 de Kerhamon.
— Besné (de), 1786 de la Grandcour.
— Beschais de Garmeaux, 1738 de la Place.
— Bahuno de Berrien, 1752 du Liscoët, 1770 de Kerolain.
— Bot (du) du Grégo, 1742 de la Tertrée, 1756 du Roudour.
— Bénazé (de), 1746 de Keriver, 1776 du Temple.
— Beaumont (de).
— Bot (du), de Talhouët, — de la Gratiomnaye, 1746 de la Grignonnays, 1770 de la Rouardais.
— Boisberthelot (du).
— Bouteiller (le), du Prérond.
— Blanchard du Bois de la Musse.
— Boisboissel (du), 1766 de Morlen.
— Beauvau (de).
— Boulleuc, de la Villeblanche, 1754 de Saint-Grégoire.
— Brunet du Guillier, 1746 du Hac, 1762 du Moulin-Tizon.
1738. Barberé, 1754 de la Bottière.
— Boullaye (de la).
— Bernard de la Cocherais, 1758 de Courville, 1786 de la Gatinais.
— Bizien du Lézard, — de Kerbourdon, — de Ménéhorre, 1774 du Helloc'h.
— Bonnier de la Chapelle, — de la Coquerie.

1738. Blévin de Penhouët.
— Bleiz (le), de Kermodest.
— Bouëtiez (du).
— Binet de la Blottière, 1742 de Jasson.
1740. Bougrenet de la Tocquenaye.
— Bossart du Clos.
— Beaudiez (du) de la Motte.
— Baudré, 1750 de Lorme, 1774 de la Touche.
— Bréhand (de), 1758 de Mauron.
— Bouays (du) Méneuf.
1741. Bosc (du) de Quemby.
1742. Boëssière (de la) de Lennuic, 1758 de Kerret, 1762 de Rosvéguen.
— Bellangier (le).
— Brancas (de) de Forcalquier.
— Boisbéranger (du).
— Bardon.
1744. Bréal des Chapelles.
— Budes de Guébriant.
1746. Botherel de Mouillemuse.
— Bosquien de la Villeneuve, 1768 de Quillien.
— Boussineau.
— Botteuc (le), de Couëssal.
— Barbier de Lescoët, 1764 de Kernaou.
— Baud (de) de Kermen.
— Bigot de Morogues.
— Bras (le), de Forges.
— Boislebon de la Choltais.
— Bouays (du) de la Blère, 1762 de Couësbouc, — du Plessis, 1776 de la Chaigne.
— Boudoul (le) du Bodory.
— Brillet des Baluës, 1774 de Candé.
— Bois (du) de la Ferronnière, 1780 de la Biliais.
1748. Breil (du) du Buron.
1749. Broc de la Tuvelière.
— Beschart.
— Boutouillic, de Kerlan, — de Prévasy.
1750. Bruillac (de), 1756 de la Villeneuve, — de Kerérez.
— Baude de la Vieuville.

1750. Boschier du Bé, 1752 de la Garaudière, 1754 de Kergu.
— Bertin d'Avennes.
— Bœuf (le) de Mocquard.
1752. Bonin de la Villebouquais, 1766 du Mont.
— Bourdin du Branday.
— Bailliff (le).
— Bégaignon (de) de Suzlé.
— Bouëtoux (le) de Bréjerac.
— Beauvais (de) de Villeblanche.
1754. Brossard de Neuville.
— Bouays (du) du Tertre.
— Bois (du) de Bruslé, 1764 de Trévenec, — du Bot.
— Boisdavid (du) du Chaffault, — de la Botardière, 1762 du Marais.
1756. Bardoul de la Massillaye.
— Bréhier de Servaude.
1758. Brun (le) du Lojou.
— Bihannic (le) de Guiquerneau.
1760. Bastard (le) de Villeneuve, — 1764 de Baulac.
— Baye de la Gohardière.
— Bedeau de l'Ecochère.
— Boullays.
— Bascher de Kerhamon.
— Boux de la Foucherie, — 1764 de Casson.
— Bino.
— Breton (le) du Blottereau.
1762. Blanc (le) de Guengueret.
1764. Bahezre (le) de Lanlay.
— Ballet.
— Bariller (le) du Saz.
— Baudry.
— Brétineau du Plessis-Gaultrot, — de l'Oiselière.
— Bréhand (de) de l'Isle.
1766. Bois (du) des Cours de la Maisonfort.
— Bot (du) du Trévou, 1776 du Loc'han, — de Coëtuban, — de Villeneuve.
— Boisbilly (du) de Beaumanoir.
— Billeheust de Saint-Georges.
— Barrin de la Galissonnière.

TOME III.

1768. Barazer de Kermorvan.
— Bouan de Chefdubosc.
— Botmiliau (de) de la Villeneuve.
1772. Bouloign (le).
— Blonsart du Bois de la Roche.
— Bouëxière (de la).

1772. Bottey (le) de Vauhéas, — de la Villehervé.
1774. Belon de Talhouët.
— Blondeau de la Rouillonnaye.
1778. Beauchesne (de).
1784. Bourné (du) de Chefdubois.

C.

1736. Cadaran (de) de Saint-Mars.
— Carheil (de), 1764 de Launay.
— Champlais (de).
— Chapelle (de la), 1746 de Kercointe, 1766 du Brossay.
— Charbonneau de l'Etang.
— Chevière (de la) du Pontlouët, 1752 de Saint-Morand.
— Cornulier du Vernay, 1764 de la Caraterie.
— Coué.
— Couëssin (de) de Kerhaude, — de la Béraye, 1746 de Kergal, 1752 de Quénet, 1754 du Boisriou.
— Courson de Liffiac, 1740 de Kernescop, 1754 de Pélan, 1758 de Liscineuc, — de Costang, 1766 de la Villehélio, — de Lessac, 1776 de la Belleissue.
— Chastellier (du) de la Bouëxière, 1774 du Rifray.
— Couvey.
— Chomart des Marais, 1738 des Brétins, 1750 de Kerdavy.
— Coutelier (le) de Maubreil, — de Penhoët.
— Coëtmen (de).
— Calloët de Trégomar, 1772 de Lanidy.
— Chaton de Tréveleuc, 1744 de Ranléon, 1754 du Quilliou, 1758 des Morandais, — de Vaugervy, 1768 de Runbron, — de la Rocherie, 1772 des Hauts-Fossés, — de la Touche, — du Ruel.
— Coëtlogon (de).
— Chastel (du) de la Rouvraye.
— Couaridouc (de).

1736. Corgne (le) de Launay, 1758 de la Plesse, — du Tertre, 1762 de la Paignée.
— Cahideuc (de) du Bois de la Motte.
— Cheville de Vaulérault.
— Cornillière (de la) d'Ardaine, 1754 de Narbonne.
— Chupin de la Guitonnière.
— Champion de Cicé.
— Corsin (le) du Chesneblanc.
— Cezé.
— Carné (de), 1738 de Trouzilit.
— Castel (de), 1740 de Landual.
— Coëthéloury (de).
— Cognets (des) de l'Hopital, — de la Villeroger, 1742 des Hayes, 1746 de la Villerault, 1752 de Correc, 1756 de la Villetréhen.
— Chateautro (de).
— Couaisnon (de) 1740 de la Lanceulle, 1756 de la Barillère.
— Cellier (du) de la Souchais.
— Chevré du Boiscouëlan.
— Chateaubriand (de), 1752 du Vauregnier, 1758 de la Guérande, 1762 du Parc, — du Plessis, 1772 de Combourg, 1780 de la Giraudais.
— Collas du Tertre-Baron, 1741 d'Erbrée, 1758 de la Baronnais, 1766 de la Motte, — du Roslan.
— Coëtlosquet (du), 1746 des Isles, 1772 de la Pallue.
— Cadet de Bellevue.
— Charette de la Gascherie, 1740 de la Colinière, 1746 de Beaulieu, 1754 de Briord, 1756 du Tiercent, 1760 de Boisfoucault, — de la Conterie, 1764 de la Verrière, 1772 du Moulin.

1736. Collinaye (de la).
— Choue (de la) de la Mettrie, 1744 de la Longrais, 1746 de la Villedé, 1754 du Closneuf.
— Chauff (le) de Léhellec, 1740 de la Motte, 1750 de la Ravillais, 1752 de la Bellangerais, — de la Bernardière, — de Launay, 1760 de la Blanchetière, — de Kerguennec.
1738. Chrétien de Tréveneuc, — de Pommorio, 1772 de Chef de l'Etang, — de la Masse, 1780 de Kerannot.
— Cosnier de la Bothinière, 1762 de la Clergerie.
— Coutances (de) de la Celle.
— Chauchart, 1749 du Mottay, 1750 d'Argental, 1774 de la Vicomté.
— Couppé des Essarts, — de Kerdavid, 1770 de Carméné.
— Court (le) de Prelle.
— Conen de Saint-Luc, 1750 de Prépéan, 1768 de la Touëze, — de la Roche, 1776 du Guénorm, — du Vieux-Marché, — de Kerilly.
1740. Celle (de la), 1742 de Chateaubourg.
— Champeaux (des).
— Collobel du Bot, — de Langon, 1746 du Tromeur, — 1776 du Prédy, 1778 du Bodel.
1741. Cosnoual de Saint-Georges.
1742. Cramezel de Kerhué.
— Chateaufur (de), 1768 de Kerrolland.
— Chastel (du) de Coëtangarz.
1744. Combles, 1746 de Naives.
1746. Chastellier (du) du Margaro.
— Chateaufur (du).
— Chevigné (de) de la Sicaudais, — de la Charpentrais, — 1750 du Boischollet.
— Chastel de la Rouaudais.
— Clerc (le) de Juigné.
— Couetus (de).
— Castellan (de), 1770 de Malleville, 1778 de la Vallée.
— Chambre (de la) de Vauborel.

1746. Chaponnier (le) du Maugoër, 1768 de Kergrist.
— Cillart de la Villeneuve, 1764 de Kerannio.
— Cardinal (le) de Kernier.
1748. Caradeuc (de) de Launay, 1744 de la Grandais, 1770 de la Chalotais, 1774, de la Motte.
1750. Cochart.
— Coëtanscours (de).
— Chesne (du) du Tay, 1776 de Treslan.
— Couësplan (de) de la Villemorin.
1752. Cleuz (du) du Gage.
— Coëtnempren (de) de Kersaint.
— Collin de la Biochaye.
1754. Coatarel (de) de Kermodetz, 1786 de la Soraye.
— Chouart de la Biardais.
— Courteuvre de Boischevreuil.
— Cambout (du) de Coislin.
— Clerc (le), de Baucemaine.
1756. Cerizay de Grillemont.
— Chambellé.
1758. Chat (le) du Chalonge.
— Coëtaudon (de).
— Coëtgouréden (de).
1760. Chardonnay (du) de la Marne.
1762. Carn.
1764. Chevalier du Boischevalier.
— Cadoret.
— Collet des Rivières.
— Couperie.
1766. Cornu (le).
— Colbert de Chabannois.
— Couëspelle (de).
— Clavier (le) de la Pageotière.
— Carion de Rosangavet.
1768. Couëdic (du) de Kergoualer.
— Couffon de Kerdellech, 1776 de Kerviou.
— Chevoir (le) de Kergoff.
— Chappedelaine de Boslan, 1774 des Breils, — des Marais, 1784 de la Vallée.
1770. Champion (le) de Runello.
— Champneufs (des).

1772. Cariou de Gouazven.
— Crémeur (de).
1774. Coniac (le).
— Corvaisier (le) de la Coursonnière.
— Coëtanlem (de).

1774. Crec'hquérault (de).
1778. Cheverue (de).
— Cargouët (de).
1786. Corbière (de la).
— Cresolles de la Villeneuve.

D.

1736. Dibart de la Villetanet.
— Drouet du Boisglaume, — de Montgermont, 1740 de la Perdrillaye, 1752 de Montauban, 1768 de la Noë-Sèche.
— Dondel du Faouëdic.
— Derval (de) de Kerbras, — de la Noë, 1738 de Brondineuf, 1774 de la Ramée.
— Deno du Pasty.
— Doudart du Vauhamon, 1742 des Hayes, 1774 de la Sauldraye.
1738. Dresnay (du), 1762 des Roches.
— Denais (le), de Guémadeuc, 1754 de Cargouët, 1762 de Kercambre.
1740. Drézit (du) de Kerforn.
1744. Durfort de Lorges.
1746. Déelin de la Pinsguerrière, 1746 du Mottay.

1748. Dio-Palatin de Montpeiroux.
1750. Dieusie (du), de la Varenne.
— Douarain (le) de Lémo, 1754 de Trévélec, 1776 de la Touraille.
1752. Duz (la) de Vieuxchamp.
— Daën de Kerménénan.
— Dachon du Jaunay, 1786 de la Billière.
— Davy de la Jarrie.
1754. David de Coëthuon.
1756. Denis de Trobriand, 1768 du Kerédern, 1772 de Kerscau.
1760. Donneau de Visé.
— Druais de la Guerche, 1764 de la Renaudière, — de la Sauvagerie, 1774 de la Noë.
1770. Dourguy (le) de Roscerff.
1772. Damesme.

E.

1736. Espivent de la Villesboinet, 1760 de Péran, — de la Ville-Guévray.
— Espinay (de l'), de la Villegélouard.
— Espinay (de l') de Briort.
1738. Estuer (d').
1740. Ermar, 1744 de Beaurepaire.
1744. Espinay (d') de Vaucouleurs.
— Escu (de l') de Beauvais.

1746. Estourbeillon (l').
— Espinoze (d').
1754. Edevin du Plessis-Bouchet.
1756. Enfant (l') du Louzil.
1772. Estang (de l') du Rusquec.
— Euzénou de Kersalaun.
1776. Espine (de l') de Grainville.

F.

1736. Fabroni de la Garoulais, 1764 de Kerbonnaire.
— Farcy de la Ville-du-Bois, 1738 de Saint-Laurent, 1744 de Mué, 1774 de Montavallon.
— Fleuriot de la Freulière.

1736. Forges (de), 1760 de la Bousselaye.
— France (de) de Coatcantel, — de Landal.
— Francheville (de) du Pellinec, — du Boisruffier.
— Fond (de la).

1736. Ferré de la Villesblanc.
— Flo (le) de la Haye, — de Trémelo, 1774 de Kerléau.
— Fresne (du) de Goazfroment, 1774 de Kerlan.
— Fou (du) de la Nervois, 1752 de Kerdaniel.
— Fontlebon (de), 1774 de Carivan, 1776 de la Lande.
— Forest (de la), 1764 de la Foucherie.
— Forsanz (de) de la Morinière, — de Lescadeuc, 1738 du Houx, 1784 de Tréguel.
— Fournet (du).
— Fillochais (de la).
— Freslon de la Freslonnière, — de Saint-Aubin, 1786 du Boishamon.
— Forestier (le), du Pondu, 1786 du Joncheray.
— Ferron de la Sigonnière, — de la Pironnais, 1752 de la Forest, 1770 du Chesne, 1774 de la Vairie.
— Fournier de Pellan, 1750 d'Allérac, — de Trélo, 1786 de Rénac.
1738. Fleuriot de Langle.
— Fruglaye (de la), 1740 de Kervers, — de Lanfosso, 1774 de Pontgirouard.
— Fresne (du) de Virel, 1748 du Demaine, 1752 de Rénac.
1740. Frain de la Tendrais, 1776 de la Villegontier.

1742. Feu (du) de la Bellangerie, 1754 de Saint-Marc.
1746. Fresnaye (de la).
— Fournier de la Galmelière.
— Fauchet (le) de la Horlaye.
— Froulay (de).
1748. Forest (de la), 1774 d'Armaillé.
1749. Ferron de la Ferronnais.
1750. Ferrière de la Motte-Rogon.
1752. Filleul (le) du Pont, — de la Lande.
— Fruglais (le) de Lourmel.
1754. Fustel de la Mottaye.
— Foucault de la Bigottière.
— Fosse (de la) de Lanrial.
— Forest (de la) de la Ville-au-Sénéchal.
1756. Fouquet.
— Floyd de Rosnéven, 1758 de la Villecade, — de la Salle.
— Forestier (le) du Boisfarouge, 1764 de Laumosne, 1770 de la Mettrie, 1776 de la Houssaye, 1786 du Boisgardon.
1758. Frotter (le), 1778 de Kerillis, 1786 d'Angecour.
1762. Fléger de Mesanrun.
1766. Fourché de Quéhillac.
— Febvre (le) de la Brulaire.
1768. Forestier (le) de Quillien, 1772 de Kerosven.
1770. Fresche (du).
1774. Fréval du Manoir.
— Frogier de Pontlevoy.
1786. Foucher.

G.

1736. Gouvello (de) de la Cormerais, — de Kerantré, — de Kersivien, 1746 de Rosméno, 1764 de la Ferté, 1776 de Keriaval.
— Gouyon de Coipel, 1760 de Beauvais, 1776 de la Villemorel.
— Guerrif de Launay, 1762 de Kerosay, 1770 de Lanouan, 1780 de Sénac.

1736. Guiny (du), 1760 de Kerhos.
— Grimaudet du Gazon.
— Garjan de Kerversault.
— Gac (le) de Lansalut, — de Kerhervé, 1738 de Servigné, — de la Villeneuve, 1746 de Treffigny, 1768 de Tanouët, — de Trévinal, 1776 de Kerviou.
— Guynement de Keralio.

1736. GESLIN de la Villesolon, — de Coëtcouvran, — de la Villeneuve, 1758 de Bringolo, 1768 de Bourgogne, 1774 de Trémargat, 1770 du Moustier.
— GOUBLAYE (de la) de Nantois, — du Prédéro, — 1744 des Isleaux, 1746 des Salles, 1756 du Gage, du Peray, — 1770 de Bellenoë, 1782 de Ménorval.
— GOUYON du Vaurouault, — de Vaudurand, — de Launay-Comats, 1738 de Beaucorps, — de Pontbrécel, 1778 de Miniac.
— GAUTHIER de la Sauldraye, 1746 de la Boullaye.
— GEFFLOT de Marigny.
— GUÉRIN de la Grasserie, — de Saint-Brice.
— GODET du Perret, — de Chastillon.
— GIBON du Pargot, 1746 de Kerizouët, 1762 de Keralbaud, 1752 de Lesvellec.
— GUERNISAC (de).
— GONIDEC (le) de Toulborzo, 1746 de Penlan, 1750 de Kerbalic, 1754 de Kerbizien, 1756 de Kerloc'h, 1780 de Traissan.
— GALLAIS de Chateaucroc, — de la Salle, 1752 de la Gréhandais, 1758 de Saignaux, 1768 des Portes.
— GUERRANDE (de la) de la Villecoleu, 1754 de la Motillais.
— GUILLERMO de Condest, 1764 de Tréveneuc.
— GAUDRION de la Guimardière, — de Faverolles, — des Salles, 1740 de Champmellet.
— GILLOT, 1738 de Grandchamp, 1762 de Croyal.
— GUÉRIN de Frontigné.
— GAUVAIN.
— GUITON du Fournel, 1754 de Saint-Judoce.
— GUÉHÉNEUC de Boishue, — de la Villedurand, 1740 de Saint-Léger.
— GUIHART.

1736. GASCHER du Val, — du Tertre, 1764 des Burons, 1770 de la Rivière.
— GRIGNART de la Hunaudière, — de Champsavoy, 1764 de la Musse.
— GUYET du Teil, — du Plessis, 1742 des Métairies, — du Temple, 1746 de Brécé, 1766 de la Villeneuve.
— GOURO de Pommery, — de la Boulais, — du Pont, — de També, 1770 de la Guerche.
1738. GUERVAZIC (de) Keruzou.
— GOAFFUEC, 1772 de Kerouanton.
— GUESCLIN (du).
— GUILLARD des Aulnays.
— GROESQUER (du).
— GARNIER du Fougeray.
1740. GOUYON de Bellevue, 1746 de Thaumatz, — de Vaux, 1754 des Brions, 1758 de Vaucouleurs, 1784 du Verger.
— GAULT du Plessix, 1744 du Bay.
— GINGUÉNÉ, 1754 de la Chauvrais, — de Biheron, — de la Chaîne, 1754 de Malabry, 1776 de la Boucaudais, — du Boisclos.
— GUILLEMOT de Vauvert, 1758 de Rozelaye.
— GAREL de la Bizaye, 1742 de la Vieuville.
1742. GOURLAY, 1744 de la Motte-Orien, 1768 de la Villegallais.
— GENTIL (le) de Rosmorduc.
— GODEFROY.
1744. GUENNEC (le) de Trévérian.
— GIRAUD de la Bellière.
1746. GOËSBRIAND (de).
— GOURCUFF de Tréménec.
— GOUICQUET de Bocozel, 1754 de la Garenne, — de Kerrolland, 1786 de Bienassis.
— GOURDAN de Kerérel.
— GUITTON de Sourville.
— GOUEZNOU de Kerdouret.
— GLÉ des Portes, 1750 de l'Hospital, — de Launay.
1749. GUERRY (de), 1764 de Beauregard.
1750. GOBIEN (le).

1750. Gourcun de Kergus, 1766 de Kerven.
— Grées (des) de Lesnée, — du Lou.
1752. Gourdel de Keriolet.
— Garnier de la Villesbret.
— Gicquel du Nédo.
— Geffroy de la Villeblanche.
— Garspern (du).
— Galléer (le) de Keryvon, 1772 de Kergoat.
1754. Guiny (du) de la Jaroussaye.
— Gall (le) de Palévartz.
— Grandière (de la).
— Gesril (de) du Papeu.
1756. Gouere de Kerguiomar, 1764 de Kerdima.
— Guéguen.
1758. Gaudin de Beauchesne.
— Gualès (le).
— Guillard du Gouët, 1768 de Kersauzic.
1760. Gazet du Chatelier, 1764 de la Noë.
— Gouyon de Marcé, — 1762 du Pont-Touraude, — 1766 de Beaufort.
— Guérin de la Roche-Palière.

1760. Guézille de la Suzenais, 1764 des Touches, — de Champaugi, 1770 du Chesnay, 1776 de la Touche-Geffroi, — des Brieux.
— Gras (le) de Charost.
1762. Gouin de Romilly.
— Gilart de Larchantel, 1786 de Keranflec'h.
1764. Geffroi du Rest.
— Goulaine (de).
— Goulard du Rétail.
— Guimarho de Saint-Jean.
1766. Grandin de Mansigny.
1768. Gaudemont, 1778 de Montferrier.
— Gouzillon (de) de Kerméno, — de Bélizal.
1774. Guy de Mareil.
1778. Gourio de Lanoster.
— Goureau du Plessix.
— Goyon des Hurlières, — de l'Abbaye, — de la Saulais, 1786 de la Rougerais.
1780. Guichardi de Martigné.
1786. Gouz (le) de la Villegoyat.

H.

1736. Halegoët (du) de Luzuron.
— Haye (de la) d'Andouillé, — de Laubriais, — de la Gautrais, 1750 de Plouër, 1766 de Changé.
— Haye (de la) du Cartier, — du Sable, 1748 du Plessis-Joubin, 1786 de Kerlouis.
— Hingant de la Guichardais, — de Saint-Maur, — de Toullan, — de la Tiemblaye, 1762 de la Perchais, 1770 de la Motte-Rieux, 1782 du Plessis-Madeuc.
— Houssaye (de la).
— Huchet de la Bédoyère, — de Cintré, — de Quénétain, — de la Besneraye, — de la Villechauve, — de Penbulzo, — de Plumeleuc, 1738 de Tréguil, 1762 de Martigné.
— Harel de Choizy.

1736. Hay de Tizé, — 1738 des Nétumières, — de Chateaugal, — 1744 de Bonteville, — 1750 de la Rougeraye, — de Sancé, 1774 de Keranraiz.
— Han (du).
— Hubert de la Massue, — de la Hayrie, — 1762 de la Haye, 1774 de la Sauldraye.
— Habel.
— Hersart de Kerbaul, 1754 de la Villemarqué.
— Henry de Beauchamp.
— Hudelor, 1738 de la Garmanière.
— Hamon du Costier, 1758 de Coëtmartin, 1760 de la Villerault.
— Hallay (du) de Kergouanton.
1738. Heussaff d'Ouëssant.
— Hayeux (des), 1768 de Keranével.

1738. Henry de Belestre.
1740. Henry de la Plesse.
— Houët de Kercheu, 1752 du Chesnevert, 1754 de Kerguénant.
1746. Henry du Quengo, 1774 de Kergoët.
— Hayes (des).
— Haffont (du) de Lestrédiagat.
— Hindreuff (du).
— Harscouët de Goasbihan, 1758 de Saint-George, — de Kervégan, 1774 de Keravel.
— Henry de Bohal.
1752. Huon de Keramédan.
1756. Haye (de la) de Saint-Hylaire.
— Henry de Kermadec, — de Kermartin.

1756. Haye (de la) de Silz, — de Larré, 1774 du Plessis-au-Chat, 1776 de Vaux.
1758. Hallenaut de la Villecolvé.
1762. Halna du Fretay, 1774 de Bosquilly.
1764. Hérault de la Motte.
1766. Haudeneau de Breugnon.
1768. Héliguen (d').
— Hémery du Bouillon, 1774 de la Fontaine-Saint-Père.
— Hérisson du Vautiou.
1770. Harrington.
1772. Huon de Kermadec.
1776. Haydurand (de).
1784. Hue de Montaigu.

I.

1736. Isle (de l') de la Nicollière, 1760 de la Barre-Sauvage, — de Cerny, — du Fief, 1764 du Dréneuc.
1776. Isles (des).

J.

1736. Jouneaux de Breilhoussoux, — de la Noë-Mareuc, — 1744 de Sainte-Marie.
— Jéhannot de Penquer.
— Jocet, 1746 du Quengo, — de la Hautière, 1764 de Timadeuc, 1768 de la Cherquetière.
1738. Juchault de Monceaux, 1760 de la Moricière, 1764 de Lourme, — des Jamonnières.

1740. Jehan de Kermadec, 1750 de Kervégant, 1758 de Lesleinou.
1741. Jagu de Launay, 1770 de Kersalio.
1746. Jubin de Kervilly.
1758. Jégou du Laz.
— Jar (le) du Clesmeur.
1760. Jacquelot de la Motte, 1764 du Boisrouvray.
1778. Julienne de Belair, — de Blavon.
1780. Jumeau de Kergaradec.

K.

1736. Kerboudel (de) de la Courpéan.
— Kersauzon (de) du Vieuxchâtel, 1746 de Goasmelquin, 1752 de la Ferrière, 1754 de Kerjan, 1756 de Coëtanscours, 1772 de Coëtbizien, — de Poulloufanc, — de Penandreff, 1786 du Vijac.
— Kerguézec (de), 1746 de Coatbruc, 1754 du Garo.

1736. Kergrist (de), 1760 de Trézel.
— Kersaingilly (de) de Saint-Gilles.
— Kerguz (de) de Troffagan.
— Kermenguy (de) de Saint-Laurent, 1772 du Roslan.
— Kerret (de) de Keravel, — 1746 de Coëtluz, 1772 de Quilien.
— Kermel (de) du Pouillado, 1746 de Kermézen, 1744 de Kermorvan.

1736. KERGADIOU (de).
— KERMAREC (de) de Traurout, 1756 des Tronchais.
— KERROIGNANT (de) d'Estuer, 1768 de Trohubert, 1774 du Penquer.
— KERALY (de).
— KERLÉAN (de) de Kerhuon, 1758 du Timen.
— KERGUIZIAU (de) de Kervasdoué, 1738 de Launay.
— KERÉNOR (de) de Rumenec, 1738 de Kerret, 1772 du Parc.
— KEROURFIL (de) de Trézel.
1738. KERÉREL (de).
— KERYVON (de) du Cosquer.
— KERMOYSAN (de) du Rumeur.
— KERMORVAN (de).
— KERÉMAR (de) du Boischateau, 1760 de Richebourg.
— KERATRY (de), 1742 de Kerbiquet.
1740. KEROUZY (de).
— KERMELLEC (de), 1746 de Penhoët.
1741. KERCABUS (de) de Sourzac.
1742. KERANFLEC'H (de).
1744. KERMÉNO (de).
— KEROUARTZ (de).
— KERMADEC (de) du Moustoir.
1746. KERGRÉ (de).
— KERPAËN (de) de Kersallo.
— KERSULGUEN (de) de Kerlozrec.
— KERANGUEN (de).
1750. KERVEN (de) de Kersulec, 1766 de Kerérec.

1750. KERNEZNE (de), 1752 du Plessis.
1752. KERGU (de), 1770 de Belleville.
1754. KERNEC'H (de) de Kericuff.
— KERSALIOU (de) du Réchou.
1756. KERGARIOU (de) du Cosquer, 1774 de Locmaria.
— KERSCAU (de).
1758. KERESPERTZ (de).
— KERGUERN (de).
— KERPEZDRON (de).
1760. KERALBAUD (de), 1774 de Kerdélan.
— KERGUZ (de) de Kerstang.
1762. KERGORLAY (de) de Keriavilly.
1764. KERGUVELEN (de) de Penhoat.
1768. KERUZEC (de) de Goastino, — de Runambezre, — 1782 de Kergarff.
— KERGUÉLEN (de), 1784 de Trémarec, 1772 de Kerbiquet.
— KEROULAS (de) de Cohars.
— KERGOFF (de).
1770. KERLIVIOU (de) de la Garenne.
1772. KERIMEL (de).
— KERMARQUER (de) de Lanverc'h.
— KERGOËT (de).
— KERHOAS (de) du Quélennec.
— KERLOAGUEN (de).
— KERMERC'HOU (de), de Kerautem.
1774. KERPOISSON (de) de Kerallan, 1776 de Vaurumont.
1776. KERBOURIC (de) de la Vieuville.
— KEROUALLAN (de), 1782 de Barac'h.
1780. KERHOËNT (de) du Boisruault.

L.

1736. LAMBERT du Boisjean, — de Craon, 1754 de Lorgeril.
— LANDELLE (de la) de la Gras, — de Roscanvec.
— LANTIVY (de) de Bernac, — de la Ferrière, 1746 de Trédion, 1780 de Talhouët, — de Kervéno, 1756 du Rest.
— LÉZIART de la Léziardière, 1750 du Dezerseul, 1766 de Leglé, 1776 de la Villeorée.

TOME III.

1736. LESQUEN (de) de l'Argentaye, — de Kerohant, 1750 de Goizac, 1762 de la Ménardaye, 1774 du Plessis-au-Provost.
— LAUZANNE (de), 1756 du Vauroussel.
— LÉON.
— LESSART de Kerdavy.
— LESCOËT (de) de Ménémeur.
— LYS (de).
— LAUNAY (de), 1762 de la Brochardière, — de la Vairie.

1736. Louail de la Sauldraye.
— Lesquen (de) de la Villemenéuc, 1764 du Plessis-Casso.
— Loz de Beaucours, 1772 de Coëtgourhant, — 1786 de Goazfroment.
— Lande (de la) de Calan.
— Langan (de) du Boisfévrier.
— Lamour de Caslou, 1752 de Lanjégu.
— Lardeux (le) de la Nourière, 1750 de la Gastière.
— Lorgeril (de).
— Labbé de la Villeglé, 1744 de Pont-l'Abbé.
— Lay (le) du Plessis, 1756 de Kerverzio, 1772 de Kermabin.
— Langourla (de), 1750 de la Chesnelays, — de la Villeguénéal.
— Lou (le) de la Mercredière, — de la Biliais, 1738 de la Chapelle-Glain, 1749 de Beaulieu, 1760 du Buttay, — de Château-Thébaud, 1764 du Boischalon, 1778 de Chasseloir.
1738. Levroux (le) du Boispassemalet.
— Lozormel (de) de Keraudren.
— Lambilly (de) du Broutay.
— Landanet (de), 1748 de Mezaler.
— Long (le) du Dréneuc, 1750 de Ranlieu.
— Lezot de la Millaye, — du Boissaglin, 1750 des Portes, 1760 du Loizil.
— Lemperière de la Grandière.
1740. Legge du Bignon.
— Limonier (le) du Collédo, 1748 de la Marche.
— Larcher de la Touraille, 1770 de la Vallée.

1740. Louis du Vivier.
1742. Loisel de la Villedeneuf, 1766 de Saint-Trimoël.
1744. Langle (de), 1754 de Beaumanoir, 1766 de Coëtuhan.
— Larlan (de) de Kercadio, — de Rochefort, 1750 du Cosquer.
— Landes (des), 1758 de Keréno, 1776 de la Mazure.
1746. Langlais de Prémorvan.
— Lanloup (de).
1750. Launay (de) de Pontcornou, 1782, du Bois-ès-Lucas, 1784 de Pestivien.
1752. Luker.
— Lesguern (de) de Kervéatoux.
1754. Lopes de Keranroy.
1756. Launay (de) de l'Estang.
— Lyrot de la Patouillère, — du Chastellier.
1758. Landais de Chateaubilly.
— Launay (de) du Ménez.
1760. Lenfant-Dieu.
— Luzeau de la Morinière.
1762. Lamoureux de Vernusson.
1764. Lescouble de Kerescouble, — de Renoyal.
— Lombarderie (de la).
1766. Lambart du Plessis-Rivault.
1768. Lesquélen (de).
— Lesguen (de), 1772 de l'Isle.
— Laisné de Poulfeunteun.
— Lansullien (de).
1770. Lanjamet (de) de Vaucouleurs.
1772. Largez (du) de Coëtvoult.
— Lanrivinen (de) du Carpont.
1778. Lesmais (de).
1784. Leslay (du) de Chefboccage.
1786. Léau de la Touche.

M.

1736. Mière (le) de Collibeaux, 1740 de l'Estang.
— Martel.
— Massart de la Raimbaudière, 1746 de Mixegrande.
— Mélient (de).

1736. Moraud du Déron, 1766 de Callac.
— Martin de Montlige, — de l'Ermitage, 1762 de la Bigotière, 1766 du Boistaillé.
— Mahé de Kerouant, 1766 de Berdouaré.

1736. Mauvy de Carcé.
— Mellet de la Tremblaye, 1744 de Chateaulétard, 1756 de la Bussonnaye.
— Moussaye (de la) de la Villeguériff, 1749 de Saint-Marc, 1768 de la Chesnaye.
— Matz (du), 1764 du Brossay, 1770 de la Villeneuve.
— Mouraud de la Sauvagère.
— Montigny (de) de Kerespertz.
— Marnières (de), 1776 de Guer.
— Michiel de Carmoy, 1740 de Lizardais, 1748 de Brécéant.
— Mintier (le) des Granges, — de Lehellec, 1742 de la Motte-Basse, 1774 de Saint-André.
— Milon des Landes, 1756 des Salles.
— Milon de Bellevue.
— Métaër (le) du Hourmelin, 1746 de la Villebague, — de Canoual, 1758 de Vaujoyeux, 1770 de la Ravillais.
— Maudet de Bénichel, — de Saint-André, — de la Briaye, 1756 de la Joue, 1760 de Penhouët.
— Moine (le) de Launay-Daniel.
— Margaro (du), 1746 du Chastellier.
— Monneraye (de la), 1752 de Bourgneuf, 1756 de Maynard.
— Martin de Montaudry, — de la Villedurand, 1738 de la Guerche.
— Maistre (le) de la Haye, — du Roz, 1762 de la Garrelaye, 1770 de la Garoulais.
— Morel de la Motte.
— Motte-Fouqué (de la).
— Marquès de la Duracerie, — de la Cantrie.
— Meslou de Trégain.
— Ménez (du) de Lezurec, 1746 du Pérennou.
— Merdy (du) de Catuélan, 1766 de la Cour-de-Bouée, 1770 de Quillien.
— Métayer (le) de Runello, — de Vaubouëssel, 1740 de la Touche, 1772 de Kermérien.
— Maçzon (le).

1736. Motte (de la) du Portal, — de la Prévostais, 1744 du Rocher.
— Motte (de la) de Vauvert, 1746 de la Ville-ès-Comte, 1770 de la Guyomarais, 1772 de Broons.
— Maillard du Bois-Saint-Lys.
— Marie de la Higourdaye.
— Marot de Blaizon.
— Montbourcher (de).
— Mellon (de), 1754 de la Villecotterel.
— Mol de Kermabon, 1746 de Langolian, 1772 de Guernélez.
— Monti (de) de Rezé, 1746 de la Giraudais, — de la Carterie, 1760 de Launay, — de Bogat, — 1764 d'Anizy, — de Kermainguy, 1774 de la Civelière, — de Bréafort, 1776 de la Rousselière, 1782 de la Rivière, 1784 de Lornière, — de la Villesloués, — de la Cour-de-Bouée, — de Friguel, 1786 de Bellevue.
— Ménardeau de Mautbreuil, 1744 du Perray, 1766 de la Hauteville.
— Métayer (le) de Kerdaniel, — du Poulpry, 1744 du Haleguët, 1768 de Coëtdiquel, 1774 du Quélennec, — de la Garde.
1738. Moënne (le).
— Méhérenc de Saint-Pierre.
1740. Mélorel (le), 1742 de Trémeleuc.
— Meur (le) de Kerigonan, 1760 de Kerliviry, 1778 de Lescarzou.
— Mouësan de la Villeirouët.
— Marin de Montcan, 1764 du Chastelet.
1741. Montfort (de) de Kerséham.
1744. Michiel du Deffais.
— Moulin (du) du Brossay.
— Marcadé de Couëssal, — de Robien.
1746. Macé de la Roche.
— Moine (le) de Kerderff, — 1752 de Talhouët.
— Maignan (le) de l'Ecorse, 1752 de Kerangat, 1764 du Boisvignaud.
— Monchy (de).
— Muzillac (de).

1746. Macé de Vaudoré.
— Morin de Portmartin.
— Martin de Montaudry.
— Moine (le) de la Tour, — des Ormeaux.
— Moro des Landes, 1746 de Villedez, 1768 de la Villebilly.
— Moëlien (de), de Gouandour.
1750. Menou (de).
— Marche (de la).
— Montboissier (de).
1752. Motte (de la) de Montmuran, 1754 de Lesnage, 1766 de la Motte-Beaumanoir, 1768 de la Motte-Rouge.
1754. Marbœuf (de).
— Malterre de Mézeray.
— Marc.
1756. Morant (de).
— Moucheron, 1764 de Chateauvieux.

1760. May (de) de Ternant.
— Mascarène de Rivière.
1762. Mercier (le) du Breil.
— Morel du Roscouët.
1764. Mauclerc de la Muzanchère.
— Mareschal (le).
— Motte (de la) d'Aubigné.
1766. Moussaye (de la) de Carcouët.
1768. Motte (de la) de la Ville-Jouban, 1776 de Vauclair.
1770. Mallier de Chassonville.
1772. Marc'hallac'h (du).
— Marant (le) de Boissauveur.
1776. Meastrius du Pouldu.
1778. Minault de la Hélaudière.
— Merliers (des) de Longueville.
1780. Mésenge.
1786. Mésanger (de).
— Michel de Tharon.

N.

1736. Noë (de la) de Couëspeur, 1766 du Rohou, 1778 des Salles.
— Noir (le) de Tournemine, 1740 de la Marchanaye, 1752 de Bringolo, 1754 de Carlan, 1760 de Fournerat.
— Nourquer du Camper.
1738. Neuport (de).
1746. Normant (le) de la Ville-Héleuc, 1758 de la Villenéen.
— Normand (le) de Lourmel, — 1752 de Noyal, 1758 de la Rue.
1748. Noue (de la) du Boschet.

1754. Nepvou (le) de Carfort, 1758 de la Cour, 1768 de Berrien, — de Crénan, — de la Roche, — du Colombier.
— Nouël de la Villehulin, 1768 de Pillavoine, — de Crec'holan, 1772 de Lesquernec, 1786 de Kergrée.
1760. North (de).
1762. Nos (des).
1772. Ny (le) de Coëtudavel.
1774. Noue (de la) de Bogard.
1776. Nicol de la Belleissue.

O.

1738. Orcises (d').
1742. Orfeuvre (l') du Boisoouault.
1746. Osmont (d').

1756. O'schiel.
1772. Orvaulx (d').
1782. Onffroy de la Rozière.

P.

1736. Penfeunteniou (de) de Cheffontaines, 1738 de Mesgrall, 1744 de l'Isle, 1754 de Lesveur, 1778 de Poulbroc'h.

1736. Pé d'Orvault (Bourigan du).
— Pinçzon du Sel-des-Monts, 1741 de la Giraudais, 1746 de la Bordière.

1736. Prévost de la Pallaire, 1749 de la Caillerie, 1774 du Boisroux.
— Provost (le) de la Voltais, 1744 de la Touche, 1778 du Plessis-au-Prévost.
— Prévost de la Touraudaye.
— Pepin de Martigné, 1750 de Bellisle.
— Poulain du Tramain, 1746 de Mauny, — de la Fosse-David, 1750 du Chesnay, 1776 du Val-Martel, — de Mélian, 1778 de Boissy, — du Reposoir, 1780 de Saint-Père.
— Prioul de la Rouvraye, — de L'Espinay, 1738 de la Lande Guérin, 1740 de la Motte, 1766 du Haut-Chemin.
— Parc (du) de Kerret, 1738 de Locmaria, — de Lezversault, 1748 de Penanguer, 1772 de Kerstrat.
— Parc (du) sr de Keryvon, 1768 de Coëtrescar, — de Rosampoul, — de Saint-Loha.
— Plessis (du) de Grenédan, 1774 de la Haye-Gilles.
— Pioger de Champ-de-Radeuc, 1738 du Clos-Dorrière, — de Beauchesne, 1746 de Lorière, 1752 de Saint-Perreux.
— Picaud de la Pommeraye, 1752 de la Morinaye, 1756 de Morfouace, 1774 de Quéhéon.
— Pontual (de) du Besson, — de Jouvantes, 1770 de la Villerévault.
— Plessis (du) d'Argentré, 1766 de Pontestan.
— Penandreff (de) de Keranstret, 1754 de Kermahonet.
— Pinart de Cadoualan, 1772 du Fouënnec.
— Pérenno (du), 1742 de Penvern.
— Pasquer de la Villeblanche.
— Piédelou.
— Pantin de la Guère, 1740 de la Rouaudière.
— Poulpiquet (de) de Kermen, 1754 du Halegoët, 1766 de Lanvéguen, 1768 de Brescanvel, 1772 de Coatlez.
— Penmarc'h (de).

1736. Perrien (de) de Crénan.
— Pouënces, 1754 de la Lande, 1758 de Kerléau, 1768 de Kerilly, 1786 de Kerupere.
— Pinel de Beauchesne, 1752 du Chauchix, de la Villebart, 1758 de la Villerobert, 1764 du Chesnay, 1768 du Dinio, 1774 de la Ville-Ernaud.
— Péan de Pontfilly, 1766 de la Ville-Hunault.
— Piron de la Giguais.
1738. Père (le) de Marolles.
— Pennec (le) du Boisjollan.
— Portzmoguer (de) de Kermarc'har, 1756 de la Villeneuve.
1740. Poulpry (du) de Kerillas, 1772 de Lanvengat.
— Penbroc.
— Paige (le) de Saint-Nom.
1741. Poillevé de Pondénieul.
1742. Paignon du Rozay.
— Pontavice (du), 1770 de la Chaudronnais, — de Heussey — des Renardières, — du Pont-Henry, — de Vaugarni, 1774 des Landes.
— Porter.
1744. Piguelais (de la) du Chesnay.
— Pasquier.
— Picot de Trémar, — 1754 de Peccaduc, 1760 du Boisby.
1746. Porée du Parc.
— Pays (le) du Teilleul, — 1752 de la Brémanière.
— Plœuc (de).
— Picart (le).
— Polignac (de).
— Paris de Soulange.
— Pouëze (de la) de la Plesse.
— Pestivien (de).
— Porcaro (de).
— Pouëze (de la) de la Plesse.
1749. Prévost de la Bouëxière.
1750. Pommeraye (de la), 1760 de Kerambartz.
— Princey de la Nocherie, — 1752 de Mellé, 1754 de Saint-Hylaire, 1760 de Poilley, 1766 de Montault.

1752. Poulmic (de), 1782 de la Grandisle.
— Pastour de Kerjan, 1772 du Mescouëz.
— Piveron de Morlat.
— Pourceau (le) de Roliveau, 1754 de Mondoret, 1786 de Tréméac.
1754. Parscau (de) du Plessis.
— Penhoadic (de).
— Pinçon de Pontbriand.
— Prédess.
1756. Pin (du) de Montmea.
1758. Planche (de la), 1774 de Ruillé.
1760. Pas (du) de la Bourdinière, 1776 de la Garnache.
— Petit (le) de Bois-Souchard.
— Poullain de la Vincendière, 1764 des Dodières.
— Pineau de la Villehouin.

1760. Pont (du) de la Roussière, 1768 d'Aubevoye.
— Prud'homme de la Papinière, — de Chatillon, 1764 de Langle.
1764. Pic de la Mirandole.
1766. Portes (des) de Saint-Nudec.
— Ploesquellec (de) de Keramprovost, 1768 de Kernéguez.
1770. Prez (des) de la Villetual, — de la Morlaix.
1772. Pentrez (de).
1774. Pracontal (de).
1776. Pluvié de Ménéhouarn.
— Perrin de la Courbejollière.
1778. Prestre (le) de Chateaugiron.
1786. Picon d'Andrezelles.
— Painteur (le) de Norrmény.

Q.

1736. Québriac (de).
— Quettier de la Rochette, 1752 de de Saint-Éloy.
— Quélen (de), 1754 du Plessis, 1760 de la Villetual, 1774 de Keroc'hant.
— Quengo (de), de Tonquédec, 1772 de Kergoët, 1774 de Crenolle.
1744. Quélo de Cadouzan, 1774 des Chambots, — de la Villelouët.

1746. Quilien, 1752 du Plessis.
— Quélen (de) de la Vauguyon.
— Quéhéon (de), 1778 de Pébusson.
— Quifistre de Bavalan.
1750. Quénouas.
1754. Quintin de Kergadiou.
1768. Quemper de Lanascol.

R.

1736. Rogon de la Motte, 1742 du Boismorin, 1746 de la Guéhardière, — de Lorgeril, 1766 de Carcaradec, 1768 de Kertanguy, 1778 de Keryvon.
— Rolland du Noday, 1750 de Rangervé, 1762 du Rocher.
— Rouxel du Prérond, 1768 de la Touraudaye.
— Rosnyvinen (de) de Camarec, — de Piré.
— Rouxel de Lescouët, 1760 de Ranléon.

1736. Robinault du Plessix, 1740 du Boisbasset, — de Saint-Régeant, 1750 de la Lande, 1752 de Mainteniac.
— Ravenel du Boisteilleul, — de Monterfil, 1746 du Boisglaume.
— Racinoux de la Glochais, — de la Hasardais, 1750 de la Beaucheraye.
— Raison de la Villebasse.
— Rivière (de la) de Beauchesne.
— Rocher (du) de Saint-Riveul, — de la Villeneuve, 1750 du Boisbouan.
— Roi (le) de la Trochardays, — de la Rougeraye.

1736. Rocher (du) du Quengo, 1738 du Portail, 1740 de la Villeneuve, 1752 de la Sauldraye, 1776 de la Rouaudière.
— Rocher (du), du Lestier, 1770 de Penhoët, — 1782 de Keranogant.
— Rouxel de la Closture, 1742 du Verger.
— Rollon de Villeneuve.
— Riou des Gravelles, — de Branbuan, 1784 de la Villecollas.
— Rogier du Crévy.
— Robelot, 1750 de Trézon.
— Robien (de), 1738 de Campson, 1758 de Pontlo, 1764 de la Boulaye, 1768 de Tréalan.
— Rousseau ; 1746 de Saint-Aignan.
— Rigolet du Drézic.
— Robiou de Lupin.
— Rehault, 1742 de Villeneuve.
— Rahier de Beausoleil, 1750 de la Rousselaye, 1770 d'Yrodouer, 1774 de Trévenié, 1776 de Bellefosse, — de Couët, — du Goulou, — des Pommerays, — du Frout, 1786 de Bierdel.
— Roger de Vavincourt.
— Rouaud de Friguel.
1738. Rocher (du) de Beauregard, — 1786 de la Rallais.
— Rado, 1746 du Matz, 1748 de Cournon, 1774 de la Chohannière, 1782 de Launay.
— Rolland de Kerloury, 1744 du Roscouët, 1762 de Kernilis, 1768 de Kermorin.
— Roux (le), de Coëtando, — 1744 de Tanouët.
— Ruellan du Tiercent, 1764 du Plessis.
1740. Rieux (de).
— Rebours (le) de Vaumadeuc, 1770 de la Grandmer.
1742. Rousseau (le) de Livernières, 1764 des Fontenelles.
— Rouge (le) de Penfeunteniou, 1772 de Ruzunan.

1746. Rouge (le) de Guerdavid.
— Royer (le) de la Poignardière.
— Rouge (le) de l'Isle.
1750. Rosily (de).
— Rolland du Fresche, 1768 de Savazon.
1752. Romilley (de).
— Ramaceul.
— Ramereu.
— Roc'h (le) du Lannic.
— Raison du Cleuziou, 1768 de Kerbic.
— Roi (le), de la Danais.
— Rouxeau (le), de Saint-Dridan.
1754. Roue (de la) des Aulnays, 1766 de Boishue, 1786 de Bellenoë.
— Rougeul du Rocher.
— Roc'hcaezre (de) du Botcol.
— Ruant (de).
1756. Robiou de Troguindy.
1758. Roux (le) du Minihy.
— Robichon.
— Rondiers (des).
— Robert de la Goupillière.
— Rochefort (de).
1760. Ranconnet de Noyant.
— Ripault de la Cathelinière.
— Robineau de la Rochequairie, 1770 de la Chapelle-Gloin.
— Roche Saint-André (de la) de la Brandaisière.
— Rorthays de la Poupelinière.
1762. Ruée (de la).
1764. Regnon.
— Robert de la Serainerie, — de Boisfossez, 1776 de Folleville.
1766. Roquefeuil (de).
— Réchou (du) de Penlan, 1766 de la Roche-Noire, 1768 de Kermerc'hou.
1768. Rospiec (de) de Trévien.
— Rohan-Chabot (de).
1770. Roux (le) de Kerninon.
1774. Rison.
— Rhuis de Embito.
1776. Roscoët (du).
1778. Roche (de la) de Kerandraon.
1782. Robecq.

S.

1736. Sénéchal (le) de Tréduday, — de Carcado, 1738 de Kerguizec, 1754 de Molac.
— Saint-Pern (de) de Kerguen, 1738 de Malvaux, 1746 du Lattay, — de Ligouyer, — de Champalaune, 1748 de la Tour, 1752 de Broondineuf, — de Couëllan, 1776 de la Tronchais.
— Soussay (de), 1764 de la Guichardière, — de Buron.
— Souallaye (de la), 1762 du Val.
— Sérent (de).
— Scot, 1766 de Martinville.
— Servaude (de) de la Ville-ès-Cerfs.
— Saint-Gilles (de) de Romillé, — de la Ville-ès-Clers, — de la Durantais, — de la Fosse-au-Loup.
— Saint-Meloir (de).
— Saint-Malon (de).
— Saint-Meleuc (de).
— Stapleton, 1760 de Terves.
— Saulx (le) du Loc'h, 1774 de Rosnévet.
— Sansay (de).
— Saint-Aubin (de).
— Saint-Pair (de) de la Jugandière, 1754 de Carlac, 1774 de Vaujour.
— Sarans de Soulaines.
1738. Sarsfield, de la Motte.
— Saint-Germain (de) de Larchat, 1786 de la Bazoge.
— Sauldraye (de la) de Brigné.
1740. Sceaux (de) de la Ville-Bermont.

1740. Simon de Galisson, — de la Carterie, — de Créviac, — du Souché, — de Lessart, — du Coudray, — de Vouvantes, 1762 de la Villeneuve, 1776 de Creil.
— Sesmaisons (de).
1742. Saige (le) de la Villèsbrunne, 1744 de la Motte, 1768 de Landécot, 1774 de la Mettrie.
— Saint-Jean (de).
1746. Salles (des) du Coudray.
— Sol de Grisolles.
1752. Sorel de la Hattais.
1754. Salaun de Keromnès.
— Sauldraye (de la) de Mesaubouin.
— Saint-Genys (de).
— Silguy (de).
1758. Saint (le) de Kerbellec.
— Salignac (de) de la Mothe-Fénelon.
1760. Sécillon de Villeneuve, 1746 de Kerfur, 1774 de Beaulieu.
— Santo Domingo (de).
1762. Suffren (de) de Saint-Tropez.
1764. Sohier de Vaucouleurs.
1772. Sparler (le).
— Saint-Pezran (de).
1774. Sioc'han de Saint-Jouan, 1784 de Kersabiec.
1776. Saisy de Kerampuil.
1778. Savignhac de la Villevoisin, 1780 de la Villeneuve.
1784. Suasse de Kervégant.
1786. Saliou de Chef-du-Bois.

T.

1736. Thierry de la Prévalaye, du Plessix.
— Trévellec (de) du Leslé, 1746 de Keriargon, — de Kerolivier.
— Tanouarn de Callac, — du Chastel, — du Plessis-Bardoul.
— Talhouët (de) de Boisorhant, — de Sévérac, — de la Grationnaye.

1736. Triac (de) de Préby.
— Trégouet (de), 1752 des Nouettes, 1754 de la Touraudais, 1766 de Carquilly, 1774 de l'Abbaye.
— Troussier de Rougé, — de la Villeagan, — de la Gabetière.
— Trémigon (de).

1736. Tréouret (de), 1758 de Kerstrat.
— Thépault du Breignou, 1754 de Treffalégan.
— Tuffin de la Rouërie, 1750 des Portes, 1756 de Sesmaisons, 1760 du Breil.
— Tournemine-Hunaudaye (de).
— Trémerreuc (de) de Léhen, 1746 de la Villerolland, 1752 de la Villerio, 1760 de Hénan, 1770 de Kergomar.
— Thomas de la Caulnelaye, 1740 de la Ribaudière, 1750 de la Reigneraye, — de la Basse-Ardaine, de la Chevaleraye.
— Trémaudan (de), 1776 du Clos-Gaultier.
1738. Trolong (de), 1746 du Rumain, 1778 du Halegoët.
— Toublanc du Ponceau.
— Trédern (de) de Lézerec.
— Tuomelin.
— Troërin (de), 1756 de Kerjean.
— Taillefer de Breteil.
1740. Tréanna (de) de Lanvillio.
— Trécesson (de), 1746 de Carné.

1740. Tinténiac (de).
1741. Touche (de la) de Portman, 1746 de Beaulieu.
1744. Tavignon de Kertanguy.
1746. Tranchant du Treff, 1758 de Levinais, 1762 des Tullais.
1748. Tullaye (de la), 1750 de la Jaroussaye, 1780 de la Villedorée.
1750. Téhillac (de).
— Trévégat (de).
1752. Trogoff (de), 1768 du Bois-Guézennec, 1774 de Kerelleau.
— Théronneau.
1754. Trezle (le) de Kerbernard.
— Thieuville (de).
1758. Trévou (du) de Bréfeillac.
1760. Tressay (du) de la Brotchollière, — de la Sicaudais, — de la Jarrie.
1762. Taillard, 1768 de Kerro.
— Tronchaye (de la).
1764. Tromelin (de) de Kerbourdon.
1766. Tertre (du) de Coëtion.
1774. Toustain de Richebourg.
— Trémic (de) de Keranyzan.
— Talhouet (de) de Bellon.
1780. Trépézec (de).

U.

1736. Urvoy de Carboureux, — de Saint-Bédan, — de Troudelin, 1738 de la Chapronnais, 1742 de Closmadeuc, 1744 de Noyan, 1754 de Kergariou, — de la Houssaye, — 1758 de Kerstainguy, — de la Motte, — de Portzamparc.
1738. Uguet de l'Aumosne.

V.

1736. Vaulx (des) de la Motte, 1778 de la Couldre.
— Vauferrier (de), 1764 de Saint-Maugan.
— Vay (de) de la Fleuriais.
— Visdelou de Bonamour, — de Saint-Guéreuc, — de la Ville-Théart, 1740 de la Goublaye, 1752 du Liscoët, 1770 de Bédée.

1736. Vicomte (le) de la Moissonnière, 1752 de la Houssaye, — de la Villegourio, 1754 de la Ville-Volette, — du Rumen, — de la Villemoisan, 1758 du Rosy.
— Veneur (le) de Beauvais, — de la Villeneuve, 1770 du Sieurre.
— Vaucouleurs (de) de Lanjamet.
— Volvire (de), 1744 de Ruffec.

TOME III.

1736. VILLEGONTIER (de la), 1746 de la Jalesne, 1764 de Courteille, 1774 de la Boulaye.
— VALOIS (le) de Séréac.
— VILLÉON (de la) 1740 de la Villegourio, 1742 du Boisfeillet, 1744 de la Villeaudren, 1752 de Kerjon.
— VAYER (le) de la Morandaye, — de Quédillac.
— VOYER (le), de la Vallée, 1750 des Aulnays, 1770 de Trégat.
— VILLENEUVE (de) de Ponthallec, 1748 de Calouer.
— VILLETHÉBAUD (de la).
1738. VENEUR (le) de Callouët, 1746 de Kerlivio, 1758 de Kerambartz, 1768 de la Villechaperon, 1776 de Kervéno.
— VALETTE (de la) de la Grée-Soulvache, 1749 des Forges, 1750 des Fougerais, 1770 de Closdorière.
— VARENNES (de).
1740. VILLÉON (de la) des Marais, — de la Ville-Pierre, 1746 de la Villevalio, 1766 du Frescheclos.
1741. VERGER (du) de Goy, 1756 de la Gaudinaye.
1746. VIEUX-CHATEL (du).
— VILLELOUAYS (de la) de la Villéan, 1758 du Nessé, 1774 de Beauval.
— VALLETON de la Barossière.
1748. VAUBOREL (de).
1752. VÉLAËR du Lude.
— VIGNE (de la) de Dampierre, 1770 de Saint-Germain.
1754. VERGIER (du) de Kerborlay.
— VÉYER (le) de la Salle, 1768 de la Sichère, 1770 de la Biliais, 1782 de la Bennerais, 1784 de Valeroy.
1764. VOYER (le) de Trégomar.
— VIGNEROT du Plessis-Richelieu.
1774. VAYER (le), de Belair, 1772 du Beuzidou.
— VILLETTE (de la).
— VILLEROBERT (de la).

Y. W.

1740. YVICQUEL de Lescly, — de Saint-Goustan.
1760. WALSH.

PIÈCES

POUR SERVIR DE PREUVES AU NOBILIAIRE DE BRETAGNE.

N° 1.

Ordonnance pour la Réformation de 1456.

Ensuilt les ordonnances et articles faictz touchant la recherche des nobles de lignage ennoblis, exempts et supportez des fouages, et la déclaration du duc Pierre, notre souverain Sieur et de son conseil, sur ce faicte.

Et premier : au regard des nobles de lignage quels servent aux armes, quand mandés sont, en bon habillement, nonobstant qu'ils se marchandent en gros de plusieurs marchandises, sans les détailler ne vendre par le menu, ils jouiront de franchise sans rien poyer.

Item au regard des nobles de lignage qui marchandent par le menu comme draps et linges, détaillantz ès foires et marchés leurs dits draps et linges, ils poyeront et contribueront durant le temps que ainsin se gouverneront.

Item pareillement les nobles de lignage tenantz taverne et hostellerie publique tant es villes que sur les champs, et ceulx qui acheptent bœufs et vaches, les nourrissent en terre d'autruy et les revendent en leurs personnes publiquement ès foires et marchés, poyeront et contribueront.

Item au regard des nobles de lignage qui servent aux armes; pour faire tous labourages en leurs héritages, ils n'en doivent rien poyer.

Item les nobles de lignage qui vont gaigner leurs journées et labourer o autres tous labourages et appartenances partables à faire, poyeront durant ledit gouvernement.

Item au regard de ceulx qui sont ennoblis et qui vivent en bourse commune et coustumière et se marchandent par le menu, ils n'auront plus de privilége que ceulx qui sont de noble lignage, ainçois poyeront les taux à l'ordonnance des commissaires, sans avoir égard au premier mandement faict touchant le nombre de la décharge qu'ils ont baillée aux paroissiens.

Item si débat est et contrariété touchant le gouvernement des dessus ditz, tant des nobles de lignage que par lettres, on parlera à toutes gens dignes de foy, tant nobles que partables, et s'adressera à ceulx qui vraysemblablement et plus apparemment diront vérité.

Item au regard des ditz ennoblis quels auront baillé rabat et décharge à la ditte paroisse, dont avoit esté ordonné que celui qui avoit baillé rabat d'un feu, eust payé trois réaulx d'or et les autres au-dessous selon la décharge qu'ils eussent baillée à la ditte paroisse; et soit ainsy que plusieurs pauvres auroient porté décharge d'un feu entier, et les riches n'auroient que tiers de feu et aussy les pauvres fussent grevés; nonobstant quelques maudements et ordonnancès qui aient esté faictes, les Commissaires en auront égard à la puissance d'un chacun, et selon ce, les tauxeront jusques au montement des dits trois réaulx d'or.

Item au regard de ceulx qui se trouvent comme nobles, nonobstant que leurs pères étoient partables et quelquefois de gouvernement partable, et sont en possession d'exemption et de noble gouvernement sans titre de noblesse par ligne ou par grâce ou par aultre privilége, longtemps a, payeront les dits taux et aides.

Item au regard des métayers qui demeurent en manoirs et qui paient pour leurs debvoirs de métayers à leurs Sieurs par chacun an, certaine somme; s'ils vivent et se gouvernent du labour qu'ils font des dits manoirs et que ainsin ils aient faict *ab antiquo*, sans qu'ils labourent aultres terres nonobstant qu'ils soient trois ou quatre, ils jouiront du privilége de métayers et les aultres non, pourveu que chacun des dits métayers ait terre suffisante pour métairie, et que de icelle il s'en pourroit nourrir encore oultre la portion du Sieur, posé qu'ils ne s'entremissent d'aultres négociations.

Item au regard de ceulx qu'aulcuns veulent exempter soubs ombre d'estre leurs métayers, quels demeurent en convenants ou estages près leurs manoirs, estant d'un même faict et gouvernement des aultres convenantiers et estagers qui paient et contribuent ès tailles et fouages, dont y a aulcuns d'eulx qui auroient faict faire les ditz édifices et aultres qui ont acquis le droict ès édifices où ils demeurent de ceulx à qui ils estoient, parquoi conviendroit payer leurs édifices avant les pouvoir mettre hors; et aussi ceulx qui demeurent par fermes ou louages en icelles maisons et obéissent à la cour de leurs Sieurs comme leurs aultres hommes demeurants en leurs terres et domaines sans aultre différence des aultres contributifs, fors que sont appelés métayers; pour les abus qu'ils ont faicts ès temps passés de non contribuer ès ditz fouages, ils poieront les ditz taux et aides ordonnés par les ditz commissaires et au temps advenir poieront et contribueront ès tailles et fouages.

Item au regard des lieux nobles et places de manoirs anciens, quels ont esté longtemps en ruine sans aulcuns édifices; et ceulx à qui ils sont les ont baillés ou partie d'iceulx à gens partables par tiltre de convenant pour y faire édifice, estage ou mansion comme les aultres hommes partables contribuantz ès fouages; pareillement pour l'abus de l'exemption du temps passé, ils poieront les taux et aides sur ceulx imposés, et au temps advenir poieront et contribueront entre les aultres contributifs de la paroisse.

Item au regard des juveigneurs soient fils ou filles qui ont eu de leurs aînés certains convenants et estages contribuantz ès fouages ès temps passés et de leurs baillées qu'ils appellent principales baillées; et pour celle cause les ont tenus francs, disant que chacun noble peut franchir un homme de taille; que nonobstant les demourantz èsdits lieux, ils demeurent encore o autres qui se gouvernent comme ceulx de paravant sans différence ni autre édifice y estre faict; ceulx demourantz ès dites principales baillées et qui par cause de ce ont été exempz, pareillement pour l'abus du temps passé, fourniront les ditz taux et aides et au temps advenir poieront et contribueront ès fouages.

Item au regard de ceulx qui demeurent en certaines bourgades ou villages, quels à cause des lieux où ils demeurent et leurs prédécesseurs paravant eulx, sont et ont esté francs et exemptz de tailles et aides, tant et si longtemps que mémoire d'homme n'est du contraire; nonobstant leurs dittes exemptions, s'ils n'apparoissent tiltres, ils poieront pour celle fois sans préjudice porter à eulx ne à ceulx à qui ils sont.

Item au regard des métairies et lieux nobles et anciens manoirs, quels avoient accoustumé estre exemptz à cause de la noblesse du lieu et dempuis sont venus par acquisition ou aultrement à gens partables, enfants de gens partables, quels poient et doivent poier les fouages, iceulx métayers ne auront plus de privilége que leurs Sieurs et poieront les ditz taux et aides.

Item au regard de plusieurs prestres et gens privilégiés, quels afferment de plusieurs nobles et aultres, des héritages, ténements et lieux qui sont contributifs ès quels ils font leurs labourages et aussi mettent grand nombre de nourriture pour bœufs, vaches, porcs et brebis quels ils acheptent et vendent ès marchés et foires publiquement et en partie vivent ès despends des pauvres gens et laboureurs, quels n'osent s'entremettre ne prendre à eulx pour leurs privilège et richesse et ainsi ne peuvent trouver terre à suffisance pour leur labourage et nourriture et ainsi leur convient estre et demeurer pauvres, par quoi ne peuvent aider à supporter au bien public; est ordonné et deffendu à tous nobles et aultres de non bailler et affermer leurs dits héritages aux dits prestres et gens privilégiés, à peine de perdre la levée des six ans prochains desdits héritages après la ferme faicte, des quels les receveurs dessus les lieux se chargeront et en rendront compte et reliqua.

Item au regard des caqueux, malornés et ladres quels doibvent estre séparés des aultres gens et doibvent demeurer ès maladreries, vivre du mestier de cordage et de faire mesures de bois à bled et aultres ouvrages qu'ils pourront faire en leurs maisons et qui ont nonobstant affermé héritages et y font labourage, et aussi marchandent publiquement de plusieurs marchandises aultres que celles que doibvent faire, dont en sont partie d'eulx grandement enrichis, par quoi ont esté taxés, quels taulx ne veulent poier, ains le contrarient; est ordonné et délibéré et dès jà deffence faicte par le Duc à tous ses subjectz de non leur bailler ne affermer aulcuns héritages, ne aussi marchander o eulx d'aultres choses que de leur mestier d'ancienneté accoustumé et des matières nécessaires pour le faire, à poine de LX livres à estre appliquées au Duc sur icelui ou ceulx qui feront le contraire; et commandé aux procureurs d'en faire les esligements chacun en sa juridiction; quelles deffenses est commandé aux commissaires les faire sçavoir publiquement par ban et aultrement, tellement que nul n'en puisse ignorance prétendre; pareillement à tous aultres officiers chacun en son baillage, ainsi les faire maintenir et garder.

Faict et délibéré par le Duc en son conseil à Vannes le xvIII^e jour de décembre, l'an mil CCCC LVI. Ainsi signé : Raoulet.

N° 2.

Ordonnance pour la Réformation de 1513.

ANNE, par la grâce de Dieu, royne de France, duchesse de Bretaigne, à nos amez et féaux conseillers les gens de nos comptes, et aux receveurs de nos fouages de nôtre dict pays de Bretaigne, salut et dilection.

Sçavoir vous faisons : comme le plaisir de Monsieur ayt esté nous octroyer, consentir et accorder la totale administration et disposition des affaires de nôtre dict pays et duché, soit ainsi que longtemps ayons esté informez et acertainez que plusieurs et grand nombre de nos dicts subjets, gens partables, et de sort et extraction partables, se font et se veulent exempter des contributions et payement de nos fouages, souldoys et autres subsides, indûement, sans grâce, ne authorité de nous; les uns, au moyen qu'ils sont praticiens, monnoyeurs, sergents et officiers, tant de nous, que de plusieurs nobles nos subjects; autres par pactions et conventions indûes et prohibées faictes entre eux, et les paroissiens des paroisses où ils sont demeurants; et par tollérance, les paroissiens d'icelles paroisses supportent faveurs, crainte d'aucuns nobles et officiers, et par estre retenuz à nos gaiges, garnisons, mortes-payes de nos places même; par les dicts moyens et aultrement, ont plusieurs de nos dicts subjects, tant gens d'église, nobles, monnoyeurs et autres, exempté et veulent exempter plusieurs maisons, terres et héritaiges roturiers, qu'ils ont acquis et recouverts de gens partables, qui auparavant y demeuroient, et qui les tenoient, et souloient contribuer et payer aux dicts fouages et souldoys; autres ont annexé et adjoinct plusieurs maisons, estaiges et héritaiges roturiers à leurs maisons et métairies nobles; quels maisons ou héritaiges avoient esté et estoient auparavant tenus et possédez par gens partables, subjects et contributifs aux dicts deniers; et par ce moyen, veulent exempter celles terres, et ceux qui de par eux, les tiennent et occupent, de la contribution de nos dicts fouages, souldoys et autres subsides; et par les dicts voyes et moyens et autres diverses façons et manières indûes, plusieurs de nos dicts subjetcs ont faict et commis, font et commettent de jour en autre, grandes entreprises et usurpations sur nos dicts droits souverains et seigneuriaux, à la grande charge, foulle et oppression de nos pauvres subjects, et diminution de nos deniers, fouages et subsides; pourquoi, nous, ces choses considérées, et pour autres bonnes considérations à ce nous mouvant, désirant remédier et pourvoir à ce que dessus, corriger les abus, réunir et réformer les dictes choses pour les remettre et tenir en l'estat ancien, et surtout se pourvoir comme raison est, vous mandons et commandons, à vous, gens de nos dicts comptes que vous ayez à mander et faire sçavoir de par nous à tous nos dicts receveurs de fouages, leurs commis députez, que tout incontinent ils contraignent un chaqu'un en sa charge, les collecteurs, fabriqueurs et procureurs de chaqu'une paroisse, à leur rapporter en cahier et rolle signez et certifiez, la nomination de tous les demeurants, exempts de fouages, et qui se veulent exempter en chaqu'une des dictes paroisses, avec la déclaration et nommée des métairies nobles, et de toutes autres métairies qui à présent de plus de soixante ans derniers, souloient estre tenues par gens partables, et qui depuis ont été exemptées, et de celles que à présent on veut exempter, avec la nommée des y demeurants; et pareillement la déclaration des maisons, estaiges et héritaiges qui depuis ledict temps de soixante ans ont esté adjointes et annexées aux dittes métairies et maisons nobles; et la nommée des tenans; et mandons aussi aux dicts recéveurs, que, outre la ditte déclaration ainsi leur faite et rapportée en prosne de messe de paroisse, ils s'en informent sur le contenu en icelle déclaration, et de la qualité de chaqu'un des dicts exempts et des voyes et moyens par les quels, celles dittes exemptions ont esté faictes, tolérées et souffertes, et si ceux, qui à ce faire, auront esté ordonnés, auront rien omis ne délaissé, et qu'ils ayent à rapporter des autres abuz qui se sont faictz et commis par ceux qui ainsi ont faict les dittes fautes entre les dicts paroissiens et eux; et le tout envoyé devers vous, en la ditte chambre, et iceux rapportez, voyez et visitez, ensemble les réformations autrefois faictes en icelles paroisses. Et faictes division et séparation des métairies et maisons qui ont esté par icelles réformations rapportées nobles et de celles que depuis l'on a exemptées et affranchies, et que de présent l'on veut exempter et affranchir; et appelez ceux qui les détiennent pour vous montrer et aparoir les priviléges et tittres au moyen de quoi ils les ont ainsi exemptées et veulent tenir franches : et ce faict, venez les aucuns de vous, dicts gens des comptes devers nous, et même deux des dicts receveurs que adviserez, et nous rapportez ce que ainsi aura esté faict et besoigné par l'un et chacun de vous, pour sur le tout pourvoir, ainsi que verrons par raison, au cas appartenir; et vous mandons et commandons à vous, gens de nos dicts comptes que vous ayez à contraindre nos dicts receveurs des fouages, leurs commis et députez, chaqu'un en droit soi, à informer, procéder et besoigner en ce que dessus, promptement et sans délay par toutes voyes et contraintes, tant par suspense de leurs offices et commissions, que aultrement; à vous, nos dicts receveurs, que vous ayez à contraindre les dicts collecteurs, fabriqueurs et autres des paroissiens que adviserez, à vous instruire, advertir, informer et faire rapport par toutes voyes deuës et raisonnables. Et de ce faire les choses environ ce pertinentes et requises, vous avons donné, et par ces présentes, vous donnons et à chaqu'un en droit soi, pouvoir, commission, authorité et mandement spécial; mandons et commandons à tous nos officiers, justiciers, féaux et subjects, que, à vous en ce faisant, obéissent et entendent diligeamment, prestent et y donnent conseil et confort, si requis en sont, car tel est notre plaisir.

Si supplions mon dict Sieur avoir pour agréable le contenu en ces présentes, et en icelles confirmant, commander et faire expédier ses lettres, en tel cas requises et nécessaires.

Donné à Bloys, le seizième jour de septembre, l'an de grâce 1513. Ainsi signé : ANNE. Par la reine duchesse : Marchand.

Et scellé en queüe simple de cire rouge. Donné et fait par copie collation faitte à l'original, le dix-septième jour de décembre l'an 1513, en la chambre des dicts comptes. Ainsi signé : Louaysel.

N° 3.

Commission du Roi pour la Réformation de la Noblesse en cette province de Bretagne, en 1668.

LOUIS, par la grâce de Dieu, roi de France et de Navarre, à nos amez et féaux les sieurs d'Argouges, conseillers en nos conseils, premier président au parlement de Bretagne, Le Meneust de Bréquigny, aussi conseiller en nos conseils, second président, et les sieurs Le Febvre de Laubrière, Descartes, de Bréhan, Barrin, Saliou, Huart, de Poix, de Langle, de Lesrat, de Larlan, Le Fèvre de la Falluère, Le Jacobin, de Lopriac, de la Bourdonnaye, Deniau et Raoul de la Guibourgère, conseillers en notre dite cour de parlement, salut.

Etant informé qu'encore que par la coutume de notre duché de Bretagne, article 677 [1], il soit expressément défendu à toutes personnes d'usurper *le nom, titre, armes, prééminences et priviléges de noblesse,* sur les peines de radiation et de l'amende portée par icelle,

---

[1] Aucun n'usurpera le nom, tiltre, armes, prééminences et priviléges de noblesse : et ceux qui le feroient et en seroient convaincuz, seront condamner rayer lesdits nom, qualité, armes et prééminences de noblesse, et en l'amende de trois cents livres, moitié à la paroisse, moitié au délateur, outre l'amende deuë au roy, et sans préjudice de plus grande peine pour le crime de faux, si elle y eschet. (Coutume de Bretagne, article 677.) D'Argentré ajoute : Hic magnis clamoribus nobilitatis perlatus est, et nuper quidam in hos casses incidit, *sed nimio plures eadem meruere.*

et de plus grande peine pour crime de faux s'il y échet, plusieurs particuliers roturiers ont, au préjudice de la véritable noblesse et du tiers état, pris et usurpé les dits titres, qualitez et armes, de manière que s'il n'y étoit pourvu, il seroit à l'avenir difficile de distinguer les véritables nobles d'avec lesdits usurpateurs; à ces causes, dûment informé de vos capacités, fidélité et affection au bien de notre service, dont vous nous avez donné des preuves en plusieurs occasions, nous vous avons commis et commettons par ces présentes signées de notre main, pour examiner, juger et décider de tous les procès et différents qui seront mus et intentés à la requête de notre procureur général en ladite cour, à l'encontre de ceux qui se trouveront avoir pris et usurpé les qualitez de chevalier et d'écuyer dans l'étendue de notre duché et pays de Bretagne, lesquels vous condamnerez conformément à ladite coutume, à renoncer à icelles et pour les avoir indûment prises, en *cinq cents livres d'amende* notre profit, à laquelle somme[1] nous avons modéré pour toutes choses la peine encourue par lesdits usurpateurs, et au regard de ceux qui pour soutenir lesdites qualitez, produiront des titres faux, nous voulons qu'il soit procédé extraordinairement à l'encontre d'iceux, conformément à la coutume.

N'entendons néanmoins comprendre dans ladite recherche, ceux de ladite province qui ont été ennoblis par lettres patentes, bien et dûment registrées en notre dite cour de parlement jusqu'à présent, lesquels nous voulons et entendons y être confirmez, comme par ces présentes nous les y confirmons, nonobstant toutes lettres et toutes déclarations qui pourroient avoir été données à ce contraire, en payant par chacun de ceux qui auroient été ennoblis depuis le 1er janvier 1610 jusqu'à présent, ou par leurs enfants, la somme de 1,000 livres[2]; et pour faciliter ladite recherche, nous voulons et entendons aussi, que vous vous assembliez tous les jours à dix heures du matin, après que notre dite cour de parlement sera levée et les jours qu'elle n'entrera de relevée; et que les arrêts et règlements qui seront par vous donnés, en exécution des présentes, soit d'instruction, ou définitifs, soit expédiés par le greffier ordinaire de notre dite cour, et exécutés en dernier ressort en la même forme et manière que les autres arrêts d'icelle, pour être les deniers provenant des dites amendes, employés au rachat de partie du domaine de notre dit duché de Bretagne.

Donnons en mandement à nos amez et féaux conseillers les gens tenant notre cour de parlement à Rennes, que ces présentes ils ayent à faire registrer purement et simplement selon leur forme et teneur, sans permettre ni souffrir qu'il y soit contrevenu en quelque sorte et manière que ce soit, nonobstant et sans avoir égard à toutes lettres et arrêts à ce contraires, auxquels nous avons dérogé et dérogeons par ces présentes; car tel est notre plaisir.

---

[1] Un arrêt du conseil d'état du 7 juillet 1668, réduisit l'amende à 100 livres pour les particuliers qui feraient leurs déclarations au greffe des juridictions royales *comme ils renonçoient aux qualitez par eux usurpées, et ne s'en vouloient servir à l'avenir*. Le même arrêt régla à 400 livres l'amende de ceux qui, voulant soutenir les qualités de chevalier et écuyer, succomberaient par le jugement des commissaires. On n'a point poursuivi criminellement ceux qui ont produit des actes faux pour soutenir la qualité de noble; ils ont seulement été condamnés en autant de fois cent livres d'amende qu'il y avait d'actes faux.

[2] Une autre ordonnance du 25 juin 1669, obligea chacun des descendants des maires, échevins, procureurs syndics et greffiers de la ville de Nantes, depuis 1600, au payement d'une pareille somme de mille livres, pour être confirmés en la jouissance du titre de noblesse.

Donné à Paris, le vingtième jour du mois de janvier, l'an de grâce 1668, et de notre règne le vingt-cinquième. Signé : Louis.

Et plus bas, par le roy: de Lyonne ; et scellé du grand sceau de cire jaune, à simple queue.

N° 4.

Maximes sur lesquelles la Chambre, établie pour la Réformation de la Noblesse en la province de Bretagne, a rendu ses arrêts.

La chambre a reçu deux moyens pour la vérification de la noblesse, et ils ont servi de motifs à ses arrêts.

Le premier, tiré des anciennes réformations qui se sont faites dans la province; le second, du gouvernement noble et avantageux suivant l'article 541 de la coutume de Bretagne [1].

Quant aux réformations, il y en a eu plusieurs; les unes se sont faites dans le siècle de 1400, et les autres dans celui de 1500.

Celles qui se sont faites dans le siècle de 1400 ont été estimées très-sûres et très-véritables; et quand les parties les ont produites pour justifier que leurs auteurs s'y trouvoient employés au rang des nobles de leur paroisse, elles n'ont eu aucune difficulté pour être maintenues dans la qualité de noble, de quelque dérogeance que les degrés inférieurs auroient pu être infectés, attendu que la chambre n'ayant pu révoquer en doute la vérité du témoignage de noblesse de leur souche, dans un temps si éloigné et non suspect, n'a pas dû leur refuser le bénéfice de l'article 561 de la coutume [2] en faveur des trafiquants et

---

[1] Les maisons, fiefs, rentes de convenants et domaines congéables nobles, et autres terres nobles, soit d'ancien patrimoine ou d'acquest, et les meubles, seront partagez noblement entre les nobles, qui ont eux et leurs prédécesseurs, dès et paravant les cent ans derniers, vescu et se sont comportez noblement, et aura l'aîné par préciput, en succession de père et de mère et en chacune d'icelles, le château ou principal manoir, avec le pourpris, qui sera le jardin, coulombier et bois de décoration, et outre les deux tiers : et l'autre tiers sera baillé aux puisnez par héritage, tant fils que filles, pour estre partagé par l'aîsné entre eux et par égale portion : et le tenir chacun desdits puisnez comme juveigneurs d'aîsné, en parage et ramage dudit aîsné. (Article 541.) Les harnois de guerre ne chéent en partage, et doivent demeurer à l'hoir principal des nobles, et l'eslite des chevaux avec leur harnois. (Article 568.)

[2] Les nobles qui font trafic de marchandises et usent de bourse commune, contribueront pendant le temps du trafic et usage de bourse commune, aux tailles, aides et subventions roturières. Et seront les acquests faicts pendant ce temps, ou qui seront provenus du dict trafic ou bourse commune, partagez également pour la première fois : encore que soient d'héritages et fiefs nobles. Et leur sera libre de reprendre leur dicte qualité de noblesse, et privilège d'icelle, toutes fois et quantes que bon leur semblera, laissant lesdicts trafic et usage de bourse commune, en faisant de ce, déclaration devant le prochain juge royal de leur domicile. Laquelle déclaration ils seront tenus faire insinuer au registre du greffe, et

usants de bourse commune, dont la qualité est censée dormir pendant le trafic, pour être réveillée lors de la cessation du commerce. *Dormit*, dit d'Argentré, *sed non extinguitur*.

La chambre en a usé de la même façon à l'égard des particuliers qui ont prouvé leur attache à la réformation de 1513; mais il a fallu que ceux auxquels ils ont voulu se lier, y soient reconnus nobles et qualifiez tels, soit dans le chapitre des gentilshommes de leurs paroisses, quand les paroissiens les ont nommés aux commissaires de la réformation, avant que de commencer le dénombrement des terres nobles et de ceux qui les possédoient, ou dans celui des terres nobles et des possesseurs d'icelles, lorsqu'il n'y a pas eu de chapître séparé des nobles, avec cette circonstance que la qualité des personnes a dû être nettement et positivement déclarée.

Si la qualité des personnes ne s'est pas trouvée ainsi exprimée et bien reconnue dans adite réformation de 1513, la chambre n'y a eu aucun égard, et ne l'a point admise pour faire un principe ou une souche certaine de noblesse; d'autant que la fin principale de cette réformation ayant été de faire connoître la qualité des terres et non celle des personnes, il y eut une infinité de roturiers qui possédoient lors des fiefs et des terres nobles qui y sont dénommez.

La dernière réformation qui a été faite en Bretagne, est celle de 1535 à 1543; la fin que l'on s'y proposa, fut de connoître la qualité des personnes et des terres tout ensemble, pour imposer taxes sur les roturiers possédants fiefs et terres nobles; mais comme l'on a remarqué qu'elle fut faite avec peu de fidélité et de religion, par les commissaires qui y travaillèrent, la chambre n'en a fait aucune considération, qu'en tant qu'elle prouve d'ailleurs un bon gouvernement établi par partages nobles sur les degrez où il y a eu occasion de partager, sans qu'aucun d'eux soit convaincu de dérogeance ou d'avoir souffert la moindre imposition roturière, auxquels cas, ceux qui y ont pris leur attache, ont été déclarez usurpateurs.

Les comparutions aux montres faites dans ladite province, n'ont pas été non plus considérées comme une preuve assurée d'une tige de noblesse, parce que les gens possédant fiefs nobles, quoique roturiers, y étoient convoquez et dénommez de même que les gentilshommes [1]. Les taxes qui furent faites sur les nobles et gens tenant fiefs nobles, pour parvenir au payement de la rançon de François Ier, et dont les héritiers de plusieurs commis à la recette d'icelles, ont fait rapport à la chambre des comptes, n'ont pareillement point été admises comme preuve de noblesse, parce que les roturiers tenant fiefs nobles y furent imposez comme les gentilshommes, en sorte même que beaucoup plus de ceux-là s'y trouvèrent employez que de ceux-ci.

A l'égard de ceux qui n'ont pu faire l'attache de leurs maisons aux anciennes réformations et qui ont été obligés de prouver leur noblesse par le moyen de la possession du gouver-

---

intimer au marguillier de la paroisse du domicile, pourveu qu'après ladicte déclaration, ils se gouvernent et vivent comme il appartient à gens nobles. Et en celuy cas les acquests nobles depuis par eux faicts, seront partagez noblement. (Art. 561.)

[1] Cette décision excita au dernier point l'indignation de la noblesse militaire, qui accusa les commissaires de rejeter les montres comme preuves, parce que leurs ancêtres n'y figuraient point. Il est sans doute quelquefois arrivé qu'un riche bourgeois acquérait un fief pour lequel il devait le service militaire; mais s'il ne se présentait pas en personne, il recevait *injonction de servir par noble homme*, ainsi qu'on peut le vérifier dans les procès-verbaux des montres qui ajoutent constamment au nom d'un comparant non noble : *partable tenant fief noble*.

nement noble requis par l'article 541 de la coutume, pour donner à connaître en quoi il consiste, il est nécessaire d'éclaircir ce qui est entendu par le gouvernement noble.

Quand la coutume dit que les maisons, fiefs et terres nobles seront partagez noblement entre les nobles qui ont eux et leurs prédécesseurs, dès et paravant les cent ans, vécu et se sont comportez noblement, elle n'a point entendu parler de ceux qui auroient vécu seulement dans les emplois qui ne dérogent point à la noblesse, comme il se pourroit faire que dans des familles non nobles, l'on passât le cours d'un siècle et plus dans des exercices permis aux gentilshommes; mais elle a entendu parler de ceux qui ont vécu et partagé noblement tout ensemble, dès auparavant les cent ans. Cette vérité se tire bien nettement des termes de l'ancienne coutume, qui dit : « *Ceux qui se sont gouvernez noblement en leurs partages, eux et leurs prédécesseurs, ès temps passez.* »

Or le comportement où le gouvernement noble ne se pouvant expliquer qu'au regard du partage noble, ladite chambre conformément aux termes de cet article, a demandé deux choses pour maintenir dans la qualité d'écuyer, ceux qui ont établi leur noblesse par le moyen du gouvernement noble.

La première, un partage noble auparavant les cent ans pour servir comme de tige à la noblesse, et qu'il ait été suivi d'autres partages, lorsque l'on voit que probablement il y a eu occasion de partager [1]; car un seul partage précédant les cent ans, ne suffiroit pas pour la preuve du gouvernement. Suivant les maximes de ladite chambre, et l'avis de ceux qui ont écrit sur cette matière, les marques d'un partage noble sont : que l'aîné ait la saisine de succession, suivant les termes de la coutume, article 543 [2], que la qualité d'héritier principal et noble lui soit accordée par des juveigneurs, et ensuite que le partage se fasse des deux tiers, au tiers.

Les actes où la qualité de noble ou d'écuyer, même celle d'héritier principal et noble sont employez dès auparavant les cent ans, n'ont point été reçus seuls pour preuve du gouvernement noble, il a été nécessaire de justifier encore que les actions ont été exercées par partage, ainsi qu'il a été dit.

Outre la représentation des partages nobles que la chambre a demandée dans la forme ci-devant expliquée pour la preuve du gouvernement noble, il a fallu aussi que les autheurs des particuliers, soutenant la qualité d'écuyers, ayent vécu noblement; car s'ils avoient eu la moindre marque de dérogeance, par prise de fermes ou de rotures, par des impositions auxquelles les contributifs sont sujets, en ce cas, elle les auroit déboutés, sans avoir aucun égard aux partages nobles précédant les cent ans, si ce n'est que dans la suite ils ne fissent leur attache aux susdites réformations de 1423 a 1513, ou qu'à faute de les rapporter, comme elles n'ont point été générales, ils ne justifiassent d'une possession et gouvernement noble et avantageux, établi, comme il vient d'être dit, au-delà du degré où l'on auroit prouvé la dérogeance ou tolérance d'impositions roturières; auquel cas seulement, la chambre a souffert qu'ils ayent joui du bénéfice dudit article 561 de la coutume, en faveur des nobles dérogeant ou usant de bourse commune.

Après avoir établi les maximes sur lesquelles la chambre a rendu ses arrêts, l'on a jugé à propos d'expliquer les motifs qui l'ont portée à maintenir les uns dans la qualité de

---

[1] Une famille qui n'eût eu pendant plusieurs générations qu'un seul rejeton, était privée de cette preuve.

[2] L'aisné du noble doit avoir la saisine de toute la descente et succession de quelque chose que ce soit, tant noble que roturière : et doivent les héritages en suivre la personne, quant à la saisine, et ne doit l'hoir respondre dessaisi. (Art. 543.)

chevalier, en les déclarant issus d'ancienne extraction noble, et les autres dans la qualité d'écuyer, en les déclarant issus d'ancienne extraction, ou d'extraction noble seulement.

Il paraîtra sans doute étrange que la qualité de chevalier, qui est un titre attaché à la personne qui le reçoit de la main du prince pour récompense de ses services, ait été conférée par une chambre qui n'a été établie qu'avec le droit de prononcer sur la noblesse seulement; aussi se trouva-t-elle divisée sur le point de savoir si elle le pouvoit faire ou non.

Ceux qui furent d'avis de n'apporter aucune différence dans la distribution des qualitez, ajoutoient à la raison précédente, celle de la conservation de la paix dans les familles de la province, laquelle ils disoient pouvoir être facilement troublée par la jalousie; mais principalement par les reproches que les gentilshommes pouvoient se faire les uns aux autres de n'avoir pas été ainsi qu'eux, déclarés chevaliers et nobles d'ancienne extraction, mais d'extraction noble seulement, et qu'ainsi il étoit de la prudence de mettre la noblesse sous une règle égale, et laisser à chacun la liberté de prendre les qualitez qu'il croiroit être dues à l'avantage de sa naissance et au rang qu'il tiendroit dans le monde.

Mais enfin ces raisons cédèrent à l'opinion de ceux qui embrassoient l'autre avis; ils dirent, que le corps de la noblesse de Bretagne, quoique composé de très-bonnes maisons, avoit néanmoins des parties inférieures, et d'autres plus illustres, qui méritoient par conséquent des titres d'honneur plus avantageux; que celui de chevalier, ne devoit point être considéré dans cette province comme un caractère imprimé par le prince sur une personne, mais comme une qualité héréditaire dans les maisons relevées et issues d'ancienne chevalerie; et qu'en effet, à prendre cette vérité jusque dans sa source, on ne pouvoit pas juger autrement.

L'ordonnance que l'on nomme l'assise du comte Geoffroi, faite en 1185 sur le règlement des partages nobles, n'a d'abord eu lieu que pour les barons et chevaliers de la province, dont les maisons se trouvant affaiblies par le démembrement de leurs fiefs qu'ils partageoient auparavant également et suivant le droit commun, avec leurs cadets, il fut jugé à propos, pour remédier à cet inconvénient, dont la plus noble partie de l'état commençoit à se ressentir, d'ordonner qu'à l'avenir les aînés des dits barons donneroient partage à leurs cadets *à bienfait et viage* seulement, dans les successions de leurs père et mère [1].

Quelle raison y auroit-il donc en, que ceux dont les autheurs demeurés dans un gouvernement aussi illustre, qui en feroient voir les preuves par les anciens partages de leurs familles, les reconnaissant issus d'ancienne chevalerie, qui de tout temps se seroient qualifiés chevaliers, fussent à présent privés des qualités prises par leurs ancêtres, et enfin confondus avec la noblesse ordinaire, très-souvent usurpée et dont la loy les auroit

---

[1] On peut voir dans D. Morice, t. I, preuves col. 705, le texte de l'assise du comte Geffroi, pour le règlement des successions aux fiefs de haubert et de chevalerie, « par laquelle assise, *dit d'Argentré*, fut ordonné que toute la succession seroit recueillie par l'aisné (combien qu'auparavant les partages se fissent également); et que les aisnés, avec l'advis de leurs parents, pourvoiroient à leurs puisnez et leur feroient estat, tel qu'ils adviseroient, selon la qualité de leurs maisons et facultez; et ce sans leur attribuer aucune portion déterminée et remettant le tout en l'arbitrage de l'aisné. Chose qui avec le temps sembla si rude, que depuis, cette portion indéterminée fut bornée à la tierce partie pour tous les puisnez et depuis encore fut dit, que les masles prendroient leurs portions à viage, et les filles par héritage : car cela ne fut pas résolu en un temps. Et combien qu'il n'y eust en cela loy que pour les barons et chevaliers et ceux qui en estoient issus, toutefois les gentilshommes et nobles de bonne qualité y voulurent estre compris, encore qu'ils ne portassent pas qualité de baron. Ce qui leur fut accordé par l'ancienne coustume à tous ceux qui la voulurent recevoir et demander. »

distingués depuis tant de siècles ? Il falloit donc, non seulement décorer ces maisons du titre de chevalier, qui leur étoit propre, mais encore distinguer quantité d'autres familles très-anciennes de gentilshommes, à qui les réformations faites en 1400 rendoient des témoignages authentiques de noblesse, en les regardant et les déclarant issus d'ancienne extraction noble, d'avec les autres qui se tenant dans les bornes des déclarations du roi et de l'article 541 de la Coutume, prendroient seulement droit, par la possession centenaire du gouvernement noble et avantageux; lesquelles il étoit juste de déclarer issues d'extraction noble seulement.

N° 5.

Déclaration du Roi pour la recherche de la noblesse du 4 septembre 1696.

Sa Majesté pour soulager ses sujets contribuables aux tailles, ayant ordonné une recherche exacte de tous les faux nobles, par des déclarations et règlements du 22 mars 1666 pour toute l'étendue du royaume et du 20 janvier 1668 pour la province de Bretagne, pour les imposer aux tailles et autres charges des paroisses de leurs demeures et pour leur faire payer à cause de leurs usurpations, les amendes et restitutions portées par les coutumes, ordonnances et règlements et particulièrement par les ordonnances d'Orléans et de Blois et les édits des années 1600, 1634 et 1643 ;

Et ayant de même pour rendre l'ancienne noblesse plus recommandable et empêcher qu'il ne se fît à l'avenir de semblables usurpations, ordonné par arrêts de son conseil du 15 mars 1669 et 2 juin 1670 qu'il seroit dressé des listes et catalogues de tous les véritables gentilshommes pour être déposés à la Bibliothèque royale, et des états contenant les noms, surnoms et demeures des particuliers condamnés comme usurpateurs afin de les imposer : Ordonne qu'il soit fait une exacte recherche tant de ceux qui auront continué d'usurper les qualités de noble homme, d'écuyer, de messire et de chevalier depuis les condamnations rendues contre eux ou leurs pères, soit par les arrêts du conseil, par des jugements des commissaires nommés pour la recherche de la noblesse et des francs fiefs, arrêts de la cour des aides ou autres jugements, que de tous autres usurpateurs des mêmes titres et qualités qui se trouveront les avoir usurpés avant et depuis et qui n'auront été recherchés, poursuivis ni condamnés; lesquels sur des actes où ils auront pris lesdites qualités, seront assignés, un mois pour tout délai, par devant les commissaires départis dans les provinces et généralités du royaume et condamnés en 2000 livres d'amende et en telles sentences qui seront arbitrées par lesdits sieurs commissaires, pour l'indue exemption du passé de la contribution aux tailles, ensemble les deux sols pour livre; seront contraints au payement desdites sommes, comme pour les propres deniers et affaires de Sa Majesté, sauf néanmoins l'appel au conseil. Excepte quant à présent de ladite recherche, les officiers servant actuellement dans les armées de terre et de mer.

Fait défenses de plus usurper à l'avenir les titres de noble homme, d'écuyer, de messire et de chevalier, etc.

N° 6.

Edit de novembre 1696 pour la création de l'armorial général ou dépôt public des armes et blasons du royaume.

.... Les officiers tant de notre maison et de celles des princes et princesses de notre sang, que ceux d'épée et de robe, de finances et des villes, les ecclésiastiques, les gens du clergé et les bourgeois de nos villes franches, et autres qui jouissent à cause de leurs charges, états et emplois de quelques exemptions et droits publics, jouiront aussi du droit d'avoir et de porter des armes, à la charge de les présenter dans le temps prescrit aux bureaux des maîtrises particulières; et pour ne pas priver de cette marque d'honneur nos autres sujets qui possèdent des terres et fiefs nobles, les personnes de lettres et autres qui par la noblesse de leur profession et de leur art, ou par leur mérite personnel, tiennent un rang d'honneur et de distinction dans nos États et dans leurs corps, compagnies et communautés et généralement tous ceux qui se seront signalés à notre service dans nos armées, négociations et autres emplois remarquables, voulons que les officiers de la grande maîtrise leur en puissent accorder lorsqu'ils en demanderont, eu égard à l'état, qualité et professions......

Les armoiries avant que d'être registrées à l'armorial général seront présentées aux bureaux des maîtrises particulières pour y être vues et vérifiées par les officiers; elles seront ensuite avec leur avis envoyées en la grande maîtrise pour y être reçues et de là portées à l'armorial général pour y être registrées. Le garde de l'armorial général fera faire les brevets ou expéditions de cet enregistrement, contenant l'explication, peinture et blason des armes, avec les noms et qualités de ceux à qui elles appartiendront et il renverra les expéditions aux officiers des maîtrises particulières pour être par eux délivrées ès mains de ceux qui en les présentant, auront consigné le droit de leur enregistrement et qui en rapporteront les quittances. Ces brevets d'enregistrement d'armoiries sur lesquels elles seront dessinées, peintes et blasonnées, ainsi que dans les registres de l'armorial général, vaudront lettres d'armoiries; relevons et dispensons nos sujets d'en obtenir d'autres, *sans cependant que ces brevets ou lettres puissent en aucun cas être tirés à conséquence pour preuve de noblesse.*

Les armoiries des personnes, maisons et familles ainsi registrées, seront patrimoniales et pourront en conséquence être mises aux bâtiments, édifices, tombeaux, chapelles, vitres et litres des églises paroissiales où ces droits honorifiques appartenoient aux défunts lors de leur décès, et sur les tableaux, images, ornements et autres meubles par eux donnés ou légués, et être portées par leurs veuves après leur mort, tant qu'elles demeureront en viduité. Elles seront de plus héréditaires à leurs descendants.

A l'égard de celles des pays d'états, provinces, gouvernements, villes, terres et seigneuries et autres armes de domaine et de possession, ensemble de celles des archevêchés, évêchés et autres bénéfices, et des chapitres, compagnies, corps, communautés et autres gens de main morte qui auront été pareillement registrées, elles leur seront propres, etc.

Si donnons en mandement, etc.

N° 7.

Déclaration du Roi du 30 mai 1702 pour continuer la recherche des faux nobles et usurpateurs des qualités nobles.

.... Nous avons par notre déclaration du 4 septembre 1696 ordonné qu'il seroit fait une exacte recherche tant de ceux qui auroient continué d'usurper les qualités de noble homme, d'écuyer, de messire et de chevalier depuis les condamnations rendues contre eux ou leur père, soit par des arrêts du conseil, soit par des jugements des commissaires nommés pour les recherches des faux nobles et des francs fiefs, arrêts de nos cours des aides ou autres jugements, que de tous autres usurpateurs des mêmes titres et qualités qui se trouveroient les avoir usurpés avant et depuis et qui n'auroient été recherchés, poursuivis ni condamnés; en conséquence de laquelle déclaration, il a été fait plusieurs recherches et perquisitions desdits usurpateurs, partie desquels a été condamnée, partie maintenue dans les titres qui ne leur appartenoient point, sur des pièces fausses fabriquées à leur diligence; même la plus part se sont soustraits au payement des amendes auxquelles ils ont été condamnés, sous prétexte de séparations de biens d'avec leurs femmes qu'ils ont simulées, ou par le divertissement de leurs effets; d'autres après avoir été condamnés par défaut, faute de comparaître ou de défendre, ont été reçus opposants sans consigner et ont ensuite traîné leur procédure tellement en longueur, par les mauvaises contestations qu'ils ont formées, qu'il n'a pas encore été possible de parvenir à les faire condamner; d'autres qui n'ont point encore été jugés, nous ont pour la plus part fait supplier de vouloir bien les décharger de la rigueur des ordonnances rendues sur le sujet des usurpateurs des titres de noblesse, et en conséquence réduire les peines et amendes qu'ils ont encourues à des peines plus modiques que celles portées par notre dite déclaration du 4 septembre 1696.

A quoi désirant pourvoir et traiter favorablement ceux de nos sujets qui étant tombés dans la contravention de nos ordonnances, réclament notre clémence pour la modération des peines par eux encourues :

A ces causes et autres à ce nous mouvants, de notre certaine science, pleine puissance et autorité royale, nous avons par ces présentes signées de notre main, dit et ordonné, disons et ordonnons, voulons et nous plait que ceux des particuliers qui ont usurpé les dites qualités de noble homme, d'écuyer, de messire ou de chevalier, lesquels n'ont point encore été condamnés comme usurpateurs, soient et demeurent déchargés des peines par eux encourues, en payant seulement la somme de 300 livres et les 2 sols pour livre, au lieu de celle de 2000 livres et les 2 sols pour livre portée par notre déclaration du 4 septembre 1696, à la charge toutefois par eux de faire dans les trois mois du jour de la publication des présentes, leur déclaration précise aux greffes des élections de leur domicile dans les pays d'élections, et à ceux des justices royales dans les autres provinces de notre royaume, qu'ils renoncent auxdits titres et qualités pour l'avenir.

Et en cas que ceux qui auront usurpé lesdits titres de noblesse, ne fassent pas leurs renonciations dans ledit temps de trois mois et qu'ils souffrent les poursuites que celui qui sera chargé de l'exécution des présentes sera obligé de faire contre eux et qu'ils succombent, ils seront condamnés en l'amende qui ne pourra être moindre de 2,000 livres et les 2 sols pour livre portée par notre dite déclaration du 4 septembre 1696, laquelle amende ne pourra être modérée ni réduite pour quelque cause et sous quelque prétexte que ce puisse être;

Et ils seront en outre condamnés à la restitution des indues jouissances et en tous les frais faits contre eux par ledit préposé, suivant la taxe qui en sera faite par les commissaires, à quoi faire lesdits particuliers seront contraints comme il est accoutumé pour nos deniers et affaires, même par corps.

Ordonnons en outre conformément à l'arrêt de notre conseil du 13 janvier 1667 que les usurpateurs desdits titres qui n'auront pas fait leur désistement dans le temps porté ci-dessus et qui auront indûment pris la qualité d'écuyer ou de chevalier, seront déclarés usurpateurs et comme tels condamnés à l'amende de 2,000 livres et 2 sols pour livre, en rapportant seulement par le préposé l'extrait d'un acte passé par devant notaire ou autre officier public, où la partie contractante en son nom, aura pris indûment lesdites qualités d'écuyer ou de chevalier.

Et ne pourront lesdits usurpateurs être reçus opposants aux jugements qui les auront déclarés tels, même rendus par défaut, qu'au préalable ils n'aient consigné l'amende portée par lesdits jugements et justifié de la quittance de consignation du préposé à ladite recherche, ses procureurs ou commis.

Permettons au dit préposé de faire réassigner par devant lesdits commissaires, les particuliers qui se trouveront avoir été maintenus sur des titres qui auront été ou seront déclarés faux depuis les jugements de maintenue par eux obtenus, pour être condamnés comme usurpateurs en la dite amende de 2,000 livres et 2 sols pour livre et à la restitution des indues jouissances et des frais et dépens qui auront été faits à la poursuite des dits jugements, sans que les dites peines puissent être remises ni modérées pour quelque cause et sous quelque prétexte que ce soit.

Et ne pourra ledit préposé faire réassigner aucun de ceux qui ont ci-devant obtenu des jugements de maintenue, qu'en cas que les titres qu'ils auront produits, aient été jugés faux.

Exceptons néanmoins de la présente recherche les officiers servant actuellement dans nos armées de terre et de mer, lesquels ne pourront se prévaloir de la présente surséance, *qui ne leur pourra servir de titre de noblesse.*

Enjoignons aux sieurs Commissaires généraux députés pour la recherche des dits usurpateurs, aux sieurs Intendants et Commissaires départis pour l'exécution de nos ordres dans les provinces et généralités de notre royaume, de se conformer aux présentes sans y contrevenir en aucune sorte et manière que ce puisse être.

Si donnons en mandement, etc.

N° 8.

Extraits des registres du Greffe des États de Bretagne tenus à Saint-Brieuc, en 1768-1769.

Du mardi 14 février 1769.

Monseigneur l'évêque de Saint-Brieuc, président en l'ordre de l'église.
Monseigneur le prince comte et baron de Léon, président en l'ordre de la noblesse.
Monsieur le sénéchal de Vannes, président en l'ordre du tiers.

Les états considérant qu'il n'a été donné à partie de l'ancienne noblesse à la réformation de 1668, que la qualité d'écuyer et celle de *noble d'extraction,* quoique parmi les familles qui la composent, il s'en trouve plusieurs qui ont des preuves qui remontent aux siècles les plus reculés, sans qu'on puisse découvrir le principe d'anoblissement, convaincus que cette portion précieuse de l'ancienne noblesse bretonne ne mérite pas moins de distinction que des familles auxquelles des arrêts anciens et nouveaux ont accordé des qualifications supérieures, ont ordonné et ordonnent que les qualifications avantageuses accordées à certaines familles tant à la réformation de 1668 que depuis, ne pourront nuire ni préjudicier aux familles qui n'ayant obtenu par les arrêts de ladite réformation que des qualifications moindres, ont néanmoins des preuves remontant aux siècles les plus reculés, *et dont on ne peut découvrir le principe.*

La minute signée de MM. les présidents des ordres.

Pour expédition conforme à la minute déposée au greffe :
Signé : DE LA BINTINAYE, greffier des états.

N° 9.

Extraits des Registres du Greffe des États de Bretagne tenus à Rennes, 1770.

Du jeudi 13 Décembre 1770.

Monseigneur l'évêque de Rennes, président en l'ordre de l'église.
Monseigneur le marquis de Piré de Rosnyvinen, président en l'ordre de la noblesse.
Monsieur le sénéchal de Vannes, président en l'ordre du tiers.

Les états ont arrêté et déclarent en forme d'acte de notoriété, qu'en Bretagne, toute famille noble prouvant par une filiation suivie, que ses ancêtres se trouvent compris dans la réformation de 1423 ou années suivantes du siècle, et dans celle de 1668, est et doit être réputée faisant partie de l'ancienne noblesse bretonne et comme telle doit être tenue noble d'*ancienne extraction*, quand même l'arrêt de maintenue à la réformation de 1668 n'en énoncerait pas la qualification expresse, *à condition néanmoins que le principe de noblesse ne puisse être aperçu.*

La minute signée de MM. les présidents des ordres.

Pour expédition conforme à la minute déposée au greffe :

Signé : DE LA BINTINAYE greffier des états.

N° 10.

Note établissant la perte des registres originaux de la Réformation de 1668-1671.

Nous, Siméon-Mathurin POINTEAU, faisant les fonctions d'archiviste de la Cour d'appel de Rennes, certifions que les minutes d'arrêts de l'ancien Parlement de Bretagne de maintenues de noblesse de cette province, titres généalogiques et les registres y relatifs, n'existent plus auxdites archives ; que tous ces titres furent, en exécution de la loi du 24 juin 1792, remis le 5 août suivant à des commissaires nommés par le Directoire du département d'Ille-et-Vilaine qui en donnèrent récépissé au greffier ; que peu de temps après toutes ces pièces furent brûlées avec solennité sur la place du Palais de cette ville, en présence des membres du Directoire du département[1] ; qu'il reste seulement aux archives de la Cour, des registres servant autrefois à M. le premier Président du Parlement et autre président en son absence, à insérer de leur main les qualités des parties et l'essentiel du dispositif des arrêts de rapport en grand-chambre, devant laquelle les requêtes postérieures à la Réformation étaient portées.

Rennes, 1er novembre 1852.

Signé : POINTEAU.

---

[1] Une seule liasse a échappé au sort des autres ; celle des minutes d'arrêts de la Chambre de la Réformation de 1668, pour la lettre D, aujourd'hui aux *archives d'Ille-et-Vilaine.*

BULLETIN BIBLIOGRAPHIQUE.

Chartes de ratifications des seigneurs et gentilshommes de Bretagne, à l'accord passé à Guérande entre le roi Charles de France et le duc de Bretagne Jean de Montfort, en 1380. - (Archives de l'Empire, trésor des chartes, carton J. 242, N° 57 et suivants, *avec sceaux originaux*.)

Le faict et contenu des graces des ennoblis et franchis faitz par le Roi et Duc et ses prédécesseurs de 1421 à 1532.

(Archives de la Loire-Inférieure, quatre liasses originales fonds de l'ancienne Chambre des Comptes, armoire N° 39, inventoriées et classées en 1770, par le sr Trouvé, garde des archives.)

Ces listes fort curieuses accompagnant parfois les copies de la réformation de 1400 et offrent quelques variantes.

Réformations des fouages ès-paroisses des neuf Eveschez de Bretagne, de 1423 à 1543, contenant le nombre des maisons nobles estantz ès mains des gens nobles, quels sont en possession d'y avoir et tenir métayers francs, etc.

Sur trente-trois registres dont se composait cette collection, vingt-huit ont été détruits à Nantes en 1795. Les cinq qui existent aujourd'hui aux archives de la Loire-Inférieure sont les réformations de 1426 à 1427 pour l'évêché de Saint-Brieuc; celles de 1426 et de 1442 pour l'évêché de Tréguier, et celles de 1440 et de 1513 pour l'évêché de Vannes. Mais on trouve des copies plus ou moins fidèles des autres, aux tomes 37 et 38 du portefeuille des *Blancs-Manteaux* et dans les principales bibliothèques de Bretagne.

La plus correcte, écrite à la fin du xvıe siècle, conservée à la bibliothèque publique de Saint-Brieuc, est celle que nous avons généralement suivie.

Recherche de Montfault, contenant les noms de ceux qu'il trouva nobles en Normandie et de ceux qu'il imposa à la taille, quoiqu'ils se prétendissent nobles, en l'année 1463.

Un vol. in-8° publié par Labbey de la Roque, 2e édition, *Caen, Poisson* 1818, supplément 1824.

Montres générales des nobles, anoblis et autres sujets aux armes pour cause de la noblesse d'eux ou de leurs fiefs, tenues par paroisse et évêché, de 1464 à 1569, etc.

Les originaux ont été détruits à Nantes en 1795 et nous n'avons même découvert aucune copie des montres du xve siècle, concernant les évêchés de Rennes et de Nantes; mais il en existe pour les autres évêchés aux tomes 42 et 45 du portefeuille des *Blancs-Manteaux*, à la bibliothèque de Rennes, dans le recueil de Missirien, continuateur d'Albert le Grand, en 1659 (N° 197 du catalogue Maillet), et dans plusieurs bibliothèques d'amateurs.

Voici les plus importantes que nous ayons compulsées :

Montre de l'évêché de Saint-Brieuc, tenue à Moncontour en 1469. (Bibliothèque de Saint-Brieuc et bibliothèque Le Frotter à Quintin.)

Rôle des nobles, anoblis et tenantz fiefs nobles du ressort de Goëllo, appelés aux montres de l'arrière-ban à Lamballe en 1543.

Collationné sur deux manuscrits, l'un en notre possession, provenant des archives du baron de Lannion-Vieuxchastel; l'autre faisant partie des archives des Côtes-du-Nord et publié par nous, dans les mémoires de la Société Archéologique des Côtes-du-Nord en 1852.

Montre du ban et arrière-ban de l'évêché de Saint-Brieuc, tenue à Lamballe en 1569. (Copie du XVIe siècle aux archives des Côtes-du-Nord.)

Montres de l'évêché de Cornouailles, tenues à Carhaix en 1481 et à Quimper en 1562. (Copies aux archives du Finistère, imprimées à la suite des antiquités de la Bretagne, par le chevalier de Fréminville, in-8e, *Brest* 1835).

Montres de l'évêché de Léon, tenues à Lesneven en 1481, 1503 et 1538, et à Saint-Pol en 1534.

(Celle de 1503 imprimée à la suite des antiquités de M. de Fréminville déjà citées; celle de 1534, copie du XVIe siècle, en notre possession.)

Montre de l'évêché de Dol, tenue à Dol en 1480. (Copie du XVIe siècle à la bibliothèque de Saint-Brieuc.)

Montre de l'évêché de Saint-Malo, tenue à Dinan pour l'archidiaconé de Dinan, et à Ploërmel pour l'archidiaconé de Porhoët en 1479.

(Copie du XVIIe siècle, provenant de la Bibliothèque du baron de Lannion-Vieuxchastel, en notre possession.)

Montre de l'évêché de Vannes, tenue à Vannes en 1464. (Bibliothèque Le Frotter, à Quintin.)

Montre de l'évêché de Vannes, tenue à Auray en 1481. (Copie du XVIIe siècle, de la bibliothèque du baron de Vieuxchastel, en notre possession.)

Montre de l'évêché de Tréguier, tenue à Lannion en 1481.

(Copie du XVIIe siècle, de la bibliothèque du baron du Vieuxchastel, publiée par nous, dans les mémoires de la Société Archéologique des Côtes-du-Nord en 1852.)

Montre de l'évêché de Tréguier, tenue à Guingamp en 1503. (Bibliothèque Le Frotter, à Quintin.)

Montre de l'évêché de Rennes, tenue à Rennes en 1541. (Bibliothèques de Rennes et Le Frotter.)

Revue de l'arrière-ban de l'évêché de Nantes, faite à Machecoul en 1544.

(N° 42 du portefeuille des *Blancs-Manteaux* et bibliothèque Laubière, à Paris.)

LE LIVRE DES CHRONIQUES DES ROYS, DUCS ET PRINCES ROYAULX DE BRETAIGNE-ARMORICAINE, etc., etc., faictes et rédigées par noble et discrect messire Pierre le Baud, chantre et chanoine de l'église collégiale de N.-D. de Laval, trésorier de la Madeleine de Vitré, conseiller et aumosnier d'Anne de Bretaigne, royne de France, et à elle dédiée en 1505.

Un vol. in-f°; *Paris, Gervais Alliot*, 1638, tiré de la bibliothèque du marquis de Rosmadec-Molac, et dont le manuscrit original se trouve aujourd'hui au Musée Britannique, fonds Harléien, in-f° vélin, N° 4371, *avec miniatures*.

La première composition de cet ouvrage présenté en 1480 à Jean de Chateaugiron, seigneur de Derval, n'a jamais été imprimé; l'original qui diffère de celui-ci appartenait au XVIIe siècle à la famille Rosnyvinen de Piré, et se trouve aujourd'hui à la Bibliothèque Impériale, in-f° vélin, *avec miniatures*.

LES GRANDES CHRONIQUES ANNALES DES PAYS D'ANGLETERRE ET BRETAIGNE, contenants les faictz et gestes des roys et princes qui ont régné auxdits pays et choses dignes de mémoire, advenues durant leurs règnes, etc.

Faictes et rédigées par noble homme et sage maître Alain Bouchard, advocat en la cour de Parlement, etc. — Un vol. in-f°, goth. fig. *Paris, Galiot du Pré*, éditions de 1514 à 1531.

REGISTRES DES MANDEMENTS adressés à la Chambre des Comptes de Nantes, contenant les anoblissements, reconnaissances de noblesse et lettres de naturalité rendues par le Conseil du Roi, de 1506 à 1790.

60 vol. in-f°, mss. originaux, aux archives de la Loire-Inférieure.

INVENTAIRE DES TITRES DE LA CHAMBRE DES COMPTES DE NANTES, dit de *Turnus-Brutus*, rédigé en 1574, signé Jean Morin et Guillaume de Francheville.

Un vol. in-f°, mss. de 621 feuillets, aux archives de la Loire-Inférieure.

INVENTAIRE DES TITRES DU CHATEAU DE NANTES ou Trésor des chartes des Ducs de Bretagne, rédigé en 1578 par M. le président de Cucé, en présence de M° Guillaume de Francheville, avocat général du Roy en la Chambre des Comptes.

Bibliothèque de Rennes, N° 192 du catalogue Maillet et copie de 1600, en notre possession, provenant des archives du baron de Lannion-Vieuxchastel.

L'HISTOIRE DE BRETAIGNE, des roys, ducs, comtes et princes d'icelle; l'establissement du royaume, mutation de ce tiltre en duché, etc.

Mise en escrit par noble homme messire Bertrand d'Argentré, sr de Gosnes, Forges, etc., conseiller du Roi et président au siège de Rennes.—Un vol. in-f°, *Paris, Jacques du Puis*, 1588.

RECHERCHE DES PERSONNES NOBLES qui se sont trouvées dans les neuf élections de la généralité de Caen, sur la visite de leurs titres et enseignements, faicte par messire Jean-Jacques de Mesme, chevalier seigneur de Roissy, en France, etc., commissaire député par S. M. pour le règlement des tailles, réformation des abus commis au fait des finances et usurpation du titre de noblesse en ladite généralité de Caen, aux années 1598 et 1599.

Archives de l'Empire et Bibliothèques publiques de Caen et de Rouen.

HISTOIRE GÉNÉALOGIQUE DE PLUSIEURS MAISONS ILLUSTRES DE BRETAGNE, enrichie des armes et blasons d'icelles, etc., par Fr. Augustin du Paz, docteur en théologie, religieux de l'ordre des FF. Prescheurs du couvent de N.-D. de Bonne-Nouvelle lès Rennes.— Un vol. in-f°, fig., *Paris, Nicolas Buon*, 1619.

GÉNÉALOGIES DES SEIGNEURS DE MOLAC ET DE KERGOURNADEC'H, par le même, in-4°, *Rennes, Charles Yvon*, 1629, et N° 43,225 du P. le Long.

LA VIE, GESTES, MORT ET MIRACLES des saints de la Bretaigne-Armorique, ensemble un ample catalogue des Evesques des neuf éveschez d'icelle, accompagné d'un bref récit des plus remarquables événements arrivés de leur temps, fondations d'églises et monastères, blazons de leurs armes, etc., par Fr. Albert le Grand, de Morlaix, religieux, prestre et père du conseil de droict, en l'ordre des FF. Prédicateurs du couvent de Rennes. — Un vol. in-4°, *Nantes, Pierre Doriou*, 1636.

GALLIA CHRISTIANA... *opus fratrum gemellorum Scevolæ et Ludovici Sammarthænorum.* 4 vol. in-f°, *Lutetiæ-Parisiorum*, 1656.

DÉCLARATION DES TERRES NOBLES sujettes au ban et arrière-ban dans les ressorts de Kemper, Conq, Rosporden, Chateaulin, Chateauneuf, Gourin, Carhaix, Morlaix, Lesneven et Saint-Renan, faite par devant M° Jean de Kerouartz, sénéchal au siège présidial de Kemper, suivant l'édit du Roy et commission attribuée aux sénéchaux des présidiaux de Bretagne, l'an 1636.

Tirée des recueils mss. de Missirien à la bibliothèque de Rennes.

Recueil des armoiries de plusieurs seigneurs et noblesses de Bretagne, par Duclos-Bossart, conseiller et avocat du Roi au présidial de Rennes. — Un vol. in-f°, mss. 1639, fig. peintes; bibliothèque de Rennes, N° 199 du catalogue Maillet.

Recueil armorial, contenant par ordre alphabétique les armes et blazons de plusieurs anciennes maisons de Bretagne, comme aussi le nombre des duchez, principautez, marquisats et comtez de cette province, par le sr d'Hozier, gentilhomme ordinaire de la maison du Roi et chevalier de l'ordre de Saint-Michel.

Ce recueil se trouve à la suite de l'histoire de Bretagne de Pierre Le Baud, imprimée en 1638.

Le roy d'armes ou l'art de bien former, charger, briser, timbrer, parer, expliquer et blasonner les armoiries, etc., dédié à messire César du Cambout, marquis de Coislin, par le R. P. Marc-Gilbert de Varennes, de la Compagnie de Jésus. — Un vol. in-f°. fig., 2e édit., *Paris, Jean Billaine*, 1640.

La science héroïque, traitant de la noblesse, de l'origine des armes, devises, etc., précédée de la généalogie des maisons de Rosmadec et de Molac, par Marc Vulson, sr de la Colombière. — Un vol. in-f°, fig., *Paris, Séb. Cramoisy*, 1644.

Recueil de grand nombre d'écussons des principales familles de Bretagne, contenant 1065 articles. — Un vol, in-f°, mss. 1650, fig. peintes; Bibliothèque de l'Arsenal, N° 746 hist.

Histoire généalogique de la maison des Budes, où sont traitées par occasion beaucoup de familles illustres de Bretagne qui y ont été alliées, ou qui en sont descendues par les femmes, par Jean le Laboureur, conseiller et aumônier du Roi, prieur de Juvigné. — Un vol. in-f°, fig., *Paris* 1656, faisant suite à l'histoire du maréchal de Guébriant.

Déclaration des terres nobles de l'évesché de Vannes, sujettes au ban et arrière-ban, donnée au mois de juin 1666 par devant Jean de Guer, sr de Tronchateau, sénéchal de Vannes, de l'ordonnance de M. le comte de Lannion, gouverneur de Vannes et Auray, aux fins du commandement de M. le duc de Mazarini, grand-maître de l'artillerie, lieutenant-général en ce païs et duché de Bretagne. — Un vol. in-f°, mss. original de 322 feuillets, des archives du baron du Vieux-Chastel, en notre possession.

L'armorial breton, contenant les noms, qualitez, armes et blazons des nobles, anoblis et tenants terres et fiefs nobles ès éveschez de cette province, etc., nouvellement dressé et mis en lumière, par écuyer Guy Le Borgne, sr de Treuscoat, conseiller du Roy, alloué et baillif en la juridiction royale de Lanmeur. — Un vol. in-4°, *Rennes, Julien Ferré*, 1667.

Réformation générale de la noblesse de Bretagne, pendant les années 1668 à 1671, ou recueil de tous les arrêts rendus par la Chambre instituée par le Roi pour la recherche des usurpateurs de noblesse, avec les généalogies et le nombre des générations articulées. 4 vol. in-f°, mss., fig. peintes.

Les registres originaux ont été détruits à Rennes en 1792; il reste seulement aux archives d'Ille-et-Vilaine, une liasse des minutes d'arrêts pour la lettre D ; mais il existe un grand nombre de copies ou plutôt d'extraits ou d'abrégés tirés des registres de cette réformation, et celles que nous avons consultées offraient de notables différences entre elles.

La plus correcte a été transcrite sur un exemplaire certifié et légalisé, provenant de la bibliothèque de M. de Botherel, procureur général syndic des États de Bretagne.

La Bibliothèque de Rennes en possède cinq exemplaires différents, compris au catalogue Maillet, sous les N°s 200 à 204; le cabinet des titres à la Bibliothèque Impériale, la Bibliothèque du Louvre, la Bibliothèque de Nantes, en possèdent chacune un exemplaire; la

Bibliothèque de l'Arsenal en a deux, sous les N° 744 et 746, enfin, on en trouve dans toutes les bibliothèques de curieux en Bretagne.

État des noms de ceux qui ont esté déboutez de la qualité de noble et d'écuyer, par arrêts de la chambre établie en Bretagne en 1668. — In-4° de 76 pages, *Rennes, Valar*, 1671.

Noms, surnoms et demeures des nobles de la généralité de Caen, certiffiez et trouvez tels par Guy Chamillart, conseiller du Roi, intendant de justice, etc., commissaire départi pour Sa Majesté pour l'exécution de ses ordres touchant la recherche de la noblesse et usurpateurs de la qualité de noble renvoyez payer la taille en laditte généralité, par paroisses, sergenteries et élections, suivant sa commission du 30 avril 1666.

(Copies aux archives de l'Empire, aux archives du Calvados, à la Bibliothèque impériale et à celles de Rouen et de Caen.)

Mémoires sur l'état du clergé et de la noblesse de Bretagne, contenant un recueil alphabétique des noms et armes de plusieurs gentilshommes, suivant les arrêts tant de la Chambre roïale établie par le Roi à Rennes l'an 1668, que du conseil privé de Sa Majesté et des autres cours souveraines où les instances ont été renvoyées par le même conseil privé; et l'extrait des érections de plusieurs terres de Bretagne en duchez-pairies, principautez, marquisats, comtez, baronnies, et vicomtez, etc., par le R. P. Toussaint de Saint-Luc, religieux carme de Bretagne, au couvent du Très-Saint-Sacrement des Billettes. 2 vol. in-12, en trois parties, ornés de 1506 écussons gravés; *Paris, veuve Prignard*, 1691. Nouvelle édition, *Rennes* 1858.

Histoire généalogique de la maison de Quélen, par D. J. Gallois, religieux bénédictin de la congrégation de Saint-Maur. — Un vol. in-f°, mss. 1690, provenant des archives du baron du Vieux-Chastel, en notre possession; imprimé à *Bordeaux* en 1727, N° 43,683 du P. Le Long.

Recueil des quartiers des chevaliers de Saint-Jean de Jérusalem, reçus au grand prieuré d'Aquitaine de 1523 à 1690. — Un vol. in-f°, mss. de la Bibliothèque de l'Arsenal, avec arbres généalogiques et explications des alliances et armoiries.

Histoire des chevaliers hospitaliers de Saint-Jean de Jérusalem, appelés aujourd'hui chevaliers de Malte, par l'abbé de Vertot. — 7 vol. in-12, fig., *Paris* 1737.

Le tome VII contient la liste chronologique et les armes des chevaliers depuis 1523 jusqu'en 1725 et cette liste a été continuée par Ducas, successeur de Saint-Allais, jusqu'en 1792.

Catalogue alphabétique des noms de tous ceux qui paraissent avoir été maintenus, déboutés, renoncés ou pris des lettres de noblesse, en la présente réformation commencée en Bretagne, en vertu de la déclaration du Roi du 4 septembre 1696. — Un vol. in-f°, mss. provenant de la bibliothèque de M. Gillart de Keranflec'h.

Armorial général de France, ou état des armoiries des personnes et communautés, établi en exécution de l'édit de novembre 1696, par Charles d'Hozier, juge d'armes de France. 2 vol. in-f°, pour la Bretagne, mss. original à la Bibliothèque impériale et autre exemplaire avec les blasons peints, t. VIII et IX pour la Bretagne, cotés B, 6 E, cabinet des titres, — 410 et 411.

Ces volumes ont subi de nombreuses altérations; mais le cabinet des titres possède la minute de d'Hozier qu'on ne communique pas au public, à cause des fraudes et interpolations auxquelles elle serait exposée.

Armorial et Nobiliaire de l'évêché de Saint-Paul de Léon en 1443, par le marquis de Refuge, lieutenant-général des armées du Roi en 1696. — 2 feuilles in-32 ou 64 pages; *Paris*, sans date (*très-rare*).

Bibliothèque impériale, collection sur les provinces de France. Bretagne, t. II. S. F. — 2365-2.

RECUEIL DES MAINTENUES ACCORDÉES EN BRETAGNE, par M. Béchameil de Nointel, intendant de Bretagne en 1698 et années suivantes. — 3 vol. in-f°, mss. aux archives de l'Empire M. 571. 572 et 573 anciens et 665, 666 et 667 nouveaux.

NOBILIAIRE DE LA GÉNÉRALITÉ DE TOURS, ou recherches de M. Hue de Miromesnil, intendant de Touraine, Anjou et Maine en 1697. — Un vol. in-f°, mss. aux archives de l'Empire, sect. hist., N° 1071 ancien et M. M. 685 nouveau.

NOBILIAIRE D'ANJOU, mss. 1698, provenant de la bibliothèque de François-René, marquis du Bellay.

RECUEIL DE GAIGNIÈRES, contenant des extraits d'aveux, de réformations et de montres et la description d'un grand nombre de monuments, de sceaux et de tombeaux dessinés en 1690. — Un vol. in-f° pour la Bretagne, Bibliothèque impériale, fonds Gaignières, N° 659.

Plusieurs volumes de dessins du même fonds, entre autres ceux concernant l'évêché de Nantes, manquaient au cabinet des estampes, mais se trouvaient à la bibliothèque Bodléienne à Oxford; sur la proposition du Comité historique des arts et monuments, le Ministre de l'instruction publique en a récemment fait prendre des calques.

HISTOIRE DE BRETAGNE, composée sur les titres et les auteurs originaux, enrichie de plusieurs portraits et tombeaux en taille-douce; avec les preuves et pièces justificatives, accompagnées d'un grand nombre de sceaux, par dom Guy-Alexis Lobineau, prestre, religieux bénédictin de la congrégation de Saint-Maur. — 2 vol. in-f°, fig., *Paris, veuve François Muguet*, 1707.

CATALOGUE ALPHABÉTIQUE DES NOBLES DE BRETAGNE, de 1100 à 1532, par D. Lobineau, mss. sans date, comprenant 6,000 noms, N° 73 du portefeuille des *Blancs-Manteaux* et N° 40,628 du P. Le Long.

TRAITÉ HISTORIQUE DES BARONS DE BRETAGNE, où l'on parle aussi par occasion des barons en général, des fiefs de haubert et de la haute justice, avec les généalogies des barons, composé en 1712 par D. Lobineau. — Un vol. in-f°. mss. de 219 feuillets, à la Bibliothèque de Rennes (N° 195 du catalogue Maillet), et copies conformes à la Bibliothèque impériale et à la bibliothèque de Lesquiffiou.

L'ANCIEN HÉRAULT BRETON, contenant les généalogies des anciens rois, ducs et princes, avec le blazon de toutes les familles nobles et anciennes du país, par F. de Longchamps, généalogiste et commissaire des guerres. — Un vol. in-f°, mss. sans date, Bibliothèque impériale, fonds Colbert, N° 3263 et N° 40090 du P. Le Long.

MÉMOIRE GÉNÉALOGIQUE DE LA MAISON DE RIEUX, présenté au Roi par le marquis d'Ouëssant. Un vol. in-4°, *Paris, veuve François Muguet*, 1713.

Il en existe un exemplaire mss. à la Bibliothèque de Rennes (N° 208 du catalogue Maillet).

HISTOIRE CHRONOLOGIQUE DE LA GRANDE CHANCELLERIE DE FRANCE, suivie des noms des officiers des chancelleries près les cours souveraines du royaume, dont les provisions sont registrées en l'audience de France ou au grand conseil, par Abraham Tessereau. — 2 vol. in-f°, *Paris, Pierre Emery*, 1710.

NOBILIAIRE DE BRETAGNE, composé en 1716 par Deshayes-Doudart. — Un vol. in-12 mss. Il en existe plusieurs copies dans les bibliothèques de curieux.

Nobiliaire de Bretagne ou catalogue des nobles de la province de Bretagne, par Jacques Chevillard fils. — 20 feuilles de planches in-f°, *Paris* 1720.

Nobiliaire de Normandie, par Jacques Chevillard fils, historiographe de France et généalogiste du roi. — 27 feuilles de planches in-f°, *Paris* 1721.

Livre doré de l'Hostel-de-Ville de Nantes, contenant le catalogue alphabétique des maires, échevins, procureurs-syndics et greffiers de la ville de Nantes depuis 1564. Un vol. in-12, fig. *Nantes, Pierre Mareschal*, éd. de 1721 à 1739, et *veuve Antoine Marie*, éd. de 1752.

Histoire généalogique et chronologique de la maison royale de France, des pairs, grands officiers de la couronne et de la maison du roy, et des anciens barons du royaume, avec les qualitez, l'origine, le progrès et les armes de leurs familles, etc., le tout dressé sur titres originaux, sur les registres des chartes du roy, du parlement, de la chambre des comptes et du châtelet de Paris, cartulaires, manuscrits de la bibliothèque du roy et d'autres cabinets curieux; par le P. Anselme, augustin déchaussé, continuée par M. du Fourny, revue, corrigée et augmentée par les soins du P. Ange et du P. Simplicien, augustins déchaussés. — 3° éd., 9 vol. in-f°, fig. *Paris*, 1726 à 1733.

Recueil de maintenues accordées en Bretagne depuis 1668, tant par lettres que par arrêts ou jugements rendus à l'Intendance, par M. Desnos des Fossés. — Un vol. in-f° mss. de 1740, bibliothèque impériale.

Il existe un certain nombre de copies de ce recueil, continué jusqu'en 1789, dans les bibliothèques de curieux, et nous en avons fait le récolement.

Catalogue des terres érigées en dignitez en la province de Bretagne, et enregistrées au greffe de la chambre des comptes depuis 1500 jusqu'en 1720, par Arthur de la Gibonays, doyen de la chambre des comptes. — In-f° de 48 pages à la suite d'un recueil d'édits; *Nantes, veuve Querro*, 1726.

Liste de tous nos Seigneurs de la chambre des comptes de Bretagne, depuis 1400, par Arthur de la Gibonays, doyen de la chambre des comptes. — Un vol. in-8° de 70 pages, *Nantes, Verger*, 1732.

Etat alphabétique de MM. les premiers présidents, présidents, avocats généraux, procureurs généraux, substituts, maîtres, correcteurs et conseillers auditeurs de la chambre des comptes de Bretagne, depuis 1400. — Un vol. in-f° mss. provenant de la bibliothèque de M. Prévost de Boisbilly, président aux comptes en 1742.

Histoire de la chambre des comptes de Bretagne, par H. de Fourmont. — Un vol. in-8°, *Paris, Signy et Dubey*, 1854.

Nous avons collationné, corrigé et complété les listes contenues dans ces trois derniers ouvrages, sur le N° 39 du portefeuille des Blancs-Manteaux et sur les registres originaux des mandements adressés à la chambre des comptes.

Liste générale de nos Seigneurs du parlement de Bretagne, depuis son érection en 1554.— Un vol. in-12, *Rennes, Vatar*, édit. de 1725 à 1754.

Nous avons collationné cet ouvrage sur le N° 3 du portefeuille des Blancs-Manteaux, et nous l'avons continué sur les listes des almanachs de Rennes jusqu'en 1790.

Liste des noms, armes et seigneuries de MM. de la cour du parlement de Bretagne, suivant l'ordre de leurs réceptions, jusqu'en 1650.— Mss. in-f° de 29 feuillets, bibliothèque de Rennes, N° 205 du catalogue Maillet.

Recueil d'écussons coloriés de MM. du parlement de Bretagne, suivi d'une notice sur les marquisats, comtés, vicomtés, baronnies et châtellenies de cette province avec les noms et armoiries des présidents et conseillers de 1554 à 1752. — Un vol. in-f° de 148 feuillets, bibliothèque de Rennes, N° 206 du catalogue Maillet.

Nobiliaire des familles parlementaires de Bretagne, depuis les Grands-Jours en 1495 jusqu'en 1780, par Tatin des Rivières. — Un vol. in-f° de 1014 feuillets où l'auteur cite un armorial de Bretagne, peint par *Belétang*, in-4°, *Rennes*, 1644, et un armorial du palais, gravé par *Monthulé*, *Rennes*, 1713, ouvrages que nous n'avons pas pu retrouver.

Le manuscrit unique, original et fort précieux de Tatin, après avoir fait partie des bibliothèques de MM. de la Noue de Bogard, conseiller au parlement, et vicomte de Toustain, appartient aujourd'hui à M. le marquis des Nétumières.

Chancellerie près le parlement de Bretagne, ou état de ceux qui ont successivement rempli les charges de gardes des sceaux, audienciers, contrôleurs et secrétaires du roy, référendaires et scelleurs chauffe-cire, depuis la création du dit parlement en 1554, jusqu'en 1725. — Un vol. in-f° mss. provenant de la bibliothèque de l'abbé de Boisbilly, collationné sur un mss. de la bibliothèque Laubrière et continué jusqu'en 1790 sur les registres des mandements.

Histoire ecclésiastique et civile de Bretagne, composée sur les auteurs et les titres originaux, ornée de divers monuments, sceaux, etc., par dom Pierre-Hyacinthe Morice et dom Charles Taillandier, prêtres, religieux bénédictins de la congrégation de Saint-Maur. — 5 vol. in-f° fig., *Paris*, 1742 à 1756.

Portefeuille des Blancs-Manteaux, ou recueil de pièces colligées de 1687 à 1742 par les Bénédictins, contenant outre les matériaux insérés dans l'histoire de Bretagne, un grand nombre de pièces inédites pour servir de supplément aux preuves de dom Morice. 90 vol. in-f° mss. de la bibliothèque impériale.

Les pièces les plus importantes pour l'histoire de Bretagne se trouvent aux N°° 3, 4, 31, 35 à 39, 41, 42, 47, 48, 73, 75 et 76, ce dernier divisé en cinq volumes cotés A à E.

Les États de la France, éditions de Nicolas Besogne, Louis Trabouillet, les P. Ange et Simplicien et les Bénédictins. — 2, 3, 5 et 6 vol. in-12, fig., 1660 à 1749.

Armorial général ou registres de la noblesse de France, par d'Hozier de Sérigny, juge d'armes de France. — 10 vol. in-f° (blasons), *Paris*, 1738 à 1768.

Dictionnaire historique et géographique, par Moréri. — 10 vol. in-f°, édition de 1759.

Chronologie historique et militaire, par Pinard, premier commis de la guerre. — 8 vol. in-4° *Paris*, 1762.

Dictionnaire généalogique, héraldique, chronologique et historique, contenant les familles nobles du royaume, etc., par M. de la Chesnaye des Bois.

1re édition, 6 vol. in-12, à deux colonnes, et un vol. de supplément; *Paris*, *Duchesne*, 1757 à 1765.

2e édition, continuée par Badier, 15 vol. in-4°, 1770 à 1786.

Abrégé du nobiliaire de la province de Bretagne, contenant environ 1800 familles nobles, avec les ennoblissements connus et le nombre des générations prouvées, soit à la Réformation, soit au Conseil, au Parlement, à la Cour des Aydes ou à l'intendance, par le P. du Perré, de la Compagnie de Jésus. — Un vol. in-12; mss. 1769; imprimé pour la première fois en trois feuilles in-8°, *Rennes*, *V. Frout*, 1853.

Les minutes d'arrêts de maintenues du Parlement n'existent plus ; mais on trouve au greffe de la cour de Rennes, le dispositif des arrêts de la Chambre des Requêtes renvoyés en Grand-Chambre pour être fait droit.

ANNALES BRIOCHINES, etc., enrichies de la liste générale des fiefs de haute et moyenne justice, avec les noms des seigneurs et patrons ou présentateurs des trèves ou paroisses de l'évêché de Saint-Brieuc, par l'abbé Ruffelet. — In-18, *Saint-Brieuc*, 1771. 2e édition in-12 et in-8°, *Saint-Brieuc*, 1849.

DICTIONNAIRE HISTORIQUE ET GÉOGRAPHIQUE DE LA PROVINCE DE BRETAGNE, par Ogée, ingénieur en chef de cette province. — 4 vol. in-4°, *Nantes, Vatar*, 1778 à 1780; 2e édition, 2 vol. in-4°, à deux colonnes, *Rennes, Molliex*, 1843 à 1853.

REGISTRES DE LA GÉNÉRALITÉ DES FINANCES DE BRETAGNE, de 1732 à 1781. — 4 vol. in-f°, mss. originaux. Bibliothèque de M. Le Bouteiller.

TRAITÉ DES DEVISES HÉRALDIQUES, par M. Waroquier de Combles. — Un vol. in-12 en deux parties, fig., *Paris*, 1783 et 1784.

ABRÉGÉ DU MILITAIRE DE FRANCE sur terre et sur mer, par Lemau de la Jaisse, chevalier de Saint-Lazare, ancien officier de la maison d'Orléans. — In-8°, *Paris*, éditions de 1734 à 1741.

ETAT MILITAIRE DE FRANCE, par MM. de Montandre et de Roussel. — In-12, *Paris*, éditions de 1758 à 1790.

ETAT DE LA MARINE. — In-32, *Paris*, éditions de 1766 à 1790.

LA FRANCE ECCLÉSIASTIQUE, contenant la cour de Rome, les archevêques et évêques du royaume, leurs vicaires généraux, les dignités et chanoines des églises cathédrales, les abbayes commendataires et régulières; les prieurés d'hommes et de filles à nomination royale, etc. — Un vol. in-12, *Paris*, édit. de 1776 à 1790.

LISTE DE NOS SEIGNEURS LES ÉTATS DE BRETAGNE, de 1736 à 1786. — In-12, *Rennes et Nantes, Vatar*, libraire des Etats.

Les registres originaux des délibérations des Etats existent aux archives d'Ille-et-Vilaine de 1567 à 1788 ; les tomes XI, XV et LXXV du portefeuille des Blancs-Manteaux en renferment des copies jusqu'en 1762; la bibliothèque impériale en a une autre copie commençant en 1573 jusqu'à 1736. — 14 vol. in-f° avec blasons, N° 16208 du catalogue du maréchal d'Estrées et N° 35426 du P. Le Long. La bibliothèque de Keranroux en contient une collection, depuis l'année 1717 jusqu'en 1786.

ARRÊTÉS, MÉMOIRES ET PROTESTATIONS DE LA NOBLESSE DE BRETAGNE au roi en 1788 et 1789, contre les édits portant atteinte aux droits, franchises, privilèges, libertés et immunités de la province. — Brochures in-8°, *Rennes*, sans nom d'imprimeur, les plus considérables revêtues d'environ 1400 signatures.

ABRÉGÉ CHRONOLOGIQUE D'ÉDITS ET DÉCLARATIONS CONCERNANT LE FAIT DE NOBLESSE, par Chérin, généalogiste des ordres du roi. — In-12, *Paris*, 1788.

ARMORIAL GÉNÉRAL DE L'EMPIRE FRANÇAIS, par Henry Simon. — 2 vol. grand in-f° fig. 1812.

NOBILIAIRE UNIVERSEL, par Viton de Saint-Allais, continué par Ducas. — 21 vol. in-8°, *Paris*, 1814-1843.

DICTIONNAIRE UNIVERSEL DE LA NOBLESSE de France, par Julien de Courcelles. — 5 vol. in-8°, *Paris*, 1820 à 1822.

HISTOIRE GÉNÉALOGIQUE ET HÉRALDIQUE DES PAIRS, grands dignitaires et principales familles nobles, par le même. — 12 vol. in-4° fig., *Paris*, 1822 à 1833.

Archives généalogiques et historiques de la noblesse de France, par Lainé. — 11 vol. in-8° fig., *Paris*, 1828 à 1848.

Essai sur l'armorial du diocèse du Mans, par Thomas Cauvin. — In-18 de 266 pages, *le Mans, Monnoyer*, 1840.

Nobiliaire de Bretagne, par le chevalier de Beauregard. — Un vol. 8°; *Paris, Bouchard-Husard*, 1840.

Liste des familles de Bretagne qui ont fait des preuves devant d'Hozier, pour les pages, l'école militaire et la maison de Saint-Cyr, avec les dates de naissance et d'admission, tirée du cabinet d'Hozier. — Une feuille in-8°, *Melun*, de l'imprimerie de *Desrues*, 1842.

Dictionnaire historique, biographique et généalogique des familles du Poitou, par H. Beauchet-Filleau et Ch. de Chergé. — 2 vol. grand in-8° à deux colonnes, avec planches héraldiques, *Poitiers*, 1840 à 1854.

Cet ouvrage contient les ordonnances de maintenues rendues par MM. de Barentin et de Meaupou, intendants de la généralité de Poitiers de 1667 à 1700.

Armorial des maires d'Angers, par Lambron de Lignim. — In-4°, fig., *Angers*, 1844.

Armorial général de Bretagne, par L. Briant de Laubrière. — In-8°, *Paris, Dumoulin*, 1844.

État de la noblesse bretonne d'ancienne extraction, par le comte du Plessis de Grenédan. — In-8°, *Rennes, Molliex*, 1844.

Nobiliaire de Bretagne, ou tableau de l'aristocratie bretonne depuis l'établissement de la féodalité jusqu'à nos jours, par P. Potier de Courcy. — Un vol. in-4°, *Saint-Pol-de-Léon*, 1846. *(Épuisé)*.

Armorial de Bretagne, contenant les noms, prénoms et origine des familles bretonnes qui ont obtenu des arrêts de la chambre de réformation établie à Rennes de 1668 à 1671; les familles maintenues ou anoblies depuis cette époque; les noms des terres érigées en dignité, etc., par A. P. Guérin de la Grasserie, chevalier de Saint-Louis. — 2 vol. in-f°, blasons en couleur, *Rennes, Deniel*, 1848 à 1856.

Dictionnaire héraldique de Bretagne, complément de tous les nobiliaires et armoriaux de cette province, pour reconnaître les familles par les armoiries peintes, sculptées, émaillées ou gravées sur les monuments de toute nature, et pour justifier de la date de ces monuments, par P. Potier de Courcy. — Un vol. in-8°, fig., *Saint-Brieuc, Prud'homme*, 1855. *(Épuisé)*.

Cet ouvrage a obtenu une mention *très-honorable* de l'Académie des inscriptions et belles lettres, au concours des antiquités de France en 1856.

Le Combat de trente Bretons contre trente Anglais, d'après les documents originaux des XIV° et XV° siècles, suivi de la biographie et des armes des combattants, par le même. — In-4°, fig., *Saint-Pol-de-Léon*, 1857. *(Épuisé)*.

De la noblesse et de l'application de la loi contre les usurpations nobiliaires, par le même. — 3° édition in-12, *Paris, Aubry*, 1859.

Dictionnaire des terres et seigneuries du comté nantais, par Ernest de Cornulier. — In-8°, *Nantes, Guéraud*, 1857.

ADDITIONS ET CORRECTIONS.

TOME PREMIER.

Page 2. ABRAHAM, ligne 11, *effacez* : s^r de la Goublaye.
 Ligne 15. *Au lieu de* : la branche de la Goublaye, *lisez* : de l'Hotellerie.

Page 4. *Ajoutez* : ALÈGRE (D') (orig. de Périgord).
 De gueules à la tour d'argent, accostée de six fleurs de lys d'or en pal, 3. 3.
 Une abbesse de Saint-Georges de Rennes en 1715, † 1741; un maréchal de France, commandant pour le Roi en Bretagne, en 1724.

Page 10. ANGER.
 Ligne 8. *Ajoutez* : Raoul, abbé de la Vieuville en 1366.

Page 11. *Ajoutez* : ANNEIX, s^r du Domaine, — des Milleries, par. de Mélesse, — de Souvenel, par. de Montreuil-le-Gast, — de Millaye, — de Launay-Mahé, — de la Reynière, — du Coudray, — de Brincouyer, — des Maliberts, — de la Houssaye, par. de Brutz.
 D'azur à l'étoile d'argent, accomp. de trois croisettes pattées de même.
 Pierre, s^r du Domaine, avocat en parlement, sénéchal de la juridiction du Han, † 1670, épouse vers 1660 Louise Briand, dame de Souvenel, dont : Noël, avocat en parlement, marié en 1689 à Anne Anger, dame des Mézières; Alexis-François-Jacques fils des précédents, bâtonnier des avocats de Rennes, † 1758, père d'un maître des requêtes et d'un garde du corps du comte de Provence en 1771 et 1775.

Page 12. *Ajoutez* : ANTIGNY (orig. de Bourgogne), s^r de Frégnicourt.
 D'or au lion morné de sable. (G. le B.).
 Un brigadier des chevau-légers de la garde, admis aux États de 1752.

Page 19. *Ajoutez* : AUDIBERT (orig. du Comtat-Venaissin), s^r de la Villasse, — de la Garde-Paréol.
 D'azur au lion d'or, surmonté de deux croissants d'argent.
 Raymond, conseiller au parlement d'Orange en 1589; Dominique, docteur ès-droit en l'Université d'Avignon, épouse en 1661 Louise Baldoni; Claude-Dominique fils des précédents, consul de Carpentras, épouse en 1706 Jeanne de Cheylus, dont un lieutenant de vaisseau en 1743 père 1° d'un capitaine au régiment d'Isle de France (infanterie) en 1775; 2° d'un archidiacre de Bayeux; 3° d'un lieutenant de vaisseau, chevalier de Saint-Louis en 1779, dont la postérité, établie en Bretagne, s'est alliée aux Guymar et aux Huchet de Cintré.

Page 24. *Ajoutez* : AYMER (orig. de Poitou), s^r de Sainte-Rhue, — de la Chevallerie.
 D'argent à la fasce componnée de quatre pièces de sable et de gueules.
 Jacques, chevalier de saint Jean de Jérusalem, commandeur de Quimper en 1527.

Page 31. BARBU (LE).
Ligne 17. *Ajoutez :* Henri, abbé de Bonrepos en 1463 ; Olivier, abbé de Bonrepos en 1656 ; était le dernier de cette famille.

Page 32. *Ajoutez* : BARIOLLE (DE), s^r dudit lieu, par. de Saint-Philbert-de-Grand-Lieu, — de la Pigossière, par. de Pont-Saint-Martin.

D'argent au palmier terrassé de sinople, au chef d'azur chargé d'une croix d'argent.
Jeanne, épouse en 1598 Jan Gazet.

Page 33. *Ajoutez* : BARLAGAT (DE), s^r dudit lieu, de la Carantaische, de la Sablonnière et du Val, par. d'Auverné.

Réf. de 1440 à 1478, dite par., év. de Nantes.
Olivier, châtelain de Vioreau en 1440 ; Jeanne, épouse en 1508 Pierre Charette.

Page 34. BARRE (DE LA).
Ligne 16. *Supprimez :* un avocat général aux comptes en 1755.

Page 34. *Au lieu de* BARRÉ, *lisez* : BARRE, s^r des Bouteilles, par. du Bignon.
Un garde scel à la chancellerie de Rennes en 1741, avocat général aux comptes en 1755.

Page 37. *Ajoutez* : BATAILLE, s^r du Plessis, par. de Sévignac, — des Bretesches, par. de Saint-Viaud, — du Roscoët.

Porte trois coquilles surmontées d'un lambel à trois pendants (sceau 1404).
Guillaume, sénéchal d'Angoulême, chambellan du Dauphin, combattit en champ clos Jean Carmien, chevalier anglais en 1418.

Page 39. BAUDRÉ.
Ligne 25. *Ajoutez :* Normand, abbé de Boquen en 1483.

Page 45. BEAUNE (DE).
Ligne 6. *Ajoutez :* Martin, abbé de Saint-Jean-des-Prés en 1565.

Page 45. *Au lieu de* BEAUSSET (orig. du Languedoc), s^r de Rochefort, *lisez* : BAUSSET (orig. de Provence), s^r de Roquefort.

Ligne 41. *Ajoutez aux armes : alias :* un rocher de six coupeaux d'argent en pointe.
Ligne 42. *Ajoutez :* archevêque d'Aix en 1817, † 1828.

Page 51. BELLABRE, *à transposer* page 50.

Page 51. BELLAY (DU), *ajoutez :* s^r d'Oudon, par. de ce nom, — des Pezeries, par. de Château-Thébault.

Ligne 12. *Ajoutez :* René, abbé de Saint-Méen en 1532, évêque du Mans en 1536.

Page 55. *Ajoutez* : BERDOUARÉ (DE), *voyez* MAHÉ.

Page 59. BERNIER, *à transposer* page 58.

Page 61. *Ajoutez* : BERTRAND, s^r de la Pichonnais, par. de Sainte-Opportune-en-Retz, — du Plessis-Bagan, par. de Saint-Viaud, — de la Missaudais, par. de Corsept, — de la Briordais, par. de Saint-Père-en-Retz, — de la Cathelinière, par. de Frossay.

Réf. de 1429 à 1453, dites par., év. de Nantes.
Gillet, prête serment au Duc entre les nobles de la baronnie de Retz en 1383.
Fondu au XVIe siècle dans Borgnet.

Page 62. BERZIAU.
Ligne 3. *Au lieu de* : conseiller aux Grands-Jours en 1495, *lisez* : au parlement en 1557.

Page 62. BEZANÇON.
Ligne 6. *Au lieu de* : conseiller au parlement en 1557, *lisez* : aux Grands-Jours en 1495.

Page 64. *Ajoutez* : BIDON, s^r des Rochettes, par. de Sucé, — de la Prévoterie et de la Barre, par. de la Chapelle-Basse-Mer.

D'argent au chevron d'azur accomp. de trois trèfles de sinople.

Un procureur en la chambre des comptes, puis secrétaire du Roi et payeur des gages des officiers de la chancellerie en 1750, † en charge; un membre de l'assemblée de la noblesse d'Anjou en 1789.

Page 71. BLANCHARD, 1er article.
Ligne 27. *Ajoutez* : Olivier, abbé de Prières en 1460.

Page 72. BLANCHEFORT (DE), *ajoutez* : (orig. du Limousin), s^r dudit lieu, — de Créquy, — de Bonne, — duc de Lesdiguières et de Retz, — baron de la Garnache.
Ligne 23. *Ajoutez* : François-Emmanuel épouse en 1675 Paule-Marguerite de Gondy, dame de Retz. Cette famille a été substituée en 1543 aux nom et armes de Créquy et en 1611 à ceux de Bonne.

Page 74. BLOIS (DE).
Ligne 5. *Ajoutez* : Un général de brigade en 1861.

Page 78. BOEUVRES, *ajoutez* : *aliàs* : BEUVES (DE) et *au lieu de* par. de Messac, *lisez* : par. de Saint-Jean-de-Béré.

Page 87. *Ajoutez* : BOISLAURENT (DE), *voyez* : BUDAN.

Page 95. *Ajoutez* : BORGNET, s^r du Carteron, par. de Saint-Viaud, — de la Pichonnais et de la Teurterie, par. de Sainte-Opportune et Retz, — de la Briordais, par. de Saint-Père-en-Retz, — de Lenfernière, par. de Saint-Mars-de-Coutais, — de la Duracerie, par. de Sainte-Pazanne.

Réf. de 1429 à 1513, par. de Saint-Viaud et Sainte-Opportune, év. de Nantes.

Page 96. BOSCAL, *à transposer* page 95.

Page 97. BOT (DU) 2e article, *supprimez* : s^r de la Barillière.

Page 98. BOT (DU), 2e article, *ajoutez* : s^r de la Barillière, par. de Mouzillon.

Page 98. *Ajoutez* : BOTHELIÈRE (DE LA), *voyez* HAMEL (DU).

Page 98. *Ajoutez* : BOTHELIÈRE (DE LA), s^r dudit lieu et de la Chapelière, par. de Moisdon.

Réf. de 1427 à 1478, dite par., év. de Nantes.

Page 98. *Ajoutez* : BOTTEREL ou BOTTEREAU, s^r du Loroux, par. de ce nom, — de la Tocnaye, par. de Sainte-Marie de Pornic, — du Vivier, par. de Sainte-Croix de Machecoul, — de Laumondière, par. de Saint-Père-en-Retz.

Réf. 1455, par. de Sainte-Croix de Machecoul, év. de Nantes.

Guillaume devait un tiers de chevalier à l'ost du duc en 1294; Geoffroi, l'un des nobles de la baronnie de Retz, prête serment au Duc en 1383.

La châtellenie du Loroux a appartenu successivement depuis, aux Machecoul, Craon, Laval, Landais, l'Épervier, la Noue et par acquêt en 1590 Goulaine.

La branche de la Tocnaye fondue vers 1565 dans Bougrenet.

Page 101. BOTMILIAU (DE).

Ligne 13. *Ajoutez* : Charles, prête serment au Duc entre les nobles de Tréguier en 1437.

Page 102. BOUAN, ligne 2, *ajoutez* : s^r de Saint-Cast, par. de ce nom, — de Dieudy, par. de Saint-Potan.

Ligne 10. *Ajoutez* : Jean, abbé de Boquen en 1601.

Page 104. *Ajoutez* : BOUCHERIE (DE LA), s^r dudit lieu, par. de Fromenteau, — de la Pinardière, par. de Vallet, — du Bois-Chollet, par. de Saint-Aignan.

Réf. 1430, par. de Vallet, év. de Nantes.

D'azur au cerf passant d'or.

Mathurin, chevalier de Malte et commandeur d'Arétin en 1524.

Page 109. BOUGEANT.

Ligne 30. *Ajoutez* : A cette famille appartenait le P. Bougeant, jésuite, l'un des rédacteurs des mémoires de Trévoux, † 1743.

Page 110, BOULAIN.

Ligne 38. *Ajoutez* : Un abbé de Meilleraie en 1738.

Page 113. BOURBLANC (DU), ligne 15, *ajoutez* : comte de Poilley, par. de ce nom, — marquis de Saint-Hylaire de Harcouët, en Normandie.

Ligne 23. *Ajoutez* : La branche d'Apreville fondue dans Cornulier.

Page 114. BOURDONNAYE (DE LA).

Ligne 39. *Ajoutez* : Une abbesse de la Joie en 1776.

Page 115. BOURG (DU), s^r du Boismarquer, *au lieu de* : par. de Josselin, *lisez* de Missillac.

Page 116. BOURKE.

Ligne 34. *Ajoutez* : maint. au conseil en 1780.

Ligne 37. *Après* : croissants d'or, *ajoutez* : brochant sur le tout du coupé.

Page 117. BOUSSINEAU (orig. d'Anjou), ligne 26, *ajoutez* : s^r de Chapeau, en Saumurois, — de la Joliverie, par. de Saint-Herblain, — de la Guilletière.

Ligne 31. *Ajoutez* : Antoine, s^r de Chapeau en 1502, père d'Antoine, comparant à l'arrière-ban d'Anjou de 1542 à 1567.

La branche aînée fondue en 1570 dans le Coq.

Page 118. BOUTEVEILLAYE (DE LA).

Ajoutez pour émaux aux armes : d'argent au sautoir de sable, chargé de cinq besants d'or.

Page 118. BOUTEVILLE (DE), *au lieu de* : (orig. de Gascogne), *lisez* : (de Normandie).

Page 122. BRANCAS (DE), ligne 2. *Ajoutez* : s^r de Brunault, par. de Trébrivant.

Ligne 7. *Au lieu de* : Un intendant de Bretagne au dernier siècle, *lisez* : lieutenant-général commandant pour le Roi en Bretagne en 1738; un abbé de Saint-Gildas-des-Bois en 1706, évêque de Saint-Lizieux en 1715, † 1760.

Page 126. BREIL (DU), 2ᵉ article.
: Ligne 30. *Au lieu de* : Pontbriand-Marzan, *lisez* : de Pontbriand et de Marzan.

Page 127. *Au lieu de* : BREIZEL, *lisez* : BRÉCEL, *à transposer page* 123.
: Ligne 25. *Ajoutez* : Fondu dans Chenu, en 1550.

Page 127. BRÉNÉHANT, *ajoutez* : *aliàs* : BERNÉAN (DE).

Page 127. *Ajoutez* : BREIL (DU), sʳ de la Seilleraye, par. de Carquefou, — du Teil, par. de Trans, — de Vair, par. d'Anetz, — des Dervalières, par. de Chantenay, — de Liré, en Anjou.

Réf. 1513, par. de Trans, év. de Nantes.

D'argent à trois fasces ondées d'azur, la première surmontée d'un lion issant de sable.

René épouse en 1573 Claude d'Argy. La branche de Liré fondue dans la Bourdonnaye.

Page 128. *Ajoutez* : BRETAGNE (bâtards de), comte de Goëllo, — baron d'Avaugour et de Clisson, — vicomte de Saint-Nazaire, — sʳ de la Touche, par. de la Limouzinière, — comte de Vertus, en Champagne.

D'hermines au filet de gueules en barre.

François, fils naturel du duc François II et d'Antoinette de Magnelais, épouse en 1495 Madeleine de Brosse, sœur de René, comte de Penthièvre.

Cette maison alliée à celles de Coësmes, Saint-Amadour, Goulaine, Fouquet-la-Varenne et Rohan, a produit Armand-François, maréchal de camp, † 1734 sans alliance, frère d'Henri-François, dernier du nom, marié à Charlotte Charette de Montbert, † 1746 sans postérité et dont la succession fut recueillie par les Rohan-Soubize.

Page 129. *Ajoutez* : BRETESCHES (DES), sʳ dudit lieu, par. de Saint-Viaud, — de la Motte, par. de Saint-Cyr-en-Retz, — de la Boucherie, par. du Clion, — de la Coudraye, par. de Saint-Père-en-Retz, — de la Doulcerie, par. de Bourg-des-Moutiers, — de Maubusson, par. de Saint-Hilaire-de-Chaléons, — des Salles, par. de Couëron.

Réf. de 1429 à 1455, par. de Saint-Viaud, le Clion, Saint-Hylaire et Couëron, év. de Nantes.

Jean, l'un des nobles de la baronnie de Retz qui prêtent serment au duc en 1383; Martin, épouse en 1443 Catherine du Chaffault. (Fondu dans Bataille).

Page 129. *Ajoutez* : BRETEUIL (DE), *voyez* TONNELIER (LE).

Page 133. BRIGNAC (DE), ligne 34, *ajoutez* : Écartelé aux 1 et 4 : d'argent à l'arbre d'azur ; aux 2 et 3 : d'azur plein.

Page 135. BRINDEJONC, ligne 2, *ajoutez* : *Aliàs* : de gueules à trois quintefeuilles d'or, au chef d'argent chargé de trois brins de jonc infléchis de sinople.

Jean, originaire d'Irlande, marié vers 1550 à N. Urvoy, de la maison de la Ville-Oury, acquit la maison noble des Moulinais, paroisse du Quiou, et se fixa en Bretagne, où ses descendants se sont alliés aux Grignart de Champsavoy, Le Nepveu de Carfort et Le Moine de Talhouët.

Page 136. *Ajoutez* : BROSSAND (orig. du Poitou), sʳ de la Blanchétière, — de Juigné, par. d'Anetz, — de la Musse, par. de Bouguenais, — de la Noë, par. de Couëron,

TOME III. 31

— de Vallois, par. de Vigneux, — du Hallay, par. du Pallet, — de la Haye-Tessendeau, par. de Vallet.

D'azur au lion d'argent, chargé d'une fasce d'hermines.

Pierre, notaire royal à Mauléon en 1571 ; Jérôme, conseiller du Roi, épouse en 1686 Julie Le Bastard ; deux gendarmes de la garde du Roi (compagnies rouges), et un officier au régiment de Soissonnais, depuis 1745.

Cette famille s'est alliée en Bretagne aux Pantin de la Guère, Fleuriot d'Omblepied et de Bruc.

Page 138. Bruc (de), ligne 13, au lieu de : *eques equorum,* lisez : *eques equitum.*

Page 139. Bruneau.

Ligne 34. *Ajoutez :* Michel, sr de la Gilletrie, maire d'Angers en 1651.

Page 140. Brunet.

Ligne 16. *Ajoutez :* Guy, capitaine d'une compagnie d'arquebusiers, tué à la bataille de Dreux en 1562.

Page 140. Brunnes.

Ligne 22. *Ajoutez :* Un abbé de Beaulieu en 1749, évêque de Saint-Omer en 1754.

Page 143. *Ajoutez :* Burel, sr du Boisjoly et de la Fresnaye, par. de Saint-Dolay, — du Vauguérin, par. de Saint-Aubin-des-Châteaux, — du Vergier, par. d'Ancenis.

Réf. de 1427 à 1448, dites par., év. de Nantes.

Page 145. *Ajoutez :* Buttay (du), sr dudit lieu, par. de la Chapelle-Basse-Mer, — de la Roche, par. de Couffé, — des Houmeaux, par. de Mouzeil, — de la Lohérie, par. de Petit-Mars, — de la Herpinière, par. des Touches, — de la Seneschalais, par. de Saint-Etienne-de-Mont-Luc, — du Bec, par. d'Arthon.

Jean, archer de la garde de Clisson en 1464, compris dans le béguin du Duc en 1488. La branche aînée fondue dans Saint-Aubin.

Page 144. *Ajoutez :* Burin (orig. de Paris), sr de Ricquebourg, — de la Neuville.

D'azur à la bande d'argent, côtoyée de deux fleurs de souci d'or. (La Ch. des B.)

Robin, secrétaire du Roi en 1654 ; François, commandant des villes de Port-Louis, Lorient, Hennebont, Pontscorff et Quimperlé, obtint par lettres de 1743 l'érection en fief, sous le nom de Burin-Ricquebourg, des landes de la paroisse de Riantec.

Page 147. *Ajoutez :* Cadeville (de), *voyez* Ameline.

Page 156. Cappel.

Ligne 5. *Ajoutez :* Porte trois fleurs de lys au pied nourri, surmontées d'un lambel.

Page 157. Carcouët (de), au lieu de : *voyez* Bureau, *lisez* Burot.

Page 160. Carné (de).

Ligne 16. *Ajoutez :* Deux gouverneurs de Quimper en 1600 et 1634.

Page 166. Cazet, *ajoutez :* Aliàs : Casset, *à transposer* page 165.

Page 171. Champion, 2e article, *ajoutez :* sr de Runello.

Page 171. Champs (des), 2e article, *au lieu de :* sr du Méril, *lisez :* de Richemont, — de la Guitterie, — du Méry.

Ligne 40. *Ajoutez :* D'argent à deux lions affrontés de gueules.

Adam, notaire au Châtelet de Paris en 1424 ; Adam, président de l'élection du Mans en 1566, marié à Marie Le Bouc, trisaïeul de René, auditeur des comptes de Nantes en 1732 ; ce dernier père d'un trésorier de France à Alençon en 1769, et d'un conseiller aux aides de Rouen en 1783.

Page 171. *Ajoutez* : CHAMPS (DES), par. de la Bouëxière, év. de Rennes.

De gueules à la fasce d'argent, accomp. de trois croix ancrées de même ; au chef d'or chargé d'un croissant d'azur.

Un colonel d'infanterie, créé chevalier par lettres de 1818.

Page 171. *Ajoutez* : CHAMPSAVOY (DE), *voyez* GRIGNART.

Page 172. *Ajoutez* : CHANTEGRUE, s^r de Trans, par. de ce nom, év. de Rennes.

D'argent à une grue de sable (arm. de l'Ars.)

Thomas, écuyer dans une montre de 1380 ; Jeanne, dame de Trans, épouse en 1377 Guillaume du Boisbaudry.

Page 174. CHAPELLE (DE LA), 2e article.

Ligne 13, *après* : Olivier, grand maréchal de Bretagne en 1318, *ajoutez* : Olivier, fils du précédent, épouse Marie de Derval, dont : 1° Olivier, marié en 1412 à Alliette, dame de Molac, qui a continué la branche aînée ; 2° Guillaume, auteur des sieurs de Syon et de la Rochegiffart, qui suivent.

Page 174. CHAPELLE (DE LA), 3e article, *au lieu de* : S^r dudit lieu, par. de Syon, *lisez* : (Ramage des précédents), s^r de Syon, *et ajoutez* : Vicomte de Plédran et s^r de la Villehélio, par. de Plédran, — de Limoëlan, par. de Sévignac.

Ligne 24. Après les armes, *ajoutez* : (G. le B.) ; *alias* : écartelé aux 1 et 4 : de gueules à la fasce d'hermines, au lambel d'or ; aux 1 et 3 : *de Plédran*.

La branche de la Roche-Giffart fondue en 1680 dans du Bouays de Méneuf.

Page 175. CHAPPEDELAINE, *ajoutez* : s^r du Rocher et de Clinchamp, en Normandie, — de la Recolaye, — de Loraille, d'Isles, d'Emmenard et de la Guiberdière, au Maine, de Pémeigné et du Breil, par. de Landéhen, — des Salles, — de la Falaise, — de Laumosne.

Ligne 4. *Au lieu de* : maint. à l'intend. en 1699, *lisez* : à l'intend. de Tours et de Bretagne de 1667 à 1716.

Ligne 8. Après les secondes armes, *ajoutez* (sceau 1436). Devise : *A jamais, à jamais*.

Jean, vivant en 1340, père de Guillaume, époux en 1383 de Jeanne Catehoulle, dame de Clinchamp, dont : Pierre, rebelle au roi Henri V d'Angleterre en 1419, marié en 1427 à Laurence de Billy, auteur de toutes les branches de cette famille.

Page 176. CHARET ou CHAREY.

Ajoutez : d'argent à trois pals de gueules (arm. 1696).

Page 177. CHARIL, 2e article, *au lieu de* : s^r de la barre, *lisez* : de la Barre.

Page 183. CHATEAUBRIAND (DE).

Ligne 33. *Effacez* : Un volontaire pontifical à Castel-Fidardo en 1860. (Le nom patronymique de ce volontaire est Vanbredenbeck.)

Page 187. CHAUFF (LE), 2e article.

Ligne 12. *Ajoutez* : Guillaume, de la paroisse de Plœuc, anobli en 1461.

Page 193. *Ajoutez* : CHEVASNERIE (DE LA), *voyez* : LIBAULT.

Page 197. CHOMART.

Ligne 29. *Au lieu de* : deux gantelets d'argent accomp. de deux molettes de gueules, *lisez* : deux molettes et deux gantelets d'argent, rangés une molette et un gantelet.

Page 197. *Ajoutez* : CHOTARD (orig. d'Anjou), s^r de la Loyenne, — de la Louërie, par. de Donges, év. de Nantes.

D'or à la croix ancrée de sable.

Plusieurs intendants généraux des ducs de Montmorency et prince de Condé en Bretagne, Anjou, Touraine et Poitou; un maître des comptes en 1745 qui obtint ses lettres d'honneur en 1776.

Fondu dans Blanchard, marquis de la Musse.

Page 200. CILLART.

Ligne 24. *Ajoutez* : Jean, écuyer d'écurie de Louis d'Anjou, roi de Sicile, reçoit de ce prince promesse de 11025 florins d'or, en payement de ses gages et de ceux de trente lances de sa retenue, qu'il commandait au recouvrement du royaume de Sicile en 1384.

Page 201. *Ajoutez* : CLARTIÈRE (DE LA), s^r dudit lieu, par. de Sainte-Croix de Machecoul, — de la Garnaudière, par. de Fresnay.

Réf. 1455, par. de Machecoul, év. de Nantes.

Jean, écuyer dans une montre reçue par Foulques de Laval en 1356.

Thébaud, capitaine d'une compagnie d'ordonnance en 1421 et maître d'hôtel du Duc en 1437. Fondu dans Grimaud.

Page 203. *Ajoutez* : CLERMONT (DE) (orig. du Dauphiné), duc de Clermont-Tonnerre, — marquis de Montoison et de Mont-Saint-Jean, pairs de France.

De gueules à deux clefs d'argent en sautoir. Devise : *Si omnes ego non.*

Claude-Catherine, baronne de Retz par donation de Jean d'Annebaud, son premier mari, porta en 1562 cette seigneurie au maréchal Albert de Gondy, avec lequel elle convola; Charles, abbé de Saint-Gildas-de-Rhuys en 1617, † 1626; Marie-Charlotte épouse en 1738, Hyacinthe-Cajetan, comte de Lannion, lieutenant-général.

Page 207. COËTANEZRE (DE).

Ligne 18. *Ajoutez* : Jean, procureur général en 1451; la branche aînée fondue dans Bérien, puis Quélen-Vieuxchatel; la branche de Lezergué fondue en 1532 dans Autret; Anne, dernière du nom, fille de Vincent, s^r de Pratmaria et d'Anne du Mescouëz hérita collatéralement en 1606, de Troïlus du Mescouëz, marquis de la Roche, son oncle, et porta ses biens à Charles de Kernezne, vicomte du Curru qu'elle avait épousé en 1595.

Page 212. COËTLOGON (DE).

Ligne 36. *Au lieu de* : Louis, s^r de la Gaudinaye, *lisez* : Guy, conseiller au parlement, époux de Louise Gatechair, dont : Charles-Élisabeth, s^r de Romilli, marié en 1722 à Marie-Françoise Veteris, noble vénitienne.

Page 220. *Ajoutez* : COLINIÈRE (DE LA), par. de Doulon, év. de Nantes, baronnie en 1776 en faveur de Louis-François Charette, *voyez* : CHARETTE.

Page 220. COLLAS, ligne 26, autre devise : *Capiam aut mergor.*

Page 220. COLLOMBEL, *lisez* : COLLOBEL.

Page 227. *Ajoutez* : COQUEBERT (orig. de Champagne), s^r de Crouy, — de Montbret, — de Touly.

De gueules à trois coqs d'or.

Oudart, secrétaire du Roi à la grande chancellerie en 1576; cinq conseillers au parlement de Metz depuis 1668; un secrétaire du Roi, président en l'élection de Rheims, † 1681.

Une branche établie en Bretagne, a donné depuis 1723, plusieurs officiers à la milice de Nantes.

Page 227. CORBIÈRE (DE LA), ligne 13, *au lieu de* : Vaulogé, *lisez* : Mortelève.

Ligne 19. *Au lieu de :* La branche aînée fondue dans Quatrebarbes, *lisez :* dans Bouillé, puis Cervon et en 1606 Quatrebarbes.

Ligne 20. *Effacez :* La branche de Vaulogé fondue en 1802 dans Picot et *ajoutez :* La branche de Vahais fondue en 1853 dans Chabot de Thénies.

Page 230. CORNULIER.

Ligne 43, *ajoutez :* Sept capitaines du comté nantais depuis 1657; trois lieutenants des maréchaux de France audit comté; deux chevaliers de Saint-Lazare en 1681 et 1723; huit chevaliers de Saint-Louis et un commandant des chasseurs à pied de la garde, tué sur la brèche à l'assaut de Sébastopol en 1855.

Page 232. *Ajoutez :* CORREC (DE), *voyez :* COGNETS (DES).

Page 237. COUËSHY (DE), *lisez :* COUËSBY (DE).

Page 238. COUËTUS (DE).

Ligne 18. *Après :* Un page de la reine en 1760, *ajoutez :* général commandant en second l'armée de Charette, fusillé à Challans en 1795.

Page 239. *Ajoutez :* COUPLIÈRE, s^r de Quénar, par. de Sévignac, — de Brangolo, par. de Broons.

Réf. et montres de 1428 à 1513, dites par., év. de Saint-Malo.

Raoul, au nombre des défenseurs de Dinan, assiégé par les Français en 1488, épouse Marguerite du Chastellier, veuve de Gilles de Kersaliou, s^r de Limouëlan, dont : Robert, père d'Olivier, marié en 1516 à Cyprienne de Trécesson; Françoise, fille des précédents, en procès avec le s^r du Plessis-Gautron en 1546.

Page 241. COURSON.

Ligne 19. *Ajoutez :* un général de brigade en 1861.

Page 242. *Ajoutez :* COURTOEUVRE (DE) (orig. de Normandie, y maint. en 1667), s^r de Boischevreuil, — de la Bigottière, — de Bocandrey.

D'argent à cinq fusées de gueules rangées en fasce (états 1754).

Un garde-corps et un mousquetaire de la garde du Roi de 1738 à 1775.

Page 245. CRESPIN, 1er article.

Ligne 30. *Au lieu de :* fondu dans Contades, *lisez :* une branche fondue dans Contades en 1697; une autre branche transplantée dans l'Orléanais, y a été maintenue en 1668.

Page 247. CRESPEL, *ajoutez :* (orig. de Bruxelles).

Ligne 25. *Ajoutez :* Jean, établi à Nantes en 1591, naturalisé en 1611.

Page 248. *Ajoutez :* CROIZIL (DU), s^r d'Ardennes et de la Jolleterie, par. de Sainte-Pazanne, — de la Salle, par. de Fresnay, — de Château-Thébaud, par. de ce nom, — du Plessis-Guéry, par. de Monnières.

Réf. de 1429 à 1442, par. de Sainte-Pazanne et Fresnay, év. de Nantes.

Jean, écuyer dans une montre de 1346. Fondu en 1516 dans Foucher.

Page 258. DEIN, *transposez* les armes de la ligne 11 à la ligne 13.

Page 265. DIGAULTRAY, ligne 8, *au lieu de* : Lanrias, *lisez* : Lanveac.

Page 269. *Ajoutez* : DONNEAU, s^r de Visé.

D'azur au chevron d'or, accompagné de trois annelets de même (états 1761).

Un historiographe du Roi, créateur en 1672 du journal le *Mercure de France*; un lieutenant-général des armées du Roi en 1762.

Page 272. *Ajoutez* : DOUSSAULT, par. de Princé, év. de Rennes.

De sinople au chevron d'or, surmonté d'une épée d'argent en pal, accostée de deux molettes d'or, et accomp. en pointe d'une tige de lys d'argent.

Un receveur des domaines, créé chevalier par lettres de 1816.

Page 272. *Ajoutez* : DOUVRIER, *voyez* OUVRIER (D').

Page 274. *Ajoutez* : DRIEUX (DES), *voyez* ESDRIEUX (D').

Page 275. DROUALLEN, *ajoutez* : s^r dudit lieu, par. de Paule, réf. de 1426.

Ligne 14. *Ajoutez* : La branche aînée fondue dans Penpoullou.

Page 282. ENFANT-DIEU (L'), *voyez aussi* LENFANT-DIEU, tome II, page 88.

Page 285. ESDRIEUX (D'), *ajoutez* : ou DRIEUX (DES), s^r dudit lieu, par. de Conquereuil, év. de Nantes.

Ligne 38. *Ajoutez* : La branche aînée fondue en 1450 dans de Bruc.

Page 290. ESTIENNE, 1er article, *au lieu de* : s^r de Kermez, *lisez* : s^r de Kermez et de Kerbridou, par. de Pommerit-Jaudy.

Réf. et montres de 1481 à 1543, dite par., év. de Tréguier.

Page 293. *Ajoutez* : EVEN, év. de Rennes.

D'or à l'ancre de gueules en pal, chargée d'un chevron de sinople, à la bordure de gueules.

Un commissaire général de la marine, créé chevalier par lettres de 1815.

Page 296. FALLOUX.

Ligne 15. *Ajoutez* : Michel, maire d'Angers en 1741; un colonel d'infanterie, lieutenant des gardes suisses du comte d'Artois en 1788.

Page 297. FAUCHER (orig. du Comtat-d'Avignon), *au lieu de* : s^r de la Guichardière, — de Montfort, *lisez* : s^r des Nouettes, par. de Bréal-sous-Montfort.

Ligne 38. *Substituez aux armes les suivantes* : d'azur à trois bandes d'or, au chef d'argent chargé de trois mouchetures de sable (arm. 1696). Devise : *Sans crainte*.

Antoine, époux en 1519 de Catherine de Réciis, bisaïeul de Jean-Baptiste, viguier de Pont-Saint-Esprit, marié en 1636 à Suzanne Ripert, dont 1° Jean-François, auteur d'une branche maintenue à l'intendance de Languedoc en 1697, qui a produit un lieutenant-général des armées navales en 1786; 2° Louis, lieutenant de cavalerie en 1674, marié à Ursule Hubert de la Hayrie, dont la postérité s'est fondue dans les d'Andigné de Beauregard.

Page 298. *Ajoutez* : FAUCHEUR (LE), s^r de la Guichardière, par. de Cornillé, év. de Rennes.

Tiercé en fasce, au 1 : de sinople, au 2 : d'or, au 3 : d'azur; le premier chargé de trois chausses-trappes d'argent, le deuxième de trois molettes de sable et le troisième de trois annelets d'or.

Jacques et Guy, de la ville de Vitré, poursuivis comme ligueurs en 1590.

Page 298. FAUCHEUX (LE).

Ligne 13. *Supprimez* : Jacques et Guy, de la ville de Vitré, poursuivis comme ligueurs en 1590.

Page 302. *Ajoutez* : FERCÉ (DE), s^r de la Chopinière, du Boisgerbaud et de la Guénuère, par. de Soudan, — de la Sablonnière, par. d'Auverné.

Réf. de 1446 à 1478, dites par., év. de Nantes.

Fondu dans le Voyer.

Page 305. FEUDÉ.

Ligne 29. *Ajoutez :* un secrétaire du Roi en 1723.

Page 309. FLOYD.

Ligne 35. Devise, *au lieu de* : *Furia,* lisez : *Invia virtuti nulla.*

Page 316. FORSANZ (DE).

Ligne 30. *Au lieu de* : 1817, *lisez* : 1781.

Page 317. FOU (DU), ligne 27. *Ajoutez* : devise : *Dieu, l'honneur.*

La branche de la Roche-Guézennec fondue en 1584 dans Kervéno, puis Bourbon-Malause.

Page 317. *Ajoutez* : FOUAYS (DE LA), s^r dudit lieu, par. de Missillac, — de Bois-au-Voyer, — de Foueznart, par. de Château-Thébaud, — de Piedpain, par. de Saint-Philbert.

Réf. de 1427, par. de Missillac. év. de Nantes.

D'argent à deux fasces de gueules.

Etienne, épouse avant 1575 Françoise Gaignard.

Page 318. *Ajoutez* : FOUCAULT (orig. d'Orléans), établi à Nantes.

D'argent à la fasce de gueules chargée de deux étoiles d'argent, et accomp. en pointe de deux coquilles d'or. *Voyez* FOUCAULT, 3e article.

Deux maires d'Orléans en 1611 et 1643.

Page 320. *Ajoutez* : FOUQUET (orig. d'Anjou), s^r de la Varenne, — baron de Sainte-Suzanne.

De gueules au lévrier rampant d'argent, colleté d'azur semé de fleurs de lys d'or.

Guillaume, écuyer de cuisine de Catherine de Bourbon, duchesse de Lorraine et de Bar, chevalier de l'ordre, au combat de Fontaine-Française en 1593, anobli en 1598, fut reçu maître des comptes de Nantes en 1601, puis contrôleur général des postes et conseiller d'état en 1606; Guillaume, évêque d'Angers en 1616; Catherine, épouse en 1609 Claude de Bretagne, comte de Vertus; un maréchal de camp en 1649.

Page 326. FRESNAIS.

Ligne 19. *Ajoutez :* René, s^r de la Richardais, avocat en parlement, sénéchal de la Motte-Glain en 1730, marié à Catherine-Bonaventure Bautrais, père d'un maire et député de Châteaubriant aux Etats de 1778, et aïeul d'un chef de division de l'armée vendéenne, décapité en 1794.

Nous ignorons si les s^{rs} de Lorgeray, paroisse de Joué, du nom de Fresnais, appartenaient à la même famille.

Page 328. FRIGAT. Ligne 24, *supprimez* : des Oumeaux ; ligne 26, *ajoutez* : *voyez* FÉRIGAT.

Page 330. FROTTÉ.
Ligne 12. *Ajoutez :* un célèbre chef royaliste en Basse-Normandie, fusillé en 1800.

Page 330. *Ajoutez* : FROULAY (DE) (orig. du Maine), s^r dudit lieu, — comte de Tessé, — marquis de Lavardin, — s^r de Montflaux, — châtelain des Clos, par. de Plénée-Jugon.
D'argent au sautoir de gueules, engreslé de sable (états 1746).
Guillaume, marié à Marguerite le Sénéchal, tué à la bataille de Castillon en 1453; René, comte de Tessé, maréchal de France en 1703, général des galères, chevalier des ordres du Roi et grand d'Espagne, † 1725; Charles-François, lieutenant-général en 1738, épouse en 1713 Marie-Anne Sauvaget, dame des Clos. (Fondu dans Créquy.)

Page 335. GAILLARD, 1er article.
Ligne 3. *Après* : Alain, conseiller à l'amirauté de Saint-Malo, *ajoutez* : secrétaire du Roi en 1709.

Page 336. GALL (LE), 5e article.
Ligne 35. *Ajoutez :* Deux scelleurs chauffe-cire à la chancellerie de Rennes en 1714 et 1725, *et les effacer à l'article suivant.*

Page 338. *Ajoutez* : GALLOIS (orig. de Provence), s^r de la Tour, — vicomte de Glené.
De sable au sautoir d'or. (La Ch. des B.)
Un intendant de Bretagne en 1728.

Page 341. GARJAN, *ajoutez* : ou GARGIAN.

Page 344. GASTINAIRE (DE). *Au lieu de* : orig. de Poitou, *lisez* : du Piémont, maint. en Poitou. *Ajoutez* : Devise : *Vincendum aut moriendum.*
Ligne 27. *Au lieu de* : César-Arborio, *lisez* : César Arborio, s^r de Gastinara.
Le nom ancien de cette famille est Arborio.

Page 351. *Ajoutez* : GENCIEN (orig. d'Anjou), marquis d'Erigné en 1687.
D'argent à trois fasces vivrées de gueules, à la bande d'azur semée de fleurs de lys d'or. (La Ch. des B.)
Jean, trésorier de France et général des monnaies, époux de Jeanne Baillet, père et mère d'Oudard, conseiller au parlement de Paris, massacré par les Bourguignons en 1418; Joachim, maître des comptes de Nantes en 1682.

Page 351. GELLÉE.
Ligne 23. *Ajoutez* : Un secrétaire du Roi en 1731; deux maires de Nantes en 1754 et 1776.

Page 352. GENTIL (LE), 1er article, *au lieu de* : Sr du Poul, *lisez* : de Pontlez, *et ajoutez* : de Barvédet, par. de Ploëven.
Ligne 19. *Ajoutez :* Anne, fille d'honneur de la reine Anne, reçoit de cette princesse en 1507 2,000 livres, en faveur de son mariage avec Charles d'O, s^r de Maillebois, chambellan et gouverneur de Caen.

Page 354. GESLIN, 3e article.
Ligne 28. *Ajoutez* : d'azur au vaisseau d'argent, voguant sur une mer de même.

Page 362. GOAZRE (LE).

Ligne 35. *Ajoutez aux armes* : *Aliàs* : cantonnée de quatre molettes de sable.

Yvon, archer de la retenue de Charles de Tréanna, à la montre générale de Cornouailles, reçue en 1481, père de M⁰ Guillaume, marié vers 1520 à Catherine le Guével ; un député de Quimper aux États de 1774 et 1776. Cette famille était en instance au parlement en 1789 pour obtenir une maintenue de noblesse.

Page 366. GOHEAU.

Ligne. 2 *Ajoutez aux armes* : *Aliàs* : d'argent à la fasce de gueules, accomp. de trois trèfles de même.

Page 376. *Ajoutez* : GOUY, sʳ de Langle, par. de Sainte-Pazanne, — du Branday, par. de Brains, — de la Petite-Aubrais, par. de Sainte-Croix de Machecoul, — de la Noë-Pourceau et de la Pichefolière, par. de Saint-Mesme.

Réf. de 1443 à 1455, dites par., év. de Nantes.

Page 385. GRIL (LE).

Ligne 25. *Ajoutez* : Un maître des comptes en 1714.

Page 394. GUERCHE (DE LA), 1ᵉʳ article.

Ligne 10. *Ajoutez* : Thibaud, évêque de Dol, † 1301.

Page 400. *Ajoutez* : GUICHARD, *voyez* GUISCHARD.

Page 401. GUIHART, 1ᵉʳ article, *supprimez les lignes 19 et 20, et voyez* GUYARD.

Page 402. GUILLARD, 1ᵉʳ article, *ajoutez* : Sʳ de la Villedel, par. de Sérent.

Page 402. GUILLARD, 3ᵉ article, *supprimez* : Sʳ de la Villedel.

Page 406. GUILLOTOU.

Ligne 38. *Ajoutez* : Un lieutenant au régiment de Ponthieu en 1748, puis capitaine au régiment de Provence et chevalier de Saint-Louis, blessé à la bataille de Tolback en 1757, tué à Quiberon en 1795.

Page 410. GUICHARD, *ajoutez* : ou GUISCHARD.

Page 411. GUYARD, sʳ de Sorbay; *au lieu de* : Par. de Besné, *lisez* : de Héric, et *ajoutez* : — de la Savinais, par. de Besné.

Ligne 39. *Ajoutez* : Louis, capitaine au régiment d'Enghien en 1668.

Page 412. *Ajoutez* : GUYMAR, *voyez* GUIMAR.

Page 420. HARSCOUËT, 1ᵉʳ article, ligne 22, *au lieu de* : Par. de Saint-Quay, *lisez* : de Plouha.

Page 422. HAUTBOIS (DU), 1ᵉʳ article, *ajoutez* : Sʳ dudit lieu, par. de Saint-Jacques-de-la-Lande.

Page 422. HAY (orig. d'Irlande), *ajoutez* : Sʳ de Hill, — de la Rairie.

Ligne 29. *Ajoutez* : Guillaume, fils de Jacques et d'Anne Whitte, s'établit à Saint-Malo en 1698, et épousa Sophie Butler.

Cette famille, alliée aux de Monti, Libault et Soussay, a produit depuis 1775 un lieutenant des maréchaux de France à Saint-Brieuc, un gentilhomme de la chambre de Monsieur, et des officiers aux régiments de Walsh, Chasseur-des-Alpes et Royal-Champagne, chevaliers de Saint-Louis.

Page 425. HAYE (DE LA), 7ᵉ article, *ajoutez* : (orig. de Paris).

Ligne 36. *Au lieu de* : licorne, *lisez* : tête de licorne.

Ligne 37. *Ajoutez* : François, secrétaire du Roi à la grande chancellerie en 1588, aïeul de Louis-Gérard, anobli en 1697.

Page 426. HEAULME (DU), *supprimez* : (DU), sʳ dudit lieu, par. de Dingé.

Ligne 17. *Au lieu de* : Réf. et montres de 1429 à 1513, par. de Dingé, *lisez* : Réf. de 1429 à 1443, par. de Saint-Père-en-Retz, etc.

Page 429. *Ajoutez* : HENLEIX (DE), sʳ dudit lieu, par. de Saint-Nazaire, — de Chezine, par. de Chantenay, — de la Lardrère, par. de Remouillé.

Réf. de 1426 à 1428, par. de Saint-Nazaire et Chantenay, év. de Nantes.

Fondu en 1558 dans la Lande dit de Machecoul.

Page 443. HUET, 2ᵉ article, *ajoutez* : (orig. d'Angleterre), sʳ du Collet, par. de Bourg-des-Moutiers, — de Loyaulx, par. de Fresnay, — de Livresac et de la Villefougeré, par. de Nozay, — de Bédaudu, par. de Vay, — de la Bellière, par. de Puceul, — de la Torche, par. de Saint-Jean-de-Béré.

Réf. de 1428 à 1454, par. de Nozay et Vay, év. de Nantes.

Ligne 22. *Au lieu de* : trois bandes, *lisez* : deux bandes chargées de coquilles, et *ajoutez* : Aliàs : de molettes (sceau 1365).

Gautier, chevalier anglais de l'armée de Jean Chandos, en Bretagne, puis capitaine des grandes compagnies avec du Guesclin en Espagne en 1367, gratifié par le Duc, des seigneuries du Collet et de Loyaulx.

Page 451. JALLET, *au lieu de* : sʳ de la Terrouillère, *lisez* : de la Verrouillère.

Ligne 37. *Ajoutez* : Deux maires d'Angers en 1715 et 1738.

Page 452. JAMET. *ajoutez* : sʳ de Vézin et du Planty, par. de Marcillé-Robert.

D'argent au sapin arraché de sinople.

Page 455. JARRIEL ou JARIEL (LE) ; *au lieu de* : sʳ de la Habaudière, *lisez* : de la Hubaudière, et *ajoutez* : de la Haussière, — des Chatelets, — des Touches.

Ligne 7. *Ajoutez* : Jacques, sʳ de Fontenay, époux en 1525 d'Anne Turpin, père et mère de : 1º Robert, député de Fougères aux États en 1554, père d'Hélène, etc. ; 2º Léonard, auteur des sʳˢ des Touches, qui ont produit un lieutenant au bailliage d'Ernée en 1651, deux procureurs au grenier à sel d'Ernée, depuis 1694, et un conseiller à la barre ducale de Mayenne en 1766.

Page 455. *Ajoutez* : JAY ou GEAY (LE) (orig. de Poitou), sʳ de la Gestière, — de la Coutaudière, — du Pré, — de Kerdaniel.

D'or au chevron de gueules, accomp. en chef d'un geai au naturel (*aliàs* : d'un aiglon de sable) à dextre, d'un croissant d'azur à sénestre et d'un pin de sinople en pointe.

André, prévôt général de Poitou, anobli en 1608.
Une branche de cette famille s'est fondue dans Brion puis Kervéno.

Page 460. *Ajoutez* : JOSSE, év. de Saint-Malo.

D'azur à une fleur de lys d'argent, au chef échiqueté d'or et de gueules, *voyez* : MORINIÈRE (DE LA).

Hélène, épouse en 1560 Jean Rogier, sʳ de Pérouse, sénéchal de Ploërmel.

Page 462. JOUAULT, *ajoutez* : s' du Mesnil.
   Ligne 18. *Ajoutez :* Un avocat général aux comptes en 1700.

Page 466. JUHEL.
   Ajoutez : de gueules au croissant d'argent, au lambel de même.

Page 467. JUMELIÈRE (DE LA).
   Ligne 39. *Au lieu de* : chargées chacune, *lisez* : chargées.

TOME SECOND.

Page 4. *Ajoutez* : Kerambourg, par. de Landaul, év. de Vannes.
   Vicomté en 1553 pour Claude de Malestroit, possédée ensuite par les Montalais et les Robien.

Page 26. KERHOËNT (DE).
   Ligne 25. *Après* : marquis de Montoire en 1743, *ajoutez* : au Maine.

Page 36. KERMEL (DE).
   Ligne 27. *Au lieu de* : Ext., réf. 1669, huit gén., *lisez* : anc. ext., réf. 1669, neuf gén.
   Ligne 31. *Ajoutez :* Godefroi, chevalier, fondateur de la chapellenie de Sainte-Marguerite, dans l'église de Brélévénez en 1421 ; ligne 31, *au lieu de :* Isabelle, dame de Kergadaran, *lisez* : Marie de Coëtnévénoy ; un capitaine général garde-côtes de la capitainerie de Lannion, au combat de Saint-Cast en 1758.

Page 37. KERMENGUY (DE), 1ᵉʳ article.
   Ligne 33. *Au lieu de* : Plézou de Launay, *lisez* : Méance de Kerliviry.

Page 38. *Ajoutez :* KERMENGUY (DE), s' dudit lieu, par. de Ploumilliau.
   Réf. de 1445 à 1463, dite par., év. de Tréguier.
   Fascé d'hermines et de gueules, les fasces d'hermines chargées de six macles de gueules, 3. 2. 1.
   Moderne : Coëtléven puis Quemper.

Page 47. KERPOISSON (DE). *Ajoutez* : s' de Vaurumont, par. de Trans, év. de Rennes.
   Ligne 13. *Au lieu de* : Fondu dans Rohan-Pouldu, *lisez* : La branche aînée fondue en 1639 dans Rohan-Pouldu ; la branche de Kerfrézou fondue en 1680 dans Bonnier de la Coquerie ; la branche de Kerallan et de Vaurumont transplantée dans l'évêché de Saint-Brieuc, existe encore.

Page 50. KERSAINTGILLY (DE). *Ajoutez* : Devise : *Florent sicut lilium.*

Page 54. KERVASTARD (DE), *ajoutez* : s' de Kerengar, par. d'Elliant.
   Réf. 1426, par. d'Elliant, év. de Cornouailles.

Page 55. KERVÉNO (DE), 1ᵉʳ article, *ajoutez* : s' de la Roche-Guézennec, par. de Mur.
   Ligne 29. *Après* Charlotte, *ajoutez* : dame de la Roche-Guézennec.

Page 60. LAISNÉ, 3ᵉ article.
Ligne 21. *Ajoutez* : La branche de Lesquernec fondue en 1657 dans Nouël.

Page 61. *Ajoutez* : LALLEMAND, *voyez* : ALLEMAND (L').

Page 62. LAMBILLY (DE).
Ligne 26. *Ajoutez* : Jacques, homme d'armes de la garde du duc François II, tué au siége de Brest en 1489 et inhumé dans l'église du Folgoët; deux frères officiers aux gardes françaises, tués, l'un à la bataille de Dettingen en 1743, l'autre à la bataille de Fontenoy en 1745.

Page 76. *Ajoutez* : LAOUËNAN, *voyez* : LOUËNAN.

Page 77. LARD, *ajoutez* ou LART (LE), sʳ de Guerného, — de Poulného et de Kerdonic, par. de Merléac, — de Saint-Ermond, — de la Maisonneuve, — de la Chênaye et de la Forest, par. de Loudéac, — de Kerguichet et de Kerlouis, par. de Corlay.
Ligne 27. *Après* Perrot, *ajoutez* : sergent féodé de Corlay, marié à Françoise de Molac, employé à la réformation de 1426, paroisse de Saint-Léon; ligne 28, *après* dame du Roz, *ajoutez* : père et mère 1º d'Yvonnet, sʳ de Guerného dont les descendants ont été maintenus à l'intendance en 1701 et au conseil en 1728; 2º d'Olivier, auteur des sʳˢ du Roz.

Page 93. LESLAY (DU), *ajoutez* : sʳ dudit lieu, par. de Lesbin-Pontscorff.

Page 94. LESNÉRAC (DE), *ajoutez* : sʳ de Locmaria, par. de Plœmel.
La branche de Locmaria fondue dans Trévégat.

Page 99. LEZILDRY (DE).
Ligne 28. *Ajoutez* : Fondu en 1703 dans Trécesson.

Page 101. LIAYS, *effacez cet article répété à* LYAIS.

Page 112. *Ajoutez* : LOQUET (DU), sʳ des Touches, par. de Guer.
Réf. et montres de 1426 à 1513, dite par., év. de Saint-Malo.
Porte une fasce chargée de trois merlettes et accomp. de trois croisettes, 2. 1.
Jean, sergent d'armes du duc Jean IV, épouse en 1387 Tiphaine du Pont, dame des Touches, veuve de Jean Bouchard; Jean et Nicolas, abbés de la Croix-Saint-Leufroy, au diocèse d'Évreux, en 1404 et 1411.
Fondu au XVIIᵉ siècle dans Porcaro, d'où la seigneurie des Touches a appartenu successivement aux Téhillac, la Touche-Limousinière et Prévost de la Voltais.

Page 121. LYAIS, *ajoutez* : ou LIAYS, sʳ de Launay.
Ligne 16. Jean, sénéchal de Fougères en 1612.

Page 130. MAISTRE (LE), 1ᵉʳ article.
Ligne 25. *Au lieu de* : Abbé de Chézy, au diocèse de Soissons, *lisez* : de Chery, au diocèse de Rheims.

Page 132. MALHERBE, *ajoutez* : Sʳ de la Moricière, par. d'Argentré, — du Plessis.
Ligne 37. *Ajoutez* : *Aliàs* : d'hermines à trois roses de gueules.
Olivier, sʳ de la Moricière, acquéreur en 1555 d'un hébergement sis paroisse d'Argentré, père de Macé, marié à Olive Jolays; Jacques, petit-fils des précédents, épouse en 1640 Jeanne de Montalembert.
Les sʳˢ de Malicorne, en Normandie, de même nom et armes, maintenus à l'intendance d'Alençon en 1666, ont produit le poète Malherbe, † 1628.

Page 136. MARCHAND (LE), 2ᵉ article, *supprimez* : Sʳ du Quélennec, par. de Maure, — d'Espinay.

Ligne 38. *Supprimez* : Deux conseillers au présidial de Rennes depuis 1664.

Page 136. *Ajoutez* : MARCHAND (LE), sʳ de l'Espinay, — du Quélennec, par. de Maure.

Déb. réf. 1669, réss. de Rennes et Ploërmel.

D'argent à un arbre d'aubépine arraché de sinople.

Deux conseillers au présidial de Rennes depuis 1664.

Page 143. MARION, 5ᵉ article.

Ligne 28. *Au lieu de* : Mais nous ne savons s'il appartenait, *lisez* : lequel appartenait.

Page 147. MARTIN, 2ᵉ article, *ajoutez* : Baron de Laubardemont, — comte de Marcellus en 1742.

Ligne 8. *Après* : Abbé de Paimpont, † 1624, *ajoutez* : frère de Jean, juge d'Urbain Grandier en 1634 et de Cinq-Mars en 1642.

Page 149. *Ajoutez* : MASNE (LE) (orig. d'Orléans).

D'or à deux pins arrachés de sinople.

Louis, maire d'Orléans en 1573 et 1578.

Page 152. MAUGER, *substituez à cet article le suivant* : (Orig. de Normandie), sʳ du Pordo., par. d'Avessac, év. de Nantes.

D'argent à la croix de gueules, cantonnée aux 1 et 4 de deux chevrons de sable, aux 2 et 3 d'un lion de même.

Guillaume, anobli en 1773, frère de Laurens, capitaine de dragons, anobli en 1779.

Les sʳˢ du Bosc et de la Maugerie, de même nom et armes, furent maintenus en 1666, élection de Coutances.

Page 162. MERCERON.

Ajoutez : Louis, maître des comptes en 1572.

Page 167. *Ajoutez* : MESLÉART, sʳ du Boisrouaud, par. d'Arthon, — de la Galiotière, par. de Port-Saint-Père, — de Limur, par. de Saint-Père-en-Retz.

Eon, archer dans une montre de 1356; Jean, chevalier, au nombre des nobles de la baronnie de Retz qui prêtent serment au duc en 1383.

Fondu au XVᵉ siècle dans la Lohérie.

Page 170. MEUR (LE), 3ᵉ article.

Ligne 22. *Ajoutez* : Maurice, vivant en 1481, épouse Marie de Kercabin, dont : Guillaume, marié à Marguerite Hémery.

Page 172. MICHIEL, 2ᵉ article, *ajoutez* : Sʳ du Prat, — de la Hardière.

Page 173, ligne 3. *Ajoutez* : Jean et Catherine de l'Hôpital, sa compagne, vivaient en 1400.

Page 173. MICHIEL, *ajoutez* : ou MICHEL ; *effacez* : sʳ de la Hardière.

Ligne 14. *Ajoutez* : Un capitaine aux dragons de Monsieur en 1788.

Page 180. MOISAN.

Ligne 39. *Ajoutez* : Guillemot, ratifie le traité de Guérande à Lamballe en 1381.

Page 183. *Ajoutez* : Monnouël (de), sʳ dudit lieu, par. de Conquereuil, — de Bohalart, par. de Puceul, — de Cran, par. de Vay, — de Beaujonnet, par. de Nozay, — de la Babinais, par. de Savenay, — de la Lande, par. de Saffré.

Réf. de 1427 à 1448, dites par., év. de Nantes.

Guillaume, écuyer du Duc en 1435.

Page 183. *Ajoutez* : Monniès (le) (orig. de Languedoc. diocèse de Lombez), sʳ de Sagazan, — de Plagnolle.

De gueules à trois bandes (*aliàs* : barres) d'or, au chef d'azur chargé de trois étoiles d'or.

De François, époux en 1684 de Jeanne Courtis, issut : Etienne, avocat en parlement, marié en 1712 à Marie-Anne de Gargas, dont : François, officier au régiment de Guyenne (infanterie) en 1744, blessé aux siége et batailles de Fribourg, de Rocoux et de Rosbach, chevalier de Saint-Louis, puis capitaine commandant la lieutenante-colonelle, établi en Bretagne en 1773, où cette famille s'est alliée aux du Guiny, Kerguézec, Bellouan et la Noüe.

Page 185. Montaudouin.

Ligne 6. *Après* : Famille éteinte, *ajoutez* : en Bretagne, dont une branche est transplantée dans l'Orléanais.

Page 189. Monti (de), *ajoutez* : sʳ de la Carterie et de la Civelière, par. de Saint-Sébastien, — de Kermainguy, — de Bréafort, — de la Rousselière, par. de Vertou.

Ligne 26. *Au lieu de* : Monte, bisaïeul de Bernard, prieur de la Liberté en 1527 et conseiller de Cosme de Médicis en 1554, *lisez* : Monte, prieur de la Liberté en 1461 et 1467, aïeul de Mathieu, prieur de la Liberté en 1527, conseiller de Cosme de Médicis en 1554, marié à Constance Strozzi, sœur de Pierre, maréchal de France, et fille de Philippe et de Clarice de Médicis, tante de Catherine, reine de France, et nièce du pape Léon X.

De ce mariage issurent : Philippe, cardinal de Bologne et abbé de Saint-Gildas de Rhuis en 1540, et Bernard, établi en Bretagne, confirmé dans sa noblesse, etc.

Ligne 28. *Au lieu de* : Hélène du Verger, *lisez* : Renée Verge, fille de René, président aux comptes.

Page 189. *Ajoutez* : Montigné (de), sʳ dudit lieu, par. des Touches, — de la Martinière, par. de Ligné, — de la Motte-Saint-Georges et de Longlée, par. de Nort, — du Blotereau, par. de Doulon, — de la Haye, par. de Sainte-Luce.

Réf. et montres de 1425 à 1543, par. des Touches, Ligné et Sainte-Luce, év. de Nantes.

Page 191. Montoir, év. de Nantes, *lisez* : Montoire, au Maine.

Page 194. Morel, 2ᵉ article, *ajoutez* : sʳ du Grémil et du Vauguillaume, par. de Puceul.

Page 194. Morel, 3ᵉ article, *effacez* : sʳ du Grémil et du Vauguillaume, par. de Puceul.

Page 195. Moricaud, 2ᵉ article, *ajoutez* : sʳ de Beautour, par. de Vertou.

Rolland, sʳ de Beautour en 1556, père de Jacques établi en Provence en 1582 où il a fait souche.

Page 202. *Ajoutez* : Mouaire, *voyez* : Moayre.

Page 214. Noël ou Nouël, sʳ de Pillavoine, *ajoutez* : par. de Pordic, — de Penvern, par. de Plounez, — de Lesquernec, *au lieu de* : par. de Ploumagoër, *lisez* : Plounez, *et ajoutez* : de Kertanouarn, par. de Ploubaznalec, — de Kerangué, par. de Pleubihan.

Page 215. NOMPÈRE.
Devise : *Non impar virtuti fides.*

Page 226. OUTREMER (D').
Ligne 32, *ajoutez* : fascé, enté, ondé d'argent et d'azur (arm. 1696).

Page 229. PANETIER (LE), *ajoutez* : sr de Baillé.
Un auditeur des comptes en 1777.

Page 229. PALYS.
Ligne 27. *Ajoutez aux alliances de cette famille* : Guéhenneuc de Boishue.

Page 234. *Ajoutez* : PAROY (DE), *voyez* : GENTIL (LE).

Page 236. *Ajoutez* : PASQUAULT, sr du Laizo et de Tréveneuc, par. de Donges, — de la Jalle, par. de Nivillac, — de la Raterie, par. de Port-Saint-Père.
Réf. de 1426 à 1454, par. de Donges, év. de Nantes.
Jean, receveur de la vicomté de Donges, n'a rien payé de nuls desdits fouages et tient son hôtel du sr de Casso et lui en doibt deux sols trois deniers de rente, comme l'on dit ; et estoit la mère d'icelui Pasquault noble et fut fille d'Alliette de Tinténiac et est le dit Pasquault marié de présent o la fille d'Olivier de Saint-Pern, quelle est noble, et porte estat de damoiselle.

Page 236. *Ajoutez* : PASTOUREL, sr de la Gohardière, par. de Gorges, — de la Malorais, par. de Mouzeil, — du Plessis, par. de Joué, — de Liancé et du Plessis-Tourneuve, par. d'Orvault.
Françoise, épouse en 1515 Michel Scliczon, sr de Keralio ; autre Françoise, dame d'Orvault, épouse en 1537 Claude du Pé.

Page 237. *Ajoutez* : PAVILLON (DU), sr dudit lieu, de la Courtelinais et de la Rigaudière, par. de Moisdon, — de Lezé, par. d'Auverné.
Réf. de 1427 à 1478, dites par., év. de Nantes.
Jean, secrétaire du Duc en 1487.

Page 239. PÉGASSE.
Ligne 39. *Ajoutez* : Cette famille alliée aux Chaton de la Touche et aux Cléguennec a produit un maire et député de Quimperlé aux États de 1699 à 1716.

Page 254. PESCHART.
Ligne 4, *ajoutez* : de gueules à la bande d'or chargée de trois roses d'azur et acostée de quatre chouettes d'argent, 2. 2.

Page 258. *Ajoutez* : PICORY, sr de la Provoté, de la Hacheraie, de la Lande, de la Haie-Chérel et de la Haie-Eonnet, par. de Moisdon, — du Boishéraud, par. de Vallet.
Réf. de 1427 à 1478, par. de Moisdon, év. de Nantes.
Fondu au XVIe siècle dans Rouxel de la Galmelière.

Page 263. PINCÉ, *ajoutez* : (orig. d'Anjou).
Ligne 18. *Ajoutez* : Mathurin, maire d'Angers en 1494, anobli en 1506.

Page 266. Piveron.
  Ligne 23. *Ajoutez* : Ext., arrêt du parl. de 1752.
Page 267. Plantys (du), *ajoutez* : s^r de Langle-Casso, par. de Donges, — du Sillereau, par. de Sainte-Marie de Pornic.
Page 278. Poli.
  Ligne 19. *Ajoutez* : Un auditeur des comptes en 1726.
Page 296. *Au lieu de* : Presse (de la) (orig. d'Espagne), s^r de Ponce, *lisez* : Presle (de la), s^r de Poncé, — du Port-Boussinot et des Viesques, par. de Saint-Philbert, — de la Salmonnière, par. de Vertou.
Page 301. *Ajoutez* : Priou, s^r de la Gandonnière, par. de la Chapelle-sur-Erdre, — de la Planche-Miraud, par. de Saint-Aignan, — de Saint-Gilles, — de la Roussellière, par. de Frossay.
  Un échevin de Nantes en 1660; un secrétaire du Roi à la grande chancellerie en 1766.
Page 317. Raby, *ajoutez* : s^r de Kerseac'h.
  Ligne 19. *Ajoutez* : Un député de Brest aux États de 1742 ; un lieutenant de frégate en 1766.
Page 321. *Ajoutez* : Ramée (de la), s^r dudit lieu, par. de Vritz, — de la Guère, par. de Saint-Géréon, — de la Grée, de la Januraie et des Places, par. de Saint-Mars-du-Désert, — de la Gacherie, — de la Pommeraye, par. de Petit-Mars.
  Réf. 1448, par. de Vritz, év. de Nantes.
  La branche aînée fondue dans Lambert; la branche de la Guère fondue dans des Salles puis Pantin.
Page 321. *Ajoutez* : Rames (des), s^r du Buron, par. de Vigneux, — du Pont-de-Renac, — de Bléhéren, par. de Monnières, — du Breil, par. de la Haye-Fouassière, — des Cléons, par. de Haute-Goulaine, — de Laudigère et de la Pannière, par. de Vallet, — de la Manguitonnière, par. de Maisdon.
  Réf. de 1430 à 1441, par. de Haute-Goulaine et Vallet, év. de Nantes.
  Jean, s^r du Buron, vivant en 1430, épouse Jeanne de Rohan, dont : Marie, mariée 1° à Jean de Tréal, dont la postérité a transmis le Buron aux Sévigné en 1500; 2° à Christophe Chabot, s^r de Liré, gouverneur de Brest, † 1504.
Page 323. Raquet (du).
  Ligne 9. *Ajoutez* : Damien et Marie de Ponte, sa femme, naturalisés en Bretagne en 1653.
Page 327. Rehault, *ajoutez* : ou Rohault.
Page 332. *Ajoutez* : Ridellières (des), s^r dudit lieu, par. de Montebert, — de la Roche-Pontlouan, de Briacé, de la Giraudière et de la Grassionnière, par. du Loroux-Bottereau, — de la Haye, par. de la Haye-Fouassière, — de la Jarrie, par. de la Chapelle-Basse-Mer, — de la Potardière, par. de la Remaudière, — de la Verrie, par. de la Chapelle-Hullin, — de la Villebasse, par. d'Erbray, — de la Noue.
  Réf. 1446, par. du Loroux-Bottereau, év. de Nantes.
  Olivier, écuyer de la retenue de Bertrand de Dinan, maréchal de Bretagne en 1424; Christophe, chevalier de l'ordre du Roi en 1547.

Page 347. *Ajoutez* : Roche-Landry (de la), s^r dudit lieu.

Losangé de gueules et d'argent, chaque losange d'argent chargée de deux burelles d'azur.

Jacques, chevalier de Malte, commandeur de Nantes en 1527.

Page 353. Rohault, *ajoutez* : ou Rehault, *voyez* Rehault.

Page 358. Roquefeuil.

Ligne 38. *Au lieu de* : a produit un grand maître de Malte, † 1720, *lisez* : s'est éteinte en 1712.

Page 368. Roujoux, *ajoutez* : Sr de Marigny.

Ligne 23. *Ajoutez* : Un commandant de bataillon au régiment de Piémont en 1760, chevalier de Saint-Louis en 1747.

Page 374. Rouxelot.

Ligne 26. *Au lieu de* : La Roue et Picot, *lisez* : Espinay, Lorraine et par acquêt Picot.

Page 374. *Ajoutez* : Rouxel : s^r de la Galmelière, de la Chaussée, de la Haie-Chérel, de la Haudussais, de la Lande, de Maupiron, de la Rivière-Payen et de la Provosté, par. de Moisdon, — de la Thébaudière et de la Quétraie, par. de Mésanger, — de Launay-des-Moulins, par. de Fougeray, — du Val, de la Carantaische, de Launay-Hazard et de Lespinay, par. d'Auverné, — du Bois-Hérault, par. de Vallet, — de la Barrais, par. d'Issé.

Réf. et montres de 1427 à 1513, par. de Moisdon, Mésanger, Auverné et Fougeray, év. de Nantes.

D'argent au croissant de gueules, accomp. de trois roses de même (arm. 1696).

Olivier, s^r de la Galmelière vivant en 1440, épouse Guillemette de Barlagat; Jean, époux d'Anne Cybouault, veuve en 1564, père et mère de Nicole, mariée en 1590 à René du Pé, d'où la seigneurie de la Galmelière a passé successivement aux Bellot et aux Fournier de Tharon.

Page 376. Ruellan, 2e article, *ajoutez* : s^r du Créhu, par. de Plestan.

Ligne 37. *Ajoutez* : *Aliàs* : un mont de douze coupeaux surmonté de deux croissants.

Nicolas, épouse vers 1600 Catherine Pégasse.

Page 380. *Ajoutez* : Sagazan (de), *voyez* : Monniès (le), *au supplément*.

Page 394. Salles (des), 2e article : *supprimez* : s^r d'Espinoy.

Page 400. Sauvaget.

Ligne 6. *Ajoutez* : Fondu dans Froulay, au Maine.

Page 411. *Ajoutez* : Sion ou Syon (de), s^r dudit lieu et de Domenesche, par. de Sion, — de Beuves, par. de Messac, — de Frossay, par. de ce nom, — vicomte de Fercé, par. de ce nom, — s^r du Boisnouveau et de la Gérarderie, par. des Touches, — d'Anguignac, par. de Conquereuil, — du Bourg, par. de Marcillé-Robert, — du Plessis-Meslé, de Sénones et d'Entrehais, en Anjou, — des Loges, par. de Chantepie.

Réf. de 1426 à 1478, par. des Touches, Conquereuil et Marcillé-Robert, év. de Nantes et Rennes.

TOME III.

Jean, vivant en 1426, marié à Jeanne de Tinténiac, dame du Bourg et du Plessis-Meslé, père et mère de Jean, époux de Marie de la Boëssière, dame des Loges, employés dans la réformation de 1478, paroisse de Marcillé.

Fondu dans la Chapelle de la Roche-Giffart.

Page 416. SURGÈRES (DE), *au lieu de* : (orig. du Poitou), *lisez* : (orig. de l'Aunis).
Devise : *Post tenebras spero lucem.*

Page 430. *Ajoutez* : THIEUVILLE (DE) (orig. de Normandie, y maint. en 1463, 1598 et 1666), sʳ dudit lieu, — du Mesnil-Garnier, — de Vains, — de Chantore, — de Guébébert, — de Claës, — de Montchaton, — de Briquebosc, — de Crosville, — de Héauville.

D'argent à deux bandes ou cotices de gueules, accomp. de sept coquilles de même rangées 1. 3. 3. (*aliàs* : 2. 3. 2.) (Etats 1754).

Robert, évêque d'Avranches en 1283; Guillaume, évêque de Coutances en 1319; Nicolas, gentilhomme de la chambre du Roi en 1569; deux chevaliers de Malte en 1631 et 1714; un page du Roi en 1736.

La branche aînée fondue en 1406 dans Mauny, puis Gouyon-Matignon.

Page 431. THOMAS, 1ᵉʳ article.
Ligne 5. *Ajoutez* : La branche de la Reigneraye fondue dans Lorgeril.

Page 435. TISSART, *ajoutez* : (orig. de Touraine).
Ligne 23. *Après* : Joachim, *ajoutez* : général des finances en Bretagne en 1524.

Page 436. TIXIER-DAMAS.
Ligne 6. *Ajoutez* : Philibert, châtelain de la Thoison, conseiller au parlement de Dijon en 1582, marié à Françoise de Montholon, portait : d'azur à la croix d'or, cantonnée aux 1 et 4 d'une étoile, aux 2 et 3 d'un trèfle, le tout d'argent; Simon, patricien d'Autun, épouse en 1598 Claude de Chaugy; deux gentilshommes de la maison des princes de Condé en 1676 et 1719.

Page 452. TRÉPÉZEC (DE).
Ligne 14. *Ajoutez* : Fondu dans Bréhier.

Page 458. *Ajoutez* : TRONCHATEAU (DE), sʳ dudit lieu, par. de Cléguer, év. de Vannes.
Pierre, contribue au denier de la *croix* en 1272 et vend le domaine du Breil, paroisse de Loudéac à Geffroi de Rohan en 1280.

La châtellenie de Tronchateau a appartenu ensuite aux maisons de Bretagne, Malestroit, Papin et Guer.

Page 463. *Ajoutez* : URFÉ (D') (orig. du Forez), sʳ dudit lieu, — comte de Chateauneuf, — marquis de Valmoris.

De vair au chef de gueules. (La Ch. des B.).

Pierre, chevalier de l'Hermine, grand écuyer de la chambre du Duc en 1475, puis grand écuyer de France en 1489; Honoré, auteur en 1610 de l'ingénieux roman d'*Astrée*, † 1624. (Famille éteinte).

Page 467. *Ajoutez* : VAL (DU), sʳ dudit lieu et de la Sablonnière, par. d'Auverné, — du Breil, de Cahan et de la Cigogne, par. de Fougeray, — de Trédoret, par. de Saint-Dolay, — du Bois-Gervais, par. de Nivillac.
Réf. de 1427 à 1513, dites par., év. de Nantes.

La branche aînée fondue vers 1400 dans Rouxel de la Galmelière.

Page 467. *Ajoutez* : VALLÉE (DE LA), s^r dudit lieu et de la Couldrecière, par. d'Auverné, — du Maubenoit, par. de Moisdon, — de Bonnevoir, par. de Soudan, — de Saint-Père, par. de Mésanger, — de la Malorais, par. de Mouzeil.

Réf. de 1427 à 1478, dites par., év. de Nantes.

Page 479. VERNAY (DU).

Ligne 45. *Ajoutez* : Fondu en 1670 dans Bariller du Saz.

Page 495. ZOUCHE (DE LA).

Ajoutez : D'or à douze tourteaux de gueules, au franc canton d'hermines.

TOME TROISIÈME.

Chevaliers de Saint-Michel.

Page 124, col. 1, ligne 1. *Ajoutez* : 1469. MONTFORT-LAVAL (André de), s^r de Lohéac.

Page 126, col. 1, ligne 25. *Ajoutez* : 1609 MALENOË (Pierre de).

Page 126, col. 2, ligne 48. *Ajoutez* : 1660. MAIGNAN (Charles le), s^r de l'Écorse.

Chevaliers de Saint-Lazare.

Page 129, col. 1, ligne 22. *Après* : CORNULIER, *ajoutez* : (Jean-Baptiste), du Pesle.

Page 129, col. 2, ligne 23. *Après* : CORNULIER, *ajoutez* : (Claude), du Boisbenoit.

Grands-croix de Saint-Louis.

Page 131, ligne 22. *Ajoutez* : 1801. VAUBOREL (Louis-Malo-Gabriel de), maréchal de camp.

Commandeurs de Saint-Louis.

Page 131, ligne 15. *Ajoutez* : 1797. BAUDE, baron de Pont-Labbé (Jean-Georges-Claude), maréchal de camp.

Page 131, ligne 16. *Ajoutez* : 1798. CILLART DE SUVILLE (Armand-François-Marie), chef d'escadre.

Terres titrées d'ancienneté.

Page 154, ligne 7. *Ajoutez* : HUGUETIÈRES (LES), par. de Pont-Saint-Martin, év. de Nantes, châtellenie d'ancienneté, successivement aux maisons de Retz, Vitré,

Machecoul, Chateaubriant, Dinan, Montfort-Laval, Scépeaux, Gondy, Bonne de Lesdiguières, et depuis 1716, Neufville de Villeroy.

Familles titrées avec ou sans majorats.

Page 165, ligne 27. *Ajoutez* : CARNÉ (DE), baron de l'Empire.
Page 166, ligne 40. *Ajoutez* : KAERBOUT (DE), baron de Gémasse, en Beauce, en 1618.
Page 166, ligne 41. *Ajoutez* : KERHOËNT (DE), marquis de Montoire, au Maine, en 1743.
Page 167, ligne 46. *Ajoutez* : VAUBOREL (DE), comte de la Penty, en Normandie, en 1665.
Page 167, ligne 48. *Ajoutez* : WALSH, comte de Serrant, en Anjou, en 1755.

Maréchaux de camp.

Page 172, ligne 29. *Ajoutez* : BRETAGNE, comte de Vertus et de Goëllo (Armand-Francois de), † 1734.

État des familles qui ont siégé aux États.

Page 194, col. 2, ligne 3. *Effacez* : 1774. BELON DE TALHOUËT.

TABLE DES MATIÈRES.

Postface .... *pages* I à VII
Origine et formation des Noms de famille.. 1
De la Noblesse et de l'application de la loi contre les usurpations nobiliaires......... 31
De l'origine des Armoiries et de l'organisation militaire de la Bretagne............. 56
Liste générale de Nosseigneurs de la Chambre des Comptes....................... 67
Parlement des Grands-Jours 84
Liste de Nosseigneurs du Parlement... 86
Secrétaires du Duc... 106
Chancellerie près le Parlement.. 108
Maires de Nantes.. 115
Chevaliers de Rhodes.. 117
    — de Malte.. 118
    — de l'Hermine 123
    — de Saint-Michel... 124
    — du Saint-Esprit 127
    — de Saint-Lazare... 129
Grands-Croix de Saint-Louis.. 131
Commandeurs de Saint-Louis 132
Gouverneurs de Bretagne... 133
Intendants de Bretagne 133
Pages du Roi et de la Reine 134
Dames et Demoiselles de Saint-Cyr... 140
Honneurs de la Cour et présentations... 142
Terres titrées d'ancienneté ou érigées en dignité.................................. 146
Familles titrées avec ou sans majorats.. 165
Officiers généraux des armées de terre.. 168

	Pages.
Officiers généraux des armées navales	179
Évêques qui ont occupé des siéges hors de Bretagne	183
Abbés et abbesses dont les bénéfices étaient hors de Bretagne	187
Familles qui ont siégé dans l'ordre de la noblesse aux États tenus depuis 1736	191
Ordonnance pour la réformation de 1456	211
— pour la réformation de 1513	213
Commission du Roi pour la réformation de 1668	215
Maximes sur lesquelles les arrêts ont été rendus	217
Déclaration du Roi pour la réformation de 1696	221
Édit de novembre 1696 pour la création de l'Armorial général	222
Déclaration du Roi de 1702 pour continuer la recherche des usurpateurs	223
— des États de 1768	225
— des États de 1770	225
— de l'Archiviste de la cour de Rennes en 1852	226
Bulletin bibliographique	227
Additions et corrections	237

Nantes, imprimerie de VINCENT FOREST et ÉMILE GRIMAUD, place du Commerce, 1.

www.ingramcontent.com/pod-product-compliance
Lightning Source LLC
Chambersburg PA
CBHW050626170426
43200CB00008B/905